아시아 그리스도교 역사 ❸

강희제 통치기의
예수회 중국 선교와 전례 논쟁

아시아 그리스도교 역사 ❸

강희제 통치기의 예수회 중국 선교와 전례 논쟁

에바히스트 헤지 육의 『중국, 몽골, 티베트에 전래된 그리스도교』 3권의 번역과 주해

김지인 · 안경덕 · 최현주 · 김상근 번역과 주해

연세대학교 대학출판문화원

『중국, 몽골, 티베트에 전래된 그리스도교』 제 3 권의 역사적 범위와 핵심 논의

김상근 ❋ 연세대학교 선교학 교수

이 책은 19세기 프랑스 출신의 가톨릭 사제이며 라자로회(Lazarites) 소속 선교사로 중국, 몽골, 그리고 티베트에서 활동했던 에바리스트 헤지 육(Évariste Régis Huc, 1813-1860) 신부가 쓴 『중국, 몽골, 티베트에 전래된 그리스도교』(전 3권) 중 마지막 세 번째 책을 번역하고, 주해한 것이다. 안경덕이 초역抄譯을, 김지인이 재역再譯과 교정을, 최현주가 삼역三譯과 교정을, 교신 역자인 김상근이 사역四譯과 최종 주해와 참고문헌 정리를 맡았다. 전체 3 권에 대한 일괄 서지 정보와 지은이에 대한 소개는 제 1 권의 서두에 기록해 두었고, 세 번째 책의 주제인 중국 전례논쟁에 대한 일차 문헌과 이차 문헌 목록은 이 책의 말미에 첨부해 두었다. 여기서는 육 신부가 마지막 세 번째 책에서 다룬 중국 전례 논쟁의 역사를 통해 새롭게 발견된 내용과 연구의 시사점을 소개하고자 한다.

이미 출간된 『중국, 몽골, 티베트에 전래된 그리스도교』 제 1권에서는 팔레스타인에서 출발한 그리스도의 복음이 중국에 이르기까지의 초기 과정을 다루고 있다. 역자들은 이 시기를 '실크로드 그리스도교'라 명명하였다. 서양 교회사의 기준으로 본다면 초대 교회와 중세 교회의 기간과 겹치는 아시아 교회사의 초기에 해당한다. 우리는 육 신부의 철두철미하고 정교한 역사 복원 작업을 통하여 당대唐代의 대진경교유행중국비大秦景教流行中國碑에 대한 상세한 정보를 필두로, 몽골족의 그리스도교 (개종의) 역사, 중세 유럽 선교사들과 탐험가들의 초기 중국 접촉, 동방 네스토리우스 교회의 역사 등에 대한 자세한 정보를 얻게 되었다. 제 1권은 몽골의 쇠퇴와 더불어 막을 내린 중세 유럽의 아시아 및 중국 선교로 끝이 난다.

『중국, 몽골, 티베트에 전래된 그리스도교』 제 2권에서는 대항해 시대의 개막과 더불어 재개된 중국 선교를 기점으로 프란치스코 하비에르, 마테오 리치, 아담 샬로 이어지는 명말청초 明末清初 시기의 예수회 선교 역사가 한편의 파노라마처럼 펼쳐지고 있다. 두 번째 책에서 논의되고 있는 구체적인 역사 범위는 바스코 다 가마의 인도 항로 개척(1497-1499년)부터 청나라의 3대 황제였던 순치제順治帝의 붕어崩御(1661년)까지이니, 약 160여 년간 아시아에서 펼쳐졌던 초기 예수회 선교 역사의 진면목眞面目이라 할 것이다.

『중국, 몽골, 티베트에 전래된 그리스도교』 제 3권에서는 중국 청대의 4대 황제인 강희제康熙帝의 통치기간(1661-1722년)에 펼쳐진 가톨릭교회의 선교와 중국 전례논쟁Chinese Rites Controversy의 시말始末이 기록되어 있다. 명대明代 말기의 중국 선교를 주도했던 예수회에 대한 기록이 2권의 주된 내용이었다면, 이어지는 3권에서는 청대清代 초기에 후발주자로 참여했던 도미니크회 선교회와 기존의 예수회가 선교 정책으로 놓고 갈등에서 이른바 전례논쟁의 시작 지점이다. 베이징의 교당과 황제의 자금성을 오가면서 펼쳐졌던 예수회 선교사들의 치밀했던 선교활동, 전례 논쟁을 해결하기 위해 교황청에서 파견되어 왔던 교황대사들의 숨 막히는 외교활동, 냉온冷溫 양면전략으로 선교사들과 교황대사들을 대응했던 강희제의 노련한 통치의 모습을 통해, 저자인 육 신부는 전례 논쟁의 역사를 생생한 필치로 재구성하고 있다. 책의 말미에 전례 논쟁에 대한 일차 자료라고 할 수 있는 두 개의 부록을 붙였으니, "교황특사 드 투르농의 활동에 대한 예수회 신부의 보고서"와 "교황 클레멘스 11세의 중국전례에 관한 칙서(1715년)"이다. 육 신부는 3권 본문의 내용과 첨부된 부록들을 통해 개인적 편견이나 소속된 라자로회의 신학적 입장에 얽매이지 않으면서, 전례 논쟁에 대해 독자들이 바른 판단을 내릴 수 있도록 세심한 배려를 아끼지 않고 있다.

중국 전례논쟁Chinese Rites Controversy는 17-18세기에 펼쳐졌던 신학 일반과 선교 전반의 일대 쟁점이었다. 이 전례논쟁의 핵심은 중국의 (개종한) 그리스도인들이 집안에서 조상 제사를 드리고, 공자에게 정기적으로 예를 올리는 것을 용인할 수 있는가에 대한 물음에서 시작된다. 전례논쟁은 예수회 선교사 마테오 리치가 하느님의 이름(데우스Deus)을 상제上帝로 번역하면서 야기된 중국 용어논쟁Chinese Terms Controversy과 겹쳐지며 확대되어 갔다. 중국 선교 현장에서 사용될 적절한 신명神名 번역과 제사 참여 용인의 문제는 예수회의 '위에서 아래로'라는 상류층 우선 선교 정책을 반대했던 도미니크 수도회 소속 선교사들과의 선교 방법론적 충돌로 확대된 측면도 있다. 시대의 흐름에 따라 복잡하게 진행된 전례논쟁의 역사를 간략하게 요약하면, 초기에는 예수회의 전례 인정이 교황청에서 포괄적으로 받아들여졌다가, 후기에 접어들면서 제사 참여와 상제라는 신명의 사용이 불허되는 교황청의 강경한 금지 칙서 반포로 이어졌다. 육 신부의 이 책은, 실제로 중국의 청대 황실에서 펼쳐졌던 전례논쟁의 생생한 현장을 보도하고 있다. 초기에는 예수회 선교 정책이 존중을 받았지만, 도미니크회 중국 선교사였던 후안 모랄레스Juan Moralès의 로마 귀환과 반反 리치-예수회 활동으로 인해, 1645년 교황 인노센치오 10세는 예수회의 전례 인정을 금지시키는 조치를 내렸다. 1656년, 교황 알렉산드르 7세는 다시 예수회 선교 정책을 지지했지만, 교황 클레멘스 11세가 최종적으로 1715년에 칙서Papal bull Ex illa die를 발표하면서, 전례 참여와 상제 사용은 중국 선교현장에서 금지되었다. 육 신부는 이 시기까지의 전례논쟁의 역사를 다루고 있고, 책의 마지막에 첨부한 자료가 바로 클레멘스 11세가 발표한 교황 칙서의 전문 번역이다.

이 책의 끝에 역자들이 제시한 참고 문헌에서 확인할 수 있는 것처럼, 중국의 전례논쟁은 유럽의 종교로 출발했던 그리스도교가 선교지 문화권에서 어떻게 신앙의 보편성과 특수성을 동시에 확립할 수 있을지에 대한 많은 학술적 논쟁을 불러일으킨 주제이다. 중국의 제사와 공자 숭배의 전례를 단순한 문화적 관습으로 받아들이고, 상제上帝라는 중국 신명神名의 사용이 가능하다면, 그것은 현지 문화에 적응된 복음의 특수성을 전체 보편교회가 인정해야 한다는 것을 의미한다. 전례문제를 통한 이런 보편성과 특수성의 논쟁은 자칫 우리의 논의를 순혈주의나 국수주의의 이분법적 선택으로 몰아갈 위험이 있다. 복음이 보편성을 유지해야 한다고 주장할 때는 순혈주의의 위험이, 그리고 선교지 현장의 특수성을 인정해야 한다고 주장할 때는 국수주의의 위험이 도사리고 있다. 성급한 탈식민주의Post-colonial 관점에서 수 백년전에 일어난 옛 사실을 오늘의 진보적 관점을 재단하는 것도 피해야 할 일이다. 17-18세기에 펼쳐진 중국의 전례논쟁은 사실 청대의 중국이 세계 최강의 국력을 자랑할 때였다. 따라서 20세기 후반에 제시된 탈식민주의 관점에서 중국 전례논쟁을 다루는 것은, 나폴레옹에게 워털루 전쟁터에서 왜 탱크를 사용하지 않았냐고 묻는 것과 같은 것이다. 우리는 이 책에서 펼쳐진 육 신부의 생생한 현장 보고를 통해서, 전례논쟁의 논쟁에 참여할 때 유념해야 할 몇 가지 중요한 사실과 추가 연구를 위한 몇 가지 시사점을 동시에 확인할 수 있었다.

1. 전례논쟁은 중국 선교에 막대한 피해를 남겼다.

이 책의 저자인 육 신부는 예수회의 중국의 전례 참여를 금지했던 1645년의 교황 칙서를 시작으로, 교황특사로 중국을 방문(1705년)해 강희제와 대립했던 드 투르농 추기경의 교시와 베이징 주교의 친 예수회 논조의 목회 서신을 무효화 시킨 클레멘스 11세의 교황 칙서(1715년)까지의 역사 과정을 재구성하고 있다. 육 신부의 관점은 예수회와 도미니크회 사이에서 어느 편을 지지하거나, 교황청의 결정에 대한 잘잘못을 따지는 것이 아니라, 전례 논쟁으로 초래된 중국 선교의 난관과 그 결과를 강조하는 것이다. 육 신부는 전례 논쟁의 역사를 시대와 인물 순으로 재구성하면서, 아래와 같은 통찰력 넘치는 글을 포함 시켜, 당시의 전례 논쟁이 결과적으로 초래한 중국인들의 반응을 소개하고 있다.

"중국에서 오랜 세월 동안 선교사들 사이를 갈라놓았던 불행한 다툼이 중국 관리들의 가혹했던 박해보다 중국 선교에 훨씬 더 많은 해로움을 끼쳤다는 사실을 고백해야만 한다."(p.297)

"신자들이 '우리는 예수회 편이다!' 혹은 '우리는 도미니크회 편이다!'라고 외쳐대는 순간부터 중국인들 가운데 영향력을 잃게 되었다. 불신자들은 이를 보고 '우리는 이편도 저편도 아니다.'라고 답하곤 했다."(p.298)

육 신부가 전례 논쟁의 역사를 상세히 살펴본 후에, "그래도 계속되고 있는 중국 황실의 개종 이야기"를 본문의 마지막 장인 8장에 덧붙인 것도, 이런 시대의 개탄스러운 상황에 대한 육 신부의 소회를 밝히려는 의도였다. 베이징과 로마를 오가며 치열하게 펼쳐졌던 전례 논쟁의 신학적 쟁점들은 사실 중국인들에게는 관심 밖의 일이었고, 결과적으로는 선교에 막대한 피해를 남긴 사건이었다.

2. 중국 전례 논쟁은 교황청과 프랑스 왕실의 대립과 연관이 있다.

중국의 전례 논쟁은 로마과 베이징의 갈등으로 확대되었지만, 그 이면에서는 로마 교황청과 프랑스 베르사유 궁전 사이의 갈등 구조가 전제되어 있었다. 육 신부는 이 점을 완곡한 간접 화법으로 다루고 있는데, 이는 당연히 그가 프랑스인이었기 때문일 것이다. 육 신부는 본문에서 중국의 강희제와 프랑스의 루이 14세를 자주 비교하고 있다. 두 사람 다 오랜 통치 기간을 향유 했고, 절대 군주로써 중국과 프랑스를 각각 통치했다. 강희제가 전례문제를 놓고 로마 교황청과 대립했다면, 루이 14세는 얀센주의Jansenism와 갈리아주의Gallicanism의 문제를 놓고 로마 교황청과 대립과 협상을 거듭하고 있었는데, 공교롭게도 두 사건은 동시에 발생했다. 1687년, 루이 14세가 중국으로 파견한 선교사들은 파리 외방전교회Missions étrangères de Paris 소속으로, 루이 14세가 설립을 도운 프랑스의 선교기관 출신들이었다. 이들은 대부분 예수회의 선교 정책에 반기를 들었다. 루이 14세의 후원을 받고 중국으로 파견된 선교사들은 자국의 재상인 마자린Mazarin 추기경이, 베스트팔렌 조약을 체결(1648년)할 당시, 프랑스와 교황청이 극심한 긴장 관계에 있었다는 것을 잘 기억하고 있었을 것이다. 루이 14세는 갈리아주의Gallicanism를 표방하고 있었으니, 프랑스 교회는 프랑스의 독자적인 문화과 독립적 교권에 따라 운영된다는 자치와 독립성을 강조하고 있었다. 1682년에 발표된 프랑스 성직자들의 선언인 "갈리아주의 4개조"는 영국의 성공회처럼 교황청의 존재를 완전히 부정하는 과격한 성격은 아니었으나, 적어도 프랑스 왕권이 규정하는 교회 예식을 존중하라는 요구가 포함되어 있었다. 그 선언서에는 모두 4개의 원칙이 있었는데, 첫 번째 원칙의 전문 번역은 아래와 같다.

"성 베드로와 그의 후계자들인 교황들, 그리고 (로마 가톨릭) 교회는 영혼의 일에 관해서만 통치권을 가진다. 세속적인 권리나 시민에 적용되는 통치권은 그들에게 없다. 따라서 (프랑스) 군주와 통치권자들은 세속적이며 시민에게 적용되는 사항에 대해 교황의 통제를 받지 않는다. 교회의 결정으로 군주가 폐위될 수 없으며, (프랑스) 국민이 나라와 맺은 충성의 관계를 (로마 가톨릭) 교회가 간섭할 수 없다."

물론 교황에 따라 예수회의 전례 인정을 찬반贊反으로 달리 대응했고, 모든 프랑스 출신 신부들이(육 신부를 포함) 예수회의 전례 인정에 대해 같은 입장이었던 것은 아니다. 그러나 최소한 중국의 강희제는 교황청과 프랑스 사이의 갈등 관계를 정확하게 파악하고 있었고, 전례 논쟁에서 중국의 전통과 관습을 우위에 놓고자, 유럽에서 일어나고 있던 갈등 관계를 강조하거나 노출하기도 했다. 교황은 왜 루이 14세에게 칙서를 내려도 그가 순종하지 않는가를 지적하면서, 왜 중국인들의 관점에서 볼 때 무례하기 짝이 없는 전례 논쟁을 중국에서 일으키고, 자신들의 전통적인 관습에 대해 설왕설래說往說來하는지 따졌다. 선교지의 갈등은 사실 선교 파송 현지에서 일어나고 있는 갈등의 축소판이기도 하다. 선교사를 보낸 사람들끼리의 싸움이 선교현장에서 또 다른 갈등으로 재현되는 것이다. 심지어 그 갈등은 확대되는 경우가 많다. 교황청과 프랑스의 종교·외교적 갈등이 첨예하게 펼쳐지고 있을 때, 마카오를 장악하고 있던 포르투갈이 반反예수회였던 교황청 대사를 홀대한 것도, 새롭게 조명되어야 할 부분이다. 파드로아도Padroado 체제 아래에서 예수회의 선교 정책을 지지했던 포르투갈이 프랑스와 어떤 외교적 관계를 맺고 있었는지 분석하는 작업이 필요하다. 루이 14세가 통치하던 절대왕정의 프랑스에서는 친 이베리아반도의 기운이 감돌고 있었고, 루이 14세의 베르사유 궁전에서는 에스파냐 문명의 진수가 대대적으로 환영받고 있던 때였다.

3. 전례 논쟁 연구에서 얀센주의자들과 예수회의 대결 국면을 놓쳐서는 안 된다.

전례 논쟁이 베이징과 로마, 그리고 파리와 로마를 오가며 확대된 이유는, 프랑스의 얀센주의자들과 로마 예수회의 신학적 대결 국면에서 재조명되어야 한다. 네덜란드 신학자 코르넬리우스 얀센Cornelius Jansen은 루뱅 대학의 교수 시절에 『아우구스티누스』라는 책을 썼다. 그가 하느님의 절대적 은총과 인간의 전적인 타락을 강조했을 때, 이 책은 개신교의 루터나 칼뱅의 신학 사상과 너무나 닮아 있었다. 그러나 그의 신학이 이른바 얀센주의Jansenism로 크게 확대된 것은 프랑스의 적극적인 수용 때문이었다. 반反종교개혁의 기수였던 예수회가 얀센의 책을 금서로 지정했지만, 파리 대학의 신학부는 그의 책이 출간되도록 승인했다. 파리 남서부에 있던 포르루아얄 데샹Port-Royal des Champs 수도원은 프랑스 얀센주의의 메카였다. 이미 얀센주의는 교황청으로부터 이단의 정죄를 받았지만, 장 뒤 베르지에 드 하란Jean du Vergier de Hauranne은 코르넬리우스 얀센의 신학과 그의 저작 『아우구스티누스』를 계속 강의하며 지지 의사를 굽히지 않았다. 결국 얀센주의는 프랑스와 로마 교황청 간에 심각한 갈등 양상으로 확대되었다. 교황청은 거듭 얀센주의를 이단으로 규정했으나, 프랑스의 철학자 파스칼은 이를 적극적으로 지지함으로써, 갈등의 폭은 더욱 깊어져 갔다.

1671년, 파리 소르본느 대학 출신의 신학자 파스퀴에 퀘스넬Pasquier Quesnel은 얀센주의를 수용한 사복음서의 요약본Abrégé de la morale de l'Evangile을 출간했다. 1708년 7월 13일, 교황 클레멘스 11세는 이 책의 오류를 지적하는 교서를 발표했으나, 프랑스 교회는 갈리아주의를 표방하면서, 동시에 이 책의 얀센주의를 지지했다. 심지어 파리의 성당에서는 전통적으로 경배의 대상이 되던 예수의 성물이 갈리아 교회(프랑스 교회)에서 배척되는 사건도 일어났다. 루이 14세는 이 문제를 해결할 수 있는 칙서를 발표해 달라고 교황청에 요구하면서, 다만 갈리아주의에 대한 직접적인 비판을 하지 말아 달라고 요구했다. 심지어 칙서를 발표하기 전, 프랑스 왕실의 사전 검열도 요청했다. 교황 클레멘스 11세는 이 굴욕적인 조건을 받아들였고, 결국 교황 칙서인 『유니게니투스Unigenitus』가 1713년 9월 8일에 로마 교황청에서 발표되었다. 교황 칙서는 파스퀴에 퀘스넬의 책 내용을 101개 조항을 들어 조목조목 비판했는데, 결국 얀센주의를 정면으로 공격하는 내용이었다. 절대왕정의 신봉자였던 말년의 루이 14세는 얀센주의를 왕의 권력이나 군주제에 대항하는 공화주의를 주장하는 자신의 적대세력으로 보고, 이를 파괴하려고 했다. 그렇지만 그는 절대왕정의 군주로서 갈리아주의는 양보할 수 없었다. 이런 모호한 정치·외교적 관계에서 얀센주의와 갈리아주의가 프랑스와 로마 사이에서 불확실성을 증대시키고 있었다. 이런 와중에 중국에서 전례 논쟁이 최정점에 달하는 논쟁을 불러일으켰고, 교황 클레멘스 11세는 1715년에 예수회의 전례를 금지하는 교황 칙서를 발표했다.

한편 프랑스 교회와 신학계의 얀센주의자들은 로마 교황청이 내린 클레멘스 11세의 『유니게니투스Unigenitus』 칙서를 완강하게 거부하고 있었다. 얀센주의자들은 그들의 가장 큰 적대세력이었던 예수회 신부들로부터, 가톨릭 교회에서 신학적인 반란을 일으켰다는 이유로 비난을 받는 중이었다. 세월이 흘러, 1730년에 이르러서야 얀센주의를 비난하는 교황 교서 『유니게니투스 Unigenitus』가 프랑스 법에 반영될 정도로, 교황의 권위는 프랑스에서 힘을 발휘하지 못하고 있었다. 육 신부는 중국의 강희제가 프랑스 얀센주의자들과 예수회 사이에 일어난 유럽 교회 내 불화에 대해 잘 알고 있었는데, 이는 예수회가 강희제에게 이 사실을 은밀히 알려 준 것처럼 기록하고 있다.

"하루는 강희제가 메자바르바 교황 특사에게 '프랑스에서는 유니게니투스 칙서를 수용하지 않으면서 어찌하여 당신들은 중국 사람들에게 중국 전례에 관한 칙서를 수용하라고 강요하는 것이오? 그리스도인이 아닌 사람들이, 그리스도인보다 교황에게 더 복종할 수 있다는 말이오?'라고 말하였다. 강희제가 얀센주의자의 문제를 인지하고 있었다는 사실을 알아낸 것은 정말 안타까운 일이었다. 그러나 교회를 갈라놓는 불화에 관하여, 어떤 의도로 누가 황제에게 이를 알려주었는지 묻지 않을 수 없다."(p.288)

육 신부가 쓴 『중국, 몽골, 티베트에 전래된 그리스도교』 제 3권은 이런 흥미진진한 이야기들로 가득하다. 강희제 시대의 예수회 신부들이 전례 논쟁을 유리하게 전개하기 위해 프랑스 교회와 로마 교황청의 갈등 구조를 이용했다는 사실이 중요한 것이 아니라, 중국의 전례 논쟁의 역사를 기록했던 육 신부가 '순혈주의'나 '국수주의'에 빠지지 않고 공정한 역사의 심판관이 되기 위해 노력했다는 것이 중요하다. 전례 논쟁의 득과 실, 가능성과 한계에 대한 판단은 오롯이 독자의 몫으로 남는다. 그러나 최소한 강희제를 포함한 당시의 중국인들은, "우리는 이편도 저편도 아니다."라고 답했다는 사실은 꼭 기억되어야 할 것이다.

일러두기

1. 이 책은 1857-1858년간 프랑스 파리(Gaume frères)에서 출간된 에바히스트 헤지 육Évariste Régis Huc 신부의 『중국, 몽골, 티베트의 그리스도교Le christianisme en Chine, en Tartarie et au Thibet』의 세 번째 책을 번역하고 주해를 단 것이다. 이 책의 영어 번역본은 같은 해에 영국의 런던(Longman, Brown, Green, Longmans, & Roberts)과 미국의 뉴욕(D. & J. Sadlier)에서 동시에 출간되었다. 이 책은 동일 판본인 영어 번역본을 저본을 삼았고, 필요에 따라 육 신부의 불어 원전을 참고하였다.

2. 본문 중 [ ] 안의 내용은 옮긴이들이 독자들의 이해를 돕기 위해 본문과 각주에 주해를 단 것이고, ( ) 안의 내용은 육 신부가 자신의 책에서 보충해서 설명한 것이다. 논의가 길어지거나 상세한 설명을 필요할 경우도 각주로 처리했다.

3. 이 책은 총 8장과 2장의 부록으로 구성되어 있는데, 각 장의 제목과 소제목은 옮긴이들이 가독성을 높이기 위해 붙인 것이다. 지은이가 붙인 각주는 '(원

주)'라 표시하였다. 책 제목처럼 명확한 번역이 가능할 경우 번역을 했지만, 가급적 원문 그대로 옮겨 놓았다. 약자로 되어있어 출처 확인이 불분명할 때도 있었다. '(원주)'라고 표시되지 않은 나머지 모든 각주는 모두 옮긴이가 주해한 것이다. 19세기 중엽에 쓴 책이어서 사실史實과 연대가 다르게 표시된 것이 다수 있어, 최대한 바로 잡아 이를 옮긴이의 각주에서 수정하였다. 이렇게 옮긴이들에 의해 확인되고 수정된 사실은 따로 표시해 두었다.

4. 맞춤법과 외래어 표기는 원칙적으로 국립 국어원 어문규정을 따랐으나, 성경에 나오는 인명과 지명 등은 『표준 새 번역 성경』(2003)을 따랐다. 지명과 인명의 우리말 표기는 현재 통용되는 한글 용어를 준용하였으나, 중국의 인명과 지명은 가급적 우리 발음으로 적었다.

차 례

제 1 장

도미니크회의 중국 선교와 청나라 강희제 통치의 시작

제 1 장

도미니크회의 중국 선교와 청나라 강희제 통치의 시작

두 번째로 중국에 도착한 도미니크회 선교사들

중국은 [명대 말] 내란과 분쟁의 소용돌이 속에서 변혁의 시기를 맞이하였다. 그러나 선교사들은 신중하게 중립을 지키며 명나라 황실이나 침략자인 여진족, 그 누구의 편에도 서지 않았다. 정치적으로 급격한 변동을 겪을 때에 성직자들은 이 땅의 일이 아닌 성스러운 왕국의 유익을 구하는 것이 자신들에게 주어진 소명이라는 점을 쉽게 망각하고, 선교 사역의 독립성을 희생시키는 타협안을 선택하기 일쑤이다. 그러나 중국의 선교사들은 철저한 중립을 지켰기 때문에 선교 사역에서 매우 중요한 요소라고 할 수 있는 독립성을 유지할 수 있었다. 중국에서 제국의 권력을 잡기 위하여 여러 경쟁자들이 서로 싸움을 벌일 때, 선교사들이 그 싸움에 끼어들지 않았던 것은 매우 올바른 처사였다. 이때 선교사들이 보여주었던 평화와 화합의 정신을 그들이 선교 사역 가운데에도 유지할 수 있었더라면, 그들은 더욱 큰 칭찬을 받을 수 있었을 것이다. 전례

문제Rites Controversy는 논쟁을 피할 수 없는 주제라는 것은 분명하다. 그러나 그들이 전례 논쟁에 그토록 열을 내지 않고 그리스도인의 단순한 마음을 가지고 차분하고 부드러운 방식으로 이 논쟁을 펼쳐나갔더라면, 중국 선교사들은 더욱 큰 칭찬을 받아 마땅했을 것이다.

앞서 [2권에서] 살펴보았듯, 예수회 선교사들의 중국 선교가 시작됨과 동시에 회원들 사이에는 분란이 일었다. 예수회는 크게 두 무리로 나뉘어 있었는데, 이들은 각기 두 개의 서로 다른 학파에서 유래한 입장을 취하였다. 한 편은 중국의 전례를 적극적으로 포용하려는 태도를 가졌던 리치 신부를 따르는 자들이었다. 다른 한 편은 중국의 전례를 하늘, 공자, 조상에게 드리는 미신적인 제사로 보고 철저하게 배격해야 한다고 주장했던 롱고바르드 신부를 지지하는 자들이었다. 1628년, 이 까다롭고 중요한 문제에 대한 합의점을 찾고자, 노련한 선교사들이 한 달 동안이나 모여 회의를 하였지만 아무 결실을 맺지 못하였다. 이 안타까운 분열은 전 중국뿐만 아니라 유럽에도 알려지게 되었고, 선교 활동을 하는 다른 수도회들도 이 논쟁에 참여하게 되었다. 다른 수도회의 선교사들이 중국에 도착하면서 논쟁은 진정되기는커녕 더욱 격화되기 시작하였다. [중국 선교에 새롭게 참여한] 도미니크회와 프란체스코회 선교사들은 [이전에 있던 예수회 선교사 중] 다수를 차지하고 있던 리치 신부의 편에 서지 않고, 롱고바르드 신부의 편에 가담하였다. 이로 인해 전례 논쟁은 장기화되고 격화될 것이라 쉽사리 예상할 수 있었는데, 불행히도 이 예감은 적중하였다.

중세 시대에는 프란체스코회와 도미니크회 수사들이 당시까지 [유럽인들에게] 알려진 세계의 지평에 복음을 전파하는 사명의 주역들이었다. 지금까지 우리는 포기를 몰랐던 이 수사들이 불굴의 용기를 가지고 중앙아시아(Upper Asia)를 횡단하며, 칭기즈칸의 잔혹한 전사들과 거만한 공자의 제자들에게 평화와 겸손, 사랑의 종교인 그리스도교를 어떻게 전파하였는지 살펴보았다. 선교사인 동시에 외교관의 역할도 함께 수행하였던 이 시기의 선교사들은 그리스도교의 유익을 구하는 것만큼이나 문명을 전파하는 데에도 관심을 가졌다. 카르피니, 루브룩, 몬테코르비노의 요한, 오도릭 같은 수사들은 모두 손에는 지팡이를 들고, 등에는 가방을 메고 서쪽을 떠나 동방의 가장 깊은 곳까지 나아가 맡겨진 일을 수행하였다. 가히 영웅적인 용기와 인내가 있어야만 가능한 일이었다. '예수 그리스도를 위한 여행자들[선교사들]'은 결코 선교 사역의 현장을 뒤로하고 떠나는 법이 없었다. 수많은 전쟁과 혁명, 그리고 끔찍했던 박해들도 자신들의 목적을 달성하고자 불굴의 의지로 분투하였던 이들을 막을 수는 없었다. 아시아 내륙(High Asia)에서의 선교활동이 잠시 중단되었던 것은 사실이나, 희망봉의 발견으로 곧 새로운 길이 열렸고 도미니크회 수사들은 자신들의 열정과 용기가 이전 세대의 선교사들에게 결코 뒤지지 않음을 보여주었다. 어둠 속에 놓여있는 셀 수 없이 많은 사람들에게 이전에 한 차례 비추어진 적 있었던 진리의 빛을 다시금 비춰주기 위하여, 수사들은 즉시 새로 열린 뱃길의 파도에 자신의 몸을 맡길 준비가 되어있었다. 현재 선교와 교회의 확장이라는 면에서는, 예수회가 남들과는 비교할 수 없이 탁월한 능력을 과시하고 있는 것은 자명한 사실이다. 전 세계에 예수회 선교사들이 퍼져있고, 현재까지 알려진 모든 지역에는 성 이냐시오 로욜라의 기관들이 세워지고 있다. 그러나 앞서 밝힌 것과 같이 중국 땅에 첫발을 내딛는 영광은 도미니크회의 것이었고, 후에 예수회에 의해 빛을 발하게 된 중국 선교는 도미니크회가 시작한 것이었다.[1)]

1555년, 포르투갈의 에보라Evora 태생인 가스파르 드라쿠아Gaspard de la Croix가 중국 대국의 문을 열었다. 프란치스코 하비에르가 세상을 떠난 지 고

1) (원주) Le Quien, Oriens christianus in quatuor patriarchatus digestus, in quo exhibentur Ecclesiae patriarchae caeterique praesules totius Orientis, 1740n (이하 "Oriens christianus"), vol. iii, p. 1354.

작 3년 후의 일이다. 카르도소Cardoso는 그가 쓴 『순교자 열전』에서 하비에르 선교사가 포르투갈어로 남긴 기록을 통해 하비에르가 중국에서 어떤 일들을 겪었으며, 적절한 방법으로 선교를 한다면 중국 선교에서 기대할 수 있는 희망적인 내용을 읽었다고 밝혔다. 중국인을 선교하기 위한 역사상 최초의 시도에서도 선한 열매가 아주 없었던 것은 아닌 듯하다. 왜냐하면 드라쿠아의 이야기를 듣고 그의 삶에 감화를 받은 중국인들이 우상에게 봉헌되었던 불탑 중 하나를 자발적으로 허물어버렸기 때문이다. 많은 중국인들이 세례를 받기 원했고, 또 실제로 세례를 받은 이들도 생겨났다. 그러나 외국 사람이 중국에서 영향력을 행사하는 것을 보고 두려워진 중국 관리들이 드라쿠아를 체포하였다. 중국 관리들은 드라쿠아를 사형시키고자 하였으나, 부인할 수 없는 드라쿠아의 경건함을 보고는 차마 그를 사형 시키지 못하고, 중국에서 추방하는 것에 만족해야만 했다.[2] 가스파르 드라쿠아 수사가 추방되고 난 후, 다수의 도미니크회 선교사가 여러 중국인에게 그리스도교를 전파하였다. 모두 16세기에 이루어진 일이었다. 경건하고 열정적이었던 선배 선교사들이 뿌려두었던 복음의 씨앗이 자라난 것이다. 리치 신부가 중국에 도착한 것과 비슷한 시기인 1587년에 이르러, 도미니크회 소속인 바톨로메오 로페즈Bartholomew Lopez와 두 수사가 마카오에 수도원을 설립했다. 마카오를 중국 선교의 중심지로 삼을 계획이었다. 그리고 같은 시기에 필리핀 세인트 로사리오Saint Rosario 지방의 초대 관구장인 요한 데 카스트로John de Castro 신부, 그리고 후에 마닐라 대주교로 서임된 미카엘 데 베나비데스Michael de Benavides 신부가 두 명의 중국인의 안내를 받아 중국 땅을 밟았다. 신부들의 입국을 도운 두 명의 중국인들은 후에 필리핀 수도에서 베나비데스 신부에게 복음을 듣고 세례를 받았다. 두 신부는 중국어와 중국 관습을 이미 익힌 상태였기 때문에, 중국에 도착하자마자 성직의 임

2) (원주) Touron, Antoine (1686-1775), Hist. des hommes illustres de l'ordre de saint Dominique, vol. vi. p. 729. Fontana, Monumenta Dominicana, ann. 1555.

무를 수행할 수 있었다. 이들의 선교 활동은 중국 불신자들 사이에 큰 파문을 불러 일으켰다. 만약 이들이 주님의 일을 평화롭게 수행할 수만 있었다면, 많은 사람을 개종시킬 수 있었을 것이다. 그러나 두 신부의 선교 열정은 조정의 질시와 반감을 불러일으켰고, 어느 날 두 신부는 초막에서 한 무리의 사람들에게 체포되고 말았다. 그들은 쇠사슬에 묶인 채 토굴에 던져졌다. 두 신부가 재판장에서 섰을 때, 그들은 재판관에게 용감하게 예수 그리스도의 이름을 고백하였다. 두 신부는 오랜 기간 잔인한 고문을 받은 후, 중국에서 추방되어 마닐라로 피신하였다. 16세기가 끝나갈 무렵에는 세 차례 인도를 방문하였고, 실론, 캄보디아, 코친차이나와 말라카에서 복음을 전한 경험이 있는 디에고 아드바르테 Diego Advarte 신부가 중국에서 갖은 어려움을 겪었다.[3] 17세기 초에는 도미니크회 선교사 두 명이 중국에서 도미니크 수도회를 번영시키고자 중국에 들어갔으나, 큰 장애물로 인해 그들의 선교 열정은 무력화되었다. 도미니크회는 이후 1633년 모랄레스Juan Bautista Moralès 신부가 중국에 도착한 이후에야 중국에서 번성하기 시작하였다.[4] 17세기와 그 이후에 얻게 될 풍성한 수확을 생각하면, 17세기 이전까지의 모든 활동은 하나의 시도 및 미래를 위한 작은 소리의 전주곡에 불과하였다. 한 가지 놀라운 점은 도미니크회 선교사들이 중국에 선교회를 설립하면서 끊임없는 장애물과 어려움을 겪었던 반면, 꼭 같은 시기에 예수회의 선교 사역은 지속적인 성장세를 보이며 전 중국으로 확장해나갔다는 사실이다. 같은 역사적 상황 속에서 상반된 현상이 일어난 원인은 무엇이었을까? 공평정대하게 역사를 보기 위한다면, 이 기이한 현상의 원인을 반드시 검토해 보아야 할 것이다. 그리고 그 원인을 고찰하는 과정에서 중국에서의 선

---

3) 디에고 아드바르테(Diego Advarte, 1570–1636)는 스페인 사라고사(Zaragoza) 태생의 도미니크회 수사이며 역사가이다. 필리핀 제도에서 선교활동을 하였으며, 1632년 마닐라에서 도미니크회 수도원의 수도원장이 되었다.

4) 후안 모랄레스(Juan Bautista Moralès, 1597-1664, 중국명 黎玉范)는 스페인 안달루치아(Andalusia) 태생의 도미니크회 중국 선교사였다. 필리핀에서 선교활동을 하다가 1633년 중국에 입국하여, 복건성 일대에서 활동하였고, 전례논쟁에 깊이 뛰어들어, 마테오 리치의 적응주의에 맞섰다. 로마로 돌아가 1645년, 교황 이노센치오 10세가 예수회 선교 방식에 제동을 걸게 한 인물이다.

교 활동 전반을 뒤흔들었던 전례 논쟁의 실마리를 풀어갈 수 있을 것이다.

포르투갈과 스페인의 치열했던 주도권 쟁탈전

포르투갈과 스페인은 같은 시기에 각각 마카오와 필리핀 제도諸島를 지배하고 있었다. 포르투갈인들이 중국의 주요 관문인 마카오에서 그들의 번영하고 있는 신생 식민지의 기반을 강화하고 있는 동안, 그리 멀지 않은 필리핀 제도에서는 스페인 사람들이 식민 지배의 기초를 닦고 있었다. 큰 섬만 12개이고, 60개의 작은 섬으로 둘러싸여 있는 이 커다란 군도는 마젤란Magellan에 의해 1519년[1521년]에 발견되었다.[5] 1571년에는 돈 미구엘Don Miguel이 필리핀 제도의 수도이자 풍요로우면서도 기이한 도시, 마닐라를 보호하기 위해 루손Luzon 섬에 요새를 건설하였다.[6] 오랜 역사 동안 서로 경쟁하였던 스페인과 포르투갈은, 이제 멀리 떨어진 아시아의 마닐라와 마카오에서 다시 치열한 힘겨루기에 돌입하였다. 포르투갈인들은 중국과의 무역에서 발생하는 이익을 자신들이 독점하고자 노력하였다. 그들은 스페인 사람들을 중국의 해안에서 몰아내기 위하여 수단과 방법을 가리지 않았고, 특별히 중국 관리들과 스페인 사람들을 만나지 못하도록 애를 썼다. 필리핀에 이미 상당수의 중국인들이 자리를 잡고 있다는 사실을 알게 된 포르투갈인들은 필리핀의 시장이 확대되면, 자칫 유럽 시장의 중심이 마카오가 아닌 마닐라로 옮겨질까 염려하였던 것이다. 이를 방지하기 위하여, 포르투갈인들은 스페인 사람들과 중국인들이 서로 어떠한 관계도 맺지 못하도록 이를 방지하고 방해하는 것을 정책의 기조로 삼았다.

---

5) 마젤란이 필리핀 제도에 도착한 해는 1521년이다. 마젤란이 태평양 횡단을 시작한 해가 1519년이었는데, 육 신부가 착각한 것이다.

6) 돈 미구엘(Miguel López de Legazpi, c. 1510)은 스페인 주마라가(Zumárraga) 출신으로, 1545년 남미 뉴 스페인(멕시코)으로 이주했다가 스페인 총독의 명을 받고, 마젤란이 발견했던 필리핀을 통치하기 위해 왔다. 1565년 세부에 도착하여 정착촌을 만들었고 초대 필리핀 총독을 역임했다. 1571년에는 루손을 개척했다.

앞서 [제 2권에서] 마카오 당국이 가톨릭 국가인 스페인의 국왕이 베이징에 사절을 보내려고 하였던 선교 계획을 용케 무산시켰던 것을 살펴본 바 있다.[7] 당시 중국 내지에서 활동하고 있던 예수회 선교사들은 중국 관리들을 설득하여 이 선교 계획을 설득시키기 위해 자신들의 모든 힘을 동원하였으나, 후에는 포르투갈 상인들의 계략으로 인하여 이 계획을 성사시키지 못했다. 포르투갈인들은 스페인이 중국 무역에 끼어들게 되면, 포르투갈은 참패를 면치 못할 것이라고 예수회를 설득하였다. 그들은 페루의 모든 금을 좌지우지하는 스페인 상인들이 중국 무역에 참여하게 되면, 중국 상품 가격을 매우 높게 측정하여 마카오의 교역이 큰 피해를 입게 될 것이라고 강력하게 주장하였다. 예수회 선교사들은 중국 선교의 기초를 닦고, 유지시키기 위해서는 거액의 헌금 등으로 지원하고 있는 포르투갈 상인들과 자신들이 공생관계에 있다고 믿고 있었다. 정리하자면, 예수회 선교사들은 선교 사역의 성공 여부가 포르투갈 식민지의 번영에 달려있다고 보았고 마닐라에서 신학교를 운영하고 있던 도미니크회 선교사들은 스페인과 협력 관계에 있었던 것이다. 스페인과 포르투갈의 경쟁은 예수회와 도미니크회 사이의 반목, 경쟁, 갈등으로 확장되었다. 이 적대 관계는 천여 개의 서로 다른 상황에서 재현되며, 그리스도교 세계에 통탄할만한 분열을 불러일으켰고, 중국에는 아시아 선교에 치명적인 해를 끼치고야 말았다.

알바레즈 세메도 신부의 서신에 나타난 양국의 갈등

예수회 선교사들이 도미니크회 선교사들의 중국 입국에 반대하였던 것은 질투심과 같은 어리석은 이유 때문만은 아니었을 것이라고 믿는다. 우선 예수회 회원들이 보여주는 그들의 전반적인 성품은 질투심이라는 저열한 감정과

7) 앞서 출간된 제 2권 제 2절 중, "스페인 사절의 입국 시도와 포르투갈 상인들의 반대" 참조.

는 전혀 어울리지 않는다. 더욱이 예수회의 동력이 하느님의 영광을 드러내고 영혼을 구원하려는 그들의 뜨거운 열정임을 생각한다면, 질투심이 그 원인이 되었을 것이라고 생각하기는 어렵다. 만약 이냐시오 로욜라를 따르는 자들이 중국 선교를 독점하려는 야욕을 보이거나 혹은 넓게 펼쳐진 주님의 추수 밭에서 함께 일하는 다른 일꾼들에게 적대감을 보였다면, 다른 수도회가 선교 사역에 동참함으로써 선교 사역에서 매우 중요한 요소라고 할 수 있는 선교 방법의 통일성이 무너질 것을 염려했기 때문일 것이다. 예수회 선교사들의 이러한 우려는 아마 잘못된 판단이었겠지만, 이미 예수회 내부에서조차 분열의 조짐이 보이는 마당에 프란체스코회와 도미니크회 선교사들이 개입하면 선교 사역이 더욱 평탄하고 순조롭게 진행될 것이라고 기대할 수 있었을까? 예수회 선교사들은 그렇지 않다고 생각했고, 이러한 의견을 수차례에 걸쳐 분명하게 밝혔다. 중국 선교에 관하여 기록을 남긴 초기 선교사들 가운데 하나인 알바레즈 세메도Alvarez Semedo 신부는 이렇게 말한다.

> "나는 에티오피아 총대주교 알폰소 멘데즈Alphonso Mendez가 고아에서 [교황청의] 포교성성 추기경들에게 보낸 서신에서 발췌한 내용으로 이 이야기를 끝맺고자 합니다. 필자의 학식, 덕성과 권위를 드러내고 있는 이 글은 주목할 만한 가치가 있습니다. 그는 자신이 많은 시간과 노력을 쏟았던 문제에 대한 그의 경험을 분명하게 밝히고 있습니다. 그는 이렇게 말했습니다. '서신의 끝부분에서 추기경님들께 이런 말씀을 꼭 드려야겠습니다. 우리는 하나의 경작지에 다양한 종류의 씨앗을 뿌리는 것을 금하고, 양모와 아마로 짠 예복을 입지 말아야 한다는 거룩한 사명을 받았다는 것입니다.' 이미 귀중한 대접을 받는 여왕(라틴교회)이 직조하고 인정하는 다양한 겉옷들, 즉 여러 수도회의 다양한 규칙과 관습들은 매우 어린, 즉 미숙한 교회(신생교회)에는 아직 도입해서는 안 됩니다. 왜냐하면 이러한 다양성 때문에 악의에 찬 질투심에 미끄러지는 일이 생길 수 있기 때문입니

다. [미숙한 교회가] 나이가 들고 체력이 좋아질 때까지 여러 해를 기다려야만 합니다. 어떤 교회들은 신중함이 모자라고, 또 다른 어떤 교회들은 무분별한 열정에 사로잡혀 있기도 하기에 모두 교화되지 않은 행동으로 파멸을 맞게 될 것입니다. 주님께서 추기경들을 축복하시고 보호해주시기를 기원합니다. 1638년 11월 11일. 고아에서."[8)]

세메도 신부는 이 서신의 마지막 부분에서 프란체스코회와 도미니크회 선교사들이 중국에 들어오는 것을 금지해야 한다고 말한다. 예수회 선교사들이 직접 언급하고 있는 것으로도 확인되는 바, 예수회에 속하지 않은 선교사들은 [이렇게] 끊임없는 방해를 받았던 것이다. 그들은 중국 선교를 향한 자신들의 선교 열정을 펼치기까지 오랜 시간을 기다려야만 했다. 카후어Cahour 신부는 다음과 같은 기록을 남겼다.[9)]

"다른 수도회의 선교사들은 1633년까지 마카오에 들어갈 수 없었다. 마카오에 나타난 사람들은 카스티야[스페인]인들이었고, 마카오의 주인이었던 포르투갈인들은 스페인 사람들이 당시 중국으로 들어가는 유일한 관문이었던 마카오를 지나가는 것을 결사코 반대했다. 이것은 포르투갈인들이 가지고 있었던 정책 혹은 그들이 가지고 있던 [스페인에 대한] 반감 때문이었다. 따라서 스페인 사람들은 50년 동안 필리핀에서 기다리면서 대만에 속한 여러 섬과 교역하면서 복건성으로 들어가는 길을 오랜 시간에 걸쳐 찾아내었다. [마카오에서는] 뱃길로 겨우 하루 정도 떨어진 곳이었다."[10)]

---

8) (원주) Alvarez Semedo, Histoire de la Chine, p. 367.

9) 여기 소개되는 카후어는 아센 카후어(Arsène Cahour) 신부를 말한다. 1843년, 파리에서 『예수회에 의한 예수회 Des Jésuites par un Jésuite』를 출간하였다.

10) (원주) Father Cahour, Des Jésuites par un Jésuite, c. iv. p. 80. Bartoli, Della Cina, lib. iv.; Delle Opere, vol. xviii. p. 507. Arsène Cahour, Des Jésuites par un Jésuite, Paris, 1843

불붙기 시작한 전례 논쟁과 모랄레스 신부의 유럽행

위에 기록된 것과 같이, 1633년 도미니크회의 후안 바우티스타 모랄레스Juan Bautista Morales와 프란체스코회의 앙투안느 드 생트 마리Antoine de Sainte Marie는 실제로 마닐라에서 복건성으로 가는 경로를 발견하였다. 두 신부는 필리핀 제도에 오래 머무는 동안 능숙하게 중국어를 구사할 수 있는 실력을 갖추었기 때문에, 중국 땅에 발을 디디는 즉시 복음을 전할 수 있었다. 그들은 중국의 예수회 선교사들 사이에 문제가 되고 있었던 전례문제에 관심을 기울이기 시작하였다. 모랄레스 신부는 중국 현지에서 새 신자들, 그리고 예수회 선교사들이 개종시킨 다수의 사대부들을 만나며 이 논쟁의 요점에 대하여 조사하였다. 그들은 모두 공자와 조상들에게 바치는 제물은 그들에게 호의를 보이기 위해서라고 입을 모아 말하였다. 이때부터 도미니크회 선교사들은 전례[조상과 공자에 대한 제사]가 도덕적으로 크게 비난받아 마땅한 미신이라고 주장하며, 전례에 대하여 예수회 선교사들이 취한 태도를 맹렬하게 비난하였다. 도미니크회 선교사들은 중국 선교에서 신앙의 순수성이 훼손될 위험에 처해 있다는 내용의 서신을 교황청으로 보냈다. 반면, 예수회 선교사들은 이 문제에 관해 정반대되는 의견을 가지고 상반된 진술서를 교황에게 보냈다. 전례에 대한 논쟁이 계속되는 중, 복건성에서는 끔찍한 박해가 일어나 도미니크회 선교사들이 세웠던 선교 시설들이 파괴되었다. 모랄레스 신부는 그리스도교로 개종한 사람들에게 공자와 조상들에 대한 제사에 참석하지 말 것을 명했는데, 이 때문에 그는 관리들과 백성들 모두에게 증오의 대상이 되어 피신할 수밖에 없었다. 풀뿌리와 약초로 연명하며 산과 강가를 여러 날 헤매던 모랄레스는 마침내 투옥되었다. 그는 칼項鎖을 찬 채로 태형에 처해 진 후, 다시는 중국 땅을 밟을 수 없다는 조건으로 배에 태워져 마카오로 추방되었다. 본의 아니게 홀로 시간을 보냈던 모랄레스 신부는 중국 선교사들을 분열시킨 이 문제에 대하여 숙고하였다. 프란체스코회와 도미니크회의 수도원장들은 전례문제를 해결하기 위하여 모랄레스를 교황청으로 보내기로 하였다.

1643년, 모랄레스는 그리스도교 세계의 중심지라고 할 수 있는 로마에 도착하였다. 모랄레스는 교황청에서 17개의 질문에 답하였고, 이 내용을 들은 교황 인노첸시오 10세는 1645년 9월 12일자 교서를 통하여 전례문제에 대하여 프란체스코회에 유리한 결정을 내렸다.[11] 모랄레스는 중국 예수회 부관구장에게 직접 교황의 결정 내용을 알렸다. 그런데 교황의 교서에는 "다른 결정이 내려질 때까지"라는 단서가 붙어 있었다. 인노첸시오 10세는 사실에 근거하여 더욱 정확하게 상황이 파악되는 경우에는 자신의 결정이 바뀔 수 있다는 의도를 가지고 있었던 것이다. 예수회 선교사들은 예수회를 대표하는 마르티니 신부를 로마로 보내어, 예수회가 [중국인들에게 제사를] 허용했던 이유는 전례가 종교적인 성격의 것이 아니라, 순전히 예를 지키는 의례이기 때문이라고 역설하였다.[12]

예수회의 주장에 따르면, 도미니크회의 모랄레스 신부의 진술은 인정할 수 없는 것이었다. 교황 알렉산데르 7세는 예수회의 마르티니 신부의 주장이 일리가 있다고 판단하였다. 그는 1656년 3월 23일 교서를 통하여 마르티니의 진술이 올바르다고 판단하고, 중국 전례는 합법적이며, 그리스도인이 제사 전에, 제사에 미신적인 요소가 있다고 항의하지 않는다면 양심에 따라 제사가 허용될

11) 인노첸시오 10세(Innocent X, 1644-55)는 제 236대 교황으로 본명은 조반니 바티스타 팜필리(Giovanni Battista Pamphili)였으며 로마의 명문가 출신이다. 1653년, 코르넬리우스 얀센의 교설 5개 조항이 루터주의와 유사한 이단이라고 규정하는 교서(Cum occasione)를 반포했다.

12) 마르틴 마르티니(Martin Martini, 1614-61, 중국명 衛匡國)는 신성로마제국의 영토였던 트렌토 태생의 예수회 선교사였다. 1640년, 인도를 거쳐 1643년 중국에 와서 절강성에서 활동하였다. 전례논쟁에서 예수회 입장을 설명하기 위해 로마로 가서 1656년에 우호적인 결론을 이끌어 냈다. 1658년 다시 중국으로 돌아와 항주지역에서 사역했다. 『Novus Atlas Sinensis』, 『De Bello Tartarico Historia』, 『De Amicitia』, 『Grammatica Linguae Sinensis』 등의 저술을 남겼다.

수 있다고 밝혔다.[13] 도미니크회와 예수회 선교사들의 진정서 내용이 완전히 달랐으므로, 이에 따른 교황들의 답변이 각각 달랐던 것은 모순되는 일이 아니다. 그러나 모랄레스 신부가 유럽에 간 것은 교황에게 중국인들의 관습과 전례에 대한 내용을 보고하기 위한 것만은 아니었다. 형제 수사들이 그리스도교 신앙을 전파하기 위한 열정에 참여하기를 진심으로 원했던 이 열정적인 선교사의 궁극적인 목표는 극동의 추수에 동참하기 위한 많은 일꾼을 데리고 다시 선교를 떠나는 것이었다. 로마에서의 임무를 마친 후, 스페인으로 돌아간 모랄레스 신부는 인류의 구원을 위해 죽음을 각오하고 있는 헌신적인 도미니크회 수사들에게 호소하였다. 당시 바야돌리드Valladolid 대학의 영예를 빛내고 있던 학자인 나바레테Domingo Fernández Navarette가 제일 먼저 선교사로서의 소명을 따르기로 다짐하였고, 다른 많은 수사도 뒤이어 이 뛰어난 하느님 종의 뒤를 따랐다.[14] 모랄레스 신부는 28명의 도미니크회 형제들과 함께 안달루시아의 산루카르Sanlucar 항구를 떠나, 먼 동쪽을 향하여 길고도 위험한 항해를 떠났다.

카펠라스 신부의 선교활동과 순교

중세 시대에 "예수 그리스도를 위한 여행자들"이라고 불리곤 했던 이들(선교

13) 알렉산데르 7세(Alexander VII, 1655-67)는 제 237대 교황으로 시에나 출신이고 본명은 파비오 키기(Fabio Chigi)였다. 그의 치세에 족벌주의가 뿌리 깊었으며 예수회를 총애했다. 프랑스의 루이 14세와 외교적 갈등이 속되었고, 얀센주의를 교서로 이단 정죄했고, 성모 마리아의 원죄 없는 잉태 교리를 제시했다.

14) 도밍고 나바레테(Domingo Fernández Navarette, 1618-89, 중국명 閔明我)는 스페인 태생의 도미니크회 선교사였고 대주교였다. 1646년, 27명의 수사들을 이끌고 멕시코를 경유하여, 1648년 6월 마닐라에 도착하였다. 마닐라에서 신학을 강의하다가, 1657년 중국으로 가서 주로 복건성에서 활동하였다. 그의 반(反)예수회 저작은 프랑스 얀센주의자들과 볼테르의 찬사를 받았다. 1645년부터 1670년대까지 자신의 여행과 전례 논쟁에 관한 견해를 『上帝許給的土地: 閔明我行記和禮儀之爭』(하느님이 허락하신 땅에서 나바레테의 여행기와 전례논쟁)에서 남겼다.

사들)이 거룩한 용기를 내어 위험한 항해에 도전하고 있을 때, 이들 중 한 선교사가 중국 땅을 위해 피를 흘리는 사건이 일어났다. 피를 흘린 사람은 바로 스페인 명문가 출신의 도미니크회 수사 프란시스 페르난데스 데 카펠라스Francis Fernandez de Capellas였다. 카펠라스 신부는 세상과 결별한 채, 수도원에서 청빈하게 살면서 겸손을 실천하고 기도와 성경 읽기 외에는 어떠한 쾌락도 추구하지 않던 삶을 살고 있었다. 사제가 된 그는 금욕과 은둔생활 중 사도로서의 사명을 감당할 준비를 마쳤다. 고향에서 사제의 일을 감당하던 카펠라스 신부는 상관들의 결정에 의하여 하느님의 뜻이 무엇인지, 자신이 대양을 건너 멀리 떨어진 지역에 복음의 빛을 비출 준비가 되었다는 사실을 깨닫게 되었다. 하느님의 섭리로, 카펠라스는 도미니크회 형제인 프란치스코 디아즈Francisco Diaz를 만나 중국에 들어가게 되었고, 1642년 복건성에 잠시 머물렀다.[15] 빠른 속도로 중국어를 익힌 카펠라스는 사도의 직분을 충실하게 수행하며 중국 전역을 걸어서 누비고 다녔다. 그는 언제나 낡은 옷을 입고, 성무일도서와 십자가만을 지니고 있었으며, 오직 십자가의 능력에 의지하는 설교만 했다. 외톨이 선교사가 늘 그렇듯, 그는 고단하고 험난한 위험을 당하였으나, 많은 불신자를 가르칠 수 있었다. 개종한 배교자들이 교회의 품으로 돌아가 하나가 되었으며, 순결을 지키는 것을 커다란 영예로 여기면서도, 순결한 사람을 찾아보기 어려운 이 나라에서 많은 처녀들이 하느님께 자신들을 거룩하게 드렸다. 이를 통해 카펠라스 신부는 그가 당한 모든 고난에 대한 후한 보상을 받았다. 주님께서 그의 사역을 보호하신다는 것을 보여주신 것이었다.[16]

카펠라스 신부가 여전히 복음을 전파하는 사역에 열심을 다하고 있을 때, 포응성의 지방 장관은 그리스도교인들을 박해하고 사제들을 수색하기 시작하

15) 프란치스코 디아즈(Francisco Diaz, 1606-1646)는 1642년, 7,000 개의 한자 단어를 스페인어(로만화된 단어)로 설명한 최초의 사전을 출간하였다. 책 제목은 『Vocabulario de Letra China con la Explicacion Castellana』.

16) (원주) Touron, vol. vi. p. 732.

였다. 그러던 중 한 감독관이 중국의 지식인들이 그리스도인들에 대하여 어떠한 입장을 가지고 있는지, 즉 찬성하는 사람들과 반대하는 사람들이 내세우는 각각의 이유를 조사하라는 명을 받았다. 그 감독관은 각각의 무리에게 가장 학식이 뛰어난 자를 앞세워 그들의 주장을 펼치도록 하였고, 이러한 행사는 공개적인 장소에서 열리되 자신 또한 참석하여 자신이 각 주장을 듣고 직접 판단을 내릴 것이라고 하였다. 정해진 날이 되자, 중국인 선비인 피에르-친Pierre-Chin과 카펠라스 신부의 제자 한 명이 각자가 믿고 있는 하느님의 법에 관해 말하기 위해 토론장에 섰다. 공자의 제자[중국인 선비 피에르-친]는 그리스도인들이 교당에 모여 중국의 신성한 법을 발로 짓밟고 경멸하고 있다고 불평하였다. 그리스도인들이 관습과 효심에 따르는 조상숭배를 거부하고, 조상들의 이름이 새겨진 위패[神主]를 모독하고 이를 불태운다는 것이었다. 이에 그리스도교를 옹호하는 편에 섰던 카펠라스의 제자는 그들이 교당에 모이는 것은 오직 하느님을 찬양하고 그분께 기도와 제물을 바치는 동시에 제국의 평화와 번영, 황제의 장수와 건강함을 빌기 위함이라고 말했다. 따라서 제국의 법을 무시하기는커녕, 그리스도인들은 제국의 법을 누구보다도 충실하게 지키고 있다는 주장이었다. 그리고 그는 그리스도인들은 절대로 조상을 모욕하거나 위패를 욕보인 적이 없으며, 거룩한 종교를 믿는 가운데 주님을 알고 섬기던 조상들의 영면과 영원한 행복을 빌고 있다고 말했다. 이에 덧붙여, 그리스도인들은 조상들의 신주를 태우라고 강요하거나 폭력을 행사한 적이 단 한 번도 없으며, 부드럽게 항변하고 논리적으로 설득하라는 계명에 따라 사랑의 법을 실천하기에 힘쓰고 있다고 말했다. 다시 풍부한 지식과 영성을 갖춘 피에르 친이 적극적으로 감정에 호소하며 유창한 변론을 이어갔다. 그 결과 감독관은 그리스도교의 법은 잘못된 것을 버리고 바른 것을 실천할 것을 명하는 유익한 법이며 교역자들은 흠 없는 생활을 하는 덕성 있는 자들이기 때문에, 선비를 비롯한 다른 사람들은 예수 그리스도 제자들을 폭행해서는 안 된다는 판결을 내렸다.

그리스도인들에게 유리한 결정이 내려진 것이다.

감독관의 올바른 결정은 모든 핍박의 종결점이 되어야만 했다. 그러나 핍박은 잠시 소강상태에 접어들었을 뿐, 끝난 것은 아니었다. 그리스도교를 적대세력으로 간주하고 있던 불승들이 새로운 음모를 꾸몄던 것이다. 그들은 거짓말로 관리들을 현혹시켰고, 결국 관리들로 하여금 카펠라스 신부를 체포하도록 만들었다. 카펠라스 신부는 성례를 집행하기 위해 성찬기聖餐器를 든 한 소년과 함께 포응 인근으로 향하던 중이었다. 청나라 군사들이 신부를 족쇄로 굳게 채워 투옥 시킨 것은 1647년 11월 13일의 일이다. 신부가 자신이 순교하려고 하는 이유를 설명하던 중, 한 관리가 그에게 어느 집에서 숙식하였는지 물었다. 신부는 그의 잠자리는 땅바닥이고 그의 음식은 하느님이 주시는 일용할 양식이므로 온 세상이 그의 집이라고 대답했다. 그리고 예수 그리스도의 영광과 그 분을 믿는 사람들의 영원한 행복을 위해 일하고 고난을 받는 것이 자신의 소명이라고 말했다. 다른 질문들에 대한 대답도 모두 마찬가지였다. 그는 자신이 중국에 왔던 이유, 즉 중국인들에게 구원의 진리를 전할 기회가 주어지기만 하면 이를 놓치지 않았다. 그러나 이들은 진실을 들을 만큼 존귀한 자들이 아니었으므로, 이 그리스도교 선교사의 완강함에 분노하며 그를 감옥에 보내기 전에 심하게 매질하였다. 감방에 갇힌 카펠라스는 밤낮 기도하였고, 하느님의 말씀이 그의 입에서 떠나지 않았다. 그를 찾았던 모든 사람은 이 순교자의 입술에서 나오는 말씀에서 어떤 힘을 느낄 수 있었다. 뛰어난 인내심을 가졌던 카펠라스는 생명력 있는 훈계를 통해 비록 감방에 갇혀서도 새로운 개종자를 만드는 일을 계속하였다. 때문에 신앙심이 없는 판관들은 카펠라스에게 새로운 죄목을 많이 추가하여 사형을 선고하기에 이르렀다. 판관들은 신부가 중국의 영혼들과 신들을 모독하고 그릇된 교리를 전하였기 때문에 사형을 선고한다고 결정하였다. 이 순교자는 마지막 숨을 거둘 때까지 자신이 생전에 그랬던 것과 같이 용기를 잃지 않고 흔들리지 않는 변함없는 모습을 보여주었다. 카펠라스 신부는 자신의 몸을 제물로 드렸던 주님에 대한 찬양을 그치지 않으며, 자신이 흘릴 피를 통해서 중국인들의 마음에 거룩한 법을 전할 수 있기를 기도하였다. 1648년 1월 15일, 많은 군중의 눈앞에서 그에 대한 형이 집행되었다.

이 용감한 선교사의 고귀한 죽음은 그리스도인들에게 위협의 메시지가 되기는커녕, 오히려 그들의 용기를 불러일으킬 뿐이었다. 그리스도인들은 이 순교자가 자신들에게 전해주었던 신앙을 더욱 굳건하게 할 것을 다짐하였다. 카펠라스 신부가 거둔 승리의 소식에 마카오와 필리핀, 그리고 스페인 각지에서는 엄숙한 감사의 예배가 올려졌다. 이 성인의 머리는 먼저 마닐라로 옮겨졌다가, 나중에 바야돌리드에 있는 성 바울 수도원에 안치되었다. 카펠라스 신부가 영웅적인 죽음으로 그리스도교 신앙에 승리를 안겨 주려고 하는 바로 그 순간, 모랄레스 신부의 인도를 받아 스페인의 산루카르Sanlucar에서 출항하여 힘든 항해를 마친 다수의 도미니크회 형제들이 마침내 중국 해안에 상륙했다. 이 젊은 선교사들은 때마침 그들의 영광스러운 형제가 순교한 것을 보면서 이러한 광경에서 힘과 인내심과 거룩한 선교를 위한 활력을 얻게 되었다. 순교의 면류관은 젊은 선교사들을 매혹 시켰고 그들로 하여금 열정적이고 공격적인 삶을 살도록 이끌었다. 젊은 선교사들은 외딴 선교지로 서둘러 찾아가 선교사들이 흘린 피로 인하여 복음을 전하는 새로운 선교사들이 생겨났음을 알렸다.

중국인 사제 알로우, 일명 그레고리 로페즈의 생애

모랄레스 신부는 그의 영적 가족들과 재회하게 되어 매우 기뻐하였다. 그는 자신이 세례를 주어 거듭난 신자 모두의 이름을 하나씩 즐거운 마음으로 거듭

읊조렸다. 그리고 그 신자들이 폭풍 가운데서도 여전히 신실하고 흔들리지 않았다는 이야기를 듣고는 주님을 높여 찬송하였다. 특별히 모랄레스 신부는 그레고리Gregory 라는 이름의 청년에게 애정을 느꼈다. 이후 그는 중국에서 최초의 사제가 되어 주교의 반열에 오르게 된다. 그의 생애 가운데 기적을 보여주기도 한 이 그리스도인의 생애에 대해 자세히 기록을 남기고자 한다.

알로우A-Lou는 복건성 복주福州에서 태어난 중국인으로, 후에 그레고리 로페즈Gregory Lopez라는 이름으로 알려진다. 그는 유교, 불교, 도교, 그리고 각종 미신이 기괴하게 혼합된 채 중국의 일반적인 종교 환경에서 자라났다. 주님께서는 주님의 일에 사용하시고자 주님의 은혜로 그를 깨끗하게 하신 후, 다른 사람들을 위한 자비의 도구로 사용하시기 위해 그레고리를 선택하셨다. 도미니크회의 모랄레스 신부는 이 중국 청년이 그의 부모나 스승에게서는 배울 수 없었던, 예수 그리스도에 관한 지식과 주님의 법을 가르쳐 주었다. 중국인들은 대체로 나이에 비해 조숙한 분별력과 사고력을 보여준다. 유럽의 아이들이라면, 놀이에만 집중할 나이에도 중국인들은 실제로 장사를 하는 능력을 보여준다. 그들은 다소 무뚝뚝하고 우울해 보이기는 해도 어려서부터 현실적인 삶을 살아가는 것에 적응한다. 특히, 대도시에 사는 아이들은 장사하는 방법, 물건의 매매, 나아가 투기와 같은 부정행위까지도 지나치게 이른 나이에 습득한다. 또 중국 아이들은 쌀이 얼마나 생산될 것인지 예측할 수 있으며, 마치 어른과 같이 뽕나무와 차나무를 기르면 얼마의 이익이 생겨날지 계산해 내기도 한다. 어려서부터 물질주의자가 된 아이들의 감성이 메말라 보이는데, 솔직함과 단순함과는 거리가 멀다. 이런 아이들의 경우에는 어떠한 관대한 사상이나 고귀한 감성을 추구하는 경우가 드물다. 인상을 쓴 아이들의 작은 눈에서 사기를 치려는 심리나 탐욕, 교활함이 나타나는 것을 볼 수 있을지도 모른다. 하지만 알로우는 어릴 때부터 남달랐다. 모랄레스 신부는 일찍이 이 아이가 견실하고도 뛰어난 이해력을 가지고 있을 뿐만 아니라, 매우 순수하고 조용하며 따뜻한 성품과 온순함을 가졌다는 것을 발견하였다. 모랄레스는 애정을 가지고 이 아이에게 덕과 종교에 대해 가르치고, 또 훈련을 시켰다. 신부가 땅에 뿌린 이 선한 씨앗은 잘 자라나 곧 훌륭한 열매를 맺었다. 하느님의 은총이 이 중국 청년의 마음에 감동을 주었다. 그는 이성의 빛을 따랐고, 자신이 받은 순수하고도 선명한 빛을 거부하지 않고 받아들였다. 그는 자신의 지성을 신앙의 힘에 복종시켰다. 그가 계시된 진리 전부를 이해한 것은 아니었으나, 진리가 하느님의 선하심과 지혜, 능력과 조화를 이루고 있다는 사실을 그는 충분히 이해할 수 있었다. 그는 겸손하고도 확고하게 진리를 믿었다. 신앙이 그의 영혼에 감수성과 자비심이라는 신비한 샘을 솟아나게 하였고, 그는 구세주가 믿는 사람들을 구원하기 위하여 행하고 고통당한 모든 일을 눈물을 흘리며 들었다. 그리스도교의 진리를 모두 배운 후, 그는 거짓된 가르침과 헛된 미신, 중국인들의 무의미한 관습을 공개적으로 배척하였다. 세례의 은혜를 받은 그는 '그레고리'라는 세례명을 받았다. 그리고 도미니크회 선교사들이 그에게 그의 본명인 알로우를 스페인어로 표기하여, 로페즈라는 성을 붙여주었다.

그레고리 로페즈는 자신에게 주어진 은혜에 깊이 감사를 하며, 자신의 일생을 인류 구원을 위해 기꺼이 돌아가신 주님의 영광을 위해 헌신할 것을 결심하였다. 그는 예수 그리스도의 존귀하신 이름과 신비, 그리고 그의 법과 그가 보여준 삶의 모범을 자신의 동포인 중국 사람들에게 알려주기 위하여 열심히 노력했다. 그는 가장 먼저 이 복음의 빛을 자기 아버지의 집과 고향에 전하고자 하였다. 그러나 아무런 결실이 없었는데, 이는 성경에 "예언자는 자기 고향에서는 존경을 받지 못한다."고 적혀 있는 것과 같았다.[17] 자신의 친척들과 오랜 친구들을 개종시키는 영광을 얻지 못할 것을 깨달은 그레고리는 고향 생활이

---

17) 『요한복음』 4:44.

주는 편안함과 행복을 모두 포기할 용기를 내었다. 그는 자신을 다시 태어날 수 있도록 인도해 준 선교사들과 함께 할 것을 결심하였다. 처음에 그는 고향 복주에 머물면서 선교사들을 위해 자신이 할 수 있는 최대한의 봉사를 하다가, 선교사들이 정부의 명령으로 베이징으로 가게 되자 그들을 따라나섰다. 그는 선교사들을 위한 통역을 하는 동시에 개종자들을 위한 교리문답 교사라는 매우 위험한 일을 훌륭하게 수행해내었다. 베이징에서는 선교사들에 대한 박해가 이어졌는데, 이 박해는 선교사들에게 피난처를 제공하거나, 어떤 방법으로든 도움을 준 사람들 모두에게로 확대되었다. 관리들은 선교사들과 더불어 교리문답 교사와 통역까지도 모두 잡아들여 오랫동안 감옥에 가두었다. 그러나 감옥에서도 그리스도인들에게 겁을 주거나 그들의 신앙을 저버리게 하는 것에 실패한 관리들은 그들을 멀리 추방시켰다. 어떤 선교사들은 박해를 피해 몸을 숨겨야만 했고, 어떤 선교사들은 사슬에 묶이고 감옥에 갇힌 채 그들이 새신자들에게 가르쳤던 인내와 체념을 경험하는 시간을 가져야만 했다. 관청의 눈을 따돌리고 탈출하는 것에 성공한 선교사와 마카오로 보내졌던 선교사들은 중국에서 선교활동을 다시 시작하는 것은 불가능하다고 판단하였다. 그러나 진정한 사도라면 한곳에 머물러 있거나 휴식을 취할 수가 없는 법이다. 북쪽에 복음을 전하는 것이 허락되지 않는다면, 그들에게 남은 것은 남쪽으로 방향을 바꾸는 것이었다. 로페즈는 마카오에서 배를 타고 코친차이나로 항해하는 프란체스코회 선교사들을 따라가기로 하였다. 그는 식을 줄 모르는 자신의 열정으로 육지와 바다에서 위험을 겪어내며 프란체스코회 선교사들과 똑같은 흔들리지 않는 확고함을 보여주었다. 그러나 중국의 거친 폭풍우와 같았던 박해를 피하자마자, 복음을 전하고자 향했던 새로운 나라들에서는 더욱 잔인한 박해가 포기를 모르는 이 선교사들을 기다리고 있었다. 열정적인 개종자들은 코친차이나의 도시에서 고문과 처형을 그들의 두 눈으로 목격하면서도 불굴의 용기로 직면했다. 그러나 하느님의 섭리는 그들로 하여금 더 이상 시험에는 들게 하지 않으시고, 그들을 위험에서 건져내어 마닐라에 도달하게 해주셨다. 스페인의 식민지였던 마카오에서 머무는 평온했던 시간 동안, 그레고리 로페즈는 좀 더 제대로 신학을 공부했을 뿐 아니라 인문학을 공부하는 데 전념하여 라틴어와 스페인어까지도 능통하게 되었다. 성 도마 대학의 도미니크회 수사들이 로페즈의 공부를 적극적으로 도왔다. 비록 학문 분야에서 뛰어난 두각을 나타내지 못하였으나, 로페즈의 덕성과 영성이 놀랄 만큼 성장하였다. 그는 그때까지 그 어떤 중국인도 도전한 적이 없었던 것, 즉 사제가 되고자 하는 결심을 품고는 동포들의 개종을 성공시키고자 더욱 큰 노력을 기울였다. 그는 특히 도미니크회에 큰 매력을 느꼈고, 그가 겪어왔던 긴 시련에도 그 결심을 굽히지 않았다.

어느 날 도미니크회의 필리핀 관구장이었던 곤잘레스Gonsalez 신부는 이어지는 박해에도 불구하고 중국에 남아 계속 선교를 하고 있던 선교사들을 도울 사람 몇 명을 중국으로 보내고 싶다는 뜻을 밝혔다. 그레고리 로페즈는 중국의 선교사들에게 선교자금을 전달하는 임무를 맡았다. 15일 동안 여행을 하며 큰 위험을 감수해야 하는 어려운 임무를 로페즈는 탄복할만한 용기로 대담하게 수행하였다. 그레고리 로페즈의 도착은 도미니크회 소속인 스페인 신부 가르시아Garcia에게 커다란 도움이 되었다. 가르시아 신부는 중국의 박해가 절정에 달했을 때도 박해하는 사람들 앞에서 예수 그리스도를 위해 영혼을 구제하는 노력을 단 한 번도 멈춘 적이 없는 용감한 신부였다. 그레고리가 가르시아 신부를 만난 것은 복건성 천주泉州 지방이었다. 가르시아 신부는 마치 사도 바울이 고린도 교회의 교인들에게 말했던 것과 같이 자신의 새 신자들에게 이렇게 말했을 것이다. "우리의 온갖 환난 가운데서도, 나에게는 위로가 가득하고, 기쁨이 넘칩니다. 우리가 마케도니아에 이르렀을 때, 우리의 육체는 조금도 쉬지 못하였습니다. 우리는 여러 가지로 환난을 겪었습니다. 밖으로는 싸움이 있었고, 안으로는 두려움이 있었습니다. 그러나 실의에 빠진 사람을 위로해 주시는 하느님께서는 디도를 돌아오게 하심으로써 우리를 위로해 주셨습니다."[18] 만약 가르시아 신부가 중국에서 처한 자신의 상황이 마케도니아에 있던 바울의 처지와 비슷하다는 것을 깨달았다면, 그레고리의 도착은 사도 바울에게 디도가 온 것과 같은 사건이라는 것을 깨달을 수 있었을 것이다. 가르시아 신부와 같은 열정을 품고 있던 그레고리 로페즈는 기꺼이 모든 위험과 고난에 동참하며, 자발적으로 어린이, 교리 문답자, 새 신사들을 가르치는 일을 맡았다. 그레고리는 중국인이었기 때문에 외부에 자신을 드러내는 것이 더 수월했기에 선교에 도움을 주는 모든 여행에 자발적으로 함께하며 헌신했다. 그는 수많은 여행을 하면서 중국인들로부터 천주 지역에 자그마한 교당과 병원을 지을 수 있는 충분한 돈을 모금했다. 그리고 [건축을 위한] 노동이라는 방법으로도 헌신하였다. 그는 목재, 석재, 모래, 시멘트 같은 것들을 운반하며 자기 손으로 할 수 있는 일을 열심히 감당했다. 불신의 땅 한가운데 하느님의 영광을 위하여 기도의 집을 세우기까지 실로 그레고리의 노력이 컸다. 그의 이런 노력 덕분에 기도의 집은 불신자들의 가운데서 진정한 하느님의 영광을 높이게 되었다.

그레고리 로페즈는 서른이 되었고, 마침내 그가 오랫동안 갈망하던 도미니크회의 수사 복장을 하게 되었다. 그는 다시 마닐라로 돌아가 신학 공부를 마치고 사제가 되는 훈련을 받았다. 그의 선교에 대한 소명의식이 뚜렷하였기 때문에 그는 곧 정식 사제가 되었고, 중국 선교를 위해 필리핀을 떠나는 형제 수사들에 합류하게 되었다. 로페즈가 자신의 첫 스승인 모랄레스 신부와 재회의 기쁨을 나누게 된 것도 이때였다. 모랄레스 신부는 유럽에서 막 돌아왔을 때였다. 하지만 모랄레스는 아끼는 제자의 성공을 오래 기뻐하지는 못하였는데, 하

18) 『고린도후서』 7:4-6.

느님께 사도로서의 영원한 상급을 받기 위해 1664년, 세상을 떠났기 때문이었다. 순치제가 세상을 떠난 지 3년째 되는 해로, 중국에서 일어난 폭력적인 박해가 극에 달하여 선교사들의 사역이 다시는 복구되지 못할 만큼 파괴되었던 때이다.[19)]

환관들에 대한 견제

강희康熙가 아직 어렸던 탓에, 순치제의 사망 직후에는 네 명의 보정 대신輔政大臣들이 제국의 정사를 전담하였다, 이들은 서둘러 무례한 환관들의 세력을 없애버렸다. 환관들의 전횡으로 말미암아 옛 왕조가 멸망하였기 때문이다. 환관들은 지나치게 야망이 많고, 음모 가운데서 평생을 살았던 자들로, 청나라가 들어선 뒤에는 자신들의 영향력이 사라져버렸다는 알게 되었다. 명나라를 정복한 만주 타타르인들은 타락한 존재인 환관 무리를 경멸했고, 그들이 정사에 끼어들지 못하도록 하였다. 환관들에게는 굴욕감을 안기는 일거리만 줄 뿐이었다. 환관들은 처음에는 복종하는 듯 보였으나, 이내 정치적으로 영향력을 행사하고자 하는 그들의 습성이 다시 나타났다. 그들은 순치제의 통치 말년에 나타났던 모든 약점을 파고들어 교묘하게 이익을 챙겼고, 거의 아무도 알아차리지 못하게 예전의 위치를 회복했다. 이들이 어찌나 많은 범죄에 연루되어 있었던지, 불운한 황제[순치제]의 죽음 직후, 이 비열하고도 위험한 환관들의 우두머리이었던 태감太監을 처벌하여 복수해야 한다는 여론이 들끓었다. 이에 보정 대신들은 이 기회를 이용하여 자신들의 뜻을 이루고자 하였다. 보정 대신들은 태감의 죄명을 만들어 그에게 사형을 선고하였다. 태감은 베이징 사

19) 강희제 치세 초기에 일어난 역옥(曆獄)을 가리킨다. 이에 대한 전말은, 양광선, 이류사, 남회인 저. 안경덕, 김상근, 하경심 옮김. 『부득이: 17세기 중국의 반기독교 논쟁』 (서울: 일조각, 2013) 참조.

람들의 성원 가운데 처형당했으며, 같은 날 나머지 환관들도 모두 해고되어 고향으로 돌려 보내졌다. 이런 조치를 하고 난 후에 보정 대신들은 무게가 450kg이나 나가는 철판에 청나라는 환관들에게 다시는 어떠한 공직도 내리지 않는다는 결정을 담은 법조문을 새겨 넣었다. 이 법률은 지금도 유효하다. 순치제의 뒤를 이었던 황제들이 오랫동안 평화와 번영을 누리며 통치할 수 있었던 것도 이 법의 덕이 클 것으로 생각된다.

정지룡의 개종과 중국 해적이 된 그의 아들 정성공

환관 무리를 축출하자 궁정에는 어느 정도 질서가 잡혔고, 보정 대신들은 해안지방의 안정을 되찾고자 이에 몰두하였다. 해안지방은 한 유명한 해적倭寇의 끊임없는 공격을 받아 피폐해져 있었다. 이 해적은 왕조를 전복시키는 것을 자신의 유일한 목표로 삼고 있었다. 명나라의 마지막 황제 시절, 중국 연안에는 해적들이 언제나 우글거렸다. 해적들은 아버지 세대에서 아들 세대로 대를 이어가며 자신들의 세력을 키웠고, 마침내 제국의 왕좌를 넘볼 정도로 성장하였다.

복건성의 한 가난한 농부의 아들이 가난의 압박을 견디지 못하고 고향을 떠나 마카오로 향했다. 대단한 부자라고 알려진 외국인들을 도와 돈을 벌겠다는 희망으로 길을 떠난 이 모험가는 정지룡이라는 이름의 청년이었다.[20] 그는 마카오에 도착한 직후, 그리스도교를 믿고 싶다는 생각을 밝혔고, 이에 따라 교리를 배우고 세례를 받았다. 그리고 그는 부유한 포르투갈인을 대부로 삼았는

20) 정지룡(鄭之龍, 1604-1661, 字는 飛黃)은 명말에 華南, 대만, 일본 등을 무대로 활약하였던 상인, 군인, 관원 겸 왜구였다. 동시대 서양 문헌에서는 「Iquan」(一官)으로 소개되고 있다. 1628년 명의 관리가 되었고, 1646년에는 청나라에 투항하였으나, 1655년 투옥되었고, 1661년에 피살되었다. 한족의 대만 이주에 기폭제 역할을 하였다.

데, 이후 그의 재산을 상속받게 되었다. 매우 진취적인 성격을 지닌 정지룡은 장사를 시작한 지 얼마 되지 않아 중국에서 가장 부유하고 유명한 상인들 가운데 하나가 되었다. 수많은 커다란 배들을 거느리게 되었을 때도 그는 부를 더욱 늘리고자 하였고, 실제로 중국에서 큰 영향력이 있는 사람이 되었다. 그러나 풍부한 재물은 언제나 친구들도 불러오지만, 시기심도 함께 유발하는 법이다. 이 마카오의 부유한 상인은 중국 정부의 주적이자 엄청난 음모의 주동자라는 혐의로 고발당했다. 당시 중국에는 끔찍한 소요들이 그치지 않았는데, 종국에는 이로 인해 왕조가 멸망하게 된다. 당시 황제는 힘 있고 위험한 이 상인을 처벌하는 대신, 그를 황실 가까이에 두어 그의 재산과 영향력을 이용하는 것이 더 현명하다고 생각했다. 그리하여 황제는 그를 해군 제독으로 임명했다.

정지룡은 황제의 은혜에 감사하여 이런 벼슬을 내린 황제를 위해 온 힘을 다했다. 그는 군대를 조직하여 황제를 구출하려고 진격하던 중, 베이징에서 반란군에게 포위되었다. 그가 한발 늦은 것이었다. 앞서 제2권에서 왕조의 몰락과 만청의 침입의 연관성에 관해 이야기한 적이 있다. 정지룡은 모든 상황은 이미 종결되었으며, 자신은 주인이며 후원자인 황제를 위해 더는 할 일이 없다고 판단하였다. 그는 제국에 혼란을 가져온 무정부 상태를 틈타서 재산을 더 늘려야겠다고 생각했다. 정지룡에게는 아들이 하나 있었는데, 그는 아버지에 못지않은 용기와 야심찬 계획을 추진할 수 있는 성향을 갖고 있었다. 아들의 이름은 정성공이었는데,[21] 광둥어 발음을 따라 포르투갈어로 콕싱아Coxinga라고 불렸다. 아버지와 아들 모두 명나라 황실의 황자들과 가까이 지냈다. 황

21) 정성공(鄭成功, 1624-1662)은 명·청 교체기에 활동했던 명나라의 군인 겸 정치가이다. 남명의 隆武帝로부터 황실의 성씨를 사성 받아 '國姓爺'라는 별칭을 가졌다. 시호는 延平武王 또는 潮武王이었다. 일본 태생인 그는 1644년 李自成의 난으로 명나라가 망하자, 복명운동에 참가하였으나 실패하였다. 그는 부친과는 달리 청에 저항하는 길을 택하였고, 남해 무역을 통해 부를 쌓았다. 1645년부터 양자강 일대를 점거하였고, 1661년, 대만을 공략하여 1624년부터 대만을 차지하고 있던 네덜란드인들을 몰아냈다. 청나라는 대만의 정씨 왕국을 멸망시킨 뒤에도 융화정책의 일환으로 정성공 일가의 충절을 인정하여 시호를 내리는 등 예우하였다.

자들은 중국 남부의 여러 성에서 명 황실의 복고를 위해 노력하였으나, 군대의 힘이 너무 빈약하여 제국을 되찾을 수 없었고 얼마 지나지 않아 이 세력은 완전히 흩어져 없어져 버렸다. 제독 부자는 홀로 새 황제와 타타르인들의 군대와 맞서 싸웠다. 청나라는 결국 군사력으로 이 부자를 정복하는 것을 체념하고, 더 많은 재물과 높은 벼슬을 내려 이들을 달래기로 하였다. 아들인 정성공은 유혹을 당하지 않았으나, 위험한 생활에 피로를 느낀 아버지는 이에 설득당하여 베이징으로 가서 만청 정복자에게 항복하였다. 순치제는 아버지인 정지룡에게 벼슬과 돈을 퍼부어 주었다. 아들이 항복하게 하려는 의도였다. 하지만 이러한 황제의 기대와는 정반대로 아들 정성공은 더욱 반감을 갖고 커다란 함대를 이끌고 해안선 부근에서 살육과 파괴를 일삼았다. 그러자 자신의 방법으로는 성공할 수 없다고 판단한 청나라 황제는 방침을 바꾸어 자신이 정지룡에게 주었던 모든 영예를 박탈했을 뿐만 아니라 그의 재산을 모두 빼앗아 그를 아무것도 없는 빈털터리로 내몰았다. 현기증이 날 정도로 높은 자리에까지 올라갔던 정지룡은 다시금 자신이 인생 초년 시절과 똑같은 상태에 놓여있음을 깨닫게 되었다.

재산과 명예가 많았던 시절에 정지룡은 세례와 그리스도인의 의무에 대해 거의 생각하지 않았으나, 다행스럽게도 정반대의 상황에 처하자 그의 마음속에 종교에 관한 생각이 되살아났다. 그는 베이징의 선교사들을 찾아갔고, 사랑과 자비를 지닌 선교사들에게 위안을 얻었다. 선교사들은 육신을 위한 일용할 양식과 영혼을 위한 생명의 떡을 주며 그를 돌보았다. 운명의 전환은 진정한 복의 근원이 무엇인지를 알려주었다. 하느님의 은혜가 그에게 임하였고, 그는 사직, 가난, 유배, 투옥 생활을 감수할 수 있게 되었고, 마침내 그의 굴곡진 인생의 마지막이 되었던 참혹한 죽음까지 받아들일 수 있었다.[22]

---

22) (원주) D'Orléans, Histoire des Deux Conquérants de la Chine.

그때까지 해안선을 따라 자신의 세력권을 넓히는 것에 만족했던 정성공은 청나라를 향한 깊은 원한을 품은 채 아버지의 죽음에 복수할 것을 선포하였다. 그는 군사를 거느리고 양자강을 거슬러 행군하였고, 곧 남경을 포위하였다. 그러나 청나라 군사가 남경을 굳게 수비하고 있었기 때문에, 정성공은 곧 포위를 풀고 승전할 확률이 높은 바다 쪽으로 방향을 돌릴 수밖에 없었다. 전해지는 바에 의하면, 어느 날 정성공은 청나라 함대를 무찌르고 포로로 붙잡은 3,000명의 청나라 군사들의 코를 모두 잔혹하게 베어버렸다. 그 후, 끔찍한 모습을 한 그들 모두를 베이징으로 돌려보냈다. 불행을 당한 병사들의 모습을 보고 황제는 이들의 모습을 심히 불쾌하게 여겼다. 황제는 온 나라에 치욕을 안겨주느니 차라리 그 군사들이 죽는 편이 낫다는 명목 하에 그들을 모두 죽여 버리라고 명령을 내리고 나서야 안심했다고 한다. 중국을 정복했던 자들[청나라]이 바다의 제국을 물리칠 수 없다는 것은 명백해 보였다. 그들은 자신들의 정권을 공공연히 거역하고, 중국의 교역을 망가뜨릴 수도 있는 자신들의 제국을 대만에 건설하겠다고 위협하는 이 대담한 해적들의 손에 자신들을 맡길 수밖에 없었다. 순치제의 죽음 이후, 네 명의 보정대신들은 정성공의 약탈행위에 종지부를 찍기로 굳게 결심하였다. 바다에서는 해적들의 무수한 함대를 상대로 승리를 거둘 수 없다고 판단한 보정대신들은 필사적이고 거의 야만적이라고 할 수 있는 해결책을 내놓았다. 이는 중국인들에게 최고치의 복종을 요구하는 일이었다. 섭정들은 해안에 거주하는 거주민들에게 15km에서 20km 정도 내륙 쪽으로 이주하라는 명을 내렸다. 해안가의 마을과 옥수수밭을 모두 파괴하여 해적들과 중국 사이에 광대한 불모지를 만들려는 생각이었다. 해안선을 따라 남아 있는 건물의 잔해들은 해안가에 세워진 새로운 만리장성이 되어 해적들의 공격을 막아낼 터였다. 듣기만 하여도 필사적인 이 방법은 완전한 성공을 거두었다. 자기의 토지에 대해 강한 집착을 보이는 탐욕적인 중국인들이었지만, 이들은 놀라운 자기 부정을 보여주었다. 그들은 섭정의 명에 순종하여 자신들의 거주지를 허물고 논밭을 황폐하게 만들었다. 해적 정성공이 약탈할만한 것이 아무것도 없는 황무지만 남겨 놓은 것이다. 이러한 사례는, 자신들에게 강력한 적수가 나타나 이에 저항해야 한다는 것을 깨닫는다면 중국인들이 무엇을 할 수 있는지 보여준다는 점에서 기억할만하다. 만약 중국이 광대한 영토와 엄청난 인구를 가진 자신의 장점을 충분히 이해했다면, 외국 세력이 그들을 향해서 가하는 어떤 타격도 두려워하지 않을 수 있었을 것이다. 자신들에게 주어진 많은 인구와 넓은 국토라는 자원을 총동원하기로 결심을 내리기만 했어도, 중국은 가장 세련된 전략을 무력화시켰을 것이고 불의한 침략자들의 가장 파괴적인 힘도 견뎌냈을 것이다.[23]

순치제의 붕어 이후 양광선의 주도로 발생한 역옥

보정대신들에 의해 시행된 [해안 마을] 파괴는 그리스도교 선교에도 상당한 손해를 가져왔다. 해안가에 세워진 교당들이 모두 파괴되었고, 다른 사람들과 마찬가지로 새 신자들도 모두 내륙 지방으로 떠나야만 했다. 나아가 섭정들은 해적들에게 그 어떤 자원과 도피처, 혹은 이를 구할 수 있는 그 어떤 토지도 남겨두지 않기 위해 마카오까지도 파괴하라는 명령을 내렸다. 마카오에 진출한 포르투갈 사람들까지도 내몰릴 지경에 이르게 된 것이다. 이에 베이징에서 오랜 공직생활을 하면서 여전히 중국인들로부터 큰 신임을 받고 있었던 아담 샬 신부가 섭정들이 마카오를 파괴하지 않도록 중재에 나섰다. 아담 샬 신부는 과거에 해적들과 대항하는 데 있어서 포르투갈 사람들이 중국을 도와주었다는 사실을 상기시키며, 외국 세력이 해적 세력을 물리치는데 유리할 것이라고 설득하였다. 나아가 외국 상인들을 추방할 경우 서양의 생산품과 진귀한 물품들

23) 육 신부는 지금 아편 전쟁을 염두에 두고 있다.

이 중국에 들어오지 못하게 되어 무역에도 커다란 손해가 생길 것을 강조하였다. 신부의 말은 섭정들의 마음을 움직였다. 그들은 마카오는 파괴하지 않기로 하고, 포르투갈인 추방령도 철회하였다. 마카오의 파괴는 멀리 떨어져 있는 그 지역 여러 나라의 선교에 결정적인 타격을 줄 수 있었기 때문에, 아담 샬 신부의 중재는 포르투갈 식민지와 중국의 상업뿐 아니라 그리스도교 선교 전체에 큰 도움이 되는 일이었다. 선교사들이 힘써 복음을 전하려고 하는 거대한 제국에 들어가는 관문에 그들이 평온하고 독립적으로 지낼 수 있는 거주지의 존재는 필수적인 것이었다. 그곳에서 유럽과 정기적으로 교류할 수 있었고, 박해가 일어날 경우 선교사들 혹은 그들에게 도움을 준 조력자들이 잠시 도피하여 상황이 좋아지기를 기다리는 장소가 되어 주기도 하였다. 이 작은 유럽 식민지가 사라져버린다면, 선교사들은 머나먼 아시아에서 아무런 도움이나 보호 없이 고립된 채 적의 수중에 놓이게 될 터였다. 그렇기때문에 아담 샬 신부는 마카오를 보호함으로써 그리스도교 선교 사역 자체를 구한 것이었다. 이는 열정을 다해 눈부신 업적을 남긴 그의 선교활동의 마지막 활약이었다. 이 일이 있고 나서 그는 곧바로 잔혹한 박해의 희생양이 되었기 때문이다.

순치제의 사망으로 그리스도교가 곧 혹독한 시련을 겪게 될 것은 누구나 예상할 수 있는 일이었다. 네 명의 보정 대신들이 그리스도교와 선교사들에게 적대적이라는 것은 이미 잘 알려진 사실이었다.[24] 그러나 그들은 즉시 이러한 적대 감정을 드러내지는 않았다. 아담 샬 신부가 베풀었던 봉사와 세상을 떠난 황제가 신부에게 가졌던 친밀감을 기억하고 있는 듯이 보였다. 섭정들은 신부에게 장차 제국을 다스리게 되는 '황태자의 교사'라는 직함을 장엄하게 내리는 훌륭함을 보이기도 하였다. 아무런 변화가 없는 듯했지만, 선교사들은 상황이

24) 네 명의 보정대신들은 소니(索尼), 숙사하(蘇克薩哈), 어빌룬(遏必隆), 오보이(鰲拜)를 말하며 1662년, 그 관직에 임명된 인물들이다.

바뀌었으며 머지않아 폭풍이 몰려올 것을 예감하고 있었다.

1664년, 흠천감 회회과回回科의 양광선楊光先이 섭정들에게 그리스도교에 대한 모독과 선교사들에 대한 비방과 중상모략으로 가득한 공식적인 진정서와 상소문을 올렸다.[25] 이러한 맹렬한 공격이 가해졌던 것은 당시 아담 샬 신부가 갑작스러운 공격으로 무력화되어 자신이나 동료 선교사들을 방어하거나 변호하기 위하여 발언하거나 글을 쓸 수 없는 상황이었기 때문이다. 말도 못하고 글도 쓸 수 없는 사람을 비난하는 것은 어려운 일이 아니었다. 양광선은 선교사들이 거짓 교리와 천문에 대한 무지를 설파하고 반역을 공모하였다고 비난하였다. 그리고 그들이 꽃향기가 나는 제국에 들어와 한 일이라고는 분열과 반란의 영을 소개하고 종교를 핑계로 황제의 신하들을 유혹한 것뿐이라고 주장하였다. 나아가 그리스도인들이 모이는 교당은 그리스도인들이 공격을 받는다면 어떻게 대처해야 하는 지를 모의하는 소굴일 뿐이며, 선교사들은 자신들이 믿을 수 있는 개종자들을 구분해내기 위하여 개종한 사람들에게 남자와 여자의 형상이 새겨진 구리 조각(메달)을 주는 관습이 있는데 이것이 초심자들의 표식이라고 주장하였다. 그리고 마지막으로 양광선은 진정서의 끝부분에 그리스도교를 묘사한 매우 끔찍한 그림을 첨부하였다.[26] 섭정들은 서둘러 그리스도교를 금하였고, 중국 백성들로 하여금 그리스도교를 따르면 죽음의 고통을 당하게 될 것이라고 명하였다. 이미 그리스도인이 된 사람들에게는 지체하지 말고 그리스도교를 버리라고 명했다. 양광선의 이러한 열성에 보답하는 의미

25) 양광선(楊光先, 1597-1669, 자는 長公)은 徽州 歙縣 사람으로 명나라 숭정제 때 관을 메고 나가 권신 陳啓新, 溫體仁을 탄핵하는 상소를 올렸다가 장형을 받고 변방 수자리로 쫓겨난 적이 있다. 나중에 대장군으로 임명될 기회가 있었으나 명나라가 멸망하였고, 청나라에 들어와서는 서양인들의 천주교 선교와 역법개정에 반대하는 상소를 여러 차례 올렸다. 1664년에는 아담 샬(湯若望) 신부의 새 역법이 지닌 오류를 지적하는 상소를 올려 당시 흠천감 감정이었던 탕약망 등에게 중형이 처해지도록 하였다. 그의 저술은 양광선, 이류사, 남회인 저. 안경덕, 김상근, 하경심 옮김. 『부득이: 17세기 중국의 반기독교 논쟁』. 서울: 일조각, 2013.

26) 양광선, 이류사, 남회인 저. 안경덕, 김상근, 하경심 옮김. 『부득이: 17세기 중국의 반기독교 논쟁』 (서울: 일조각, 2013), pp. 104-112 참조.

에서, 아담 샬 신부가 맡고 있었던 벼슬인 흠정감 감정監正에 양광선이 임명되었다.[27] 이러한 박해는 비단 수도인 베이징에 국한된 것이 아니었다. 제국의 모든 성의 총독들은 선교사들을 모두 잡아들여 베이징으로 압송하여 재판을 받도록 하라는 명령을 받았다. 형부刑部에서는 그들을 상대로 매우 철저한 조사를 하여 예부禮部와 공동으로 그들에게 내릴 형벌을 결정하도록 하였다. 제국의 전역에 있던 선교사들이 즉시 체포되어 사슬에 묶인 채 지하 감옥에 수감되었다. 관리들의 신하들은 선교사들의 집에 쳐들어가 모든 재산을 빼앗았고, 서적과 성찬 도구와 종교적인 흔적이 있는 모든 것들을 태워버렸다.

베이징의 재판소는 오랫동안 이들을 재판하는 일에 매달려야만 했다. 아담 샬 신부에 대한 재판은 그가 그리스도교의 수장이며 학자였기 때문에 특별한 형식을 갖추어 진행하였다. 한때는 황제의 벗이오, 궁정의 고관이었던 일흔다섯 살의 덕망 있는 아담 샬 신부는 마치 잡범들처럼 판관들 앞에 무릎을 꿇어야만 하였다. 병마와 자신의 나이에 짓눌린 채 자신의 변호하기 위하여 말 한마디 떼지 못하는 신부의 모습을 바라보는 것은 가슴 아픈 일이었다. 페르비스트Verbiest신부가 샬 신부의 변호를 맡았다.[28] 그는 아담 샬 신부를 대신하여 자신의 능력으로 몰려오는 폭풍을 걷어내려고 노력했다. 페르비스트가 어찌나 부드럽고도 품위 있게 말을 했던지, 재판정의 사람들은 그에게 갈채를 보낼 수밖에 없었다. 만일 그리스도교를 전멸시켜야 한다는 명이 이미 결정되지 않았었더라면, 그의 영웅적인 자비심이 승리를 거두고 그를 중상했던 자들은 혼

27) (원주) De Maillu, Histoire Générale de la Chine, vol. ii. p. 72. Le Comte, Mémoires de la Chine, vol. ii. p. 188. D'Orléans, Histoire des Deux Conquérants de la Chine, p. 140.

28) 페르디난드 페르비스트(Ferdinand Verbiest, 1623-1688, 중국명 南懷仁, 자는 敦伯)는 벨기에 출신의 예수회 선교사이자 천문학자였다. 천문역법에 통달하였고, 강희제의 과학 교사였고 관직은 工部侍郎이었다. 天文儀器와 화포의 제작에 공헌하였다. 청에서의 1660년부터 흠천감에서 일하였고, 1664년 曆獄 때 같은 예수회 선교사인 湯若望, 利類思, 安文思와 함께 투옥되었으나, 1669년에 사면되어 흠천감 監副가 되었다. 저서로는 『康熙永年曆法』, 『坤輿圖說』, 『西方要記』가 있다.

란에 빠졌을 것이다. 그러나 선교사들은 아홉 개의 굵은 사슬로 묶인 채 열 명의 시종들의 감시하에 감옥으로 되돌아가라는 명을 받았다. 모욕적인 말을 쏟아붓는 상스러운 병졸들이 한시도 쉬지 않고 그들을 포위하고 있었다. 무거운 족쇄의 무게 때문에 항상 몸을 구부린 채로 더럽고 악취 나는 토굴에 갇혀있으며 그들이 겪은 고통은 끔찍했다. 선교사들을 가끔 감옥에서 끌려 나와 예부로 이송되었다. 예부에서 벌어지고 있는 끔찍한 장면을 보여주려는 목적이었다. 그러던 중 하루는 재판정 입구에서 아담 샬 신부와 페르비스트 신부와 도미니크회 신부 코로나투스Coronatus가 마주치게 되었다. 이 도미니크회 신부는 두 예수회 선교사를 만나자, 그들의 발아래 엎드려서 그들이 그리스도의 이름을 위해 명예롭게 차고 있는 족쇄에 입을 맞추었다. 1665년 1월 16일, 마침내 선교사들은 유죄판결을 받았고, 그리스도교는 거짓이며 해롭다는 이유로 중국 전역에서 금해졌다.

유죄판결을 내리는 곳은 예부였으나, 죄인들에게 어떠한 형벌을 내릴 것인지 정하는 일은 형부의 일이었다. 선교사들은 형부로 옮겨져 다시 심문을 받아야만 했고, 매서운 학대와 함께 조사가 시작되었다. 아담 샬 신부가 언제나 첫 번째 증오의 대상이었다. 그러나 마비증세로 인해 말을 할 수 없었기에 하느님께서는 같이 잡혀 있는 동료 선교사이자 유창한 웅변가인 페르비스트 신부를 대변인으로 삼아 쇠사슬이 애절하게 덜컥거리는 가운데 신성한 그리스도교를 전하게 하셨다. 형부 관리들은 그처럼 애처롭고 용감하며 자제심이 있는 웅변을 들어 본 적이 없었을 것이다. 그러나 재판관들은 커다란 악감정에 사로잡혀 있었기 때문에 웅변에 설득당하지 않았다. 1665년 4월 15일, 선교사들에게 태형을 받고 먼 중앙아시아 변방으로 유배하라는 징벌이 내려졌다. 그러나 아담 샬 신부는 반란을 교사한 그리스도교의 우두머리이므로 목을 매달아 사형하라는 판결이 내려졌다. 하지만 후에 법정은 이 형벌이 너무 가볍기에 재심의를 거쳐

그로 하여금 "천 개의 조각으로 잘라져야 한다"며 [육시戮屍에] 처하라고 명했다. 이는 모든 처형 가운데 가장 모멸적인 동시에 가장 잔혹한 것이었다. 육시戮屍란 죄수의 신체를 여러 조각으로 자르는 형벌이다. 손과 발부터 시작하여 신체를 모두를 절단한 후에, 그 부위를 생석회 붓거나 혹은 불에 달군 인두로 지짐으로써 흐르는 피를 멈추게 하는 방법이다. 이 잔혹한 처형은 사전에 섭정들의 확인을 받아야만 했다. 『중국연대기』에 기록된 바에 의하면, 섭정들이 처형을 승인하러 모이기로 한 4월 16일 중국에서 끔찍한 지진이 발생하여 베이징의 모든 사람이 간담이 서늘해졌다고 한다.[29] 겁에 질린 시민들은 거리와 공공장소를 돌아다니며 크게 슬퍼하였고, 여진이 계속될 때마다 그 외침은 커져만 갔다. 섭정들은 매우 놀라서 감히 아담 샬 신부에게 사형을 선고하지 못하였다. 중국인들은 전 시대에 걸쳐 지진을 크게 두려워하였다. 그들에게 지진이란 하늘이 진노하였다는 징표이고, 세상을 모두 없애버리거나 엄하게 벌을 주고 있다는 뜻이었다. 공포에 사로잡힌 백성들은 울부짖으며 사찰로 달려갔다. 그곳에서 속죄하려는 행렬이 줄을 이었고, 하늘의 진노를 달래려는 간구가 이어졌다. 이런 상황에서는 나라에 다가오는 불행을 물리치기 위해 조정에서는 관용을 베푸는 것이 일반적인 예였다. 그리하여 1665년, 섭정들의 명으로 옥문이 열리고 죄수들은 집으로 돌아가게 되었다. 선교사들도 풀려나서 광동으로 송환되었다. 광동의 판관들은 선교사들을 엄중하게 감시하고 보호하라고 명했다. 이 선교사들 가운데는 도미니크회 소속 3명과 프란체스코회 소속 1명이 포함되어 있었고, 나머지 21명은 모두 예수회 소속이었다. 모든 일이 지나갔음에도 불구하고, 예수회 선교사들 가운데 4명이 섭정들의 명으로 베이징에 남게 되었는데, 청나라 정부를 위해서 그들이 할 일이 있을지도 모르는 상황을 대비하기 위함이었다. 아담 샬 신부는 사면에서 제외되었다.

29) (원주) 『중국연대기』

황태후의 개입으로 석방된 아담 샬 신부

그러나 아담 샬 신부에게는 다행스럽게도 여진으로 화재가 발생하여 황궁이 잿더미가 되는 일이 벌어졌다. 악재를 맞이한 상황에서 아담 샬 신부의 적대세력들은 감히 신부의 형을 집행할 엄두를 내지 못했다. 섭정 회의의 우두머리인 소니索尼가 회의를 소집하여 순치제가 탕약망湯若望[아담 샬 신부]에게 벼슬을 내렸기 때문에 이러한 커다란 사건이 발생한 것이라고 주장하였다. 그리고 어린 강희제가 성년이 되면, 자신의 아버지인 순치제가 아끼고 보호했던 사람의 처우에 대해 자신들을 불러 해명하라고 할 것이 염려된다고 말했다. 따라서 소니는 사형을 집행하기 전에 이 문제를 가지고 태후의 재가를 받는다면 나중에 자신들에게는 후환이 없을 것이라고 하였다. 소니는 사실 아담 샬 신부를 구해내기 위하여 이와 같은 꾀를 냈던 것인데, 동료들은 다행히 그의 제안에 동의하였다. 그들은 태후에게 찾아가 탕약망을 '육시'로 사형할 것을 선고한 것에 대해 근엄하게 재가를 청했다. 그러나 재가를 받기는커녕, 태후는 오히려 이러한 판결에 크게 분노하여 서류를 바닥에 내던지고 발로 짓밟아버렸다. 그런 후에 태후는 섭정들에게 그녀의 아들[순치제]이 그에게 보였던 존경과 관심을 벌써 잊었는지 따져 물었고, 그를 범죄자로서 벌하는 대신 정중하게 예우해야 한다고 주장했다. 태후는 아담 샬 신부를 즉시 석방하여 자택으로 돌려보내라고 명했다. 이에 따라 그는 집으로 되돌아갔다. 그의 집에서 그를 기다리고 있던 충직한 그리스도인들은 기쁨의 눈물을 흘리며 신부를 맞이했다. 불명예스러운 판결은 아직 철회되지 않은 상태였지만 신자들의 눈에는 그가 영광에 둘러싸인 것으로 보였다. 왜냐면 그가 생명이 위태로운 상황에서도 신앙을 지켜냈기 때문이었다. 그러나 오랜 투옥과 고문으로 쇠약해진 나머지 이 덕망 있는 사도는 석방된 후 채 1년이 지나지 않아 1665년 8월 15일 나이 76세에 자신의 영혼을 하느님께 맡겼다. 예수회 선교사들은 때로는 "천자"의 궁정에서 높은 자리를 차지하였던 것으로 비난을 받아왔으나, 짧은 시간 동안 그들이 누렸던 세상에서의 영광이 곧 가시관으로 대체되리라는 것은 확실한 일이었다. "제자가 스승보다 높지 않다"고 기록된바,[30] 예루살렘에서 겨우 1시간의 승리를 누렸던 사도는 그 뒤에 갈보리를 향한 고난의 길을 걸어야만 했던 것이다.

강희의 친정 시작과 그의 뛰어난 자질

1666년 초, 네 명의 보정 대신들 가운데 연장자인 소니의 죽음과 함께 중국에는 기억할만한 시대가 열렸다. 강희제는 아직 어렸지만 아주 조숙했다. 그는 어려서부터 어머니와 함께 개인 소유의 집에서 성장하며 그의 어머니로부터 교육을 받았다. 순치제가 세상을 떠나자 황제로 옹립되어 황궁에서 살게 되었지만, 그는 어릴 적 함께 지냈던 동무들과 어울려 살고 싶었다. 그는 조그만 궁정을 만들어서 그곳에서 황제가 할 일을 연습하였는데 이는 매우 성공적이었다. 그는 곧 자신이 만주인들과 한인들을 모두 통치해야 하는 황제로서 전사이면서 동시에 문인이 되어야 함을 깨달았다. 어린 벗들과 함께 지냈던 시기는 진지하면서도 활기찬 것이었다. 그는 만주족이 매우 이상적으로 생각하는 군사적인 훈련에 참여함과 동시에 한인들이 가장 큰 장점으로 여기는 학문을 연마하는 데도 두루 열중하였다. 그는 과감하고, 정력적이고, 경험한 것은 무엇이든 자기 것으로 소화했으며, 건전하고도 생동감 있는 지력을 지니고 있었다. 일찍부터 이런 자질들을 드러내어 그가 통치하면 제국의 번영을 가져올 것이고 만청 왕조를 영화롭게 하겠다는 이유 있는 기대감을 불러일으켰다. 나이 14살 되던 어느 날, 강희는 제일 섭정인 소니가 죽었다는 통보를 받자 나머지 섭정들과 내각 그리고 제국의 고관들을 즉시 소집했다. 젊은 황제는 관심을 가지고

30) 『마태복음』 10:24.

모여든 고관들 앞에 확신에 찬 모습으로 나타났다. 깊고도 엄숙한 침묵이 잠시 흐른 뒤, 이 어린 왕자는 그 시간 이후로는 즉시 섭정 회의를 폐지하며 자신이 정부를 직접 통치할 것임을 선언했다. 앞서 말한 대로 이 일이 생긴 때는 1666년 초였다. 비슷한 시기에 지구의 반대편에서도 대제국을 호령하던 다른 권력자가 군주가 미성년이었을 때 세상을 떠나는 비슷한 일이 벌어졌다. 어린 루이 14세[31)]가 [추기경] 마자랭[32)]이 죽자마자, 누가 프랑스를 다스리게 되느냐는 질문을 받고는 '짐이 곧 국가다'라고 답한 것이다. 그리하여 서로 매우 다른 문화를 가졌던 동양과 서양의 두 나라에 같은 시대, 그리고 꼭 같은 상황 속에서 각각 중국 제국과 프랑스 왕국에 빛을 비춘 두 위대한 군주의 치세가 시작되었다. 루이 14세와 강희제의 치세에서는 많은 유사점이 뚜렷하게 드러나는데, 역사의 황금기를 지냈던 두 나라의 군주들 사이에서 이러한 유사성을 밝히는 것은 흥미진진한 일일 것이다. 우선, 두 군주는 모두 전쟁과 분열로 혼란한 시기에 권력을 잡았다. 두 군주 모두 집권 초기에는 국내의 평화를 재건하는 데 열중하는 동시에 다른 나라에 위협적인 모습을 보여야만 했다. 그들은 독보적인 천재성과 용기를 발휘하여 많은 어려움 끝에 대내외적으로 승리를 거듭하면서, 당대 온갖 영광의 중심점이 되었다.

『중국연대기』에는 "그는 당시 15세밖에 되지 않았으나, 지혜와 견실함으로 나라를 다스려 그의 신하들의 존경을 받았다. 그는 젊은 나이에 보통 저지르기 쉬운 잘못을 저지르지 않도록 조심하였으며, 백성들에게 사랑받을 일만 하려

---

31) 루이 14세(Louis XIV (1638-1715)는 프랑스의 왕으로 다섯 살 때 왕위에 올랐으며, 이탈리아 추기경 쥘 마자랭이 1661년까지 섭정했다. 그 후 권력을 잡은 그는 72년 동안 왕위에 있었는데, 이는 유럽 군주 중에서 가장 오랜 기간 통치한 기록이며, 육 신부는 그를 청대의 강희제와 비교하고 있다. 자국에서 태동했던 얀센주의를 자신의 통치권 강화 수단으로 이용하면서 예수회를 지지하는 로마의 교황들과 갈등을 일으켰다.

32) 쥘 마자랭(Jules Mazarin, 1602-1661)은 이탈리아 출신의 추기경이자 외교관 겸 정치가로, 1640년부터 프랑스에서 외교관으로 일했다. 루이 14세 치하의 프랑스에서 1661년 죽을 때까지 수석 국무장관을 지냈다. 예수회에서 교육을 받았던 인물이다. 1648년 베스트팔렌 조약이 체결될 때 중요한 역할을 맡았다.

고 했다. 군사 전략적이고 학문적인 측면 모두에서 그가 이룩한 발전은 두 분야에서 가장 노련한 사람들보다 한 수 위였다."[33]고 적혀 있다. 강희제는 군주가 나라를 제대로 다스리는 데에는 반드시 많은 세월과 오랜 경험이 필요한 것은 아님을 입증했다. 다수의 강희제의 어릴 적의 행적들이 기록으로 남겨져 있다. 전해지는 바에 따르면, 어느 날 강희는 버려진 것 같은 무덤을 지나면서 누구의 무덤인지를 물었다. 수행하던 신하들이 명나라 마지막 황제 숭정崇禎의 무덤이라고 답하자, 이 어린 만주족의 군주는 깊은 감회에 젖어 무릎을 꿇고 존경의 표시로 땅에 머리를 부딪치며 다음과 같이 말했다고 한다. "오, 숭정제여, 부디 내게 노하지 마십시오. 나 때문에 당신이 불행에 처하게 된 것은 아니었습니다. 당신을 배신한 것은 당신의 부하들이었으며, 우리에게 도움을 청할 수밖에 없도록 강요한 것은 당신의 살인자들의 죄악입니다."라고 말하며 흐느껴 울었다고 한다. 이 관대한 군주는 이 버려진 무덤에 향을 피우라고 명하였고, 그 자리에 보기 좋은 묘를 건축하도록 지시하였다. 그리고 이 한족 왕조의 마지막 황제에게 해마다 엄숙하게 제사를 지낼 수 있도록 충분한 돈을 하사했다.

강희제는 어려서부터 백성들을 향한 진심 어린 사랑과 남다른 정의감을 가지고 있었다. 그는 억울함을 당한 사람을 그냥 지나치는 법이 없었고, 관리들의 기만을 즉시 처벌했다. 어느 날 그는 만주족이 가장 좋아하는 활동 중의 하나라고 할 수 있는 사냥을 나갔다. 신하들을 따돌리고 외진 길을 달리던 중 강희제는 노인 하나가 땅바닥에 앉아서 슬피 울고 있는 것을 보고는 자신의 신분을 알리지 않은 채 노인을 일으켜 세우고는 무슨 일로 슬퍼하는지 물었다. 노인은 해결할 수는 없는 일이기에 사연을 말해도 아무 소용없다고 답했다. 강희는 "어르신, 용기를 잃지 마세요. 제가 도움을 드릴 수도 있지 않겠소. 사연을 들려

33) (원주) De Maillu, Histoire Générale de 1a Chine, vol. ii. p. 125.

주세요."라고 말했다. 이 말에 "내가 왜 고통을 당하는지를 선심을 가지고 물으니 답하리다. 내게 황궁 가까운 곳에 자그마한 땅덩이가 있었는데, 황궁 관리인이 그 땅을 탐내더니 땅을 차지해버리고 말았소. 나는 식량을 구걸하고 다니는 거지 신세가 돼 버렸다오. 그리고 내게 아들이 하나 있었는데, 내 말년을 돌볼 자식이었소. 하지만 관리인이 그 아들마저 데려다가 종으로 삼았으니, 이 모든 일로 인해 눈물이 쏟아진다오."라고 답했다. 소년 황제가 이 불행을 당한 사람의 두 손을 쥐고는 "어르신, 슬퍼하지 마세요. 그 황궁은 여기서 멀리 있습니까?"라고 물었다. 그러나 노인은 "오리정도 떨어져 있습니다."라고 답했다. 황제는 "잘 되었네요. 함께 가서 관리인에게 땅과 아들을 돌려달라고 청해 봅시다."라고 말했다. 그러나 노인은 체념한 말투로, "오, 도련님, 내가 황궁 관리인이 바로 그 악당이라고 말하지 않았소? 그에게 그런 청을 한다면 당신이나 나나 모두 무사하지 못할 것이오. 욕설과 학대만 당할 것이오."라고 답했다. 황제는 "용기를 내세요. 내가 이 일을 하기로 작정했으니, 일이 잘 풀릴 거요."라고 말했다. 노인은 처음 보는 이 소년의 솔직하고도 고상한 행실을 보고 신뢰감이 생겨서 소년을 따라 황궁으로 가겠다고 하며 덧붙이기를, "도련님, 하지만 저 때문에 한참을 지체하시게 될 것입니다. 내가 늙어서 도련님 말의 걸음걸이를 쫓아갈 수 없네요."라고 하였다. 강희는 "맞는 말이네요. 노인장은 나이가 드셨고 나는 젊고 튼튼하니 내 말을 타세요, 나는 걸어갈게요."라고 말했다. 하지만 노인이 이런 제안을 거절하자, 강희는 노인을 앞에 태우고 황궁 쪽으로 가다가 황궁의 옷을 입은 관리들과 마주치게 되었다. 황제가 이들에게 만주어로 몇 마디 건네자 그들은 자신들의 소년 황제의 일거수일투족에서 눈을 떼지 않으면서도 조용히 자리를 피했다. 두 사람이 황궁에 이르자 강희는 관리인을 오라고 명했다. 황제가 사냥 겉옷을 벗자 입고 있던 옷의 가슴팍에 용이 수놓아진 것을 본 관리인은 무릎을 꿇었고, 노인도 함께 두려워 떨면서 강희의 발아래 엎드렸다. 황제는 노인을 상냥하게 일으켜 세웠다. 황제를 좇아온 황족들과 계곡에서 돌아온 고관들이 황제 주위로 모여들었고, 황제는 이 많은 귀족을 악한 관리인을 처벌할 때 입회인으로 삼기로 했다. 강희는 관리인을 엄하게 꾸짖고는 그에게 참수형을 내렸다. 그리고 겁에 질린 채 서 있던 노인을 향해 갔다. 그리고 그는 다음과 같이 말하였다. "어르신, 빼앗겼던 땅과 아들을 당신에게 돌려주겠소. 그리고 이 순간부터 노인장을 이 궁전의 관리인으로 임명하오. 하지만 이 때문에 당신의 감정이나 행동이 변하지 않도록 주의하시오. 아니면 언젠가 다른 사람이 당신의 불의한 행동으로 인해 당신의 자리를 차지하게 될 것이오."라고 말했다. 연대기에 위와 같이 기록된 이 어린 황제가 바로 우리가 말하고 있는 시대의 통치를 시작한 황제이고, 또한 중국에서 복음을 전하는 자들의 보호자이자 벗이 될 황제였다.

제 2 장

광동의 선교사 회의와
페르비스트 신부의 선교활동

제 2 장

광동의 선교사 회의와 페르비스트 신부의 선교활동

광동에 모인 선교사들의 회의

강희제가 아직 어렸을 때, 천문학자 양광선은 박해를 일으키어 중국의 새 신자들이 가장 절실하게 위로와 용기, 그리고 도움이 필요했던 시기에 중국 교회로부터 사제들을 빼앗았다. 중국의 선교사들은 베이징에 남게 된 4명의 선교사를 제외하고는 모두 자신의 사역지에서 가차 없이 쫓겨나 광동으로 유배를 가야만 했다. 선교사들은 모두 같은 곳에 감금되었기 때문에 모든 수도회, 즉 예수회, 프란체스코회, 도미니크회의 선교사들이 함께 생활하게 되었는데, 이는 하느님의 특별하신 섭리라고 할 수 있을 것이다. 사람들은 불행이 닥치면 평화와 화합의 영을 통해 위안을 얻고자 하는 성향이 있다. 선교사들이 유배당한 고난의 아픔 속에서 그들의 사역 가운데 발생하였던 불행했던 분열 사태를 끝내기 위하여 하느님께서 이런 만남을 준비하신 것만 같았다. 길고 긴 억류 생활 속에서 어떠한 유익함을 구하고자 광동에 유배된 선교사들은 곧 중국 종교가 가지고 있는 유익함은 무엇이며, 복음을 전하는 최선의 방법은 무엇인지, 그리고 세례를 희망하는 사람들에게 무엇을 허용하고 무엇을 금지해야 하는지에 관해, 함께 논의하기 시작했다. 그곳에 모인 선교사들의 대다수는 하느님의 영광을 드러내고 영혼들의 구원하는 일에 열성적인 사람들이었고, 동시에 선교사로서 거센 풍파를 이겨내면서 분별력을 키운 사람들이었다. 그들은 인문학에 정통했고, 가장 난해하고 심오한 신학적 난제에 대해서도 깊이 성찰한 자들이었다. 나아가 그들은 중국 고전까지 섭렵하였으며, 중국에서 가장 박식하고 교양 있는 자들에게 중국의 조상숭배는 어떤 의미를 지닌 것인지 직접 질문을 던졌던 자들이었다. 이 회합은 우호적인 분위기 속에서 이루어졌는데, 불신자들과 새 신자들에게 그리스도교를 어떻게 전할 수 있는지에 관한 많은 중요한 논제들에 대하여 선교사들은 서로의 의견을 일치시킬 수가 있었다. 그러나 불행하게도 이 정직하고도 선량한 선교사들은 중국의 전례문제를 올바로 이해하는 것은 실패하고 말았다.

예수회 선교사들은 공자와 조상들에 대한 제사를 허용하기 원했다. 그들은 가장 박식한 자들의 중국 고전 해석과 새 신자들의 진술을 통해 전례가 가지는 의미가 무엇인지 설명하였다. 그들의 주장에 따르면 중국인들이 드리는 제사는 미신적인 요소는 전혀 없는, 순전히 문화적인 것이었다. 예수회 선교사들은 지혜롭게 제사를 관용하는 것이 중국인들을 전도할 수 있는 가장 실질적이고도 효과적인 방법이라고 역설했다. 반면, 도미니크회 선교사들은 예수회 선교사들이 허용해야 한다고 주장하는 것을 엄격히 금해야 한다고 주장하였다. 그들도 예수회와 마찬가지로 중국 식자들과 관리들의 의견, 그리고 개종자들의 진술을 근거로 제시하였다. 도미니크회 선교사들은 조상과 공자에 대한 미신적인 숭배를 관용한다면 중국 선교에 박차를 가할 수 있는 것이라는 예수회의 주장에는 동의하였으나, 이런 식으로 이루어진 개종은 단지 눈속임에 불과하다고 주장했다. 제사를 용인하게 되면 중국의 새 신자들은 겉으로만 신자가 될 뿐, 어정쩡한 우상 숭배자가 될 것이라는 견해였다. 그들은 만약 선교사들이 복음을 전한다고 해도 중국인들이 이전과 다를 것이 없는 모습을 갖는다면, 자신들의 목숨을 걸고 그들을 전도할 의미가 있는 것이냐며 반문하였다.

나바레트 신부의 견해와 로마 파견

두 수도회는 각각 전례문제에 대하여 아주 확고한 입장을 가지고 있었고, 서로 한 치의 양보도 하지 않았다. 당시 도미니크 선교사들의 수장은 그 유명한 나바레트Navarette 신부였다. 그는 카스티야 출신으로 로마와 스페인에서 사역을 한 적이 있으며, 모랄레스 신부가 중국에 돌아올 때 동행하였던 28명의 수도사 가운데 하나였다. 우리는 앞서 열정에 가득 찼던 이 젊은 선교사들이 1648년 필리핀 제도에 도착하였으며, 숨 돌릴 시간도 없이 곧바로 영원한 진리인 그리스도교를 전파하기 위해 중국, 일본, 인도차이나와 베트남 각지로 흩어졌다는 사실을 살펴본 적이 있다. 당시 마닐라의 수도원장은 과학과 신학에 조예가 깊었던 나바레트 신부에게 성 도마 대학의 교수직을 맡게 하는 것이 좋겠다고 판단하였다. 성 도마 대학은 스페인이 필리핀 점령 초기에 세운 교육 기관으로, 후에 성직자가 될 지도 모르는 필리핀 토착민들에게 고등 학문을 가르치기 위하여 설립되었다. 나바레트 신부는 학생들을 돌보는 일에 전념하는 동시에 꾸준히 중국의 고전과 학문을 공부하였다. 당시 필리핀에는 상업상의 이유로 중국 사람들이 많이 있었기 때문에, 나바레트 신부는 중국 사람들과 교류를 하면서 중국의 언어, 예절, 그리고 풍습을 익히며 언젠가 중국인들에게 복음을 전하게 될 날이 오기를 기다리고 있었다. 타고난 언어적 재능을 가졌던 나바레트 신부는 빠른 속도로 중국어를 습득하였고, 곧 중국의 유명한 철학자들과 도덕군자들의 서적을 원어로 읽으며 각각의 사상 체계를 이해할 수 있었다. 이러한 방법이야말로 중국인들에게 전례가 뜻하는 의미가 무엇인지 그 진정한 뜻을 밝힐 수 있는 최선의 방법이었다. 그러나 예수회 선교사 가운데에서도 이러한 능력이 있었던 신부가 여러 명 있었기 때문에 그들도 중국 전례에 대한 자신들의 주장을 마찬가지로 설득력 있게 펼칠 수 있었다.

나바레트 신부는 마닐라에서 총 11년 동안 머물렀다. 긴 시간 동안 공부에 전념하였던 그는 1659년 사순절에 마카오에 가서 선교활동에 두각을 나타내었고, 이후 중국 내지로 향했다. 나바레트 신부는 오랜 기간에 걸쳐 선교를 준비했던 만큼 어떤 망설임이나 지체함 없이 중국인들에게 복음을 전파할 수 있었다. 그는 복건성과 절강성을 오가며 복음을 전했는데, 어느 곳에서나 눈부신 성공을 거두었다. 그의 말에는 설득력이 있었고 그의 고결한 삶에는 영향력이 있었으므로 많은 사람이 그를 따라 개종하였다. 모랄레스 신부가 세상을 떠나자, 그는 도미니크회 중국지부의 책임자[지목知牧]가 되었다. 나바레트는 두 지역에서 사역을 진행하며 자신이 보고 들은 모든 것을 바탕으로 중국인들의 제사를 허용할 수 없다는 자신의 의견을 더욱 확고하게 굳혀나갔다. 중국인들을 경험하며 자신의 의견에 대해 확신하게 된 그는 새 신자들에게조차 전례문제에 대해서는 한 치의 타협도 허용하지 않게 되었다. 전례문제에 대한 그의 엄격한 입장은 그의 사역에 아무런 방해가 되지 않았다. 그는 많은 중국인을 개종하는 것에 성공하였고, 이러한 자신의 성공이 전례를 금지한다면 중국 선교에 커다란 타격을 입을 것이라는 예수회의 주장에 대한 반증이라고 여겼다. 예수회 선교사들은 나바레트 신부가 많은 중국인을 개종시키는데 성공하였다는 점은 인정하였다. 그러나 만일 그가 전례에 대해 덜 엄격했다면 더 큰 성과를 거두는 동시에 기독교의 정통성에도 아무런 해를 입히지 않았을 것이라고 반박했다.

빠른 시일 안에 선교사들이 억류 상태에서 풀려날 가능성은 없으며, 계속되는 선교 회의에서도 중국 전례문제에 대한 합의가 이루어지지 않을 것이라고 판단한 나바레트 신부는 광동에서 더 이상 시간을 허비하지 않기로 결정하였다. 그는 전례문제에 대한 합의가 이루어지지 않은 채 선교가 재개되면, 그리스도인들 사이에 끊임없는 분열과 분쟁만이 남아 있을 것을 우려하였고, 그리스도교의 이익을 위하여 중국에서는 해결되지 않는 이 문제를 로마 교황청에 상세하게 보고하기 위하여 유럽으로 출발하였다. 이는 자신의 전임자였던 모랄레스 신부의 전례를 따르는 행동이었다. 교황청이 전례문제와 관련하여 두 개의 다른 결정을 내렸다는 것은 이미 앞서 서술한 바 있다. 하나는 도미니크회의 모랄레스가 얻어낸 결정이었고, 다른 하나는 예수회의 마르티니가 얻어낸 결정이었다. 이는 두 신부가 교황에게 제시하였던 관점에 따라 각각 하나는 중국의 전례를 인정하는 결정이었으며, 다른 하나는 전례를 비난하는 결정이었다. 나바레트 신부는 한시바삐 이러한 치명적이고도 우유부단한 상황을 끝내야 한다고 주장했다. 그러지 않으면 중국 선교는 빠른 속도로 완전히 몰락할 것이 분명했기 때문이다. 신부는 교황과 추기경들에게 전례문제와 관련하여 그가 공부를 통해 알게 된 내용과, 자신이 직접 경험하였던 사실들, 그리고 광동 회의에서 논의되었던 바를 전달하였다. 즉 그는 교황청이 판단을 내리는 데 있어 필요한 모든 내용을 남김없이 전한 것이다. 그리고 마침내 조상과 공자에 대한 제사를 드리는 것을 단죄한다는 결정을 얻어내기에 이르렀다.

로마의 추기경들은 뛰어난 학식, 덕망, 자질을 갖춘 나바레트 신부에게 큰 관심을 보였다. 추기경들은 그를 주교의 반열에 오르게 하여 그에게 중국 선교를 총괄하는 권한을 맡기려 하였다. 당시의 상황을 상세하게 기록한 도미니크회 소속의 유명한 역사가 앤트완 투롱Antoine Touron은 나바레트 신부가 이를 거절한 이유에 대하여 명확하게 밝히고 있지는 않다. 그러나 나바레트 신부는 스스로가 그토록 다른 이들의 강한 신뢰를 필요로 하는 직급을 맡을만한 자격이 없다고 판단하였으리라는 사실을 쉽게 추측할 수 있다.[34] 나바레트 신부는 예수회와 앞장서 겨루고 있는 도미니크 수도회의 수장으로서 이 제안이 자신의 주장을 관철시키고 승리를 거두기에는 더할 나위 없는 기회라는 것을 알고 있었을 것이다. 그러나 동시에 엄청난 어려움이 뒤따르리라는 사실 또한 알았을 것이다. 그리고 그는 [선교사들 사이의] 화합을 위해서 자신과 다른 의견을 가진 자들에게 강한 영향력을 행사할 수 있는 자리에 자신이 오르지 않아야 한다고 믿었다. 이러한 상황을 고려한 나바레트 신부는 자신이 중국에 귀환하는 것이 선교에 아무런 유익을 주지 못하리라고 생각하고 스페인으로 은퇴하였고, 나중에 뉴 스페인[멕시코]에서 산토 도밍고St. Domingo의 주교가 되었다.[35]

계속되는 박해와 중국인 수사 그레고리 로페즈의 눈부신 활약

선교사들이 모두 광동에 유배당한 채 새 신자들의 정통성에 대하여 자기들끼리 논전을 계속하고 있는 동안 선교관은 외로운 침묵에 휩싸였다. 딱한 중국인 개종자들은 그들이 조상숭배에 관하여 어떠한 의견을 지녔는지 상관없이 모두가 중국 관리들에게 지독한 박해를 받는 처지에 놓이게 되었다. 그들은 자신들의 영적 스승이 되는 사제들로부터는 어떠한 도움도 받을 수 없었다. 그러나 중국인 개종자들이 이러한 시련을 지날 때에 도움을 준 한 인물이 있었으니, 한 중국인이 여러 지역을 두루 돌아가며 그리스도교에 대한 위로를 전했던 것이다. 중국인으로서는 매우 보기 드물게 열정적이고 헌신적이었던 이 인물

34) 앤투완 투롱(Antoine Touron, 1686-1775)은 프랑스 도미니크회의 전기 작가, 역사가이다.

35) 뉴 스페인(New Spain)은 아메리카 대륙에 있던 스페인 총독령 식민지(Virreinato de Nueva España)에 대한 통칭이다. 통치권역으로는 필리핀과 괌도 뉴 스페인에 포함된다.

은 바로 그레고리 로페즈로, 앞서 이 사람의 경력을 미리 살펴보았다. 로페즈는 자기 자신에게 닥치는 많은 위험을 담대히 감수해가며, 밤낮으로 중국 곳곳을 돌아다니며 여러 선교지에 그 모습을 드러냈다. 그는 서로 상당히 먼 거리에 위치해 있는 지역들을 방문하여 협곡과 강가에 숨어있었던 그리스도인들을 찾아내었다. 그리고 그들로 하여금 관리들의 감시망을 빠져나갈 수 있는 각양각색의 다양한 방법을 찾아내었고 박해받고 있는 믿음의 형제들에게 도움의 손길을 내밀었다. 그러나 사방에서 신앙을 저버리도록 유혹하는 손길과 어려움에 처해 있었던 개종자들을 위하여 광동에 유배된 선교사들이 할 수 있는 것은 오직 기도뿐이었다. 그동안 도미니크회에 소속된 중국인 수사 로페즈는 중국에서 박해의 불길이 가장 거셌던 중국의 모든 지역을 종횡무진 누비었다. 그는 신자들을 방문하였고, 위로를 전하였고, 신앙이 나약한 사람들은 붙잡아주고, 성례를 베풀고, 배교자들을 회심케 하였으며, 심지어 전례 없는 이 고난 속에서도 새로운 신자들을 예수 그리스도께 인도하기까지 하였다. 당시에 중국에 머물면서 이 중국인 선교사의 놀라운 열정을 직접 목격하였던 나바레트 신부는 도미니크회 수도원장에게 로페즈의 행적을 다음과 같이 보고하였다. 그에 의하면 로페즈는 약 2년 반 동안 널리 퍼져있는 중국의 여러 성을 누비면서 심약해진 신도들에게 용기를 불어넣고 공포심과 폭력에 굴복하였던 수많은 초신자들을 회개하게 하고 그들의 신앙을 회복시켜주었을 뿐만 아니라, 능력 있는 말과 행동으로 많은 불신자를 개종시켜 2,500명이 넘는 이교도들에게 세례를 베풀었다고 보고하였다.[36] 나중에 우리는 교황청이 이 불굴의 사도가 보여준 고귀한 노력을 치하하고 보상하는 것을 보게 된다.

---

36) (원주) Touron, vol. v. p. 739.

양광선 역법의 오류와 페르비스트 신부의 뛰어난 천문학 지식

앞에서 선교사들이 광동으로 보내졌을 때, 네 명의 선교사들은 이와 같은 결정에서 제외되어 베이징에 남게 되었다고 언급한 적이 있다. 페르비스트 신부는 이때 남아있던 네 명의 선교사 중 하나이다. 교회에서는 이들에게 한 장소에만 머물러 있으며, 더 좋은 날이 오리라는 소망을 갖고 기다릴 것을 명하였다. 그렇게 4년의 세월이 흘렀다. 이와 같은 시련의 시간을 보내고 중국에 있는 하느님의 교회는 복음을 전하는 데 꼭 필요한 자유를 조금이나마 얻게 되었고, 이로써 하느님을 기쁘시게 하였다. 선교사들을 박해하고 추방하는 일에 앞장섰던 사람이 하느님의 손에 이끌리어 그리스도교의 번영을 회복하는 일에 도구가 된 것이다.

양광선은 야심이 있고 진취적인 관리였다. 그는 최고법정에서 유럽인 선교사들을 향해 맹비난을 퍼부었고, 자신이 유교의 교리와 국가의 명예를 지키는 사람이라는 것을 과시했다. 하지만 실제로 그는 자기 자신의 이익을 챙기려는 사람이었고, 나라를 위한다는 열의는 자신의 야망을 감추기 위한 위선적인 가면에 불과했다. 양광선은 아담 샬 신부의 명성을 무너뜨린 후에 그의 전리품으로 스스로 치장하고, 샬 신부의 자리까지도 빼앗아갔다. 양광선이 흠천감 감정의 자리에 오른 것이다. 그는 자신의 천문학 지식에 대하여 뽐내고 다니며, 천문학계에서 최고의 권위를 자랑하는 흠천감 감정의 자리에 오르기를 오랫동안 갈망하고 있었다. 그리하여 아담 샬 신부의 선종 이후 책력을 만드는 일을 양광선이 맡게 되었다. 널리 알려진 바와 같이 책력을 만드는 일은 중국에서 대단히 중요한 일이다. 중국 황제는 자신의 궁정의 중요한 사람들에게 직접 달력을 나누어준다. 황족, 고관, 최고법원의 재판관들은 황제 앞에 무릎을 꿇고 이 귀중한 선물을 하사받는다. 또한, 달력은 노란색 상자에 담겨 조공국의 왕들과 몽골의 왕자들에게 보내지기도 한다. 이때 이 선물을 받기를 거절한다면 이는 공공연하게 그가 반란을 일으키는 것과 마찬가지인 것으로 여겨진다. 제국이 혁명의 위기를 겪고 있을 때에 자신을 황제라고 주장하는 자마다 나름의 달력을 만들었고, 어떠한 달력을 받아들인다는 것은 그 달력을 만든 자를 황제로 인정하는 의미를 지니고 있었다. 이렇게 책력은 마치 국가의 원수를 선출하는 일에 투표권을 행사하는 것과 비슷한 의미를 지니고 있었기 때문에 중국의 역대 황제들이 책력을 얼마나 귀중하게 여겼을지 쉽게 짐작할 수 있다.

양광선이 흠천감 감정이 된 후, 중국은 자신들의 책력에 대하여 다소 자신감이 떨어진 것처럼 보였다. 이는 양광선의 지시에 따라 달력이 조작되었기 때문이고, 양광선의 천문지식이 보기에도 심히 모호했기 때문이었다. 고관들은 양광선이 별자리를 보고 그 운행을 세밀하게 계산하는 방법을 모른다고 주장하며 대놓고 양광선을 비난하기에 나섰다. 강희제는 아직 어렸고, 황제가 된 지 겨우 7년이었지만 달력의 정확도에 의문이 있다는 말을 듣고는 이 문제에 관하여 설명을 듣고 싶어했다. 황제는 대신들에게 이에 관하여 질문하였으나 그들은 아무런 답을 주지 못하였다. 그 중, 한 대신이 유럽인 수학자들의 천문지식이 뛰어나다는 것은 모든 중국인이 알고 있는 사실이라고 말을 하면서, 대부분의 유럽인이 폐하의 유년 시절에 유배되었으나 여전히 베이징에 몇 명이 남아 있으니 달력의 오류에 관하여 그들의 의견을 들어보는 것이 좋을 것 같다는 말을 덧붙였다. 황제는 이 제안을 받아들였고, 이에 네 명의 보정 대신, 혹은 고관들을 보내어 지난해의 달력이나 현재 준비하고 있는 달력에서 오류가 있는지를 조사하도록 했다. 페르비스트 신부는 지난해의 달력과 준비 중인 달력 모두 오류가 많다고 밝혔다. 신부는 무식한 흠천감이 이듬해가 음력 상으로 13개월이라고 하였으나, 12개월이 올바른 계산이라고 지적하였다. 중국인들은 음력을 사용하고 있는데, 삭망월이 십이궁도의 변화와 늘 일치하는 것은 아니므로 윤달을 끼워 넣는 것이 필요했다. 양광선은 아마도 윤달을 넣는 일이 특별히 중요하다고 생각하지 못하고, 아무 해에나 윤달을 끼워 넣으며 결국은 윤달을 넣지 않아야 할 해에 윤달을 넣게 된 것이다.[37] 관리들은 달력에 이런 중대한 사안을 비롯하여 여러 가지 오류들이 있다는 말을 듣고는 황제에게 즉시 보고를 하였다. 황제는 이에 매우 놀라 다음날 바로 선교사들을 불러오라고 명했다.[38]

페르비스트 신부와 동료 신부들은 약속된 시간에 나타나 흠천감의 관리들이 모두 모여 있는 대청으로 안내되었다. 그리고 그 자리에서 페르비스트는 달력의 오류에 대해서 밝히라는 명을 받았다. 그러나 젊은 황제는 선교사들을 본 적이 없었기에, 그들을 자기 거처로 오라고 명령하였다. 흠천감 관리들도 이들과 동행했다. 황제는 페르비스트 신부를 마주하고 매우 우아한 목소리로 "중국의 달력이 천체의 운행과 일치하는지 여부를 명백하게 증명해 낼 수 있다는 것이 사실인가?"라고 물었다. 페르비스트는 그것을 증명해 보이는 것은 어렵지 않다고 말하고, 천문대에 있는 기구들은 주로 나랏일에 종사하는 사람들이 번거로운 방법을 피하기 위한 것이므로, 그들에게 천체의 상태와 그들의 계산이 조화로운지 잠시 보여드리겠다고 답했다. 선교사는 이어서, "폐하께서 실험해 보시려면, 궁정의 한쪽에 의자나 탁자를 놓아두라고 명하십시오. 그러면 제가 폐하께서 원하시는 시각에 그림자의 길이를 재도록 하겠습니다. 그림자의 길이를 재면 해가 뜬 높이를 알 수 있습니다. 이 높이를 통해 십이궁도상에서 해의 위치를 알아내는 것은 쉬운 일입니다. 그러면 달력에 날마다 표시된 해의 위치가 정확한지를 쉽게 알 수 있을 것입니다."라고 말했다. 황제는 이러한 제

37) 양광선, 이류사, 남회인 저. 안경덕, 김상근, 하경심 옮김. 『부득이: 17세기 중국의 반기독교 논쟁』 (서울: 일조각, 2013), p. 398 참조.

38) 위의 책, pp. 353-393 참조.

안을 반겼으나, [흠천감] 관리들은 깜짝 놀랐다. 황제는 [흠천감] 관리들의 속마음을 꿰 뚫어보고는 그들이 당황하고 있음을 알아차렸다. 황제는 관리들에게 이러한 관측법을 이해하고 있는지 그리고 그림자의 길이만을 가지고 많은 것을 알려줄 수 있는지 물었다. 양광선은 대담하게도 이러한 관측법은 자신도 알고 있었으며, 이를 통해 진실을 밝히는 것은 좋은 방법이라고 답했다. 그리고 그는 야만인들이 사는 유럽에서 온 자들에게서 과학적인 도움을 받는다는 것은 중화제국의 권위를 실추시키는 일이라고 덧붙였다. 그는 이러한 야만스러운 나라가 진정한 문명의 원리를 가지고 있을지 미지수라고 했다. 이어서 양광선은 그의 열변을 들어주는 인내심을 이용하여 그리스도교를 비난하기 시작했다. 천문학에 대한 자신의 무지함이 모든 사람에게 드러났으므로, 양광선은 유럽인들의 종교를 공격하고 그 종교에 많은 결함이 있다는 것을 증명함으로써 보복하려고 한 것이다.[39] 양광선은 팔을 뻗어 십자가 모양을 그리면서 "이 사람들이 숭배하고 있는 것이 무엇인지 보십시오! 십자가에 못 박힌 사람, 매달린 사람이라니! 분별력 있고 지적인 능력이 있다면 판단해 보시오."라고 절규했다.[40] 이러한 행동을 무례하고 불쾌하게 여긴 황제가 중간에 끼어들어 차갑게 말했다. "짐은 그러한 과거는 잊어버리고 지금은 천문에 관해서만 생각하자고 말하였노라. 경은 어찌 감히 짐의 앞에서 그러한 말들을 늘어놓는 것인가? 짐에게 여러 차례 상소문을 올려 중국 전역을 뒤져서 유능한 천문학자들을 찾아내어 확보하라고 한 사람이 바로 경이 아니었던가? 그런데 지난 4년 동안 아무도 찾아내지 못하지 않았는가? 수학에 달통한 남회인南懷仁[페르비스트 신부]이 그동안 베이징에 머물고 있었으나 경은 짐에게 그가 천문에 통달했다고 말을 한 적이 없지 않으냐? 짐이 보니 경은 편견에 지나치게 사로 잡혀있으니, 선의를 가진 자가 아니로다." 젊은 황제는 얼굴에 다시금 미소를 머금으

39) 위의 책, pp. 71-103 참조.

40) (원주) Le Comte, v. ii. p. 193. Le Carton, Notice of F. Verbiest, p. 15.

며 페르비스트 신부에게 천문학에 관하여 몇 가지 묻고는 상서에게 제안한 실험에 필요한 준비를 하라고 명했다.

베이징의 정치인들은 이 사건을 통해 강희제가 유럽인들에게 호의적이라는 사실을 분명히 알게 되었다. 강희제는 자신의 주위에 칭찬받을 만한 사람들을 두려고 하였고, 그런 인재들을 발굴하는 일에 영민함을 보여주었다. 그는 유럽인들의 얼굴을 보는 것을 매우 좋아했는데, 그들의 얼굴에 지성과 강직함과 정직함이 가득함을 발견했기 때문이라고 말했다. 이러한 특징은 중국인의 일반적인 얼굴에서는 쉽게 찾을 수 없는 성격의 것들이었다. 강희제는 과학과 문학에 남다른 열정을 가지고 전념하며 이를 매우 성공적으로 연마해 왔고, 선교사들이 강희제로부터 언젠가는 큰 신임을 얻게 되리라는 것은 쉽게 예상할 수 있는 일이었다. 조신들은 언젠가는 궁정에서 힘을 갖게 될지도 모를 이 야만인들과 잘 지내는 것이 지혜로운 처사라는 것을 깨닫게 되었다.

신부가 제안했던 실험이 시행될 준비가 끝나자 양광선은 자신이 페르비스트 신부의 관측방법을 전혀 몰랐다고 인정하는 것이 최선이라고 생각했다. 황제는 이를 전해 듣고는 양광선의 몰염치함에 분개하고 그 자리에서 벌을 내릴 뻔하였다. 그러나 양광선을 지지하고 보호하는 사람들도 처벌의 정당성을 부정할 수 없도록 하기 위해, 선교사들의 실험이 끝날 때까지 처벌을 연기하는 것이 더 바람직하다고 판단하였다. 중대한 국사에 해당하는 이 관측 실험을 검증하기 위하여 각 관서에서 모여든 많은 관리가 주시하는 가운데, 첫 검증이 흠천감 관측소에서 이루어졌다. 앞서 정해 둔 시각에 페르비스트 신부가 표시해 둔 지점과 운행하던 태양의 그림자 끝이 정확하게 일치하자 그 자리에 있던 모든 관리가 놀랐다. 황제는 이 실험을 통해 자신에게 전해지는 모든 내용에 커다란 관심을 가지고 있었다. 그는 이튿날 궁전의 안뜰에서 이 실험을 재현해

볼 것을 명하였다. 황제는 65cm 길이의 자로 실험을 하라는 지시도 내렸다. 페르비스트는 하나는 수직으로 다른 하나는 수평으로 눈금을 표시한 두 개의 널판을 준비하여 이튿날 황궁으로 가져갔다. 마침 동지가 가까워 그림자의 길이가 연중 가장 긴 시기였다. 이 관측을 돕던 많은 관리는 수평으로 놓인 널판 위에 표시한 점에서 멀리 떨어진 마당 쪽으로 그림자가 생기는 것을 보고, 이 선교사가 실수하고 있다고 생각하여 서로 수군거리며 악의에 찬 미소를 지었다. 그러나 정오 직전 갑자기 그림자의 길이가 짧아지면서 그림자의 끝이 널판에 닿더니 가로로 그은 선에 가까워졌고, 정각이 되자 그림자가 정확하게 선과 맞닿게 되었다. 관리들은 곧바로 크게 놀라움의 함성을 질렀고 상서는 "여기에 위인이 계시다"라고 외쳤다. 황제에게 관측 실험이 성공했다는 사실이 즉각 보고되었다. [페르비스트 신부가] 관측기구를 선물하자 황제는 이를 점잖게 받았다. 하지만 이러한 중대사를 충분히 주의 깊게 연구할 수 없었다는 생각이 들었던 황제는 관측소 꼭대기에서 다시 실험하고 싶어졌다. 페르비스트는 당연히 이에 응하였고 큰 성공을 거두었다. 황제의 명으로 검증현장에 있었던 신부의 적들조차도 그가 공정하게 관측했다는 점과 유럽의 관측법이 옳았다는 점을 칭찬하지 않을 수 없었다. 이렇게 세 차례나 승리를 거두고 난 후, 페르비스트 신부는 양광선이 만든 달력을 검증하라는 황제의 명을 받았다. 역법 안에서 수많은 오류와 확실한 모순, 그리고 엄청난 혼동이 있는 부분을 찾아내는 것은 어려운 일이 아니었다. 천문학에 통달했던 이 선교사는 매달 천체의 운행과 관련된 두드러진 결함을 기록하여 이를 황제에게 보고하였다. 강희는 이를 제국의 안전에 관한 문제로 여기고 곧바로 황족들과 고관들과 베이징의 주요관리들을 모두 불러들였다. 그리고 그들에게 페르비스트가 올린 상소의 내용을 알려주었고, 이와 관련하여 중대한 사안에 대한 자신의 의견을 밝혔다.

황제는 자신의 유년기에 제국을 다스렸던 섭정들을 좋아하지 않았다. 그들이 채택하였던 행정조직, 특히 유럽인 역관曆官들보다 한인 역관들을 선호했던 불공정한 처우를 못마땅하게 생각했다. 따라서 황제는 이런 상황에서 측근의 충언을 받아들여 한인 역관들의 활동을 전면적으로 취소하기로 결정하였다. 황제가 엄숙한 자리를 마련한 것은 이러한 의견을 밝히기 위함이었다. 페르비스트 신부의 상소를 가지고 오랜 논의를 벌인 끝에 역법개정이 가장 중차대한 문제이고, 천문학은 난해한 학문으로 이것에 통달한 자가 적으며, 천문기구를 사용하여 상소에서 지적한 오류를 공개적으로 검증하는 것이 필요하다고 만장일치로 의견이 모아졌다. 그리고 황제의 재가에 따라 페르비스트와 양광선에게 즉시 태양과 행성의 운행을 관측하고 이 관측에 동원된 방법도 명시하라고 명했다.[41] 페르비스트는 이에 기꺼이 순종하여 관측 자료와 방법을 적은 문서를 준비하여 예부 관리들에게 제출했다. 세 차례의 검증 결과 모두 같은 결과가 도출되었다. 이 보고를 들은 강희는 이를 어전회의에서 최종적으로 조사하라고 명했다. 하지만 수많은 오류가 있는 관측결과를 내놓았던 한인 역관들은 참석 허락을 받아내었고, 결국은 온갖 방법으로 참석자들 사이에 분열을 조장했다. 회의의 상석에 있던 고관들은 한인 역관들이 유럽 역관들에게 당하고 있는 모습을 보고 견딜 수 없어서 역법개정이 제국의 위엄을 높이는 것과 상반된다고 주장하였다. 그리고 결함이 있더라도 예로부터 내려오는 역법을 그대로 사용하는 것이 외국인들의 도움을 받아 역법을 바꾸는 것보다 훨씬 낫다고 주장했다. 그들은 또 제국의 영광을 드러내려는 열정을 보인 한인 역관들에게 찬사를 보내고, 그들이 조상과 또 고귀한 전통의 수호자라고 소리 높여

41) 첫 번째 검증은 태양이 물병자리에 15도 각도로 들어섰을 때 이루어졌다. 페르비스트 신부가 18일 앞서서 자오선 자리에 자신의 인장을 찍어 그어놓았던 커다란 四分圓弧는 그 날의 태양의 고도와 정오가 되기 전에 일식이 있을 것을 보여주었다. 실제로 태양이 만드는 그림자는 표시된 지점으로 정확하게 떨어졌고, 적도의 정점에 위치한 6자 半徑을 가진 六分儀에서는 기우는 것을 보여주었다. 페르비스트 신부는 14일 뒤에 같은 기구들을 사용하여 태양이 물고기자리로 들어가는 것을 관측하는 데에도 역시 성공하였다. 이러한 관측은 윤달을 어디에 넣느냐를 결정하는데 필요한 것이었고, 그 필요성은 충분히 입증되었다. 페르비스트는 항성들로부터의 거리를 측정하는 것으로 행성의 운행을 밤중에 관찰하여, 일주일 먼저 관리들의 입회하에, 또 황제가 정한 시각에 이를 평면天體圖에 표시하였다.

말했다. 그러나 만청 출신 고관들은 한인 고관들과는 반대되는 의견을 펼쳤다. 그들은 황제와 뜻을 같이하여 페르비스트 신부의 의견을 옹호했다. 실로 열띤 토론이었다. 양광선은 마침내 상서들의 지지를 얻고 그들의 전적인 보호를 받는다는 사실에 담대해진 나머지 뻔뻔한 어조로 만청 관리들에게 "만약에 귀관들이 남회인 편을 들기로 하고 남회인이 유럽에서 귀관들에게 가져온 천문학을 받아들인다면, 청나라는 오래 유지되지 못할 것이라고 장담하오."라고 말했다.

만청 고관들은 이러한 발언에 격분하였다. 진노한 황제는 경박하기 짝이 없는 양광선을 사슬에 묶어 투옥하라고 명하였다. 그는 재판에 회부 되었고 재판관들은 만장일치로 양광선에게 유죄를 선고하였다. 그의 옛 친구들은 그에게 등을 돌렸고 그에게는 사형이 선고되었다. 그러나 그가 나이가 든 것을 불쌍히 여긴 황제는 양광선을 몽골 초원으로 영구 유배시키는 것으로 감형을 해 주었다. 이 사건으로 페르비스트 신부는 빛나는 승리를 거두었다. 신부가 사용한 것은 매우 단순한 과학 원리 하나였는데, 이를 통해 중화제국의 과학이 당시 어떠한 수준이었는지 짐작할 수 있을 것이다. 선교 사역 초기에 예수회 선교사들이 거둔 이 승리는 그들의 사역을 매우 행복한 방향으로 전개 시켜 주었다. 페르비스트 신부는 "허영심과 자만심이 강한 중국에 이 사건이 끼친 영향이 얼마나 컸을지 상상하는 것은 쉽지 않을 것이다. 중국인들은 선교사들에게는 일종의 취미이자 부차적인 일로만 여겨지는 것 같은 유럽의 천문지식이 하늘의 법칙과 얼마나 조화를 이루고 있는지 확인하였다. 이 사건은 중국인들로 하여금 선교사들이 세계의 반대편에서 전하러 온, 그들이 열정적으로 설파하는 그리스도교 또한 이치에 합하는 것은 아닐까 성찰하게 했을 것이다."라고 말한다. 궁정과 백성들 앞에서 양광선의 무지를 폭로하고 난 후, 페르비스트 신부는 흠천감 감정이 되었다. 그는 역법, 그리고 앞으로 중국에서 사용하게 될 천문 관측방법을 개혁하라는 명을 받았다. 그는 직무를 시작하면서 한인 역관들의 계산법에 따라 이듬해에 끼워 넣는 윤달을 없애야 한다는 내용을 담은 상소를 올렸다. 황제는 신부의 상소를 기쁜 마음으로 받아 측근에게 내용을 검토하도록 하였다. 측근들은 일제히 전국적으로 공문서를 다시 만들어야 하는 번거로움을 우려하며 상소에 반대하였다. 이를 통해 국가의 명예가 크게 실추할 것이라고 생각했기 때문이었다. 이 같은 오류가 있음을 어찌 중화제국 앞에서 인정할 수 있단 말인가! 천자가 천체의 운행과 맞지 않는 달력을 조공을 나라들에 보냈다는 사실을 어떻게 밝힐 수 있겠는가! 이런 이유로 고관들은 페르비스트 신부의 상소에 반하는 진정서를 제출하였으나, 그들의 뜻을 이루지는 못했다. 마침내 고관들은 페르비스트 신부로 하여금 자신의 뜻을 접게 하기 위하여 160명이나 되는 흠천감의 역관들을 불러 모았다. 그리고는 역관 대표를 신부에게 보내어 이러한 오류를 바로잡기보다는 오류를 숨기는 방안을 생각해 백성들과 조공을 바치는 많은 나라에게 천자의 나라의 조정의 위신을 살리기를 간청하였다. 하지만 페르비스트 신부는 확고하게 윤달은 반드시 삭제되어야만 하며, 천체 상의 운행과 달력이 일치하지 않는 것을 중재하는 것은 자신의 권한 밖의 일이라고 주장했다. 또 만약에 천상의 운행이 한인 역관들의 생각대로 되지 않는다면 한인 역관들이 천상의 운행을 따라야만 한다고 말했다. 결국 황제는 천자의 자격으로 윤달을 없앤다는 조서를 발표하여 끊이지 않는 논쟁을 결론지었다. 온 제국과 이웃 나라들은 멀리 서방에서 온 남회인이라는 야만인 때문에 달력에서 한 달이 없어졌다는 소식을 듣고 매우 놀랐다. 그들의 놀라움은 모두 표현하기가 힘들 정도였다. 그러나 그때부터 중국에서 유럽인들의 명성이 크게 높아졌고, 그리스도교인들도 마침내 박해가 끝나리라는 희망을 가질 수 있었다.

선교사들의 복귀와 아담 샬 신부의 명예회복

페르비스트 신부는 황제의 신임을 얻은 기회를 활용하여 광동에 유배 중인 선교사들의 복귀와 중국 전역에서 그리스도교를 자유롭게 전파할 수 있는 허락을 얻어내려고 했다. 이를 위한 기회가 무르익고 있었다. 당시 황제는 자신이 소년이었을 때 잘못 내려진 결정으로 고통을 받은 사람들로 하여금 자신을 의지하도록 만들고자, 후견인이었던 섭정들이 공표하였던 조서를 무효화 시키고자 하였다. 이에 페르비스트 신부는 곧바로 상소를 올려 섭정들이 흉악한 불의를 행했고 권한을 남용하여 그리스도교의 전파를 금지하였음을 알리고, 그리스도교를 전파하는 사람들을 제국 안에서 추방한 것에 대한 자신의 불만을 전하였다. 이러한 탄원은 처음에는 그 내용을 점검하는 관서에서 수용되지 않았으나, 페르비스트 신부는 용기를 잃지 않았다. 그는 다른 고관들에게 도움을 요청하였고, 황제는 신부의 요청을 받아들여 이 사안을 중신들의 회의에 제출했다. 중신들은 7일 동안 이를 심의하여 그리스도교가 그동안 부당한 비난을 받았고, 또 그리스도교에는 제국의 복리나 그 백성들의 의무에 반하는 어떠한 내용도 들어있지 않다고 결론을 내렸다. 이에 따라 유배 중이던 선교사들은 그들이 일하던 교당으로 다시 돌아오게 되었다. 여러 관직에 있다가 해직되었던 그리스도교인 관리들도 복직되었다. 아담 샬 신부의 직위도 회복되었으며, 아담 샬 신부의 조상에게도 작위가 내려졌다. 황제는 상당히 많은 돈을 하사하여 아담 샬 신부를 위한 훌륭한 묘를 짓게 하였다. 중국의 관습에 따라 대리석 석상들과 상징적인 조각들로 치장한 묘였다. 이 훌륭한 무덤은 이 묘를 짓기 위한 비용을 대준 황제의 이름을 위대하게 높이는 동시에 유명한 선교사를 향한 경의를 표하기 위한 것이었다. 이 무덤은 지금도 베이징 교외에 남아있으며, 우리도 1850년에 그곳을 참배한 적이 있었다.[42]

---

42) 베이징의 중국 공산당 베이징 시위원회 당교와 베이징시 행정학원의 구내에 선교사 묘역이 있다.

중화제국에서 외로움을 겪고 있었던 그리스도인 공동체에 커다란 위로를 준 황실의 조서는 1671년 3월에 반포되었다. 이 조서는 그리스도인들에게 일종의 호의를 베푼 것이기는 하였지만, 그리스도인들에게 완전한 자유를 허락한 것은 아니었다. 왜냐하면 조서는 중국인들이 앞으로 그리스도교를 받아들이는 것이 금하는 내용을 담고 있었기 때문이다. 그러나 이러한 조항은 엄격한 것은 아니었고, 양광선의 세력과 타협하려는 의도가 내포된 것이었다. 옛 선교지로 돌아온 선교사들은 곧바로 박해로 인한 피해를 복구하기 시작하다. 중간에 방해를 받기도 하였지만, 그들은 새로운 교당들을 많이 세웠으며, 2만 명이 넘는 새 신자들에게 세례를 베풀었다. 용감하고도 열성적인 새 신자들 가운데는 황제의 외숙과 만청군의 총사령관도 포함되어 있었다.[43)]

강희제와 페르비스트 신부의 친밀했던 관계

중국에서 하느님의 영광과 선교를 위하여 최선을 다했던 페르비스트 신부에 대한 황제의 신임은 날이 갈수록 더욱 두터워졌다. 이 젊은 군주는 아주 적극적이고 호기심이 많아서 지치지 않고 공부에 열중했다. 특히 그는 과학에 큰 관심을 보였다. 황제는 다섯 달이 넘도록 하루도 빠짐없이 페르비스트를 자신의 침소로 불러들여 거의 온종일 수학, 특히 천문학 교습을 받았다. 황제는 자신의 서가에 예수회 선교사들이 중국어로 집필한 과학 서적을 비치해 놓았는데, 120권이나 되는 이 많은 서책의 내용을 전부 자신에게 설명해 주기를 원했다. 페르비스트 신부는 당시의 상황을 이렇게 말했다.

> "동틀 무렵에 황궁으로 가서 오후 서너 시가 지날 때까지 머무는 것이 나의

43) ((원문) D'Orleans, Histoire des Deux Conquérants Tartares, p. 163.

> 일과였다. 이 시간에 황제만 마주 보며 책을 읽고 그 내용을 설명해 주었다. 그는 이따금 나를 저녁 식사 때까지 붙들어 두었다가 생전 먹어보지도 못한 진미를 황금 접시에 담아 내어주곤 하였다. 황제가 내게 보여준 이러한 우정의 의미를 유럽 사람들이 완전하게 이해하기 위해서는 중국에서 군주란 신과 같은 존재이고 누구 앞에도, 특히 외국인에게는 모습을 잘 드러내지 않는 존재라는 점을 기억해야만 할 것이다. 머나먼 외국에서 온 사신들은 단 한 차례만이라도 황제를 알현해도 크나큰 행운이라고 여기는데, 그 경우에도 침소에 있는 황제의 모습을 먼발치에서만 볼 수 있을 뿐이다. 대신들과 근친들은 황제 앞에서는 입을 다물고 크게 공경하는 자세를 취하여야 하며, 황제에게 말을 건네려면 반드시 무릎을 꿇어야만 한다."[44]

황제는 유클리드Euclid의 책에 수학의 원리가 담긴 것을 알고는 리치 신부가 중국어로 번역하였던 첫 여섯 권에 담긴 내용을 설명해 달라고 요구하였다. 황제는 놀라운 끈기를 가지고 그 책들을 탐독했다.[45] 그는 한문을 완벽하게 알고 있었음에도 불구하고 이 책들을 다시 만주어로 번역시켰다. 또 학식이 풍부한 페르비스트 선교사와 더 자유롭게 의사소통을 하기 위하여 근신들 가운데 하나를 골라 신부에게 만주어를 가르치도록 하였다. 강희제는 다재다능한 페르비스트 신부에게 여러 학파의 철학과 심지어 음악까지도 배웠다. 이 예수 그리스도의 사도는 군주의 마음을 교화하고, 그의 마음에 덕을 기르면서 그리스도교의 기초를 가르치기 위해 더욱 노력하였다. 신부는 황제에게 이교도적인 전설과 미신에 관한 진실을 깨닫게 하는 것에서 시작하였고, 가장 적당한 때를 기다리며 군주의 왕성한 지식탐구욕을 이용하여 서서히 그리스도교의 기본진

---

44) (원문) Astronomia Perpetua, p. 33.

45) 이 책은 1605년 유클리드의 『幾何原本』 가운데 전반부 6권을 마테오 리치가 구술하고, 이를 徐光啟가 筆譯하고 서문을 붙여 베이징에서 간행하였다. 李之藻가 명말에 중국에 온 예수회 선교사들과 봉교사인들의 저작과 번역물을 수집, 편집하여 발간한, 『天學初函』(1628)에 실려 있다. 1965년 台灣學生書局에서 이를 영인본으로 출판하였다.

리를 가르쳤다. 그는 가장 숭고한 구원의 신비를 설명해 주었고 황제로 하여금 그리스도교의 신성함을 느낄 수 있도록 하였다. 황제는 선교사의 가르침에 크게 감화되어 언젠가는 그리스도교가 점차 다른 종교들을 없애버릴지도 모르겠다는 말까지 하게 되었다. 그는 공식적으로 자신이 그리스도인이라고 말하지는 못했으나 자신이 매우 존경하는 이 순전하고 뛰어난 종교를 보호하는 것에 만족감을 느꼈다. 그는 자신이 제국에서 가장 현명하다고 생각하는 페르비스트 신부의 커다란 역량 때문만이 아니라, 선교사들의 순전한 도덕성과 그들이 자신들의 집에서 소박하고 근면한 생활을 하는 것을 보면서 선교사들을 진심으로 존경하게 되었다. 강희제는 선교사들 내부에서 일어나는 모든 일, 심지어 사적인 수행修行과 선교사들의 고행까지도 일일이 알 수 있는 확실하고도 비밀스러운 방법을 가지고 있었다. 황제는 선교사들이 열성적으로 일하지만 사심이 전혀 없고, 종교적인 이유와 오로지 그리스도교를 제국 전체에 퍼뜨리겠다는 목적만 가지고 있다고 믿게 되었다.

선교사들은 유럽의 과학 지식을 수단으로 삼아 이 목적을 이루고자 하였다. 그리고 이를 위해서는 가장 먼저 중국인들이 만들어낸 세계관이 거짓이라는 것을 중국인들에게 깨우쳐주어야 한다고 생각했다. 그들은 이미 페르비스트 신부의 검증을 통하여 천문학에서 유럽인들이 중국인들보다 더욱 정확한 이론과 더욱 완벽한 관측기구를 가지고 있다는 점을 주지시켰다. 이는 커다란 첫걸음이었다. 흠천감의 역관들은 신임 감정이 탁월한 사람이라는 점에 크게 감화되었고, 또 그의 자질에 대한 강한 신뢰를 바탕으로 마침내 질투심을 거두게 되었다. 그들은 황제에게 상소를 올려 유럽의 이론에 따라 관측소에 비치할 새로운 관측기구를 만들 것을 페르비스트 신부에게 명해 달라고 간청했다. 강희제는 이러한 요청을 받아들였고, 페르비스트 신부는 어렵고도 막중한 일을 맡게 되었다. 재능과 학식을 겸비한 이 선교사는 곧바로 작업에 착수하였고 그의 노력은 완벽한 성공을 거두었다. 페르비스트 신부는 이후 천문 관측기구의 사용법에 관한 16권에 달하는 서적을 중국어로 발간했다.[46)]

강희제가 페르비스트에게 내린 벼슬

놀라운 재능을 가진 페르비스트 신부는 지치지 않고 노력한 끝에 비교적 짧은 기간에 천문학과 수학에 관한 기념비적인 저서를 완성하였다. 이것이 바로 32권으로 된 『강희영년역법康熙永年曆法』(1678년, 베이징 출간)이다. 많은 도표와 설명이 함께 있는 저서로, 이를 본 강희는 크게 만족하여 이 저서를 제국의 기록보관소에 비치하라고 명했다. 황제는 이 열정적인 유럽인 학자의 노고를 보상하기 위해서 [1678년, 흠천감 감부에서] 통정사사通政使司 통정사通政使(正3品)로 페르비스트 신부를 승진시켰다. 겸손한 수도사는 자신에게 높은 벼슬이 내려졌다는 말을 듣고는 황제에게 상소를 올려 성직을 가진 몸으로 그러한 벼슬을 감히 받을 수 없다고 고하였다. 그러나 신부의 이러한 사양은 받아들여지지 않았다. 신부는 군주의 명을 거역한다면 그리스도교의 전파에 지장이 생길 것을 염려하여 마지못해 이를 수락하였고 다음과 같은 감사장을 받게 되었다.

> "제국을 이어갈 후계자가 탄생한 때에 황제께 경하를 드리는 어전회의에서 남회인의 공적을 치하하며 내린 벼슬. [이는] 천자의 명[이다]. 훌륭하게 통치되고 있는 나라라면, 선행과 지극한 선의로 국가에 봉사한 일이 알려졌을 때 세밀

---

46) (원주) 페르비스트는 1673년 『儀象志』(14권), 『儀象圖』(2권)를 베이징에서 간행하였다. 베이징 관측소에서 이런 관측기구를 살펴보았던 르 꽁뜨는, "크고 솜씨를 다하여 만든 이 의기들에는 용의 형상이 장식되어 있었고, 아주 정교했다..."고 말한다. 페르비스트 신부는 실제로 카시니 간극(1675년 카시니가 발견한 토성의 A환[外環]과 B환[輝環] 사이에 있는 間隙), (영국 천문학자 E. Halley가 발견한) 핼리 혜성과 같은 것들이 세상에 알려지기 전에 유럽을 떠났으므로, 중국인들이 민감하게 생각하는 여러 가지 문제에 대한 개선책을 제시할 수 없었을 것이다. Le Comte가 말년에 프랑스어로 쓴, Nouveaux Mémoires sur l'état present de la Chine (『中國現狀追憶錄』) , vol. i. p. 124 등에 이 의기의 설계도 일부가 실려 있다.

한 조치가 필요하고 그들의 훌륭함에 대해 상을 주어야 마땅하다. 이에 이 증을 하사하니 기쁜 마음으로 이를 전국에 널리 알리고 큰 인내와 근면으로 짐에게 봉사한 것에 대한 짐의 칭찬을 모두에게 알리도록 하라.

이 같은 이유로 짐은 남회인, 당신에게 제국의 달력을 돌보도록 맡겼다. 그대는 나랏일을 하면서 강직함과 신중함, 그리고 성실함을 크게 보여주었고, 또한 학문을 두루 섭렵하여 얻은 심오한 지식을 보여주었다. 이에 짐은 그대를 흠천감 감정으로 삼아야만 했노라. 그대는 짐의 기대를 충족시켰고, 밤낮을 가리지 않고 직무를 수행하여 이제 우리가 잘 아는 바와 같이, 다행히도 끈기 있게 일한 노고를 끝내게 되었노라. 온 백성들이 즐겁게 지내는 대축제 기간에 경이 황제의 은혜를 입어 개인적으로 내리는 상을 받는 것이 합당하니라. 이에 특별히 짐은 경에게 통정사[정3품]라는 벼슬을 주어 경의 명예를 드높일 것이며, 온 백성에게 이러한 사실을 알리도록 하라. 벼슬을 얻게 되면 나라의 일에 새로운 힘을 쏟으라. 또한 경에게 내린 이 벼슬로 말미암아 경의 친척들과 혈육들에게도 그 영예가 미치게 되리라. 경은 그대의 노력과 비범한 성취로 인해 이러한 찬사와 벼슬을 받을 자격이 있노라. 큰 벼슬을 내리노니 짐이 경에게 내리는 이 벼슬은 명예와 전적으로 같을 것이니라. 황제의 은혜를 감사한 마음으로 받기를 원하노라. 경은 짐이 이 벼슬을 수여한 유일한 신하이니, 모든 재능과 마음을 다하여 이 일에 더욱 정진하라."

이 같은 벼슬은 중국에서 받을 수 있는 가장 명예로운 것이며, 이런 벼슬을 받은 사람들은 집안의 곳곳에 심지어 길을 갈 때 자신의 앞을 밝히는 등불에도 이것을 새기기도 한다. 페르비스트 신부의 조상들도 벼슬을 받았으나 이를 여기에서 상세하게 언급하지는 않겠다. 앞선 책에서 순치제가 아담 샬 신부의 조상들에게 내린 벼슬에 관하여 이미 기술하였기 때문이다. 물론 형식에서 사소한 차이는 있지만, 대부분의 내용은 대동소이하다. 황제가 호의의 표시로 내려준 이 벼슬 덕분에 모든 성에서 선교가 놀라울 정도로 성공적으로 진행되었다. 남회인의 형제들로 알려진 선교사들은 이제 관리들, 심지어 이전에 선교사들에 대한 고문과 사형에 관여했던 관리들로부터도 언제든지 도움과 보호를 받게 되었다. 오랫동안 탄압을 받아왔던 그리스도인들은 믿음을 회복하고 예배를 드릴 수 있게 되었다. 많은 이교도가 개종했고, 곳곳에서 진정으로 하느님을 섬기는 제단들이 세워지는 것을 볼 수 있었다.

페르비스트 신부는 예수회의 중국교구의 부교구장으로 임명되었고, 중국인 신자들에게 자신의 열정을 다하여 대단한 활동을 했다. 이 뛰어난 인물은 과학적인 일에 완전히 전념한 것으로 여겨지기도 하지만, 그는 그리스도교의 이해에 관계되는 일을 잠시도 잊은 적이 없었다. 천문학과 그리스도교, 즉 흠천감을 이끄는 일과 여러 그리스도교인 공동체들을 돌보는 일 모두에 그는 언제나 마음을 다하였다. 그가 남긴 책들은 오늘날까지 중국의 선비들에게 큰 감동을 불러일으키고 있다. 그가 남긴 그리스도교 서적들 가운데 『교요서론敎要序論』(1669)은 건륭제가 『사고전서四庫全書』에 편입시킨, 특별히 언급할 만한 가치가 있는 책자이다.[47)]

---

47) 사고전서四庫全書 는 1773년 건륭제의 명으로 1781년에 편찬된 총서이며, 3,503부 79,337권으로 구성되어 있다. 건륭제(乾隆帝, 1736-96))는 청 제국의 제6대 황제이다. 묘호는 高宗, 시호는 법천융운지성선각체원입극부문분무흠명효자신성순황제(法天隆運至誠先覺體元立極敷文奮武欽明孝慈神聖純皇帝), 짧은 시호로는 純皇帝, 연호는 乾隆이다. 제 4대 황제 강희제의 손자이자, 제5대 황제인 옹정제의 넷째 아들이며, 옹정제의 후궁 출신인 孝聖憲皇后 鈕祜祿氏의 소생이다. 서양식 궁전인 원명원을 보수하였고, 중국 역사상 최대인 『사고전서四庫全書』를 편찬하였다. 10차례에 걸친 정복사업을 펼쳐 중가르와 위구르를 복속시키고 티베트, 버마, 베트남, 네팔까지 진출하는 등 현재 중국 영토의 틀을 만든 인물이다. 『사고전서四庫全書』에 포함된 그리스도교 서적들로 페르비스트는 『敎要序論』(1669), 『聖體答疑』, 『道學家傳』(1686), 『妄占辨』, 『妄推吉凶之辨』, 『告解原義』(1730), 『善惡報略說』(1670) 등이 있다. 페르비스트 신부가 쓴 『교요서론』은 모두 네 부분으로 구성되어 있다. 첫째 부분에서는 천주의 속성, 천지창조, 영혼 불멸, 천당 지옥 등 주요 교리를 13항목으로 나누어 서술하고 있고, 둘째 부분에서는 십계를 11항목으로 나누어 설명하고 있다. 그리고 셋째 부문에서는 사도신경을 46항목으로 나누어 서술하고 있고, 넷째 부분에서는 주기도문, 성모송, 성호경 등 주요 기도문을 여러 항목으로 나누어 서술한 후 세례성사에 대해 상세히 설명하고 있다.

1672년 베이징 대지진과 오삼계의 반란

선교사들에 대한 강희제의 존경과 신뢰는 점점 커져만 갔다. 이러한 존경심은 곧 우리가 감사하는 마음이라고 부를 수 있는 감정으로 발전하였다. 이는 청나라가 아직 시작된 지 얼마 되지 않은 상태에서 청나라를 멸망시킬 수도 있는 심각한 반란들을 진압하는 데 페르비스트 신부의 공로가 컸다고 만주인들이 생각했기 때문일 것이다. 한족들의 반란은 오삼계吳三桂[48]가 일으켰는데, 그는 [반란을 일으키기 전에] 명나라로 청나라 군사를 끌어들여, 자기 모국[명나라]이 외세[청나라]의 지배를 받게 하는데 커다란 기여를 했던 인물이었다.

중국인들은 항상 기이한 자연현상은 정치적인 큰 변고를 예견하는 일이라고 믿어왔다. 1672년에 발생한 엄청난 지진 또한 오삼계의 새로운 반란을 예견하는 것으로 여겨졌다. 중국 사서에서는 "같은 해 7월, 아침 10시가 될 무렵에, 베이징에 격렬한 대규모 지진이 일어나서 30만 명이 넘는 사람들이 건물잔해에 묻혔고, 수도에서 20km가량 떨어진 통주通州도 비슷한 규모의 재해를 입어 3만 명이 넘는 사람들이 같은 피해를 겪었다. 3개월이나 지진의 공포가 이어졌다. 첫 지진 만큼 심하지는 않았으나 사람들은 간헐적으로 [여진의] 충격을 느꼈다."[49] 라고 기록하고 있다. 자연현상으로 나타난 두려운 사건들에 이어 정치계에도 이에 상응하는 굉장한 위기가 뒤따랐다. 만청 왕조를 전복하려는 시도들로 여러 해 동안 제국은 혼란을 겪게 되었다.

앞선 책에서 명나라 신하인 만청의 왕자들에게 충성하고 신의를 지켰던 오삼계의 영웅적인 저항에 관해 이야기한 적이 있다. 명나라 왕조에서 청(Tartar)

48) 오삼계(吳三桂, 1612-1678)는 명말청초 군인이었다. 명말에 청에 투항하여 협력한 공으로 藩王에 봉해졌다. 강희제가 번을 폐하려고 하자 平南王 尙可喜, 靖南王 耿仲明, 耿繼茂 등과 함께 반란(1673-81)을 일으켰다.

49) (원주) De Mailla, Histoire Générale de la Chine.

왕자들을 향한 그의 헌신과 충심을 살펴보았으며, 이어서 그가 [이자성의] 반군을 섬멸하려고 만청의 군대와 맺은 동맹, 반군의 진압, 그리고 숭정제가 황궁 후원에서 나무에 목을 매어 자살하는 비극적인 사건이 일어났음을 살펴보았다. 그리고 이로 인하여 결국 만청이 베이징을 점령하고 제국의 왕좌를 차지하게 된 것을 보았다. 오삼계는 본인의 의지와는 상관없이 대혁명을 불러오는 결정적인 역할을 맡게 된 것이었다. 그는 청나라의 용맹한 군대에 오랫동안 저항하였으나 결국 새로운 질서에 복종할 수밖에 없었다. 청나라 조정은 모든 저항은 진압하려는 한편, 한족들 가운데 주요 인물들이 새 왕조에 참여하기를 바랐다. 그리하여 그들은 오삼계에게 크나큰 관용을 보여, 항복에 대한 대가로 그를 운남성雲南省의 번왕藩王으로 임명했다. 오삼계는 궁정에서 멀리 떨어진 곳에서 부유하고 사치스러운 생활을 즐기며 처음에는 모든 것을 체념한 듯 정치와는 벽을 쌓고 지냈다. 그는 심지어 자기가 번왕으로 있던 성의 일에도 관여하지 않으면서 살았다. 실제로 그의 왕위는 이름뿐인 칭호였으며, 실권은 베이징 조정에서 보낸 관리들에게 있었다. 운남성에서의 권한은 청나라 황제의 이름으로 행사되었다. 하지만 아무리 입지가 불안정하고 정치적 권한이 없다고 하더라도 오삼계는 점차 중요한 인물로 부각 되기 시작하였다. 비록 실권은 없었으나, 유명한 전사로 인정을 받은 오삼계는 몰락한 왕조의 마지막 투사이며 이전 왕조의 대표자이기도 했다. 그의 이름은 마치 한족의 국가를 상징하는 어떤 깃발과도 같았다. 베이징 황궁에 그 기원을 두고 있는 청나라 깃발과 대척되는 끝 지점에 오삼계의 깃발이 휘날리고 있었다. 번왕인 오삼계의 주변으로 사람들이 몰려들었다. 명나라의 충직하고 헌신적이었던 추종자들이 가장 먼저 모여들었다. 이들은 자신들의 뜻을 이루는 데 실패한 사람들이었다. 그리고 각계각층의 불평분자들이 모여들었는데, 이들은 구제 불능의 인사들이었으며 끊임없이 불평을 늘어놓는 자들로, 신의가 있는 척하지만 실제로는 변화의 기회를 틈타 자신의 신세를 뒤집고 한몫 챙기려는 속셈만을 지닌 자들이었다. 그럼에도 불구하고 오삼계라는 이름은 여전히 막강한 힘을 가지고 있었다. 그는 한족 독립의 영원한 기념비였으며, 외세에 복종에 대한 영원한 저항이었다. 청나라 조정은 운남성의 위험성을 과소평가하였다. 이러한 자기기만은 자신감과 강력한 힘에서 기인한 것이기도 하였다. 중국 전체가 평정되었고, 하나의 예외도 없이 모든 성이 새로운 권력에 복종하였으며, 명 왕조는 단 한 명의 황손도 남지 않고 완전히 사라져 버렸던 것이다. 한족들은 농업, 공업, 상업 같은 생업에 다시 평화롭게 종사하고 있었다. 사회적인 갈등을 일으킬지도 모르는 한족들의 호전적인 성향을 고려한다고 해도, 소요가 벌어질 것 같지는 않았다. 베이징 조정은 오삼계가 충성을 다하도록 그의 외아들을 불러들여 인질로 삼고 있었다.

그러나 운남성이 청나라의 지배를 반대하는 세력들이 공개적으로 혹은 은밀하게 만나는 장소가 되기 시작하면서, 나라가 안전하다고 여길만한 위와 같은 모든 조건은 더 이상 나라의 안전을 보장하지 못하게 되었다. 위험성을 깨달은 강희제는 언젠가는 자신의 평화를 어지럽힐지도 모르는 이 반란군들의 집결지를 공격하기로 결정하였다. 운남성의 번왕 오삼계에게 젊은 황제의 호의로 더 많은 이익을 누릴 수 있도록 베이징으로 오라는 정중한 초대장이 보내졌다. 이러한 초대는 명령이라는 것을 오삼계도 잘 알고 있었다. 그러나 이것이 그의 자유, 혹은 생명을 노리는 덫이라고 확신한 오삼계는 자신이 나이가 많이 들어 힘들기 때문에 베이징에 갈 수 없다고 핑계를 대며 사과했다. 베이징 조정은 이를 반란행위로 간주할 것이 뻔했으므로, 오삼계는 서둘러 주위의 친구들을 불러모아 군대를 일으키고 운남성으로 하여금 모든 준비를 마치도록 하였다. 심지어는 그가 한족 지지자들의 숫자를 늘리기 위하여 자신이 명나라 마지막 황제의 아들을 비밀리에 자기 궁전에서 기르고 있다는 소문을 퍼뜨렸다고도 한다. 사실이 어떻든지 간에 자신의 군대가 충분히 강하다고 생각한 오삼계는 반란의 깃발을 높이 들고 중국 전역에 다음과 같은 선전포고문을 퍼뜨렸다.

> "[이자성이 이끄는] 반란군들이 주군이신 황제에게 반역하려고 공격해 오자 나는 만청에게 도움을 청했다. 그때 야만인들은 이를 왕위를 차지할 기회로 삼고 말았지만, 나는 이러한 의도로 그들에게 도움을 청한 것이 아니었다. 백성들은 수모를 당하고 악이 무서운 궤양과 같이 온 나라에 번져가고 있는 것을 나는 안타깝게 바라보고 있노라. 나는 나라를 이 폭압적인 지배에 종속되게 하여 불행하게 만든 것에 대해 끊임없이 양심의 가책을 받고 있노라. 내가 이러한 피해를 복구하려고 노력하지 않는다면 하늘이 진노하여 나를 크게 벌할까 두렵노라. 지난 오랜 세월 동안 나는 이 위대하고 거룩한 일을 실행할 방법을 구해 왔으며, 이제 그 준비를 마쳤다. 나라에 헌신적이고 만청을 원수로 여기는 모든 한족은 내 깃발 아래로 결집하라. 승리는 우리의 것이다. 내 손안에는 사기가 충만한 40만의 병사들이 있는데, 이는 여러 왕국에서 내게 보내기로 약속한 보조 군대들을 제외한 숫자니라. 또 내게는 이 군사를 유지하고 봉급을 지불하는 데 사용할 많은 물자와 자금이 있노라. 이에 엄숙하게 동서남북에 있는 모든 성에서 우리를 압제하고 있는 야만인들을 중국 땅에서 몰아낼 것을 호소하노라."

이 포고문은 전쟁의 신호탄이었다. 청나라는 자신들의 권력은 매우 안정적이라고 여겼기 때문에 이러한 소란에 크게 동요하지 않았다. 하지만 내란이 진행될수록 나라를 독립시키려는 생각을 전부 억압하고 외국인의 지배하에 백성을 굴복시키는 것이 생각만큼 쉬운 일이 아니라는 것을 알게 되었다. 운남성의 산중에서 오삼계가 일으킨 반란의 함성이 곧바로 중국 대륙의 한쪽에서 다른 쪽으로 메아리쳤고, 온 나라가 불길에 휩싸였다. 복건과 광동의 총독들은 처음부터 반군세력에 가담하여 두 성 모두 자신들이 오삼계 편이라고 선언하였다. 반란의 기운이 전염병처럼 주변의 성으로 재빠르게 퍼져갔다. 마치 폭풍우가 휘몰아치는 대양처럼 반란의 움직임이 베이징 쪽으로 몰아쳤고, 곧 수도에 있는 만주인들을 삼켜버릴 듯 위협하였다. 궁지에 몰린 황제는 한때 조상들이 왔던 만주의 황량한 들판으로 피신하는 수밖에 없다는 생각까지 하게 되었다. 페르비스트 신부는 한 서신에서 강희제가 피난을 갈 경우, 자신에게도 함께 가자고 할 것이기에 짐을 챙길 준비를 했다고 기록했다.[50)]

오삼계는 이미 베이징에도 5만 명이 넘는 자들을 확보한 상태였다. 오삼계는 이들에게 봉급을 지불하고 반란의 대의에 헌신을 다짐토록 하였다. 이들은 나흘 정도 후에 궁에 불을 지르고 궁 안에서 눈에 띄는 물건들을 닥치는 대로 손에 넣을 계획을 세우고 있었다. 그러나 음모에 가담한 무리 중 한 사람의 조바심으로 이 계획이 폭로되고 말았다. 무기를 주문하는 역할을 맡았던 그 사람은 초조한 마음에 장인에게 작업을 서두르라고 재촉하였고, 의심을 품게 된 장인이 관리들에게 이를 귀띔한 것이었다. 만주족들을 살려낸 것은 목전에 위험이 들이닥쳤다는 위기감이었던 것 같다. 그들은 미처 피할 시간이 없었던 음모가담자들의 목을 즉시로 베었다. 그러나 주동자인 오삼계의 아들에게는 좀 더 명예로운 처형이라고 할 수 있는, 흰 비단 줄로 교살하라는 명령을 황제가 내렸다.[51)] 민첩하고도 잔혹한 처형으로 수도 전체가 공포에 떨었고, 한족들 가운데 반군 쪽으로 가담하는 자들의 숫자도 줄어들었다. 강희제는 이와 같이 위급한 순간에 폭풍 속을 헤쳐 나가는 방법을 알고 있는 현명한 조타수에 비견될 만한 도량과 기력을 보여주었다. 황제는 음모가담자들에 대한 일련의 조치를 빠르고 혹독하게 처결하여 적들의 간담을 서늘하게 한 후, 이보다 더 가혹한 냉정함과 용기를 보여주었는데 이는 만청군이 특유의 활기와 용맹을 회복하는 계기가 되었다. 그는 열정이 처음으로 끓어오른 귀중한 순간을 놓치지 않고, 만청군을 일시에 코앞까지 왔던 반군을 향하여 진격시켰다. 그는 연승을 거

---

50) (원주) D'Orléans, Histoire des Deux Conquérants.

51) 오삼계의 장남 吳應熊(1640-1675)을 말한다. 1644년 아버지 오삼계가 平西王에 봉해지자 평서왕 세자에 책봉되었던 인물이다. 1653년 효장태후의 주선으로 청태종의 14녀인 建寧公主와 혼인하였으나 삼번의 난이 일어나자, 1675년에 처형되었다.

두면서 강서성江西省까지 밀고 들어가 건창建昌 부근에 군영을 설치했다.

이 군대의 수는 15만으로 반군보다 그 숫자는 적었으나, 군사들의 사기가 하늘을 찌를 듯하였다. 그리고 그들에게는 한족 보병들 사이를 쉽사리 누비고 다닐 수 있는 만주족 기병들이 있었다. 양군의 접전을 시작된 지 얼마 지나지 않아 승패가 뚜렷해졌다. 만청군이 도륙한 반군의 시신이 전쟁터만이 아니라 온 천지를 뒤덮었다. 당대에 쓴 사서에서는 "시신들이 너무 많아 공기가 탁해졌고, 아무도 이 시신들을 장례 지낼 엄두를 내지 못하였다. 때문에 전투가 끝나고 나서 역병이 돌았고 그 일대가 모두 황무지가 되었다. 전투가 벌어졌던 부근을 흐르는 강물도 시체가 가득하여 오랫동안 오염되어 있었다."고 말한다.[52] 참혹한 패배를 당한 반란군의 장수들은 흩어져서 싸우기보다는 그들의 힘을 하나로 합하여 싸우는 것만이 상황을 역전시킬 단 하나의 방법이었을 것이다. 그러나 최선을 다해 한마음으로 싸우는 것이 절실히 필요했던 이 시기에 그들은 서로를 시기하였고, 이로써 반군진영은 혼란에 빠지게 된다. 복건성 총독은 서서히 연합체에서 빠져나와 청나라 편으로 돌아섰고, 광동성 총독은 자신만의 권력을 형성하며 오삼계의 대열에서 떨어져 나갔다. 오삼계는 그때까지도 서쪽에 있는 모든 성의 맹주였기 때문에 큰 세력을 자랑하고 있었고, 그의 군대는 첫 번째 전투에서 승리하면서 어떠한 전투에도 대비할 수 있다는 확신에 차 있었다.

대포를 주조한 페르비스트 신부

황제는 전 군을 소집하여 오삼계의 반란군을 향하여 진격하였지만 아무런

52) (원주) D'Orléans, p. 181.

소용이 없었다. 얼마 지나지 않아 황제는 오삼계를 진지에서 나오게 하기 위해서는 대포를 사용하는 방법밖에 없다는 것을 깨달았고, 페르비스트 신부는 아담 샬 신부의 지도 하에 주조되었던 고물 대포들을 수리하는 일을 맡게 되었다. 재능이 있는 페르비스트 신부의 활약 덕분에 곧 150문의 대포가 실전에 쓸 수 있도록 준비되었다. 그러나 대부분의 철 대포는 너무 무거워서 오삼계 반군이 포진해 있는 산악지방의 실전에 사용하기가 어려웠다. 그리하여 병부와 공부에서 상소를 올려 국가의 안위를 위하여 남회인[페르비스트 신부]에게 새로운 대포를 주조하고, 이 주조기술을 기술자들에게 가르치도록 명해달라고 간청했다. 페르비스트 신부는 무기에 대한 지식이 부족했기 때문에 이 일을 맡지 않고자 애를 썼다. 그는 "성직자라는 직업은 세속적인 전쟁 무기와 관련된 모든 일과는 거리가 멀기 때문에, 할 수 있는 일이라고는 황제의 무기에 복을 내려주시기를 주님께 기도할 뿐"이라고 말하였다. 하지만 신부의 노력은 통하지 않았다. 황제는 수학적인 기구를 만드는 것을 거부하지 않았던 것과 같이 국가의 안위가 위태로운 이 시기에 대포를 주조하는 것을 더는 거부하지 말라는 명을 내렸다. 그리고 설득력이 없는 변명은 신부가 국익에 헌신하지 않으며, 신부가 반도들 편에 섰다는 의심을 들게 할 수도 있다는 경고가 뒤따랐다. 페르비스트 신부는 강희제의 의심이 초래할 수 있는 결과를 잘 알고 있었다. 그가 계속하여 거절하면 모든 선교사에게 해를 끼치게 될 것을 염려했다. 따라서 신부는 기술자들을 보내 달라고 하였고, 자기의 감독 하에 거의 1.8kg이나 되는 포탄을 발사할 수 있는 대포를 조립하였다. 대포가 이 포탄을 발사시키는 것을 감당치 못할까 염려한 황제는 페르비스트 신부에게 중신 하나를 딸려 보내, 산악지대에서 안전하게 시험 발사를 하게 하였다. 관리는 여덟 차례의 시험을 마치고 난 후에 돌아와서 완전한 성공을 거두었다고 황제에게 보고하였다. 이튿날 장수들이 출석한 가운데 시험이 되풀이되었는데, 100발 가운데 90발이 과녁에 명중하였다. 황제는 같은 구경의 대포 20문을 가능한 한 빨리 만들라고 명했다. 기술자들은 27일 만에 주물을 부어 대포의 조립을 마쳤고, 이 대포들은 곧바로 반군이 포진한 산서山西로 보내졌다. 강희제는 페르비스트 신부에게 벼슬을 내리고 상을 주고자 신부의 사저를 직접 방문하였다. 그는 신부의 살림집과 교당을 자세히 살펴본 후에 선교 현황에 대하여 몇 가지 질문을 하였고, 손수 쓴 편액을 하사했다.[53] 이는 중국에서는 최고의 칭찬으로 황제의 은혜를 입었다는 가장 명백한 증표이자 근엄한 조서만큼 가치가 있는 것이었다. 선교사들은 이것을 복제하여 지방에 있는 모든 교당에 보냈다.

이 일이 있은 후에 병부에서는 각 성으로부터 요새에 비치할 대포의 숫자를 보고 받아 집계하고는 제국의 방어를 위하여 유럽식으로 만든 각종 구경의 대포 320문이 필요하다는 상소를 황제에게 올렸다. 황제는 페르비스트 신부로 하여금 즉시 대포 제조에 돌입하라는 명령을 내렸다. 이 엄청난 양의 대포제작에는 1년이라는 시간이 걸렸다. 이때 페르비스트 신부를 가장 어렵게 했던 것은 궁성의 환관들이 꾸며내는 일들이었다. 환관들은 외국인이 군주로부터 극진한 은총을 입는 것을 질투한 나머지 다양한 방법을 통해 페르비스트 신부가 성공적으로 대포를 제조하는 것을 막으려 하였다. 환관들은 기술자들의 작업속도가 느리다고 끊임없이 불평했고, 궁성의 하급관리들을 시켜서 원자재인 금속을 훔치게 하는 일도 꾸몄다. 그리고 큰 부품 하나가 완성되어 가면, 그 부품을 쓸모없게 만들려는 의도로, 그 안으로 대포알을 밀어 넣는 잔꾀를 부리기도 하였다. 페르비스트 신부가 대포알을 점화구로 장전하여 발사시켜 대포알이 요란한 소리를 내고 빠져나오자, 당황한 환관들은 자신들의 악의에 찬 행동이 선교사의 지식을 따라가지 못한다는 것을 알게 되었다. 대포 제작이 끝나자 수도에서 반나절 거리에 있는 산기슭에서 대포의 성능시험이 실시 되었다. 황제는 궁인들과 군대의 장수들, 또 당시 다른 일로 베이징에 머물던 서부 몽골

53) 1675년, 강희제는 남당에 와서 "萬有眞原"라고 쓴 편액을 하사하였다.

의 조공국 군주들 몇을 거느리고 이 시험을 참관하려고 행차하였다. 페르비스트 신부는 시험 발사에 앞서 대포를 위하여 엄숙하게 강복기도를 하였다. 제국의 고관대작들 앞에서 그는 미리 마련한 제단 위에 십자가를 놓았다. 그런 뒤에 사제복과 영대領帶를 걸치고서 참 하느님께 예배를 드렸는데, 아홉 번 절하고 아홉 번 이마로 땅을 치며 중국식으로 경배를 표했다. 이렇게 절을 올리고 나서 그는 기도문을 읽었고 성수聖水를 대포에 뿌렸으며 대포 하나하나에 남성이나 여성 성인의 이름을 붙여주었다. 그는 성인의 이름을 약실藥室에 미리 써놓는데, 나중에 그 이름들을 그 자리에 각인할 생각이었다. 이 종교예식은 모인 사람들에게 좋은 인상을 주었다. 그 후 페르비스트 신부는 포문을 열고 측정 기구를 사용하여 포탄을 적중시키는 일에 주의를 기울였다. 거리가 상당히 멀었지만, 대부분의 포탄이 과녁에 명중하였다. 기쁨에 찬 황제는 즉석에서 몽골 군주들과 중신들에게 연회를 베풀어 이를 축하하였다. 그는 황금 잔을 들어 손님들의 건강과 제국의 번영을 기원한 후에 페르비스트 신부를 불러 다음과 같이 말했다.

> "지난해에 경이 짐을 위해 만든 대포는 짐이 남부 여러 성의 반란을 진압하는 데 크나큰 도움이 되었노라. 짐은 경의 헌신에 크게 만족하여, 이에 이 사람들 앞에서 경의 열성과 지식을 증명하는 영예를 내리노라."

그리고는 흑담비로 만든 망토와 황룡 자수를 놓은 튜닉을 벗어 우정의 표시로 신부에게 주었다. 이런 일이 있은 지 몇 달이 지나 사람들의 공훈을 조사하여 뛰어난 일을 한 사람들을 황제에게 청원하는 일을 맡은 부처에서 많은 대포를 주조하여 제국에 기여한 남회인의 공로를 치하하자는 상소를 황제에게 올렸다. 황제는 이에 따라 성을 다스리는 총독과 같은 품계의 벼슬을 내렸다.[54]

54) 강희제는 1682년에 페르비스트 신부를 工部右侍郎(정2품)에 봉하였는데, 이는 총독과 같은 품계이다.

그러나 페르비스트 신부는 베이징에 대포 주물공장을 세웠다는 이유로 유럽에서 심한 비판을 받았다. 스페인, 이탈리아, 심지어 프랑스에서도 그를 중상하는 책이 출판되었다. 그러나 교양 있고 독실한 이 예수회 신부는 만청군에게 무기를 제공한 것은 비난받을 일이 아니며, 오히려 이를 통해 유럽 선교사들이 중국 전역에서 복음을 전파할 수 있는 자유를 얻게 되었다고 답하였다. 교황은 페르비스트 신부가 그런 비난을 받을 이유가 없다고 선언하며 1685년에 다음과 같은 서신을 보냈다.

"우리가 가장 사랑하는 아들, 예수회 중국교구 부교구장 헤르디난두스 페르비스트에게 교황 인노첸시오 11세가 보내노라. 사랑하는 아들에게 안부를 전하노라. 우리에게 순종하기를 자녀처럼 하겠다는 존경의 표현과 더불어, 그대가 살고 있는 광대한 중화제국에서 우리에게 보낸 편지를 받으니, 이보다 더 기쁠 수가 없다. 그 편지들을 통해 그대가 라틴어 기도서를 중국어로 번역하고 영년역법 永年曆法을 완성하여 이 두 가지 귀중한 선물을 중국에 주었다는 것을 알게 되었다. 그대의 노력으로 그 나라가 그리스도교에 대한 호의를 가지게 되었다는 내용도 편지에서 읽었다. 그리고 이 편지의 내용을 통해 그대가 그리스도교를 전파하고 중국 백성들을 구원하기 위해서 세속의 과학을 얼마나 현명하게 이용했는지도 알게 되었노라. 어떤 무리가 그리스도교를 비방하려고 애썼던 중상과 거짓 고발을 그대가 과학을 이용하여 반박했다는 것을 들었노라. 이로써 그대가 중국 황제와 고관들의 관심과 존경을 받게 된 것도 들었노라. 이러한 불굴의 용기로 오랫동안 당해왔던 극심한 박해에서 벗어났을 뿐 아니라, 선교사들을 유배에서 벗어나게 하여 우리의 거룩한 종교가 이전에 누리던 자유와 명예를 회복하고 더 큰 발전을 할 수 있는 기틀을 마련했노라. 이제 그대와 그대의 동역자 뿐만 아니라 지성과 지혜를 두루 갖추고 종교를 크게 아끼는 군주[강희제]가, 너의 충언을 받아들여 조서를 반포하기까지 한 것을 들으니, 더 바랄 것이 없도다. 그러므로 너는 처음에 시작한 때와 같이 행하라. 열정과 지식을 가지고 그리스도교를 전파하고 교황청과 교황의 권위에 의지할지니라. 온 세상의 목자로서 우리게 준 의무를 다함에 있어 그 유명한 나라[중국]에서 그리스도교가 널리 전파되는 것을 보는 것만큼 감동을 주는 일은 없노라. 육지와 바다로 우리와 멀리 떨어져 있는 나라가 예수 그리스도의 사랑으로 이렇게 가까이 다가오게 되었으니, 이것이 우리에게는 온 세상의 영원한 구원에 관하여 열심히 관심을 가지고 배려하라는 말로 들렸노라. 그대와 그대 동료들이 성실한 노력으로 온전한 성공의 면류관을 쓰게 되기를 바라고, 또 우리가 그대와 중국의 모든 그리스도인을 위해 느끼는 아버지의 자비로 우리의 사랑을 맹세하며, 사도의 축복을 그대들에게 보내노라. 1681년 12월 30일 로마에서."

오삼계 반란의 진압과 대규모 군사 훈련

중국 사서에 따르면 강희제가 통치 초기에 예고 없이 일어난 엄청난 반란세력을 완전히 제압할 수 있었던 것은 유럽인 남회인의 감독하에 만든 대포의 덕이 컸다고 이야기한다. 제국의 군대가 대포를 통해 반군들을 거듭하여 무찔렀고, 반군세력을 봉기의 시작 지점인 운남성에 있는 산으로까지 격퇴하였기 때문이다. 많은 가담자의 우두머리들이 사형에 처해졌고, 그들의 군대는 말살되거나 흩어졌지만, 오삼계는 여전히 힘차게 방어하면서 전사로서의 오랜 명성을 유지했다. 그러나 청나라로서는 다행스럽게도, 이 대장군은 너무 연로한 나머지 부대에 둘러싸인 군영에서 숨을 거두고 말았는데, 마지막까지 투항을 거부하고 외국인들의 지배에 항의했다고 전해진다. 그는 2년 넘게 전쟁을 이끌어온 부장에게 군대의 통수권을 물려주고는 제국의 서쪽 끝에 있는 산의 골짜기에서 임종하였다. 1681년, 만청군은 결국 반란군을 진멸시키고 7년의 반란에 종지부를 찍었다. 국내외의 모든 적에게 승리를 거둔 강희제는 세계에서 가장 광대하고 인구가 많은 제국을 평화롭게 다스리게 되었다. 1682년, 그는 이 기회를 이용하여 7만 명이나 되는 행렬을 거느리고 조상의 능묘에 참배하기 위하여 만주를 찾았다. 아래는 페르비스트 신부의 말이다.

> "황제는 기쁜 마음으로 내게 동행할 것을 명했다. 그리고 나로 하여금 그의 곁에 머물면서, 꼭 필요한 천체의 움직임을 관측하고 북극성의 고도와 모든 성의 위도를 측정할 것을 명했다. 천체의 운행을 관찰하고 산의 높이와 여러 지역의 거리를 측량하기 위해서는 관측기구도 가지고 가야만 하였다."

그다음 해에는 황제가 6만 명의 수행원들과 10만이 넘는 말들을 거느리고 몽골로 사냥에 나섰다. 페르비스트 신부는 계속해서 "황제는 7월 6일에 출발하였다. 그는 나와 또 궁성에서 나와 함께 일하던 신부 중 하나를 데리고 가겠다고 하였는데, 누구를 데려갈지는 내게 맡겼다. 나는 수학 실력이 뛰어난 그리말디 신부를 선택했다."라고 기록하고 있다.[55] 강희제가 이러한 여행을 하게 된 데에는 다양한 이유가 있었다. 무엇보다 평시나 전시를 막론하고 군대의 기동력을 유지하기 위해서였다. 그는 제국 전역에 확고한 평화를 구축하고 난 후에 커다란 성들에서 각각 최정예부대들을 소집하여, 해마다 이러한 성격의 원정을 했는데 페르비스트 신부가의 기록에 따르면 "야생돼지, 곰과 호랑이 같은 사냥감을 쫓도록 함으로써 제국의 원수들을 정벌하는 훈련"을 하였다. 페르비스트 신부는 이어서 "황제는 장기간 평화가 지속 되면 용기와 훈련이 사라지게 된다고 여겨, 대규모 사냥을 통하여 여가활동이 아니라 진지한 군사훈련을 하

55) 클라우디오 그리말디(Claudio Filippo Grimaldi, 1638-1712)는 포르투갈 태생의 예수회 선교사, 수학자, 천문학자였다. 1694-1711년간 흠천감 감정을 역임했다. 1686년 강희제가 유럽에 보낸 사절단의 일원이었고, 1690년 강희제의 사절로 국서를 가지고 고아와 이스파한을 거쳐 모스크바로 갔으나, 그가 도착했을 때는 이미 네르친스크 조약이 체결된 뒤였다.

려는 것"이라고 적었다. 페르비스트 신부의 기록은 계속된다.

> "6만 명이나 되는 수행원들은 모두 창칼과 활로 무장하였고, 대대로 편성되어 깃발을 앞세우고 전열을 가다듬어 북과 나팔 소리에 맞추어 행군하였다. 사냥이 시작되면 이들은 마치 [적을] 포위 공격을 하는 것처럼 숲과 산을 에워쌌다. 진군할 때에는 앞서가는 군대와 뒤따르는 군대, 우익과 좌익 그리고 본대로 구성되어 있었으며 각기 다른 장수들이 이를 지휘했다. 이 엄청난 규모의 부대는 70일 이상의 행군을 하며 전쟁에 필요한 물자와 탄약을 낙타, 노새를 이용하여 운반하였다. 그들은 성채나 도시, 마을, 심지어 주거의 흔적도 없는 험준한 지역을 이동하였다. 때로는 이 골짜기에서 저 골짜기로 이동하면서 목부인 주민들이 천막을 치고 사는 고장, 심지어 소, 말, 낙타들이 노니는 비옥한 초원이 보이는 지역을 지나갔다. 그들은 이런 가축들을 기르면서 먹이에는 전혀 신경을 쓰지 않는다. 가축들은 버려진 땅에서 무성하게 자라는 풀과 약초에 의지할 뿐이다. 몽골인들은 사냥하거나 혹은 아무 일도 하지 않으면서 세월을 보낸다. 그들은 곡식도 심지 않고 땅을 경작하지도 않으므로 추수할 것이 없다. 그들이 기르는 가축에서 젖, 고기와 치즈 같은 식량을 얻는다. 옷으로는 가죽을 쓰고, 젖으로 술을 만든다. 젖을 발효시켜 만드는 술은 유목민들이 무척 좋아하는 것으로 때로는 이 술에 크게 취하기도 한다. 실제로 몽골인들은 일어나서 잠자리에 들 때까지 오로지 먹고 마실 것만 생각하는데, 마치 그들이 기르는 가축과도 같다."

강희제가 대규모 군사 여행의 장소로 선호했던 곳은 이러한 유목민들이 사는 지역이었다. 때로는 그가 선두에 서서 군대를 이끌고 드넓은 광야를 가로지르고, 험준한 산들을 오르며, 강들과 급류를 건너는 모습을 볼 수 있었다. 그는 뜨거운 태양 빛 아래에서나 강우 속에서나 변화무쌍한 날씨에 온종일 몸을 드러내기도 하였다. 후일에 전쟁터에 나간 사람들은 막상 전쟁터에서는 사냥터

보다 고생을 덜 했다고 말했다. 이로써 군사들이 피로와 곤경에 익숙해지기를 바랐던 황제의 주요한 목적은 달성된 셈이었다. 이러한 여행의 두 번째 목적은 군사력을 과시하여 몽골인들이 청나라에 반기를 드는 것을 상상도 하지 못하게 하려는 것이었다. 이를 위하여 군대는 때때로 장전도 하지 않은 대포를 끌고 가서 그 폭음과 불꽃으로 몽골인들에게 공포감을 확실히 심어주기도 하였다. 황제는 군사력을 과시하는 것 말고도 베이징에서 그의 위엄을 나타내는 물건들도 모두 가져갔다. 수많은 북, 나팔, 꽹과리와 다른 악기들은 황제가 식사할 때 흥을 돋우고, 그가 침소에 들거나 나갈 때 소리를 내는 것들이었다. 이 모든 장엄한 행렬의 모습은 야만인들에게 황제에 대한 존경과 두려움을 심어주려는 의도였다. 페르비스트 신부는 이 길고도 고된 사냥길에서 큰 고생을 하였다. 그는 자신의 경험을 이렇게 회고하고 있다.

> “이 기나긴 여행에서 겪은 피로와 고통을 다 설명할 수 없다. 길을 가는데 홍수가 나서 거의 지나갈 수 없을 지경이었다. 여행하면서 산을 기어 올라가고, 갑자기 불어난 물로 다리가 완전히 잠기거나 떠내려간 강을 건너기도 했다. 어느 곳에서는 물과 진흙이 뒤섞인 채 쌓여 있어서 몸을 빼내기조차 불가능할 지경이었고, 때로는 말, 낙타와 짐을 옮기는 짐승들도 스스로 빠져나오지 못하고 수렁에서 허우적거리거나 지쳐서 죽어버렸다. 사람들은 거의 기진하였고 여행에 필요한 물자와 음식이 부족한 탓에 쇠약해졌으며, 많은 기마병은 말들이 주저앉는 바람에 말에서 내려 걷거나 회복될 때까지 홀로 뒤에서 따라왔다. 교량이나 좁은 길을 만날 때마다 부대 전체가 가던 길을 멈추어 섰고, 황제와 고관들이 먼저 건너고 나면 나머지 병사들이 서로 먼저 건너려고 몰려들면서 많은 병사가 물속으로 빠지기도 했다. 더 위험한 길을 택했던 다른 병사들은 수렁과 늪으로 빠져들어 그곳에서 산채로 나오지 못했다. 30년이나 군대 생활을 한 나이 많은 장교들도 자신들이 많은 여행을 하였어도 이처럼 고생한 적은 없다고 말했다.”

페르비스트 신부의 선교에 대한 열정과 유럽에 끼친 영향

이 많은 어려움 속에서 페르비스트 신부를 지탱해 준 것은 이교도를 개종시키겠다는 뜨거운 열정 하나였다. 그는 이런 고된 여행을 감수하며, 황제가 선교사들과 그리스도인들을 향하여 선처 베풀어 주기를 희망했다. 그의 기대감은 점점 커져만 갔다. 아직도 기쁜 소식이 전해지지 않은 광대한 들판, 즉 몽골, 조선, 심지어 다른 중국의 여러 성에 복음이 전해질 수 있는 가능성을 보았기 때문이었다. 복음의 일꾼들은 그들을 필요로 하는 곳이면 어디든지 갔다. 중국에 이미 자리 잡고 있던 선교사들만으로는 풍성한 추수를 거두어들이기에 부족해 보였기 때문에 신부는 유럽으로 눈을 돌렸다. 그는 유럽의 수도사들에게 간절한 염원을 담은 편지를 보내어 선교활동에 함께하자고 설득했다. 그는 유럽의 수도사들에게 중국인들이 진리를 받아들일 준비가 이렇게 잘 되어있는 좋은 기회를 놓치지 말라고 강권하였다. 그는 유럽에 있는 예수회 신부들에게 이런 호소를 했다.

> "불행하게도 황제와 영주들의 호의가 점점 커지는 데 비해서 신부들의 숫자는 우리가 보기에 오히려 줄어들고 있는 것 같습니다. [더 많은 유럽의 신부들이 중국 선교에 동참한다면] 우리 주님의 귀중한 보혈로 이제 수많은 중국인이 마치 유럽인들처럼 하느님의 자녀가 되는 자유를 얻게 될 것입니다. 중국에는 일꾼의 부족으로 인하여 복음을 전할 수 없는 다섯 개의 성이 남아 있는데, 이 성들은 각각이 유럽의 몇몇 왕국들만큼 큽니다. 이곳에는 아직 복음이 전해진 적이 없습니다. 내가 알기로는 대부분의 예수회 대학에는 선교에 필요한 재능을 가진 헌신적인 사람들이 많다고 합니다. 내가 하느님의 이름으로 그들에게 간절히 원하는 것은 눈을 돌려 그들의 팔을 중국인들을 향해 뻗으라는 것입니다."

페르비스트 신부는 이어서 선교에 헌신할 사람들이 가져야 하는 자질을 이야기했다. 단순하면서도 장엄한 페르비스트 신부의 말은 형제들에게 보내는 사도의 참된 편지와도 같았다.

> "선교사가 되려는 사람은 반드시 학식을 가진 자여야만 합니다. 그것도 많이 배운 사람이어야만 합니다. 그러나 학식은 미덕에 비하면 아무것도 아닐 것입니다. 미덕이 없는 학식은 오히려 해를 끼칩니다. 그렇다면 중국을 얻기 위해 우리가 이곳으로 초청하려는 대상은 과연 어떤 사람일까요? 그들은 황제의 호의와 관대함에 압도되는 사람들이기보다는 예수 그리스도의 고귀한 군사들, 성 이냐시오의 자녀들, 수많은 순교자의 형제인 사람들, 때로는 일본의 감옥에 갇힌 사람들, 또는 선배들처럼 타오르는 불꽃 가운데 있는 기둥에 매인 사람들입니다.[56] 이런 사람들이야말로 궁정에서의 쾌락을 추구하기보다는 십자가와 혹독한 시련을 택할 수 있는 사람들이고, 또 거물들의 미소와 애정보다는 일본 폭군들의 찌푸린 얼굴과 선교사들을 위협하는 무서운 고문 도구를 선택할 수 있는 사람들입니다. 우리는 이제 일본과는 반대에 있고, 불행한 섬나라[일본] 쪽으로 시선을 돌리는 일은 많지 않지만, 순교자들을 화형시키는 불길이 뿜어내는 연기로 하늘이 뿌옇게 된 것을 목도 하면서 '오, 주님, 우리 같은 죄인들도 거룩한 순교자들과 함께 있게 해주십시오!' 하며 가슴을 치게 됩니다."

이어서 페르비스트 신부는 중국으로 더 많은 형제 수도사들을 불러오기 위하여, 지원자들에게 대다수의 경우, 그들의 목숨을 희생하게 될 것이라는 점을 이해시키고자 노력하였다. 그리고 신부는 이렇게 외쳤다. "그렇다면 우리 선교지에 오도록 격려하기 위해 내가 무슨 더 할 말이 있겠습니까?" 예수 그리스도

---

56) 일본 순교에 대해서는 C. R. Boxer, The Christian Century in Japan: 1547-1650 (Berkeley: University of California Press, 1951) 참조.

를 위해 언젠가 죽을 날이 올 거라는 소망은 페르비스트 신부가 선교활동을 하면서 겪었던 많은 고난과 시련을 견디게 해준 최고의 버팀목이었다. 이러한 생각은 그가 쓴 경건한 글에 자주 나타나는데, 매우 감동적으로 표현되어 있다. 그가 쓴 글 가운데는 다음과 같은 글이 있다.

"오, 주님, 주님을 위해 피 흘리기를 원하고 [그러한 영광을] 허락하셨던 많은 사람 가운데 저를 세우소서! 저는 그들만큼 결백하지도 않고, 덕스럽지도 않으며, 또 용기도 없습니다. 그러나 제게 그들과 같이 결국에는 더 좋은 [그리스도의] 성품을 주셔서 당신의 것으로 덧입혀 주소서. 당신의 끝없는 자비의 장막에 의지하여 저는 감히 제 목숨을 당신의 희생물로 내어놓습니다. 오, 나의 하느님, 당신은 제게 많은 사람 앞에서, 궁정에서, 또 관청 안에서, 사슬에 매여 지하 감방에 갇혀 당신의 거룩하신 이름을 고백하는 복을 주셨습니다. 그러나 제가 저의 피로 이러한 고백을 증명하지 못한다면, 이러한 고백이 무슨 소용이 있겠습니까?"

페르비스트 신부는 실제로 좁다란 지하 감방에 갇혀있을 때, 이런 내용의 편지를 교구장에게 보냈다.

"저는 벼슬을 받기 위해 궁으로 호출되어 갈 때 30개의 마을에서 울리던 박수 소리보다, 재판정으로 끌려갈 동안 저를 묶고 있던 아홉 줄의 쇠사슬이 내는 소리가 얼마나 더 듣기에 좋았는지 모릅니다. 제가 감옥에 갇혀 고문받는 모습을 보면서 형제들의 용기가 불타오르고 있습니다. 또 이러한 고통이 예상되는 성들이 우리 선교사들이 제일 먼저 찾아가야 할 곳이라는 것을 제가 알고 있기 때문에, 지금 이 글을 씁니다. 오, 하느님! 어찌하여, 제게 순교자들의 피로 적신 온전한 종려나무 가지를 들고 주께로 가는 것을 허락하지 않으시고, 곧 시들어버릴

> 몇 개의 이파리만 보여주도록 하셨나이까! 어찌하여 일본에서 가져온 십자가나 제 심장을 관통한 단검을 들고 제가 당신 앞에 나타나도록 허락하지 않으십니까! 하느님, 제가 [순교의] 열매 맺지 않는 나무가 되지 않도록 보호하소서!"

선교의 열정이 가득한 페르비스트 신부의 이러한 글은, 유럽 대륙에서 우상을 숭배하는 나라에 가서 선교하겠다는 열정을 불러일으켰다. 이와 같은 편지 한 장은 뮌스터Munster와 파더보른Paderborn의 주교 페르디난드Ferdinand로 하여금, 중국으로 갈 선교사들을 교육하기 위한 건물을 짓는데 큰돈을 기부하게 하였다. 다음은 이 품위 있고 경건한 주교가 1682년 페르비스트 신부에게 보낸 편지다.

> "저희는 귀하가 그 머나먼 아시아 끝에서 유럽으로 보낸 편지들을 받아 반가운 마음으로 읽었습니다. 저희의 마음은 불타올라 마치 인도에 있는 사도를 만나, 그를 보고 듣는 것 같았습니다. 예수 그리스도의 피의 대가로 영생을 누릴 많은 영혼이 죽어가고 있다는 당신의 애절한 사연을 들으니 신부님의 사역을 도와야겠다는 마음이 생기지 않을 수가 없습니다. 저희는 어떤 방식으로든 신부님께서 하시는 일에 참여하기 원합니다. 하느님께, 거룩하신 구원의 주님께, 동정녀의 몸으로 잉태하신 성모 마리아께, 성 프란치스코 하비에르와 또 공경하는 당신 페르디난드 신부님께 25,000크라운을 헌금합니다. 이 금액의 이자만 가지고도 중국에 8명의 선교사를 보내는 비용을 충당할 수 있을 것입니다."

페르비스트 신부가 보내온 감탄할만한 편지 중 하나는 루이 14세가 베이징에 프랑스 선교단을 보내도록 그의 마음을 움직이기도 하였다. 이때 파송된 선교사들은 과학과 인문학은 물론이고, 선교활동에서도 명성을 날렸다.

제 3 장

루이 14세가 파견한 예수회 수학자들과 페르비스트 신부의 선종

제 3 장

루이 14세가 파견한 예수회 수학자들과 페르비스트 신부의 선종

포르투갈의 선교 지원 권리 조약

반란을 진압하고 승리를 거둔 강희제는 거대한 제국의 농업, 상업, 과학과 문예를 진흥시키는 일에 자신의 모든 재능을 쏟아부었다. 그는 정복당한 한족이 가지고 있는 굴욕감과 불만을 잠재울 수 있는 것은 오직 평화가 가져다주는 이익과 나라의 번영이 가져다주는 혜택일 것이라고 믿었다. 눈부신 군사적 성공으로 시작된 강희제의 통치는 서서히 중국의 오래된 왕조 역사에서 가장 영광스러운 시기 중 하나가 되었다. 같은 시기에 지구의 반대쪽 끝에서는 마치 강희제가 중화제국에서 그러하듯이 루이 14세가 태양처럼 솟아올라, 그 영광의 광휘를 주변에 비추기 시작하였다. 이 순간은 복음의 전파자들을 매개로 유럽에서 가장 위대한 왕좌에 오른 군주와 중화제국에서 더욱 거대한 영토를 가진 군주가 서로 만나게 되었을 때 다가왔다. 프랑스 선교사들은 튈르리Tuileries 궁전의 화려함과 베르사유Versailles 궁전의 장대함을 중국에 신속히 알리는 동시에, 자금성紫禁城의 경이로움과 황홀한 궁정 예식을 프랑스인들에게 소개하여 그들의 놀라움을 자아내게 만들었다.

베이징에 프랑스 선교단이 정식으로 자리 잡기 이전에 이미 중국에서 프랑스 선교사 몇 명이 복음을 전파한 적이 있었다. 프랑스는 다른 어떤 나라들보다 선교에 대한 열정이 충만하였으므로 극동에까지 선교사들을 파송하는 일에 빠짐없이 끼어들었다. 아비뇽 태생인 알렉상드르 드 로드Alexandre de Rhodes 신부는 이러한 선택을 받았던 선교사들 가운데 가장 유명한 인물이었다.[57] 그는 베트남과 인도차이나에서 오랫동안 선교활동을 하였는데, 동료 선교사들이 그를 교황청으로 보내어 [교황이 부여한] 선교권을 포르투갈 궁정이 남용함으로써, 복음전파를 오히려 방해하고 있다는 사실을 고발하도록 하였다. 버트람Bertram 신부는 저서 『선교의 역사The History of the Mission』에서 다음과 같이 밝힌다.[58]

"포르투갈은 유럽 식민세력들 가운데 첫 번째이면서도 가장 오랫동안 동인도 지역[아시아]에서 선교권을 행사하였다. 포르투갈은 그 지역에 그리스도교를 전파할 수 있는 독점권을 가지고 있었는데, 우상을 섬기는 나라에 선교할 목적으로 화려한 공관들을 지어 국위를 떨치고 또 이를 방어할 수 있는 군사력으로 그리스도교가 전해지는 것을 크게 도왔다. 포르투갈은 강력한 해군력을 바탕으로 선교사들과 상당수의 주교를 지원할 수 있는 재원을 확보하였다. 그러나 모든 시대에 그러했듯이, 교회는 세속 권력으로부터 받은 원조와 보호의 대가를 눈물을 흘리며 되갚아야만 하는 슬픈 진실을 어쩔 수 없이 확인하게 된다. 포르투갈 정

57) 알렉상드르 드 로드(Alexandre de Rhodes, 1591-1660)는 베트남에서 활동하였던 프랑스 아비뇽 태생의 예수회 선교사이다. 베트남어-포르투갈어-라틴어 3개 국어로 된 사전을 처음으로 편찬하였다.

58) 여기서 인용된 버트람(Bertram) 신부와 그의 저서 『선교의 역사The History of the Mission』의 서지 정보는 확실하지 않다. 다만 육 신부는 이 책의 제1권 191쪽에 있는 내용을 옮긴다고 기록했다.

> 부는 여러 가지 조건을 붙여서 [자국이 베푼] 이러한 혜택에 대한 보상을 받았고, 이 때문에 [아시아 선교에] 많은 폐해가 드러났다."

그 가운데서도 먼저 이러한 보호를 제공하였던 다수의 사람이 가졌던 정치적인 견해에 대해 언급하고자 한다. 이들은 그리스도교를 점령된 나라들을 포르투갈의 굴레에 복종하도록 만드는 일종의 수단으로 여겼는데, 그들은 이러한 의도와 견해를 그다지 감추지 않았다. 이러한 논리는 유럽인들의 행동을 정당화시키는 데 너무나도 자주 사용되곤 하였다. 실제로 이러한 견해는 선교에 막대한 장애물이었고, 이 때문에 교회는 커다란 핍박을 받게 되었으며, 또 이 때문에 수많은 그리스도인 공동체가 파국에 이르게 되는 것을 앞으로 보게 될 것이다. 그러나 더 심각한 문제는 포르투갈 왕들이 파드로아도Padroado라는 이름으로 교회에 여러 가지 조건을 부여하면서 인도 지역에 있는 모든 선교단체에 대한 포르투갈의 독점권을 행사한 것이다.[59] 이 '선교 지원 권리 조약'에 따르면 현재의 교황은 새로 개척되는 식민지의 주교임면권을 행사할 수 없었다. 식민지에서 주교가 선출되기 위해서는 주교 후보자를 천거할 권리를 가졌던 포르투갈 국왕의 참여와 동의가 필요했다. 실제로 왕의 허락을 받지 않거나 포르투갈 선박을 이용하지 않고는 그 어느 선교사도 인도로 갈 수 없었으며, 심지어 교황청의 서신이나 교서도 포르투갈 왕의 손을 통해 접수되지 않고는 인도에서 그 효력을 발휘할 수 없었다. 결과적으로 인도와 중국의 모든 선교단체는 포르투갈인들의 차지였다. 설사 다른 국적을 가진 선교사가 받아들여진다고 해도 [이 지역으로 파송되는] 선교사가 되면 본래의 국적을 상실하기 마련이었다. 이러한 상황은 다른 나라들이 가지고 있는 이 지역을 향한 선교의 열망을 상실하게 만드는 경향이 있었다. 선교 사역에 꼭 필요하다고 할 수 있

59) 여기서 '선교 지원 권리 조약'으로 번역한 파드로아도(Padroado)는 교황청과 포르투갈 사이에 맺어진 조약으로 1514년 교황 레오 10세에 의해서 공인되었다. 이 조약에 의하면 포르투갈은 아프리카, 아시아, 브라질에서 가톨릭선교를 지원하는 조건은 선교지 현장의 자치 통치권을 인정받는다.

는 세속적인 도움은 포르투갈 정부를 통해서만 받을 수 있었다. 이를 통해 선교 사역의 독립성이 위험에 처하기는 하였지만, 선교 초기에는 이러한 조건으로 인하여 포르투갈만이 제공해 줄 수 있었던 많은 지원을 받을 수 있었던 것이 사실이며, 이러한 지원이 없었다면 선교는 불가능했을지도 모른다. 포르투갈은 자신들만의 공정성의 원칙을 세우기도 하였으며, 꼭 필요한 것들을 보장해 주는 역할을 수행하기도 하였다. 그리고 포르투갈 왕은 인도에 자리 잡은 유일한 유럽 군주라는 자신의 권위를 자랑스럽게 여기고 이에 열심을 다하였으며, 자신의 선교 사역을 굳건하게 세움으로써 다른 세력이 영향력을 행사하는 것을 막고자 하였다. 이러한 이유로 인하여 교황청은 포르투갈 왕이 제시한 조건을 받아들이고 교서를 통해 '선교 지원 권리 조약'을 인정하였다. 전해지는 기록 중에 포르투갈 국왕이 교황에게 후임 교황들이 이에 반하는 내용의 교서를 내리면 이를 받아들이지 않는다는 조항을 삽입하라고 요구하였다는 내용이 들어있다.[60] 포르투갈의 영향력은 오랜 기간 지속 되면서 생산적이고 만족스러운 결과를 가져오는 것처럼 보였다. 많은 선교사가 인도로 왔고, 포르투갈 정부는 선교 사역을 넉넉하게 후원하였다. 선교관의 숫자가 점차 늘어나면서 선교사를 더 보내 달라는 요청도 늘어났다. 포르투갈은 자국민 이외의 선교사들까지 선발하여 보냈지만, 이 방법으로도 필요한 수의 선교사를 파송하는 것은 불가능했다.

60) (원주) 이러한 조항이 삽입되었다고 해서 교회법이나 이성의 원칙을 깨뜨릴 수는 없었다. 후대 교황들은 자신들이 맡게 된 교회의 치리를 위해 합당하다고 생각하는 경우, 이러한 조항을 지키려고 교황의 고유한 권한이나 별다른 조치를 취하고 타협할 수 있는 권리를 포기하지 않았다. 포르투갈은 지금(19세기 중반)까지도 선교독점권이 있다고 주장하지만, 이러한 주장에 대하여는 버트람 신부의 의견을 인용하는 것으로 충분할 것이다. "첫째, 포르투갈이 인도에서 정치력을 행사하고 있었고, 또 포르투갈이 신생 교회의 영적이며 세속적인 선을 진작시키는 제반 능력을 갖고 있었기에 그러한 특권을 결정적으로 양보하였던 것이다. 둘째, 이 방대한 나라에서 포르투갈 왕이 주교들과 선교사들이 필요로 하는 도움을 모두 제공하였고, 특히 선교지 교구의 주교 자리가 공석이 되었을 때 곧바로 새로운 후보자를 선정하였기에 그러한 특권조항을 명시하였었다. 그러나 이제는 인도에서 포르투갈의 세력이 무너져버려서 이러한 명시적인 조건을 무시할 수 있으므로 결정적인 동기는 사라져버렸다. 비록 우리가 계약을 준수하여 포르투갈에게 양보한다고 해도 이 계약은 事理로 보거나 포르투갈 왕실의 행위로 보아 무효가 될 수밖에 없다."

드 로드 신부의 노력

금전적으로 점차 선교 사역에 필요한 금액이 포르투갈이 지원할 수 있는 정도를 넘어서기 시작했고, 이는 선교 사역의 발전을 저해하였다. 또 보급되는 자원은 대부분 물품의 형태로 지원이 되었는데, 도움이 필요한 선교사에게 이를 보내기 위해서는 물품을 현금으로 바꾸어야만 하는 큰 번거로움이 있었고, 이를 위한 별도의 기관이 세워져야만 했다. 중국과 일본 선교를 위해서 마카오에 세워진 기관이 이러한 일을 하기 위해 설치되었다. 언제나 악의적으로 비판하기 마련인 세상 사람들은 이를 두고 예수회가 선교지에서 무역 사업을 크게 벌이면서 엄청난 재물과 보물을 챙기고 있다고 매우 진지하고도 큰소리로 주장하였다. 이러한 보고서가 유럽에서 추문을 만들어내는 동안, 가난한 선교사들은 [재정적으로] 극단의 상황으로 내몰리게 되었고, 선교자금이 고갈되어 선교활동이 중단되기에 이르렀다. 포르투갈 정부의 선교 지원이 불러온 또 다른 해악은 선교사들이 스스로가 포르투갈 왕실에 소속되어 있다고 생각하며 그들에게 의존하고, 그들의 선교 사역이 국왕이 지명하는 주교들에 의하여 조직된다고 여기게 되었다는 점이다. 드 로드 신부를 대표로 뽑아 교황청으로 보냈던 선교지의 책임 신부들은 위와 같은 애로 사항을 직접 경험하고, 아시아의 선교관들을 포르투갈의 영향권에서 빼내어 포르투갈 왕실의 간섭을 받지 않고 포르투갈의 왕실로부터 분리된 지위와 수익을 보장받을 수 있는 독립된 교구를 만들고자 하였다. 그리고 이런 독립 교구들을 담당할 신부들을 육성하기 위한 신학교를 세우려 하였다. 중국에 그 누구의 간섭도 받지 않는 선교지 주교들을 세우고자 했던 드 로드 신부는 예수회에서 주교가 선출된다면, 예수회의 동아시아 선교 전체가 포르투갈 왕의 손에 의존하고 있으므로, 예수회는 국왕의 미움을 사게 되고 스스로가 파멸을 초래할 것이라고 보았다. 따라서 그는 예수회 소속이 아닌 고위 성직자를 신중하게 물색하게 되었다.

미묘한 사안을 협상하는 임무를 맡았던 드 로드 신부는 파리에서 새로 생겨난 열정적인 성직자들의 모임을 알게 되었고, 자선을 베푸는 사역에 서로를 격려하려는 목적으로 연합하게 되었다. 드 로드 신부는 이 모임에서 본인이 찾고 있던 사람들을 만나게 되었고, 모임의 많은 회원에게 주저하지 않고 선교 주교구를 세우기에 적합한 선교기구를 세울 것을 제안했다. 이러한 계획이 알려지자마자, 로마에 있던 포르투갈의 교황청 대사는 프랑스 선교사들이 포르투갈의 선교독점권을 침해한다며 크게 불만을 드러냈다. 때마침 인노첸시오 10세가 선종하여 교황의 자리가 비어 있었기 때문에, 드 로드 신부는 포르투갈의 반대로 인하여 그가 책임을 지고 시행하고 있었던 선교 계획이 쉽게 이루어지지 않으리라고 판단하였다. 그는 페르시아로 가서 그곳에 새로운 선교관을 세웠고, 1660년에 그곳에서 사도로서의 생애를 마감했다.

마리 마델린 다이구이유 공작부인의 노고와 파리 외방전교회의 설립

드 로드 신부의 계획은 그의 사후에 다시 추진되었다. 이번에 이 역할을 맡은 것은 선교사가 아닌 한 여성이었다. 이 여성은 관대한 마리 마델린 다이구이유Marie Madeleine d'Aiguillon 공작부인으로 이 부인의 행적을 문학적으로 표현해 본다면, 어떤 시인이 옛날 옛적 이방 나라에서 왕국을 세웠던 유명한 여왕에 관해 노래한 것에 비할 수 있을 것이다.[61] 동방에 세워지는 예수 그리스도의 왕국은 단단한 기초 위에 세워져야만 하였다. 대단한 용기와 영웅적 절개

61) 마리 마델린 뒤귀용(Marie Madeleine d'Aiguillon, 1604-1675)은 프랑스 귀족이자 자선사업가로 예술가들과 수학자들을 후원하였다. 루이 13세 시대 재상을 지냈던 추기경 리쉴리에(Richelieu)의 여동생의 딸이었으며 왕후 메리 드 메디치의 귀족수행원으로 활동했다. 예수회 교육을 받았고, 그녀의 후원을 받았던 프랑스의 비극작가 피에르 코르네유(Pierre Corneille, 1606-1684)는 프랑스 고전극의 시효라는 평가를 받는 『르 시드Le Cid』를 그녀에게 헌정했다(1636년).

를 가졌던 이 여인은 이러한 업적을 누구의 도움도 받지 않고 이루어냈다. 마리 마델린 뒤귀용 공작부인은 프랑스 주재 교황청 대사를 통해 인노첸시오 10세의 후계자인 알렉산데르 7세와 추기경들에게 접근했다. 교황은 그녀의 간청을 거절할 수 없어서 마침내 동아시아(Upper Asia) 선교를 위해 3명의 프랑스인 주교들을 임명하였다.

투르Tours의 신부 프랑수아 팔루François Pallu가 헬리오폴리스Heliopolis 주교의 직함으로 베트남의 교황대리로 임명되어, 중국의 운남雲南, 귀주貴州, 호광湖廣, 사천泗川과 광서廣西까지도 관할하게 되었다.[62] 성직에 종사하다가 루앙Rouen 법원의 판사로 있던 피에르 램버트 드 라 모트Pierre Lambert de la Motte는 베를리오Berythe 주교의 직함으로 인도차이나의 교황대리로 임명되어, 절강浙江, 복건福建, 광동廣東, 강서江西, 해남도海南島와 인근의 섬들을 관할하게 되었다.[63] 위 두 사람이 선택한 제 3의 중요성직자는 이그나스 코틀렌디Ignace Cotolendi로 메텔로폴리스Metellopolis 주교의 직함으로 남경의 교황대리로 임명되어, 베이징, 산서山西, 산동山東, 몽골과 조선을 관할하게 되었다.[64] 이 세 명의 고위 성직자들은 부임하기 전부터 많은 어려움을 겪었다. 이들은 여러 차례 출발이 지연되어 기다려야만 했는데, 처음에는 루이 14세의 추천으로 여행 허가증을 발급하였던 포르투갈인들이 나중에는 이를 취소했기 때문이었다. 네덜란드인들이나 영국인들은 어떤 경우에도 프랑스 선교사들을 그들의 배에 태우려 하지 않았다. 프랑스와 동아시아(Upper Asia)의 관계에 개입되어 비난을 받게 될까 두려워했기 때문이었다. 이러한 어려움에 직면하자 헬리오폴리스 주교 팔루는 앞장서서 영국과 네덜란드의 선례를 따라 인도, 중국,

62) 프랑수아 팔루(François Pallu, 1626–84)는 파리 외방전교회 창립회원이었으며 아시아 선교사였다.

63) 피에르 램버트 드 라 모트(Pierre Lambert de la Motte, 1624-79)는 파리 외방전교회 창립회원이었으며 아시아 선교사였다.

64) 이그나스 코틀렌디(Ignace Cotolendi, 1630-62)는 파리 외방전교회 창립회원이었으며 아시아 선교사였다.

그리고 프랑스를 왕래하는 별도의 독립적인 회사를 설립할 것을 제안하였다.

세 명의 고위 성직자들은 헬리오폴리스 주교의 계획을 받아들였다. 그러나 1660년에 인가를 받은 이 회사가 선박을 마련할 때까지 기다릴 수 없다고 판단하여, 세 명은 각각 지중해와 레반트를 경유하는 등, 모두가 서로 다른 길을 택하여 중국에 가기로 하였다. 어떠한 사고가 발생할 경우, 한꺼번에 모두 피해를 보게 되는 것을 막기 위함이었다. 후에 프랑스의 무역과 해군에 큰 자극을 주게 되는 이 유명한 프랑스 회사가 처음에는 한 선교사의 영감과 충고로 설립되었다는 사실이 흥미롭다. 열정적이고도 신중한 이 선교사들은 동아시아를 향해 긴 항해를 떠나기에 앞서, 파리에 신학교를 하나 세우기를 원했다. 신학교의 교장은 선교사들이 조국을 떠나 있는 동안 선교사들의 일을 돌보고, 또 선교사들이 필요할 때에는 도움을 주고, 선교사들과 합류하기를 원하는 성직자들의 적성을 검사하는 일을 맡기로 하였다. 한 마디로 교황대리들과의 연락, 또 선교지 교회의 세속적이고 영적인 일을 챙기는 일을 맡았다. 바빌론의 주교 장 두발은 이런 성격의 기관이 세워질 것을 예견하여 파리의 루 뒤 바크Rue du Bac에 상당한 규모의 땅을 매입해 두었다.[65] 이 고위 성직자는 신설된 외방전교회와 접촉하여 루 뒤 바크에 있는 부지에 동방에 있는 프랑스 선교지에 보내는 선교사들을 양성하는 신학교를 세운다는 조건으로 자신의 재산을 기증하는 것이 가장 좋은 방법이라고 생각하였다.[66] 빈센트 드 메르스, 아마드 포이테빈Armand Poitevin, 미셸 가질Michel Gazil과 같은 성직자들이 1663년에 인

65) 장 두발(Jean Duval, 1597-1669)은 맨발의 카르멜회(Order of Discalced Carmelites) 소속으로 이스파한 주교와 바그다드 주교를 역임하였다.

66) 파리 외방전교회(Société des Missions étrangères de Paris, MEP)는 로마 가톨릭교회의 선교기관 가운데 하나로, 외국 선교에 관심이 있는 성직자들과 평신도들이 참여하고 있는 세속 기관이다. 1658-63년간에 설립되었고, 1659년에 교황청의 인가를 받았다. 지금까지 4,200명의 선교사들을 아시아와 북미에 파송하였다. 19세기 아시아로 파송된 선교사들이 수난을 당하자, 프랑스의 군사개입에 구실을 주었다.

가를 받아 이 신학교를 시작하였다.[67] 이 선교회는 프랑스 최고위 성직자인 파리 대주교 플라비오 끼지Flavio Chigi 추기경과 상 제르망 수도원 원장의 승인으로 영적인 정당성을 인정받았다. 파리 외방전교회 건물의 초석은 첫 교황대리들이 동방으로 떠난 지 한참 뒤인 1683년 파리 대주교 프랑수아 드 하를레François de Harlay de Champvallon가 놓았다.[68]

파리 외방전교회의 태국 선교

베를리오 주교인 라 모트-램버트가 포르투갈 왕이 프랑스 고위 성직자 세 명을 붙잡아 리스본으로 압송하라는 명령을 내렸다는 소식을 들었을 때, 그는 이미 여행길에 들어선 뒤였다. 그는 위험을 당하기는 했지만, 태국의 수도에 안전하게 도착했다. 메텔로폴리스 주교 코틀렌디는 힌두스탄Hindostan의 마술리파탐Masulipatam까지 여행하였으나 그곳에서 병을 얻어 32살을 일기로 세상을 떠났다. 마지막으로 출발하였던 헬리오폴리스 주교 팔루는 태국에서 라 모트-램버트와 합류했다. 태국의 상황이 그리스도교를 전파하는 데 안정적이라고 판단한 라 모트-램버트와 팔루는 그곳을 프랑스 동방선교의 중심지로 삼고, 현지인 교역자를 양성하는 신학교를 세우기로 하였다. 이 계획이 성공하면 태국을 구심점으로 하는 아시아 그리스도인 공동체의 기반이 빠르게 형성될 것이고, 미래에는 그 입지가 더욱 든든해질 것이었다. 사실 이렇게 국적을 분명하게 밝혀 놓는 것이 향후 그 지역 교회의 책임자가 될 성직자들에게 꼭 필요한 일이 될 것이다.

---

67) 빈센트 드 메르스(Vincent de Meurs, 1628-1664)는 파리 외방전교회 소속 선교사였다.

68) 프랑수아 드 하를레(François de Harlay de Champvallon, 1625-95)는 제5대 파리 대주교로, 루이 14세의 총애를 받았다. 얀센주의에 대한 비판적 입장으로 루이 14세의 총애를 잃었다.

팔루 주교는 프랑스 주교들에 대한 포르투갈인들의 적대적인 태도와 선교사 증원의 절대적인 필요성을 교황에게 알리기 위해 로마를 방문하였고, 이후 파리로 향했다. 그는 파리에 체류하면서 인도에 회사를 설립하기 위해 필요한 절차를 밟았다. 그리고 루이 14세에게 아시아의 해당 지역에서 프랑스의 선교를 확장하려는 계획을 설명했다. 정치인인 동시에 그리스도 교인이었던 프랑스 왕이 볼 때에, 프랑스라는 이름을 거의 들어보지 못했던 아시아의 여러 나라에 프랑스 주교들과 선교사들이 주재한다는 것은 매우 중요한 일이었다. 왕은 주교의 이러한 제안을 무시할 수 없었고, 팔루 주교는 1670년 인도회사 소속의 배에 올라 다시 한번 더 희망봉을 돌았다. 헬리오폴리스 주교는 태국에 도착하여 태국 국왕에게 다음과 같은 내용의 루이 14세의 친서를 공식적으로 전달하였는데, 이 친서에는 콜베르 재상의 부서副署가 있었다.

> "매우 고귀하고 탁월하며 강한 왕, 우리와 사랑하는 좋은 벗에게. 거룩한 우리의 종교에 대한 열정이 넘치는 저의 신하들이 신앙과 복음의 빛을 귀국에 전하기 위해 귀국에 갔을 때 그들을 호의적으로 맞아주심에 감사를 드립니다. 헬리오폴리스 주교가 저의 인사를 폐하께 전하기 위해 귀국을 다시 찾게 된 것을 기쁘게 생각합니다. 그와 동시에 전하께서 그 주교와 베를리오 주교에게 거주할 장소뿐만 아니라 그곳에 교회와 거처를 지을 자재를 주신 것에 대해 깊은 감사를 표합니다. 두 주교가 경건하고도 유익한 계획을 실행하기 위해 종종 폐하의 공정함에 의지할 때가 있을 것이므로, 그 두 주교와 짐의 모든 백성에게 좋은 처우를 해달라는 요청을 기꺼이 승낙해 주시리라 생각합니다. 저희 백성에게 베풀어 주시는 호의가 저에게는 매우 소중하리라고 확신하며, 베풀어 주신 것에 대한 우리의 감사를 폐하께 기쁨으로 표할 기회가 꼭 있을 것입니다. 우리는 하느님께 매우 고귀하고 탁월하며 강한 왕이며 우리가 매우 사랑하는 훌륭한 벗에게 위엄의 관을 씌우셔서 행복한 결과가 있기를 기원합니다."

태국 국왕은 프랑스 선교사들에게 더 큰 호의를 갖게 되었고, 일정한 날을 정해서 신학교를 지을 부지에 방문하는 것으로 군주로서의 위엄을 자기 백성들에게 보이기로 작정하였다. 국왕은 부지가 너무 협소한 것을 보고 더 넓은 땅을 내어주고는, 그 자리에 그가 직접 비용을 대서 아름다운 교회당을 짓게 했다. 그런 후에 국왕은 모든 신하 앞에서 프랑스 선교사들에게 그리스도교를 전할 권한을 주었다고 선언하였고, 신하들은 이를 수용하였다.

헬리오폴리스 주교 팔루 신부의 눈부신 활약

지칠 줄 모르는 헬리오폴리스 주교는 태국의 선교 문제를 정리한 후에, 중국에 있는 자신의 교구를 찾아 여행길에 나섰다. 그는 바다에서 사나운 폭풍을 만났지만 난파되는 것을 간신히 면하고 겨우 마닐라에 도착했다. 그 후 스페인과 프랑스 사이에 전쟁이 일어나자, 주교는 첩자로 의심되어 투옥되었다가 나중에는 스페인으로 송환되었다. 유럽의 식민제국 사이에서는 프랑스가 동아시아 선교지에 교회를 세운 것에 대하여 논란이 일었는데, 프랑스가 이로 인해 정치적, 상업적 이득을 취했다고 생각했기 때문이었다. 그러나 교황 인노첸시오 11세와 루이 14세의 개입으로 투옥되었던 주교는 다시 풀려나게 되었다.[69] 스페인은 이 문제를 처리할 때 정의를 따지기보다는 그들의 국익을 따라 처리했다. 현명한 헤제본Hezebon의 주교는 "스페인은 인도에서 프랑스보다는 포르투갈의 세력을 더 두려워하였다. 따라서 대국으로서 어울리지 않는 편협한 불신을 버리고 프랑스 선교사들에게 잘 대해주는 것이 스페인의 국익에 더 도움이 되었을 것이다."

69) 인노첸시오 11세(Innocent XI, 1676-89)는 제 240대 교황으로 이탈리아 코모 출신이며 본명은 베네데토 오데스칼치(Benedetto Odescalchi)였다. 제노아에서 은행을 운영하던 집안에서 성장했다. 예수회에서 기초 교육을 받았다. 그는 트렌트 공의회를 마무리하였고, 교회의 자유와 권리를 변호하였으며, 오스만 제국에 대항하여 유럽의 안전을 보장하는 일에 중점을 두었다. 이 때문에 절대 왕권을 주장한 루이 14세와 갈등을 빚었다. 특별히 프랑스 교회의 권리를 주장한 1682년의 선언은 루이 14세와 인노첸시오 11세의 갈등을 폭발시켰다.

라고 말한 적이 있다.[70] 인도 정부는 이때를 기회로 삼아 포르투갈의 위험한 주장을 공개적으로 비난하면서, 스페인이나 포르투갈 두 나라는 모두 세속적 권한이 없는 곳에서 어떠한 선교독점권도 행사할 수 없다고 선포했다. [스페인에서 풀려난] 팔루 주교는 마드리드에서 로마로 왔다가 다시 프랑스로 갔는데, 공현 대축일에 페늘롱Fénélon에서 명설교로 감동을 주어, 깊은 인상을 남겼다. 웅변가였던 캉브레Cambrai의 주교는 팔루 주교를 보며 이렇게 열변을 토했다.

"우리는 그분을 보고 있습니다. 우리는 온 세상을 한 바퀴 돌아서 조용히 우리 곁으로 돌아오신 이 소박하고도 너그러운 분을 보고 있습니다! 우리는 나이가 들으셨으나 활달하고 감동을 주는 분을 만나고 있습니다. 그분의 존경스러운 몸은 세월의 무게 때문이 아니라 수많은 고행과 노고로 등이 굽어 있습니다. 이분은 지금까지 살아온 삶의 무게감을 지닌 채 예수 그리스도의 향기를 풍기면서 우리 모두에게 '자, 나를 보시오. 내 얼굴을 다시는 보지 못하는 날이 올 것을 나는 알고 있습니다.'라고 말씀하시는 듯합니다. 우리는 아무리 자주 그를 보아도 싫증이 날 수 없고, 그의 말씀을 계속해서 들어도 싫증이 날 수 없고, 그를 아무리 축복해도 싫증이 날 수 없습니다. 우리는 지금 온 세상을 두 발로 누비신 분, 세상보다 더 넓은 마음으로 그 머나먼 나라들을 여전히 품고 계신 분을 만나고 있습니다. 성령께서 그를 중국으로 부르셨고, 그가 그 거대한 제국에 자신을 통해 전하게 하셨다고 믿는 복음이 그의 영 안에서 더는 억제할 수 없을 만큼 강렬하게 불타고 있습니다. 그러니 거룩하신 노인이시여, 떠나십시오! 다시 한번 놀라게 하고, 복종하는 대양을 횡단하여, 하느님의 이름으로 가십시오! 당신께서는 약속의 땅을 보시게 될 것입니다. 당신께서는 바랄 수 없는 것을 바라시기에, 그곳에 들어가는 것을 허락하실 것입니다. 당신은 8개월 동안 죽어가는 목소리로 중국의 해안을 따라서 예수 그리스도의 이름을 알릴 것입니다. 오! 너무 이른 죽음이

70) (원주) Lettres de Monseigneur Luquet, etc., p. 81.

여! 더 오래 지속 되어야만 할 얼마나 귀중한 생명인가! 오, 달콤한 소망은 슬프게도 실망을 안겨주었구나! 모두 하느님을 경외하며 침묵하자!"

팔루 주교는 1681년 프랑스를 떠나 세 번째로 동아시아로 향했다. 중화제국 전체의 영적 지도자로 불렸던 그는 1683년에 태국 국왕의 허락을 받아 그가 그토록 원하던 땅에 발을 내디뎠다. 소르본느 대학에서 신학박사를 받은 메그로Maigrot가 그와 동행했다. 최근에 외방전교회에 가입했던 다른 19명의 선교사도 비슷한 시기에 프랑스를 떠났다. 헬리오폴리스 주교는 날씨 때문에 어쩔 수 없이 대만에 머무르게 되었고, 1684년이 되어서야 복건성의 주요 도시인 장주漳州에 닿았다. 르 꽁뜨Le Comte 신부는 "예수회 신부들과 여러 다른 수사들이 그의 주교로서의 권위를 인정하였다. 다시 주님의 포도원을 가꿀 준비를 하고 있던 주교는 자신의 일을 행복하게 시작하게 되어 정말로 기뻤다. 그러나 하느님께서는 오직 선한 의도에만 만족 하셨다."고 말한다.[71] 팔루 주교는 자신의 죽음이 가까워진 것을 깨닫고, 자기에게 주어진 권한을 행사하여 메그로 신부를 중국 전체의 부주교와 중국의 각 성 네 곳의 교황대리로 지명하였다. 이 용감하고 열성적인 사도는 1684년 10월 모양Mo-Yang에서 숨을 거두었다. 한 명의 도미니크회 선교사만이 메그로 신부가 팔루 주교의 장례식을 거행하는 것을 도왔다. 그는 "비록 장소는 매우 누추했지만, 우리는 최대한 품위를 지켜서 장례식을 거행하였다. 우리는 이 고위 성직자에게 주교의 예복을 입혔고, 시신을 주일 아침 일찍 교회당에 안치하였다. 월요일 오후에 이 훌륭한 신부를 잃고 슬픔에 잠겨있는 그리스도인들이 보고 있는 가운데 입관식을 했다."고 말했다. 중국의 관습에 따라 팔루 신부의 시신은 지금은 성산聖山으로 알려진 곳으로 옮겨질 때까지 입관한 채로 있었다. 우리[지은이 일행]는 중국의 거처에 있는 동안, 복음 전파자들의 성유물로 축성된 이 묘지에 무릎을 꿇는 것으로

71) (원주) Le Comte, Nouveaux Mémoires sur la Chine, vol. ii. p. 182.

만족해야만 했다. 그곳에 가면 주교 세 분과 다른 여러 선교사, 또 많은 중국 그리스도교인들의 무덤을 볼 수 있다.

동아시아에 파송된 선교사들 덕분에 프랑스라는 이름이 그 머나먼 나라들에 점점 더 널리 알려지기 시작하였고, 중국 수도에서도 큰 돌풍이 일어났다. 이 유명한 헬리오폴리스의 주교가 중국에서 마지막 숨을 거두고 있을 때, 프랑스에서는 루이 14세의 명으로 위대한 지리에 관계된 작업이 진행되고 있었다. 이 작업을 수행하게 된 프랑스 학술원은 필요한 자료를 수집할 목적으로 저명한 회원들을 대서양과 지중해, 영국, 덴마크, 아프리카와 아메리카로 파견하였다. 그러나 인도와 중국으로 보낼 회원들을 선정하는 데 큰 어려움이 따랐다. 이들 나라는 프랑스에 잘 알려지지 않아 이런 위험을 감수하려는 학술원 회원들이 없었기 때문이었다. 퐁타네Jean de Fontaney 신부는 당시의 상황을 이렇게 전하고 있다.

> "학술원에서는 이 두 나라로 파송된 예수회 선교사들을 주목했다.[72] 이 선교사들은 영혼을 구원할 수 있는 곳이면 어디든 가리지 않고 가는 사람들이었기 때문이었다. 어느 날 지금은 고인이 된 콜베르 재상Jean Baptiste Colbert이 영광스럽게도 나를 코시니Cossini와 함께 부르더니 자기 생각을 말하는 것이었다.[73] 재상은 이때 내게 결코 잊지 못할 이런 말을 들려주었다. '신부님, 과학만을 위해서 험한 바다를 건너 조국과 친구들과 동떨어진 다른 세상에서 사시라고 할 수는 없습니다. 하지만 당신네 신부들은 이교도들을 개종시켜 그 영혼들을 예수 그리스도에게로 이끌려는 열정이 있어서 그러한 항해도 감수한다고 들었습니다. 신부님들께서 이런 기회를 이용하여, 또 복음을 전파하지 않는 시간에는 과학과 학

72) 장 드 퐁타네(Jean de Fontaney, 1643-1710, 중국명 洪若翰)는 프랑스 예수회 신부이며 수학자이다. 루이 14세의 명으로 1687년 선교사들을 이끌고 중국에 왔으며, 페르비스트 신부의 뒤를 이어 중국 선교책임자로 일하다가 1702년 귀국하여 교직에 봉사하였다.

73) 콜베르(Jean Baptiste Colbert, 1619-83)는 프랑스의 정치가로 루이 14세 때의 재상을 역임했다.

문의 완성을 위하여 그곳에 가셔서 이러한 관찰을 해주셨으면 합니다.'"[74]

콜베르 재상은 왕의 재가를 받은 후, 중국으로 출발하려는 학식을 갖춘 선교사 다수에게 필요한 도구를 준비하라고 명했다. 어떤 선교사들은 모스크바와 몽골로, 또 시리아와 페르시아로, 다른 선교사들은 해로로, 인도회사의 배편을 이용하여 떠날 예정이었다. 하지만 이 위대한 재상이 세상을 떠나게 되자 이 탁월한 계획은 상당 기간 연기되었다.

루이 14세가 파견한 예수회 소속의 여섯 수학자

루이 14세는 태국에 특임 대사를 보낼 준비를 하면서 콜베르 재상의 뒤를 이어 예술과 과학을 관장하였던 루부아를 통하여 예수회 총장에게 수학에 정통한 수도사 여섯 명을 중국에 보내달라고 요청했다.[75] [이 요청에 따라 중국으로 파견될 수도사로 확정된] 퐁타네 신부가 [당시의 심정을] 말한다.

"나는 8년 동안 파리에 있는 한 대학에서 수학을 가르치고 있었는데, 중국이나 일본에 가려는 선교사 지망생들이 20명이 넘었다. 그러나 내가 자격이 없어서인지 아니면 하느님께서 내게 다른 기회를 예비하셨는지 모르겠지만, 프랑스에 남게 되었다. 나는 신앙을 연단하기 위한 다양한 훈련을 하면서, 우리의 뜻과는 달리 우리가 이러한 과정을 충실히 따르면 하느님의 자비로운 계획이 항상 성취될 것이라고 믿고 있었다. 이러한 좋은 기회가 저절로 나타난 것을 보니 내가 잘못 믿었던 것은 아니었다. 나는 먼저 우리 수도회 총장에게 부탁하였고, 그분은 내가 그렇

74) (원주) Jean de Fontaney, Lettres Édifiantes, vol. xxvii, p. 19.

75) 루부아(François Michel Le Tellier, Marquis of Louvois, 1641-91)는 루이 14세 때의 국방상이었다.

게 오랫동안 바랐던 기회를 주셨다. 그는 내가 나와 동행할 다른 선교사들도 찾아 보기를 원하셨다. 그 순간에 내가 느꼈던 위로를 어떻게 표현해야 할지 모르겠다. 나는 세상의 끝으로 과학 지식을 전하러 가는 일이 무엇과도 비교할 수 없이 행복하다고 생각했다. 나는 파리에 있는 대학에서 가르치는 일을 계속하기보다는 그런 곳으로 가서 영혼들을 하느님께로 데려오고 그분의 사랑과 그 거룩한 이름의 영광을 위해 고통당하는 기회를 가질 수 있기를 바랐다. 내가 중국으로 갈 선교사를 찾고 있다는 사실이 알려지자마자 수많은 훌륭한 사람들이 지원하였다. 그 가운데서 타챠드Guy Tachard, 제르비용Jean-François Gerbillon, 르 꽁뜨Louis Le Comte, 비스델루Claude de Visdelou 부베Joachim Bouvet 등이 뽑혔다."[76]

[함께 선발되었던] 타챠드 신부는 퐁타네 신부의 이야기를 이렇게 끝맺는다.

"우리는 개인적으로 늦어도 두 달 안에 출발할 준비를 마치라는 요구를 받았다. 이튿날 우리는 함께 몽마르트Montmartre 성당으로 가서, 성모와 순교자라는 중재자를 통해서 내리셨던 것과 같은 은총을 우리에게 내려주신 것을 하느님께 감사드렸고, 또 우리 자신을 예수 그리스도께 헌신하기로 작정하였다. 특별히

---

76) 타챠드(Guy Tachard, 1651-1712, 일명 Père Tachard)는 프랑스 태생의 예수회 선교사이자 수학자이다. 두 차례 태국에 왔던 프랑스 외교관이기도 하다. 제르비용(Jean-François Gerbillon, 1654-1707, 중국명 張誠)은 프랑스 태생의 예수회 선교사, 인문학자, 수학자였다. 1687년 중국에 도착하여 강희제의 지시를 받고 네르친스크 국경조약(1689년) 협상에 통역으로 참여하였고, 강희제 원정군을 따라 몽골과 만주지역을 여러 차례 여행하였다. 저서로는 『Eléments de Géométrie』(1689), 『Géométrie pratique et théoretique』(1690), 『Relations du huit Voyages dans la Grande Tartarie』(1688–98), 『Observations historiques sur la grande Tartarie』 Elementa Linguæ Tartaricæ』 등이 있다. 꽁뜨(Louis Le Comte, 1665-1728, 일명 Louis-Daniel Lecomte, 중국명 李明)는 프랑스 태생의 예수회 선교사, 수학자로 1687년부터 중국에서 활동하다가 1691년에 귀국했다. 그의 회고록 『Nouveaux mémoires sur l'état présent de la Chine』(1696)은 유럽에서 전례논쟁을 촉발시켰다. 비스델루(Claude de Visdelou, 1656-1737, 중국명 劉應)는 프랑스 태생의 예수회 선교사로 중국어와 문학에 정통하였다. 부베(Joachim Bouvet, 1656-1730, 중국명 白公晉)는 프랑스 태생의 예수회 선교사로 루이 14세의 명으로 장 드 퐁타네(Jean de Fontaney)의 인솔로 태국을 거쳐 1687년 중국에 도착하였다. 1687년 강희제가 파견한 사절이 되어 프랑스로 돌아갔다가, 1699년 10명의 선교사를 데리고 다시 중국으로 왔다. 1708-15년까지 중국지도를 작성하는 일을 하였으며 1730년 베이징에서 세상을 떠났다. 저서로는 『Etat présent de la Chine, en figures gravées par P. Giffart sur les dessins apportés au roi par le P. J. Bouvet』(Paris, 1697), 『Portrait historique de l'empereur de la Chine』(Paris, 1697) 등이 있다.

이 성당은 성 이냐시오와 그분의 동료들이 하느님께 첫 서원을 한 곳이다. 우리 여행의 목적이 파리 시민들에게 알려지자, 이 일에 관심을 가졌던 학술원 회원들이 특전을 베풀어 우리를 학술원으로 초대하였고, 우리는 출발에 앞서 며칠이나마 회원이 되는 영광을 누렸다."

"왕의 수학자들"이라는 칭호와 함께 특별허가증을 받은 여섯 명의 예수회 선교사들은 1685년 3월 3일, 루이 14세가 태국 국왕에게 보내는 특임대사 슈발리에 드 쇼몽Alexandre, Chevalier de Chaumont과 같은 배에 올라 브레스트Brest 항구를 떠났다.[77] 항해는 순조로웠고, 도중에 바타비아Batavia까지는 별다른 일이 생기지 않았다. 일행은 바타비아에서 나이가 많고 선교에 대해 많은 경험으로 존경을 받고 있던 프시테Fucite 신부의 환영을 받았다. 노령의 신부는 24년 동안 선교 현지에 있으면서 인도차이나에서 4,000명, 베트남에서 18,000명이 넘는 사람들에게 직접 세례를 베풀었다. 그는 꼬박 9개월을 목과 발이 사슬에 묶이고 칼을 찬 채로 감옥에 갇혀있기도 하였다. 그는 모두 열여섯 차례의 항해를 하였고 다섯 차례나 이교도들로부터 살해의 위협을 받았다. 관리들에게 고발당하고 적대적인 시종들에게 쫓기면서 베트남에서 12년이라는 세월을 낮에는 조그만 배에 숨어서, 밤에는 사랑하는 새 신자들을 찾아다니며 위험하게 떠돌았다. 말년에는 사형을 구형받아 순교자가 될 위험에 처한 것도 한두 번이 아니었다. 베이징의 프랑스 선교단 창설자들이 그들의 여행에서 만났던 첫 선교사의 행적이 이러하였으니, 그들이 이 존경할만한 선교사의 영향력 있는 말을 듣고 하느님과 이웃을 향한 새로운 용기를 얻었으리라는 것과 담대함과 사랑에 관해 어떤 생각을 할 수 있었을지 쉽게 짐작할 수 있다.

77) 슈발리에 드 쇼몽(Alexandre, Chevalier de Chaumont, 1640-1710)은 1685년 루이 14세가 태국 왕실에 파송한 초대 대사이다. 17세기의 태국 풍물기를 남겼다.

선교사 일행은 오래지 않아 바타비아를 떠나 태국을 향해 출항했다. 배의 닻을 내리자마자 국왕의 신하 하나가 국왕의 이름으로 드 쇼몽 대사에게 인사말을 서둘러 전했다. 그는 아첨하는 말투로 "제가 알기로 각하께서는 이미 중대한 국사에 힘쓰고 계시고, 또 천 년보다도 더 이전에 프랑스로부터 태국으로 당시에 그 두 나라를 다스리시던 왕들 사이의 우정을 회복하기 위해 파견되신 적이 있습니다."라고 말했다. 윤회설을 믿는 이로부터 이런 기이한 인사말을 들은 루이 14세가 보낸 대사는 놀란 채로 솔직하게 중요한 협상을 하였던 기억은 전혀 없으며, 자기가 태국에 배를 타고 온 것은 이번이 처음이라고 대답했다. 그런 뒤에 드 쇼몽 대사는 태국 국왕에게 자신을 파송한 그리스도인 왕의 모든 면모를 말해주었다. 대사는 두 나라를 가깝게 할 수 있는 가장 중요한 것은 '종교 공동체'라고 분명하게 말했다. 이어서 그는 결론적으로 "폐하, 폐하의 위대함과 장엄함을 천지를 주관하시는 그리스도인들의 하느님 앞에 굴복하는 것이 동방에서 섬기는 여러 신을 우선시하는 것보다 훨씬 더 합당한 일입니다. 크게 깨우치셨고 통찰력이 있으신 폐하께서 미신에게는 아무런 힘이 없다는 것을 모르실 리가 없습니다."라고 말했다. 이 말로 보아 당시 프랑스는 자국의 존엄성을 완벽하게 이해하고 있었다는 것을 알게 될 것이다. 프랑스 정부를 대표하였던 이 인물은 열정적으로 종교를 위해 헌신하고 열성을 다해 복음을 전하면서도 자국의 정치적 이익을 위한 일을 소홀히 하는 법이 없었다. 태국에 도착한 지 며칠 후, 예수회 신부들은 개기월식을 관측하게 되었다. 이것은 마땅히 신부들이 해야만 하는 일로 프랑스를 떠나기 전부터 카시니가 준비하였던 일이었다. 이런 관측은 경도를 결정하는 일에 큰 도움이 된다. 자신의 천문학 지식이 부족함을 안타깝게 여긴 태국 국왕은 도움을 요청하였다. 그는 프랑스 예수회 신부들의 과학적 지식에 매우 놀라서 신부들에게 엄청난 선물을 주면서 자신의 궁정에 머물러 달라고 부탁하였다. 신부들이 중국으로 가라는 명을 받았다는 말을 듣고 국왕은 그들이 떠나는 것을 허락하였으나, 프랑스로 돌아가는 타샤드 신부에게 자신의 명에 따라 12명의 수학자를 찾아서 함께 데리고 돌아오라는 조건을 붙였다.

이후 퐁타네, 제르비용, 비스델루, 부베와 르 꽁뜨 신부는 인도 회사 소속의 프랑스 배를 타고 마카오로 떠났다. 르 꽁뜨 신부는 "선박은 콘스땅스Constance 씨의 소유로 상태는 좋아 보였으나, 잦은 항해로 배가 혹사를 당했는지 출항한 지 몇 시간 만에 판자 이음새들이 벌어졌다."고 말한다.[78] 실제로 선박은 무서운 태풍을 만나 중국해역에서 끔찍하게 파괴되었다. 바람이 무섭게 불자 선원들이 용기를 잃고 일손을 놓아버린 것이었다. 조타수는 강풍과 싸우다가는 파도에 휩쓸릴 수 있으니 해변 쪽으로 방향을 돌리는 것이 낫겠다고 생각하여 파도의 자비에 자신을 맡겼다. 하느님의 도우심으로 그들의 배는 상하지도 않은 채 해변에 닿게 되었는데, 캄보디아 왕국 끝자락 부근에 있는 어떤 섬의 뒤쪽이었다. 조타수는 그곳에서 여러 달을 머물다가 배가 해안선을 벗어날 수 있게 되는 다음 우기가 오면, 갑岬을 벗어나 항해를 계속할 수 있다고 확실히 말했다. 그러나 선교사들은 항해를 계속하는 것에 따르는 어떤 위험을 두려워하기보다는 도착이 자꾸만 지연되는 것을 우려하여 육로를 통하여 태국에 가기로 하였다. 혹시라도 그곳에서 광동으로 가는 영국 배를 만날지도 모른다는 기대를 했기 때문이었다. 선교사들은 자신들을 안내해줄 마을이나 토착민을 만날 수 있다는 희망을 안고 밀림지대로 들어갔다. 그러나 곧 그들은 길을 잃었고, 그들의 목숨은 전에 바다에서 무서운 태풍을 만났을 때처럼 커다란 위험에 처하게 되었다. 비 때문에 개울이 불어나서 길로는 거의 지날 수가 없게 되자, 위험에 처한 선교사들은 급류와 물로 뒤덮인 들판을 맨발로 걸으면서 거머리와 각다귀에게 끔찍하게 시달림을 당했다. 이런 나라들에서는 이런 벌레들이 이방인들에게 큰 골칫거리였다. 게다가 밀림에는 뱀, 호랑이, 물소 같

78) (원주) Mémoires sur la Chine, vol. i. p. 7.

은 것들이 우글거려서 한시도 쉴 틈을 주지 않았다. 그리고 무엇보다도 무서운 적이 하나 있었다. 여행자들이 힘겹게 견뎌야만 했던 이른바 굶주림이었다. 일행은 지니고 있던 한 줌의 식량마저 다 떨어진 뒤여서, 마을을 발견하지 못했다면 십중팔구는 굶어 죽었을 것이다. 사실 마을 주민들은 목숨을 부지할 정도의 도움도 줄 수 없는 형편이었는데, 그들 자체가 겨우 끼니를 이어갈 만큼의 식량만 가지고 있었기 때문이었다. 하지만 주민들은 행군을 이어갈 만큼의 식량을 내주면서 떠나왔던 선박으로 되돌아가는 길을 일러주었다. 일행은 보름을 헤맨 끝에 탈진한 상태로 배가 있는 곳으로 돌아왔다. 이 사건을 통해 열정적이고 용감한 수도사들은 모국의 수도원에서 곤경과 고난을 사모하는 것과 머나먼 이역의 깊은 밀림에서 자신의 다짐을 실제로 행하는 것 사이에는 얼마나 큰 간극이 있는지 깨달을 수 있었다.

마침내 묶여있던 배는 태국의 항구에 닿았고, 선교사들은 그곳에서 몇 달을 기다린 끝에 영파寧波로 가는 중국 정크를 타기로 했다. 영파는 절강성에 있는 큰 도시이다. 이런 결정을 내린 때는 1687년 6월 17일이었다. 선교사들은 마카오를 경유 하지 않는 것이 더 유익할 수 있다고 판단하였다. 르 꽁뜨 신부는 "우리가 마카오를 방문한다고 해도 포르투갈인들에게 도움이 되지 않을 것이고, 또 그들이 우리를 호의적으로 대하지 않을 것이라는 경고를 이미 받았다." 고 말했다. 선교사들이 영파로 가는 길에 겪어야만 했던 고난은 중국 정크를 탈 기회를 가졌던 사람들만이 알 수 있을 것이다. 르 꽁뜨 신부는 당시의 상황을 이렇게 전한다.

> "하느님의 은혜로 우리가 진정한 고행을 하기에 전혀 부족함이 없었다. 이 작은 중국 배(이 배를 포르갈인들은 솜Somme이라고 불렀다)에서 우리에게 배정된 구역은 밤낮으로 온갖 궂은 날씨에 그대로 노출되는 장소였다. 너무 비좁아서 몸을 제

대로 뻗을 수 없었고, 중국인들의 우상 가까이에 있었다. 그 우상은 중국인들이 경의를 표하기 위하여 계속해서 켜 놓은 등잔으로 검은 그을음으로 덮여 있었다. 무엇보다도 우리를 괴롭히는 것은 하루도 빠짐없이 그 우상에게 미신행위를 하는 사람들이었다. 우리의 머리 위에서 타오르는 태양의 열기때문에 타는 목마름으로 고생을 하였지만, 갈증을 해소해 줄 물이 없었다. 우리에게는 하루 세 차례 밥을 주는 것이 전부였다. 실제로 선장은 선원들에게 고기를 줄 때에 우리에게도 고기를 주어야 했지만, 선원들이 언제나 고기를 우상에게 가장 먼저 공양하였기 때문에 우리는 그 고기를 입에 댈 수 없었다. 우리는 이 우상 숭배자들이 우리가 믿는 거룩한 종교를 존중하기를 기도하면서 참으려고 노력했다. 왜냐면 우리가 그 사람들에게 그리스도교의 진리를 깨닫게 할 정도로 그들의 언어를 알지 못했기 때문이었다."

정크에는 태국에서 성장한 중국인 그리스도인 한 명이 타고 있었는데, 선교사들은 그 사람과 라틴어로 약간의 의사소통을 할 수 있었다. 이 사람이 부족한 대로 통역을 맡았는데, 그가 우상들과 선원들의 미신적 관행을 비난하는 바람에 뱃사람들이 화가 나 버렸다. 선교사들은 이 통역이 열정적으로 격렬하게 비판하는 것을 누그러뜨리려고 했으나 소용이 없었다. 하루는 배 안에서 큰 소동이 벌어졌고 배 전체에는 불안감이 흘렀다. 마치 귀신에 사로잡힌 것처럼 요란스러운 몸짓과 소리를 지르며 선원들이 몰아쳤다. 선원들이 갈고리와 창을 움켜쥐고 갑판에 모습을 드러내자 선교사들은 그 흉포한 모습을 보면서 순교를 준비할 때가 왔다고 생각했다. 르 꽁뜨 신부는 당시 상황을 이렇게 전한다.

"어쨌든 초조하게 이교도의 결정을 기다렸는데, 우리는 생각했던 것만큼 그리 위험하지는 않다는 것을 깨달았다. 선원들이 무장했던 것은 그들의 우상에게 경배하는 행렬을 준비하기 위한 것이었다. 아마도 우리의 통역을 맡은 그리스도인이 맹비난을 퍼부었기 때문에 이를 보상하고자 하는 행동이었던 듯하다. 세상에 중국인들만큼 미신적인 민족은 없다. 심지어 중국인들은 배 안에 있는 나침반까지도 숭배의 대상으로 삼아 그 앞에 조그마한 향불을 피우고 고기 조각을 제물로 바친다. 그리고 마치 예배를 드리는 것처럼 번쩍이는 종이돈을 하루에 두 번씩 빼놓지 않고 한 움큼씩 바다로 던지는데, 그렇게 함으로써 바다가 노하는 것을 막으려는 것이었다. 때로는 선원들이 작은 종이배들을 바다에 던지기도 한다. 이는 바다가 이 작은 배를 전복시키고 물속으로 집어삼키느라 바빠서 우리가 탄 배를 삼킬 여유가 없도록 하려는 것이었다. 그러나 이러한 예방조치에도 불구하고 바다의 혼이 분노하여 거친 파도를 일으키면, 그들은 다른 방법을 취했다. 많은 양의 깃털을 불 위에 수북이 놓아 대기를 오염시키는 연기와 악취를 내뿜어 바다의 혼령을 쫓아내려고 하는 것이다. 만약 바다의 혼령이 그런 악취를 맡는다면 틀림없이 도망갈 것만 같았다."[79]

중국의 배 안에서는 악천후가 찾아올 때마다 르 꽁뜨 신부가 말했던 온갖 관습들이 지금도 행해진다. 중국에서 그토록 흔한 간계와 속임수가 그들의 종교적 관행에 어떻게 나타나고 있는지 관찰하는 것은 매우 흥미로운 일이다. 중국인들이 드리는 예배에는 때로는 계략을 세워서 신들을 속이고, 보복하고, 또 궁지로 몰아넣어서 탈출하지 못하게 하는 행위들도 있다. 폭풍이 더 거칠어 지면 중국인들은 바다의 혼령이 배를 먹이로 삼아 집어삼키려 한다고 생각한다. 선장은 선원들의 용기를 북돋우면서 최선을 다해 배를 모는 대신에, 교활하게도 격노한 바다의 혼령을 속이기 위하여 모형 배를 만들라는 명했다. 믿을 수 없을 정도로 단순한 선원들은 작은 배를 만들기 시작했다. 그들은 완벽한 속임수를 위해 모형 배에 단 하나도 빠뜨리지 않고 돛대와 밧줄, 돛, 깃발, 나침판, 방향타, 구명보트, 무기와 심지어 요리도구, 식량과 상품을 포함한 상세한 경리

79) (원주) Mémoires sur la Chine, vol. i. p. 15.

장부와 실제로 배에 사람들이 타고 있는 것처럼 많은 종이 인형들을 집어넣었다. 이런 터무니없고 수치스러운 속임수가 완성되면 중국인들의 얼굴에는 계교가 성공했다는 교활한 미소가 번진다. 그런 후에 징과 탬버린 소리가 울려 퍼지고 불꽃이 터지면서 귀가 멍할 정도로 소란스러운 가운데 이 모형 배를 온갖 저주와 함께 배 밖으로 던진다. 모든 사람은 근심 어린 눈빛으로 모형 배의 움직임을 주시하는데, 파도가 배를 집어삼키면 선원들은 곧바로 웃음을 터뜨리면서 그들이 얼마나 멋지게 바다의 혼령을 속였는지 생각하며 즐거워한다.

중국 영파에 도착해 베이징을 향하던 예수회 선교사들

선교사들은 계속되는 위험과 태양의 뜨거움, 굶주림, 갈증과 온갖 고통스러운 일이 가득한 극한의 상황을 견뎌내면서 36일을 항해한 끝에 영파로 들어가는 강어귀에 도착하였다. 르 꽁뜨 신부는 당시의 상황을 이렇게 전하고 있다.

> "우리는 여러 해 동안 복음의 빛을 전하고자 하였던 땅이 눈 앞에 펼쳐지자 정말로 생기가 돋으면서 기뻐했다. 그러나 도시에 닿았을 때 그 안으로 들어가는 것은 쉬운 일이 아니었다. 모든 이방인은 중국에 들어갈 때에 형식적인 절차를 밟아야만 하였고, 프랑스인들은 특히 인내심을 가지고 기다려야만 했다. 처음 도착했을 때 선장은 우리를 숨기는 것이 바람직하다고 생각하여 우리보고 화물칸 바닥에 숨어있으라고 하였다. 이곳은 육지가 가까워서 심해지는 열기와 다른 커다란 불편함이 우리를 극한으로 몰아가는 장소였다. 이렇게 조심을 하였지만 결국 우리는 세관원에게 들키고 말았다."

이 처량한 선교사들은 생면부지의 땅에서 기나긴 곤혹과 시련의 시간을 맞이했다. 아무런 경험도 없는 이방인이 중국 관원들의 손아귀에 걸려들면 당하게 되는 고생이었다. 세관원은 운 좋게 값나가는 밀수품을 적발했다고 여기고 수하들을 배로 보내 상륙하지 못하도록 감시하고는 적발 사실을 지현에게 재빨리 보고했다. 서양에서 온 다섯 명의 이방인들이 유령처럼 나타났다는 소식으로 영파의 대소 관리들에게 크고 작은 소동이 일어났다. 선교사들을 즉시 관아로 데려오라는 명이 떨어졌다. 선교사들은 어디로 가는지 알지 못한 채로 수많은 호위대의 호위를 받으며 이동했다. 서양인을 보기 위하여, 호기심에 가득 찬 엄청난 군중들이 모여들었다. 프랑스 예수회 신부들은 이 지방의 중요관리들이 모여 있는 넓은 정청으로 가게 되었다. 그들에게 무릎을 꿇고 황제를 뵐 때처럼 아홉 번 절을 올리라는 명이 내려졌다. 관리들의 면모와 모든 준비된 모습에서 볼 수 있는 특이한 태도는 "양이洋夷(서양 오랑캐)"들의 마음에 매우 깊은 인상을 주었다. 르 꽁뜨 신부는 당시 상황을 전한다.

> "이 중국 관리들은 무척 냉정하고 근엄하게 행동했으며, 그들의 행동은 그들을 둘러싼 형리들을 보면서 존경과 두려움을 자아내도록 면밀하게 계산되어 있었다. 굵은 쇠줄을 가진 형리들, 곤장을 거머쥔 형리들은 지현이 눈짓만 하면 누구에게든 형벌을 가할 태세였다."

선교사들이 예법에 따라 아홉 번의 절을 마치자마자 판관이 그들을 일으켜 세우고는 신분이 무엇이며 중국에서 무엇을 하려고 왔는지 밝히라고 하였다. 선교사들은 "우리가 유럽에서 듣기로는 우리 형제인 남회인(페르비스트 신부)이 우리가 믿는 종교의 신성함과 참됨을 제대로 알리는 일에 애썼다고 합니다. 그 같은 열정이 우리를 이곳에 오게 했으니 그의 노고를 함께 하려고 합니다."라고 답했다. 이런 대답을 한 후에 선교사들은 다른 나라들과 마찬가지로 중국에도 이방인들이 어렵지 않게 입국할 수 있게 되리라고 상상했다. 물론 중국 관리들은 선교사들의 대답을 완전히 이해하지 못했고, 선교사들이 원하는 바를 듣고 매우 놀라워하였다. 관리들은 이 서양의 야만인들이 기대하는 것처럼 어떻게 외국 사람들이 중국 땅을 자유롭게 오고 갈 수 있다고 생각하는지 전혀 이해할 수 없었다. 어쨌든 관리들은 페르비스트 신부가 황제의 총애를 받고 있다는 사실을 알고 있었기 때문에 타협을 두려워하면서 몇 가지 절충안을 제시했다. 관리들은 "천자께서 남회인을 크게 존중하고 계시다는 것은 온 나라에 알려져 있고, 그의 훌륭함을 모르는 바가 아니오. 그러나 당신들은 이방인들이고 당신들이 중화제국이 있다는 자체만으로도 나라의 조정에서는 심각한 사안이요. 그러니 배로 돌아가 계시면 당신들에 관하여 어떤 결정을 내릴지 알려드리겠소."라고 말했다. 하지만 영파 관리들 가운데 이 유명한 남회인의 형제들을 친절하게 혹은 나쁘게 대우한 책임을 지겠다고 감히 스스로 나서는 자는 없었다. 그렇게 되자 선교사들에게는 날마다 새로운 재판관 앞으로 불려 나가는 일이 반복될 수밖에 없었다. 아무런 판결도 나지 않는 가운데 선교사들은 "가야바의 법정에서 빌라도의 법정"으로 오가며 저녁때가 되면 지쳐서 망가진 정크로 돌아오는 신세가 되었다. 이렇게 길고도 기력을 빼앗는 헛걸음을 계속하면서 판관들과의 숨 막히는 분위기가 8일 동안 쉴 틈 없이 이어지자, 오랜 항해로 이미 쇠약해진 선교사들의 건강에 이상이 생기기 시작하였다. 여럿이 심하게 앓아눕자 세관장이 배에 올라 짐 검사를 하였다. 그 후, 그는 선교사들에 대한 총독의 결정을 기다리는 동안 선교사들을 마을 교외에 임시로 묵게 하겠다고 말했다. 프랑스 예수회 선교사들은 행복한 결론이 날 것이라는 희망을 안고 배정된 숙소로 갔다. 그러나 그들은 그곳에 오래 머물지 못하였다. 르 꽁뜨 신부는 이렇게 기록했다.

> "총독이 우리가 배에서 벗어나는 것을 절대 불허하여 다시 배로 돌려보내기로 했다는 통고를 받았다. 총독은 동시에 영파 지현에게 냉혹하고도 위협적인 공문

> 을 보냈고, 외무를 관장하는 베이징 예부에 우리의 도착 사실을 알렸다. 예부 상서는 그리스도교에 적대적인 인물이었다. 그는 이 문제를 불성실하게 취급하였다. 그는 우리가 중국에 온 진정한 동기를 잘 알고 있었음에도 불구하고, 우리가 호기심이나 이윤을 얻으려고 제국의 법을 어기고 그 지방에 자리 잡으러 온 다섯 명의 유럽인이라고 말했다. 그리하여 예부 상서는 결국 관례에 따라 우리를 추방하기로 했고 황제에게 이를 확정하기 위한 상소를 올렸다. 다행히도 이 소수 인원의 선교사들을 책임지고 있었던 퐁타네 신부는 이러한 어려움을 예상하고 있었다. 그는 항주부杭州府에 있는 인토르체타Prospero Intorcetta 신부와 베이징에 있는 페르비스트 신부에게 서둘러 그들의 도착 사실을 알리고, 도움을 부탁하는 내용의 서신을 보내 놓았다.[80] 그들이 보낸 서신은 황제가 몽골에서 대규모 사냥을 하느라 베이징을 비운 사이에 도착하였다. 페르비스트 신부는 이런 내막을 적은 편지를 궁성의 한 고관에게 보냈고, 신부의 편지는 황제에게 급송된 서신들 가운데 슬며시 포함되어 황제의 손에 들어가게 되었다. 며칠 뒤 강희제는 베이징 예부의 상소를 보고받았다. 그러나 페르비스트 신부의 서한을 통해 이 예수회 신부들에게 이미 호의를 가지고 있던 황제는 이 사안을 베이징에서 검토하겠다고 답하고 14일 이상 사냥을 더 지속하였다. 예부에서는 이러한 지체에 매우 놀랐는데, 강희제는 이런 종류의 문서를 재결하거나 부결하는데 사흘을 넘긴 적이 없었기 때문이었다. 페르비스트 신부는 큰 근심에 잠겼고, 영파 교외에서 선고를 기다리고 있던 선교사들은 하느님의 주재 아래 있는 왕들의 마음을 열어달라고 하느님께 쉬지 않고 간절히 기도했다."

황제는 베이징으로 돌아오자마자 페르비스트 신부를 불러서 영파에 억류된 다섯 명의 선교사들에 관한 소식을 물었다. 이에 대해 듣고 난 황제는 "짐의 나

80) 인토르체타(Prospero Intorcetta, 1626-96, 중국명 殷鐸澤)는 이탈리아 출신의 예수회 선교사. 1659년 중국에 와서 주로 양자강 이남지역에서 활동하였다. 유교경전인 四書와 중국역사에 정통하여 이와 관련된 라틴어 저술 여러 권을 남겼다.

라에서 몰아내야만 할 자들은 이런 품성을 가진 사람들이 아니오. 수학에 능통한 신부들을 모두 짐의 궁정으로 오게 하여 짐 곁에서 돕게 하시오. 나머지 신부들은 어느 성이든 좋아하는 곳으로 가도록 하시오."라고 말했다. 이에 따라 다섯 명의 프랑스 예수회 신부를 예를 다하여 베이징으로 모셔 오라는 분부가 예부에 내려졌다. 절강성 총독은 선교사들을 중국 밖으로 추방하고자 하였기 때문에, 이 명을 따라 수도로 선교사들을 극진히 모셔오는 것을 달가워하지 않았다. 르 꽁뜨 신부는 선교사들이 당당하게 항주부에 입성하는 광경을 다음과 같이 기술하고 있다.

"닷새를 여행한 끝에 우리는 우리의 모든 짐과 많은 옷을 챙겨서 도시에 도착했다. 귀중품을 운반한다고 의심하여 이방인들이 자주 당하던 그 어떤 불미스러운 일도 생기지 않았다. 우리 일에 큰 관심을 가졌던 항주부의 그리스도인들은 이를 자랑스럽게 여겼다. 그리스도인들은 우리를 맞이하려고 무리를 지어 강둑으로 몰려왔다. 그들은 우리가 강가에 발을 디디자 당당하게 우리를 교회당으로 인도하였는데, 신중함을 보여주기보다는 커다란 열정을 보여주기 위한 것 같았다. 신자들은 인토르체타 신부에게는 물어보지도 않고 우리 다섯 명 각자에게 가마를 대령하여 그 이유를 말하지도 않고 우리를 안으로 밀어 넣었다. 우리가 그들의 말을 몰랐기 때문에 우리에게 사정을 설명할 수도 없었다. 계략에 의해서든 혹은 강제적으로든 신자들은 우리를 곧바로 가마 안으로 밀어 넣었다. 다시 가마에서 나오기도 전에 우리 일행은 어쩔 수 없이 행진에 참여하게 되었는데, 알고 보니 열에서 열둘이나 되는 악사들과 나팔수들이 그 대열의 선두에 있었다. 그들 뒤로는 깃발을 든 채 말 위에 올라앉은 호위대들이 있었고, 이어서 창을 든 보병들, 그다음에는 또 네 명의 군관들이 각기 번쩍이는 붉은색 종이로 만든 대형 펼침막을 들고 있었다. 그 위에는 커다란 금색 글자로 '황제께서 소환한 천문학 박사들'이라는 글귀가 적혀 있었다. 수많은 그리스도인과 이 흥미진진한 광경을 보려고 몰려든 엄청난 이교도 무리가 우리가 탄 가마를 둘러싸고 있어서 행렬이 좀처럼 진행되지 못했다. 믿음의 벗들의 분별없는 열정을 예상하지 못한 우리는 당황한 채 수치스러움을 느끼며 이런 모습으로 온 시가지, 즉 5km 되는 거리를 가로질렀다. 우리는 교회당까지의 이런 행진에 반대한다는 의견을 말하기로 다짐하였다. 인토르체타 신부가 우리를 제단까지 데려가려고 문에서 기다리고 있었다. 우리는 아홉 번의 배를 올리고 드디어 드넓은 대양을 건너 적들의 방해에도 불구하고 기적적으로 약속의 땅으로 인도하신 거룩하신 하느님께 깊은 감사를 드린 후에, 항주부에 사는 우리의 벗인 그리스도인들에게 돌아갔다. 그런 다음 인토르체타 신부를 통하여 신자들이 우리에게 보여준 것은 애정의 표현임을 매우 잘 알고 있으며, 참되신 하느님께 영광을 돌리려는 신자들의 열정에 큰 감명을 받았다는 말을 전하였다. 그러나 신자들이 허세를 부리는 방식으로 우리를 환영한 것은 그리스도교의 겸손과는 전혀 어울리지 않는다는 말도 곁들였다. 선량한 신자들은 오로지 무릎을 꿇고 우리가 축복하기를 간청하는 것으로 답하였다. 그들의 열정, 또 겸손과 헌신을 나타내는 겸손한 분위기를 보고, 중국인들이 그들이 원하면 이 세상 다른 어떤 민족들보다 더 감정을 잘 표현할 수 있다는 생각이 들었다. 그들은 우리의 마음을 완전히 누그러뜨렸으며, 우리는 감격과 기쁨의 눈물을 멈출 수 없었다."

선교사들은 여러 날 동안 형제 신부들과 새 신자들 가운데서 고향에서와 같은 달콤함을 즐긴 뒤에 베이징으로 갈 준비를 했다. 절강성 총독은, 전에 선교사들에게 악감정을 드러낸 일로 피해를 볼 것이 두려웠던 나머지 이제는 먼 여행을 하는 것을 축하하는 예식을 매우 호화롭게 거행하여 이를 만회하려고 하였다. 베이징으로는 배를 타고 이동할 예정이었는데 총독은 선교사들에게 크고도 멋진 정크를 마련해 주었다. 배 안에는 여행하는 동안의 안락과 안전을 위해 필요한 모든 것이 마련되어 있었다. 선체 내부는 중국에서 만든 최고급

가구로 치장되어 있었다. 광택제, 도료와 금박으로 뒤덮여 있었고, 총독은 기분을 돋우는 여흥을 통해 기나긴 여로의 따분함을 덜어주려고 배로 악단을 보낼 정도로 호의를 베풀었다. 고관 하나가 베이징까지 동행하면서 "루이 14세가 강희제에게 파송한 수학자들"에게 여행하는 동안 중화제국 최고의 손님에 걸맞은 대접을 하는 일을 맡았다. 여정은 여러 개의 짧은 단계로 나뉘어져 구성되었는데, 유럽과는 매우 다른 중국의 관습에 따라 매우 장엄하게 준비되었다. 매일 아침 닻이 올라가면 피리, 나팔과 징 연주가 시작되었다. 이어서 세 발의 대포가 굉음을 내면서 불을 뿜어 관선이 다시 움직인다는 것을 알렸다. 가는 길에 관리들, 다른 정크, 마을을 만날 때마다 포성과 음악이 다시 울렸다. 밤이 오거나 맞바람 때문에 닻을 내릴 때도 똑같이 요란스러운 행사가 되풀이되었다. 이러한 소란함은 관리들에게는 즐거움이었겠지만 이와 유사한 대접을 받았던 우리들[육 신부와 일행들]의 경험에 비추어보면, 선교사들에게는 오히려 피해를 주었을 것이다. 만약 밤에 조금만 더 조용해져서 제대로 잠들 수 있었더라면 그리 나쁘지는 않았을 것이다. 그러나 중국인들은 숙면을 방해하는 비법을 갖고 있었다. 밤 10시가 가까워지자 르 꽁뜨 신부가 귀띔해 준 것처럼 우리가 타고 온 정크가 정박해 있는 마을 주민 열 명에서 열두 명가량 강가로 와서 일렬로 줄을 서 있었다. 그러자 선장이 선루에 근엄하게 모습을 나타내어 연설을 시작했다. 연설의 내용은 선장에게는 황제의 소유인 배를 잘 관리하고 관리들의 안전을 지켜야 할 의무가 있으며 또 관리에게는 백성의 행복과 나라의 평안함을 유지해야 할 책임이 있다는 것이었다. 이후 선장은 어슬렁거리는 사람들에게 우려되는 사건들, 즉 태풍, 화재, 도난과 같은 것들을 예로 들어 자세하게 설명해 준 뒤에 그들이 관리를 소홀히 하여 어떠한 피해라도 생기면 그들에게 책임을 물을 것이라고 경고하였다. 마을 주민들은 연설이 한마디 끝날 때마다 옳다는 의미로 큰 소리로 답하였고, 잠시 휴식을 가진 뒤에 자발적으로 일종의 경비단을 만들어서 강둑의 앞뒤에 오가는 보초를 하나씩 배치하고 두 개의 대나무 조각을 쉬지 않고 서로 두드렸다. 이것은 보초가 졸지 않고 있다는 것을 알리려는 의도의 행동이었으나, 모두가 잠들지 못하게 하는 부작용도 있었다. 이런 일이 약 1시간 즈음 계속된 후에 다른 사람으로 보초가 교체되었다. 하지만 교체된 보초들이 곧바로 같은 소음을 냈기 때문에 선교사들에게는 아무런 도움이 되지 않았다. 르 꽁뜨 신부는 이에 대해 이런 기록을 남겼다.

> "그들은 우리의 수면을 방해하는 긴급한 임무를 맡은 사람들 같았다. 하지만 운송수단 가운데 정크만큼 편리한 것은 없었다. 일행이 13일 동안 배를 탄 후에 양주揚州에 도착하니, 우리 집에 온 것처럼 상쾌했다."

강소성江蘇省의 크고도 아름다운 도시 양주에 도착한 날은 [1688년] 1월 3일이었다. 이곳에서 일행은 대운하가 얼어붙어 있었기 때문에 뱃길에서 벗어날 수밖에 없었다. 대신하여 선교사들에게는 가마가, 그리고 수행원들에게는 말이 제공되었다. 많은 짐꾼이 그들의 짐을 나누어지고 육로로 여정을 이어가게 되었다. 비록 편안함과 즐거움은 덜 했지만 호사스러움은 뱃길에 못지않았다. 일행은 북쪽으로 진로를 잡았는데, 추위가 점점 더 기승을 부렸다. 황하강둑에 도착했을 때에는 중국에서 가장 넓고도 물살이 센 이 강조차도 혹독한 추위로 온통 얼음으로 뒤덮여 있었다. 사람들은 온종일 얼음을 깨는 일에 매달렸는데, 다행히 큰 위험에 빠지지 않고 강을 건널 수 있었다. 절강성에서 태양의 열기에 시달렸던 선교사들은 황하 인근 지역을 지나면서는 얼어 죽을 위험에 직면하게 되었다. 얼음, 눈, 그리고 살을 에는 북풍이 1688년 2월 8일 베이징에 도착할 때까지 내내 이들을 괴롭혔던 것이다. 일행은 1687년 11월 26일 영파를 출발하여 여러 곳을 경유하면서, 약 한 달 보름 만에 목적지에 도착하였다. 오늘날(19세기 중반)을 기준으로 하면 파리에서 광동까지 올 수 있는 시간이다.

페르비스트 신부의 장례 절차와 강희제의 추도문

퐁타네, 제르비용, 부베, 르 꽁뜨와 비스델루 신부가 베이징에 도착했을 때, 베이징에서는 매우 슬픈 일이 일어났다. 페르비스트 신부가 선종한 것이었다. 그리스도인들은 깊은 슬픔에 잠겼으며 시민들도 고인의 명복을 빌고 있었다. 프랑스 예수회 선교사들은 페르비스트 신부를 만나겠다는 희망으로 오랜 여행길의 고난을 버텨왔다. 중국의 그리스도인들이 페르비스트 신부를 그리스도교의 아버지와 보호자로서 존경했던 것은 당연한 일이었다. 선교사들은 수많은 번영과 박해의 우여곡절을 겪으면서도 예수 그리스도의 이름을 매우 용감하게 고백했던 이 위대한 분의 지도하에 그들의 영혼을 선교적인 덕성으로 단련시킬 수 있는 행복한 시간이 오기를 오랫동안 고대해왔다. 그러나 주님께서는 선교사들에게 이런 커다란 위로를 주는 것이 적절하지 않다고 생각하셨던 것 같다. 아마도 선교사들이 똑같은 고난의 장소에서 훈련을 받고, 복음 전도자의 삶은 실제로 희생하는 삶으로 끝나야 한다는 것을 배우는 것이 최선이라고 여기셨기 때문이었을 것이다. 페르비스트 신부님이 겪으셨던 고난의 길을 따르기로 작정한 선교사들은 페르비스트 신부의 장례식에 맞추어 도착하였다.

페르비스트 신부는 원래 매우 강건한 체력을 지닌 사람이었으나 끊임없는 노력으로 완전히 지친 상태였고, 허약한 상태가 지속 되면서 폐 기능이 크게 약해져 있었다. 황제의 주치의들이 중국에서 나는 좋은 약재를 써서 병세가 한때 크게 호전되기는 하였으나, 병의 진행을 막을 수는 없었다. 이 유명한 그리스도인은 경건한 가운데 참석자들 모두에게 깊은 감명을 주었던 성체를 받고 나서 1688년 1월 26일, 그의 영혼을 주님의 손에 맡겼다. 프랑스 예수회 신부들이 베이징에 도착하기 13일 전이었다. 신부의 덕성과 능력을 크게 존경했던 황제와 고관들, 백성들은 모두 그의 죽음을 애도하였다. 페르비스트 신부가 그리스도교를 다시 일으켜 세웠다고 여기는 선교사들은 그의 죽음에 더욱 비통해하였다. 개종자들은 자신들에게 힘을 주고 자신들을 보호해주었으며, 많은 박해를 피하도록 도와주었던 페르비스트 신부를 기억하며 그의 죽음을 애석해했다.

강희제는 태후의 상을 당하여 크게 상심해 있던 중에, 그 이튿날 페르비스트 신부의 선종 소식을 접하고는 크게 슬퍼했다. 황제는 이 박학다식한 선교사의 장례식을 황실의 국상을 치른 뒤로 연기하는 것이 바람직하다고 여기고는 황제의 이름으로 중국 관례에 따라 망자에게 경의를 표하는 임무를 주어 제국의 고관 둘을 보냈다. 황제가 보낸 두 고관은 붉은색과 흰색의 촛불을 무수히 밝힌 대청에 놓인 관 앞에 무릎을 꿇고는 향을 사른 뒤에 여러 차례 엎드려서 바닥에 이마를 맞대면서 곡을 하였다. 두 고관은 비슷한 경우의 "의례"에 따라 조의를 표하고는, 수많은 사람이 있는 자리에서 목소리를 높여, 황제 자신이 지은 추도문을 읽은 뒤에 이것을 관 위에 놓았다. 그 추도문은 다음과 같다.

> "남회인이 서방의 왕국을 스스로 떠나 짐이 다스리는 제국으로 와서 생애 대부분을 짐을 섬기며 살았던 일을 이제 돌이켜보니, 고인이 흠천감을 관장하였던 시기에 천상관측에 결단코 실수가 없었고 언제나 천체의 운행에 부합하는 증거를 내놓아 짐은 고인에게 큰 빚을 졌노라. 이 밖에도 고인은 짐의 명령을 받드는데 조금도 소홀함이 없이 언제나 성실하고도 빈틈없이 완벽을 기하였고, 명이 다할 때까지 늘 충직하고 일관되게 노력하였노라. 짐은 그가 중병이 들었다는 말을 듣자마자 어의를 보냈으나, 이제 그가 세상을 하직하였다는 말을 듣고 그가 영원히 잠들어 마침내 짐과 헤어지게 되었으니, 슬픔이 짐의 가슴을 짓누르는 도다. 이에 장례에 쓸 은자 200냥과 비단 여러 필을 하사하노라. 이 조서가 짐의 고인에 대한 진지한 연민을 모두에게 알리는 증표가 되기를 원하노라."[81]

81) (원주) Mémoires sur la Chine, vol. i. p. 86.

많은 중신도 황제의 예를 따라 페르비스트 신부 영전에 여러 편의 아름다운 추모의 글을 올렸다. 장례 일자로 정해진 3월 11일 황제는 자신을 대신하여 여러 중신을 장례에 참석하도록 하였다. 장례 행렬을 따라나서려는 추모객들이 새벽 7시가 되기 전부터 유해가 안치되어 있던 예수회 선교사 거처로 모여들기 시작하였다. 잘 알려진 대로 중국에서는 일반적으로 관을 매우 크게 만드는데, 8~10cm 두께나 되는 판자에 금박과 광택을 입히고 밀폐하여 공기가 스며들지 않게 만든다. 페르비스트 신부의 유해를 담은 관을 거리로 들고나와 네 기둥이 떠받치고 흰색의 비단 걸개들로 장식된 화려하게 덮인 반구형 지붕 아래에 안치하였다. 기둥 사이에는 색색의 장식용 줄이 걸려있어서 흰색의 걸개들과 잘 어울렸다. 운구용 가마에는 직경이 30cm나 되는 장대 두 개가 고정되어 있었고, 모두 8명의 장정이 두 줄을 만들어 어깨에 메고 있었다. 선교단의 책임자가 베이징에 있는 모든 예수회 선교사들과 함께 와서 거리 한가운데에서 유해 앞에 무릎을 꿇고 땅에 엎드려 세 번의 배를 올렸다. 중국인 그리스도교인들이 중국 관습에 따라 눈물을 흘리면서 호곡을 한 이후, 모두가 긴 장례 행렬을 만들었다. 두 개의 대로를 지났던 행렬은 그 폭이 30m, 길이는 5km나 되었고, 서문을 지나 마테오 리치 신부의 무덤에서 멀지 않은 곳으로 이어졌다.

행렬의 순서는 다음과 같았다. 앞장을 선 것은 높이 7.5m, 너비 1.2m나 되는 붉은 색 비단에 꽃 줄로 장식한 깃발이었는데, 깃발 위에는 금색 한자로 페르비스트 신부의 이름과 관직이 쓰여 있었다. 하늘 높이 매달린 이 깃발을 일단의 악사들이 뒤따랐고, 커다란 누런 비단 조각 위에 쓴, 아니 그려놓은 황제의 추도문을 가운데 두고 다른 깃발들, 꽃 줄, 띠들이 뒤따랐다. 색색의 비단 걸개로 장식한 성물인 십자가가 바로 뒤따랐고, 깃발과 촛불을 든 중국인 그리스도교인들이 두 사람씩 짝을 이루어 베이징의 드넓은 거리를 이어서 걸었다. 이교도들은 이를 부러워하였다. 그 뒤로는 아기 예수와 함께 있는 성모가 손에 지구의를 들고 있는 성화를 담은 또 다른 성물이 이어졌다. 이 성물을 뒤따르는 그리스도교인들도 앞선 행렬에 있는 사람들처럼 깃발과 촛불을 들고 있었다. 그 뒤로는 천사장 미카엘의 그림이 같은 모양으로 뒤따랐고, 페르비스트 신부의 초상화가 그 뒤를 이었다. 신부의 초상화 주위에는 황제가 내려준 각종 벼슬을 나타내는 모든 상징물이 전시되고 있었다. 그 바로 뒤에 흰 상복을 걸친 예수회 신부들이 따랐는데, 중국 관습에 따라 호곡을 하면서 애통함을 드러내기 위해 중간중간 멈추기도 하였다. 그다음이 페르비스트 신부의 유해로, 유명한 선교사를 기억하여 경의를 표하라고 황제가 보낸 고관들이 관을 직접 운구하였다. 이 고관들 모두는 말을 타고 있었는데, 국구國舅가 선두에 있었고, 두 번째가 수문장, 이어서 관등 순으로 행렬을 이루었다. 굉장한 질서와 예의를 갖춘 행렬의 말미를 50명의 기병이 뒤따랐는데, 거리 양쪽이 엄청난 인파로 뒤덮였지만 정숙함을 유지하고 있었다.

예수회 선교사들의 묘지는 [지금도] 베이징 교외에 있는데, 예수회 초기 선교사들 가운데 한 명에게 전 왕조인 명나라의 마지막 황제가 하사한 동산 자리이다.[82] 이곳은 담장으로 둘려져 있고, 예배당과 작은 건물 여러 채가 함께 들어서 있다. 운구행렬이 서문에 이르자 가던 길 한 가운데 관을 안치하고는 추모객들 모두가 관 앞에 무릎을 꿇고 관례에 따라 세 번의 배를 올렸고, 이 장면에서 추모객들은 다시 눈물을 보이기 시작하였다. 시신은 장지로 모셔졌는데, 그곳에는 십자가와 촛불이 놓인 제단이 마련되어 있었다. 이에 중백의를 걸친 선교단 책임자가 예전 순서에 따라서 정해진 기도문을 낭독하고 향을 피웠다. 예수회 신부들은 상여에서 옮겨온 관 앞에서 세 번의 배를 다시 올렸는데, 추모객들의 곡성이 너무나 커서 냉담했던 사람들조차도 마침내 눈물을 터뜨리는 것을 보았다는 말이 나돌 정도였다. 이 장례 절차가 모두 끝나자 선교사들은 무릎을 꿇은

82) 현재 外国傳教士墓地는 北京市 西城区 車公庄大街 6에 있다.

채, 황제의 장인이 황제의 위임을 받아 다음과 같이 말하는 조사를 들었다.

> "페르비스트 신부는 국가에 크게 봉사하였다. 천자께서는 이를 모두 알고 계시다. 오늘 여러 중신들과 함께 나를 이 자리에 보내신 것은 모든 이에게 황제께서 망자에 대하여 커다란 애정을 품고 계시며 그의 죽음 때문에 황제께서 슬퍼하신다는 것을 알게 하려는 것이라."

선교단의 책임자는 이에 맞는 답사를 하였고 조객들은 해산하였다. 페르비스트 신부의 무덤은 1.8m의 깊이, 2.1m의 길이와 1.5m의 너비를 가진 납골당 같은 것으로, 잘 정돈한 후에 벽돌로 그 위를 덮었다. 관은 약 30cm 높이의 벽돌로 쌓은 일종의 가대架臺 한가운데 안치되었다. 납골당의 네 벽은 나중에 1.8~2.1m 높이로 벽돌을 쌓아 아치형으로 마감된 후, 그 위에 십자가를 얹어두었다. 마지막으로 무덤에서 조금 떨어진 곳에 기단과 본체를 합하여 약 1.8m 높이의 대리석 비석이 세워졌는데, 그 위에는 한자와 라틴어로 고인의 이름, 나이, 태어난 곳, 사망일을 중국에 살았던 기간과 함께 새겨 넣었다. 담장으로 둘러싸인 그의 무덤은 오랫동안 선교사들을 매장하는 장소로 사용되어왔다. 리치 신부의 무덤이 정원 한쪽의 상석에 마치 선교단의 창설자라는 것을 보여주듯 자리하고 있다. 다른 선교사들의 무덤들은 그 보다 두 줄 뒤에 자리하고 있다. 하지만 아담 샬 신부의 유해는 좀 더 떨어져 있는 명당자리에 안장되어있는데, 이것은 그가 선종한 지 몇 해 뒤에 강희제가 그러한 위인에 대한 기억을 명성에 걸맞게 복구하라는 명했기 때문이었다. 장례를 마치고 나서 며칠 후에 예부에서는 황제에게 상소를 올려 페르비스트 신부에게 새로운 벼슬을 내리자고 간청하여 허락을 받았다. 황제는 묘당을 지을 700냥의 황금을 하사하였으며, 손수 지어 내린 조문을 대리석 석판에 새기도록 한 후, 조정의 관리들이 제국의 이름으로 신부에게 마지막 경의를 표하도록 하였다. 신부가 생전에 내

렸던 어떤 벼슬보다도 높은 벼슬이 그에게 내려졌다.[83)]

증기기관의 실험

페르비스트 신부는 그 옛날 베이징에 있었던 가장 유명한 선교사들 가운데 한 사람이었다. 그는 자신의 열정과 덕성과 학식으로 그리스도교와 예수회에 크게 영광을 돌렸다. 놀라운 학습 능력이 있을 뿐 아니라 매우 근면하였던 페르비스트 신부는 많은 선교적인 의무를 행하기도 하였지만, 과학적 업적도 믿을 수 없을 만큼 많이 남겼다. 매우 길고 상세한 서신은 물론이고 30편이 넘는 저술을 남겼는데, 그 가운데는 광범위하고 상세한 것들도 포함되어 있다. 그러면서도 황제를 가르치거나 관리들의 호기심을 자아내는 다양한 궁정의 일에 끊임없이 매달렸다. 그는 당대의 예술과 과학 분야에서 가장 희귀하고도 독창적인 분야를 두루 섭렵하였고, 때로는 본인의 나이는 생각하지도 않고 일했던 것 같다. 페르비스트 신부는 근대의 위대한 발견인 증기기관의 출현을 예상했을 가능성도 크다. 그의 학문적인 저서인 『유럽 천문학Astronomia Europoea』에는 그가 베이징에서 행했던 몇 가지 실험에 관한 흥미로운 이야기가 들어있다.[84)] 우리가 증기기관이라고 부를 수 있는 실험 내용이다. 그는 수레 위에 기력汽力솥을 놓고는, 솥 안에서 발생 된 증기를 네 개의 날개가 달린 바퀴로 쏘아 보냈다.[85)] 그리고 이때 만들어진 움직임을 장치로 수레바퀴에 전달했다. 수레바퀴는 증기를 쏘아 보내는 동안 계속해서 빠르게 움직였는데, 조타 장치 같

83) 페르비스트 신부에게 工部右侍郎(正二品)의 벼슬이 추증되었다.

84) (원주) Noël Golvers, The Astronomia Europaea of F. Verbiest, S.J. (Dillingen, 1687).

85) 기력계 또는 기력솥(aeolipyle, or eolipile)은 기원전 2세기에 발명된 증기력에 의한 회전 장치이다. (원주) 유압식의 기구로, 금속으로 된 안이 비어 있는 공 모양으로 이루어져 있고, 매우 작은 구멍이 나 있는 자그마한 목 혹은 배관이 있다. 이것은 물을 수증기로 변환시키는 것을 보여주려는 목적으로 고안된 것이다.

은 것을 사용하면 증기를 쏘는 방향을 마음대로 바꿀 수도 있었다. 그는 같은 기구를 사용하여 조그만 배에서도 실험을 했는데 이 또한 성공적이었으므로, 이 실험에 관하여 기록한 후에 다음과 같은 놀랄만한 말을 덧붙였다. "증기라는 동력은 그 응용범위가 아주 넓다."[86] 최초의 증기기관차와 최초의 증기선이 한 가톨릭 선교사의 지시에 따라 베이징의 황제 궁의 정원에서 그 작용하는 모습이 시연되었다는 사실을 알고 있는 사람이 있는가? 나침판, 화약과 인쇄술을 발명했던 나라에게 증기를 이용한 경이를 제일 먼저 목격할 자격이 있었다.

페르비스트 신부는 남다른 덕성과 뛰어난 지능을 가졌음에도 불구하고, 혹은 그 모두를 지녔기 때문에 같은 시대를 살았던 사람들로부터 중상모략의 표적이 되었다. 그가 쓴 회고록은 유럽에서 맹렬한 비난을 받았는데, 이는 그가 예수회 신부였기 때문이었다. 잘 알려져 있듯이 당시에는 성 이냐시오의 제자들[예수회]을 매우 격렬하게 공격하는 것이 유행이었다. 하지만 예수회 신부들이 얻은 명예가 더럽혀지거나, 그들이 재능과 덕성에 의해 얻은 명성을 빼앗아갈 수 있는 것은 아무것도 없었다.

페르비스트 신부가 야심가이자 음모꾼이며 강희제에게 아첨하는 조신에 불과하다는 말이 나돌았다. 그의 언행에 대한 완전한 오해에서 비롯된 이런 평가들은 이 위대한 선교사의 이름을 끌어내렸다. 그에 대해 험담을 일삼는 사람들의 불신에 찬 말을 예로 들어보겠다. 중국에서 일어난 일을 독자들에게 알리기를 좋아했던 『과학잡지Journal des Savants』의 1697년 1월 21일 출간된 책에서 쿠신Cousin이라는 작자는 이런 글을 남겼다.

"페르비스트 신부는 임종이 가까워지자 황제에게 다음과 같이 상소하였다.

86) (원주) Dato hoc principio motûs multa alia excogitari facile est.

> '소신이 소신의 생애 대부분을 폐하께 봉사하면서 살았기에 죽어도 여한이 없습니다.' 로마에서 순교한 두 사도(베드로와 바울)라면 네로 황제에게 그런 과찬의 말을 하지 않았을 것이다."

이 기고문은 큰 파문을 일으켰다. 인용한 상소문이 페르비스트 신부가 쓴 진본이라는 사실을 부인할 수 없었기 때문이었다. 상소문에서 한 말은 베이징에서 보낸 서신에서 발췌한 것이었고, 그 발신자(르 꽁뜨 신부)도 예수회 신부였다. 하지만 이것은 악의적으로 잘못 전해진 것이었다. 기고가는 본인이 의도하는 결과를 도출하고자 계책을 써서, 이어지는 다음과 같은 말에는 주목하지 않고 첫 두 줄만을 인용했던 것이다. [아래는 페르비스트 신부가 올린 상소문하단의 내용이다.]

> "소신이 생애 대부분을 폐하께 봉사하면서 살았기에 여한이 없나이다. 그러나 소신이 한 여러 가지 일 가운데 동방의 위대한 군주께서 우주에서 가장 거룩한 종교의 보호자가 되시기를 무엇보다도 염원하였다는 것은 소신이 죽고 난 후에라도 기억해 주시기를 황공하게도 간원하옵니다."

연로하여 임종을 앞둔 선교사가 남긴 이 말들은 눈여겨보아야 할 것이다. 그가 변함없이 그리스도교의 종교적 이익에 관심을 두고 있었다는 것을 알 수 있기 때문이다. 그는 그리스도교를 위해 조국을 떠나 사슬에 묶이고 투옥되는 고통을 겪었으며, 세상의 끝자락에서 돌아오지 못하는 나그네 신세가 되었다. 베이징의 그리스도인들이 페르디난트 페르비스트 신부를 잃은 슬픔에 잠겨있는 동안 남경의 교회도 슬픔에 젖었으니, 그들이 사랑하는 중국인 선교사 그레고리 로페즈 부주교가 최근에 세상을 떠났기 때문이었다. 고귀하고 헌신적인 삶을 살았던 이 선교사의 생애의 단편斷片은 앞서 말한 적이 있다.

중국인 신부 로페즈의 전례에 대한 내부자 견해

그레고리 로페즈 부주교는 앞서 말했듯 마닐라에서 돌아와서 도미니크회의 사제가 된 뒤, 많은 동포를 개종시켰다. 우상 숭배자들도 그를 존경하였고, 신자들은 그를 아버지처럼 따랐으며, 모든 수도회의 선교사들도 그와 사귀고자 했다. 로페즈에게서 각별한 배려를 받지 않은 선교사가 거의 없을 정도였다. 한마디로 이 중국인 사도는 중국 전역은 물론이고 이웃 나라에서도 존경을 받고 있었다. 나바레트 신부가 로마에 도착하여 교황청에 로페즈 신부의 장점과 덕성과 열정에 대하여 설명하고 있을 때, 태국, 베트남, 인도차이나의 교황대리들은 교황에게 이 중국인 선교사를 좀 더 높은 자리로 승진시킨다면 하느님의 영광을 드러낼 더 많은 일을 할 수 있을 것이라는 내용의 서신을 보냈다. 이 고위 성직자들의 증언이 나바레트 신부의 증언과 같았으므로 교황 클레멘스 10세는 기꺼이 로페즈를 주교와 교황대리로 승진시켰다. 교황은 1674년의 교서에서 중국 태생이고 직업은 도미니크회 신부라는 그레고리 로페즈의 품성과 선교를 위한 노력을 극찬하였다. 그리고 자신은 정통을 이어받은 교회의 선교사로서 그의 열정을 잘 알고 있는 까닭에 여러 유명한 고위 성직자들의 염원에 따라 그를 중국의 6개 성을 감독하는 교황대리로 임명하고 바실레아(바젤) 주교로 서임한다고 발표했다. 이 교서를 접한 겸손한 중국인 도미니크회 신부는 갑작스러운 승진 소식에 두려운 생각이 들어, 현재처럼 평범한 선교사로 남아서 전처럼 기존의 교회당들을 관리하고 새로운 교회당을 세우는 일에 전념하겠다는 허락을 받아냈다. 하지만 인노첸시오 11세는 클레멘스 10세의 계획을 다시 추진하여 로페즈 신부에게 거부하지 말라는 교서를 보내고, 로페즈 신부의 상사인 도미니크회 총장도 예수 그리스도의 대리자인 교황에게 명령에 순종할 것을 촉구하는 서신을 보냈다. 총장은 동시에 필리핀 교구장에게 새로 승진한 고위 성직자에게 박식한 신학자 하나를 보내주어서 동료 겸 고문으로 일하게 하라고 명했다. 로페즈 신부의 신학 수준이 그의 성스러움에는 못 미쳤던 탓이었는지, 아니면 그의 초기 교육의 영향, 혹은 동포들을 개종시키려는 욕심이 많았던 탓이었는지 모르겠으나, 그에게 중국식 예전을 지나치게 따지지 않아도 좋다는 필요한 예방조치가 내려졌다. 로페즈 신부는 중국인들이 공자와 조상들을 섬기는 것을 용인할 생각이었던 듯하다. 앞서 말했듯이 도미니크회에서는 제사를 허용하지 않았지만, 교황청에서는 이 문제에 관하여 아직 최종 의견을 내놓지 않고 있었다. 로페즈 신부는 위대한 위인 철학자들과 조상들에 대한 존경을 나타내는 중국의 제사가 그리스도교에 대한 편견 때문이라거나, 혹은 그의 빛나는 품성을 가리는 것이라고 보지 않았으므로, 가르침을 줄 수 있는 신학자를 자기에게 붙여주는데 이의를 달지 않았다.

이러한 시기에 바실레아의 주교로 내정된 로페즈 신부는 중국어로 쓴 20쪽짜리 소책자를 내놓았다. 중국에서 활동하던 선교사들을 두 편으로 갈라놓았던 문제, 바로 전례 논쟁을 다룬 내용이었다. 이 책자에서 로페즈 신부는 첫째, 중국 선비들은 무신론자들이라고 밝혔다. 그리고 둘째, 관습적으로 봄가을로 공자에게 돼지, 염소, 술, 과일, 비단을 바치며, 마을 수령들은 한 달에 두 차례 신주에게 그러한 제물을 바치도록 했고, 관리들도 임지를 옮길 때마다 신주 앞에서 향과 향초를 피워야 한다고 일일이 밝혔다. 그리고 제물로 바치는 동물은 세심하게 골라야 하며, 사람들은 금식하면서 제사를 미리 준비하여야만 한다고 하였다. 제사를 지내려면 (목욕재계는 물론이고) 세상일에서 벗어나 묵상하는 것이 권장되었는데, [이렇게 하는 것이] 제삿날에 혼령들과 접촉하는 데 더 알맞다고 생각되었기 때문이라고 밝혔다. 로페즈 신부는 중국인들이 동물의 피와 털도 제물로 바치며, 또 제사에 빠질 수 없는 것은 망자의 혼령들에게 자신들이 소원하는 바를 말하는 것이라고 덧붙였다. 이 고위 성직자는 중국인들이 집안에 신주(위패)를 모시고, 날마다 그 앞에 와서 절하고 신주에게 일상의 내용을 고

한다는 것과 집안에 아기가 태어나거나 딸의 혼사가 있으면 인척들의 혼령들에게도 이 사실을 알리고, 또 음력 초하루와 보름에 그들의 신주 앞에 고기를 바치는 것을 용인하였다. 마지막으로, 로페즈 신부는 혼령들이 자기들에게 좋은 것을 가져다주고 모든 악한 것들을 물리칠 수 있도록 중국인들이 혼령들에게 기도하고 감사하는 것도 받아들였다.

이 소책자에서 그레고리 로페즈 신부는 중국인들을 세 계층으로 구분하였다. 가장 위에는 사인계층이 있었고, 그 아래에는 하급 벼슬아치들과 서민을 포함하는 둘째 계층이 있었다. 마지막으로 무식한 일반 백성 계층이 있었다. 로페즈 신부는 이 계층들 가운데서 깨우친 사람들 대부분은 제사에 섞여 있는 오류들이나 신주에 망자의 혼령이 깃들어 있다는 생각을 대개 받아들이지 않으나, 그 밖의 사람들은 이런 것들을 받아들인다고 단언하였다. 그들은 모두 조상의 혼령들은 생전에 가졌던 능력보다 더 큰 능력을 가지고 있으며, 자손들의 행복과 불행에 영향을 끼치고, 혼령들에게 바쳐지는 제물을 즐기고 있다고 믿는다는 내용이었다. 로페즈 신부는 중국인들의 이러한 신앙은 2,000년에 걸쳐 만들어진 것이라고 설명했다. 그는 [중국 고전의] 인용문들이 정말로 그런 의미를 내포했는지 분명하지는 않았지만, [후대의] 주석가들은 고전을 위와 같은 의미로 설명하였다고 덧붙였다. 두 번째 계층에 속하는 문인들의 견해는 다양하지만, 하위 계층에서는 거의 예외 없이 이런 잘못을 저지르고 있었다고 한다. 그 어느 선교사보다도 이 문제에 관하여 진실을 파악하고 있었을 바실레아 주교는 자기 동포들의 이런 제사 행위를 차마 외면하지 못했을 것이다. 그러나 그는 결코 노련한 신학자가 아니었기 때문에 공자에게 바치는 제물과 사람들이 제사에 임하는 예에 관해서 이같이 말한 뒤, 단순하게 "이 모든 것은 처음에 효도로 시작했던 것이지만, 그 한계를 넘어 미신의 범주로 들어간 것 같다."고 덧붙였다. 중국에서 오랫동안 선교활동을 해왔던 매우 박식한 도미니크회 신부도 중국인들의 예와 관습에 관련된 모든 것을 잘 알고 있었는데, 그는 전례문제에 관하여 매우 상반된 생각을 가지고 있었다.

전례문제에 관한 그레고리 로페즈 신부의 심정에 관해서는 앞서 언급하였지만, 그는 5~6년가량 이 문제를 가지고 씨름했는데, 그것은 그가 주교로 승진하기까지 30년 동안 바쳤던 열성과 성공에 버금가는 것이었다. 1687년 그가 남경에서 선종했을 때, 모든 수도회의 선교사들이 깊은 애도를 표했다. 그와 가까이 지냈던 프랑스인 주교 한 명은 이렇게 말한다.

> "바실레아 주교이며 유명한 교황대리인 그레고리 로페즈 신부가 오랜 투병 끝에 세상을 떠났다. 몇 마디 말로 그분의 위대한 노고와 활동을 표현하기는 쉽지 않은데, 우리들의 선교가 그분이나 그분이 오랫동안 소속되어 있던 도미니크회의 충실한 지지에 큰 신세를 지고 있기 때문이다. 그분은 중국인들 가운데서 최초로 주교라는 영원한 왕관을 받기에 합당하며, 그분과 같은 뜻을 가진 고위 성직자는 시대가 여러 번 바뀌어도 찾기 쉽지 않을 것이다. 우리는 [그가] 죽었어도 [우리는] 살아서 중국을 위해 더 봉사할 수 있다는 것을 주 안에서 기뻐해야만 할 것이다. 그럼에도불구하고, [그의 죽음에] 애도를 표하는 것은 주님의 포도밭에서 그분과 같은 일꾼이 필요한 시기에 그분을 잃었기 때문이다. 우리는 하느님께서 천국에서 그분을 영화롭게 하실 것이라는 소망을 가지고 있다. 나는 그분에 대한 좋은 기억을 많이 간직하고 있다. 나는 모든 선교사가, 아니 모든 그리스도인이 나처럼 그분에 대한 존경심을 언제나 간직할 것이라고 확신한다."[87]

87) (원주) Touron, Histoire des Hommes Illustres de l'Ordre de Saint Dominique, vol. v. p. 599.

제 4 장

강희제 시대의 예수회 선교활동과 절강성의 그리스도교 박해

제 4 장

강희제 시대의 예수회 선교활동과 절강성의 그리스도교 박해

강희제를 알현한 프랑스 선교사들

베이징에 도착한 프랑스 선교사들은 곧바로 고관들이나 황제와 접촉하지 못하고 얼마간 기다려야만 했다. 태후가 페르비스트 신부와 거의 같은 시기에 세상을 떠났기 때문이었다. 궁정은 국상國喪 중이었고, 중국의 관습과 법에서는 애도 중에는 일정 기간 방문을 하거나 방문객을 받는 것을 엄격하게 금하고 있었다. 법적으로 정해진 애도 기간이 끝나자, 강희제는 궁정의 관리 한 명을 최근에 베이징에 도착한 다섯 선교사에게 보내어 여러 가지 질문을 했다. 이 시기에 중국 황제가 유럽에서 일어나고 있는 일에 얼마나 많은 신경을 쓰고 있었는지 살펴보는 것도 흥미로운 일이다. 황제는 서방 여러 왕국에서 일어나고 있는 일들은 물론이고 외국 군주들이 천자인 자신의 군사적인 성공과 영예에 관해 어디까지 알고 있는지에 대해서 듣고 싶어 했다. 궁인들은 선교사들에게 강희제의 몽골에 대한 군사적, 과학적 원정, 오삼계를 상대로 벌였던 장기 전, 중화제국에 평화를 가져온 수많은 승전 등에 대해 프랑스에서 어떻게 생각하고 있는지 물었다. 황제는 또 유럽의 과학 수준이 어떠한지, 꾸준히 진보하고 있는지, 과학 분야에서의 새로운 발명이나 중요한 발견이 있었는지를 알고 싶어 했다. 이런 대화가 오가자 애국심에 불탔던 프랑스 선교사들은 프랑스와 루이 14세의 중요성을 과장하여 설명했다. 며칠 뒤, 같은 궁인이 황제의 명을 받아 다시 와서는 네덜란드와의 전쟁과 라인강의 유명한 수로에 관해 추가적인 질문을 하였다. 전에 [궁인을 통해서] 황제에게 전달했던 선교사들의 말을 믿을 수 없었기 때문이었다. 황제는 선교사들의 주장과는 달리 틀림없이 라인강의 폭이 더 좁고, 덜 깊으며, 유속이 빠르지 않을 것이라고 여기고 네덜란드가 프랑스 군대의 통과를 적극적으로 저지하지 않은 나름의 이유가 있을 거라고 여겼다. 우리는 르 꽁뜨 신부 덕분에 이 시기 프랑스의 영광이 얼마나 찬란하였으며, 루이 14세의 이름은 동시대인들로 하여금 얼마나 많은 상상력을 불러일으켰는지 파악할 수 있다. 신부는 아래와 같이 전한다.

> "우리의 중국어 실력이 부족하여 이 궁인에게 위대한 루이 14세의 특징은 그의 용맹함과 영혼의 위대함, 부에 있으며 루이 왕의 군대는 그가 솔선수범하여 선두에서 지휘하면 불가능할 것이 없다는 사실을 제대로 이해시키지 못했던 것이 아쉽다. 하지만 우리의 말을 통역하였던 신부는 오직 영웅만이 그러한 일들을 만들고 해낼 수 있다고 궁인에게 충분히 설명하였고, 궁인은 매우 놀라워하며 이러한 사실을 황제에게 전하려고 급히 일어섰다. 궁인은 나가면서 우리를 향해 '제가 들은 이야기가 매우 놀랍기는 하지만, 제가 보기에도 그렇소. 중국에서 오랫동안 살아온 이 선교사들은 당신들과는 국적이 다르고, 또 당신들을 잘 모르지 않소? 그런데도 당신들을 형제로 여기고 있소. 당신들도 그들을 형제로 여기고 있고, 당신들이 그동안 살아오면서 마치 친구로 지냈던 것처럼 서로 마음이 통하는 것은 오직 같은 종교라는 유대관계로 연합되어 있기 때문이오. 이러한 우정이

보기에 좋소. 이 때문에 당신들이 전하는 진리에 대해 조금도 의심하지 않소.'라는 말을 덧붙였다."

사실 이교도들은 선교사들이 개인적으로 잘 모르는 사람을 만나도 신앙이 같다는 이유로 서로 사랑하는 것을 보면 이를 매우 놀라워한다. 가톨릭 신자들만이 세상 어디에서나, 그 곳이 문명화된 곳이든 야만적인 곳이든, 진지하고도 헌신적인 친구들을 만날 것이라고 기대할 수 있다. 황제의 권위를 힘입고 공식적으로 베이징에 도착한 신부들은 이러한 지위를 유지하기 위해 예부를 방문하게 되었다. 이 굉장한 예부의 대청에서 그들은 관리들을 만나게 되었는데, 이곳은 바로 몇 해 전에 선교사들이 끌려와서 사슬에 묶인 채 증오에 찬 고위 판관들로부터 추궁을 당했던 바로 그 장소였다. 하지만 이제는 세월이 바뀌어 예부 관리들은 프랑스 예수회 신부들을 반갑고도 존경하는 태도로 맞았다. 예부 상서가 누런 비단에 감싸인 옻을 칠한 목판에 새겨진 황제의 명을 전하였는데, 선교사들에게 제국의 어느 성이든 원하는 곳에 자리 잡아도 좋다는 내용이었다. 예부 상서는 선교사들에게 또 말하기를 황제가 곧 그들을 접견할 것이며, 선교단의 책임자인 페레이라 신부가 그 자리에 함께할 것이라고 밝혔다.[88]

예부 상서를 만난 지 며칠 후에 두 명의 환관이 와서 그 이튿날 태감이 황궁에서 선교사들을 만나고 싶어 한다는 말을 전했다. 환관들은 서둘러 새로 부임해 온 선교사들에게 황제를 알현할 때 지켜야 할 예절을 일러주었다. 중국인들이 이러한 격식을 엄격하게 지킨다는 것은 잘 알려진 사실이다. 환관들이 예법을 선교사들에게 가르치는 데 큰 어려움은 없었는데, 선교사들이 이미 중국의 관습을 어느 정도 알고 있었기 때문이었다. 이제 르 꽁뜨 신부의 설명을 통해

88) 페레이라(Thomas Pereira, 1645-1708, 중국명 徐日昇)는 포르투갈 출신의 예수회 선교사였다. 수학에 뛰어난 재능을 보여 1672년 중국에 와서 흠천감에서 남회인을 보좌하였다. 1689년, 러시아와의 국경 협상에서 통역으로도 활약하였다.

서 황제를 알현한 내용을 살펴보자.

"가마를 탄 채 첫 번째 궁정의 문을 지난 후에 매우 넓은 여덟 개의 뜰을 걸어갔다. 뜰마다 온갖 전각들로 둘러싸여 있었으나 통용문 가까이에 세워진 매우 커다란 규모의 사각형 전각을 제외하고는 특별히 주목할 만한 아름다운 것은 없었다. 뜰과 뜰 사이를 잇는 이런 통용문들은 두께와 폭과 높이가 대단했으며 균형 잡힌 모습이었다. 흰 대리석으로 지은 것들이었으나 세월이 지나면서 빛이 바래 그 아름다움이 감소되었다. 뜰 가운데로는 개울이 가로지르고 있고, 흰 대리석으로 만든 작은 다리 여러 개가 그 위로 걸쳐져 있었는데, 뛰어난 장인의 솜씨였다. 이 궁궐을 정확하게 묘사하기가 어려운 이유는 궁궐의 아름다움이 건축물의 한 부분에서 나타난다기보다는 엄청나게 많은 건물과 끝없이 이어진 궁정과 정원들의 규칙적으로 배열된 데에서 오는 것이기 때문이다. 궁궐은 그 안에 거주하는 강인한 군주의 위엄과 그의 전체적인 품격을 잘 나타냈다.

내가 특별히 놀랐던 한 가지는 매우 독특해 보이는 황제의 용상龍床이었다. 이 커다란 궁정 중의 한 곳 중앙에 엄청나게 커다란 사각형의 대리석 기단基壇이 우뚝 솟아있었고, 약간 떨어진 곳에 난간이 우아하게 두르고 있었다. 첫 기단 위에 좀 더 작은 두 번째 기단이 있었는데, 첫 기단을 두른 것과 비슷한 모양의 난간으로 장식되어 있었다. 기단은 모두 다섯 단이었는데, 위로 갈수록 점점 작아지는 형태였다. 가장 높은 곳에는 사각의 전각 또는 대가 있었는데, 그 지붕은 금박의 기와로 덮여 있었고 옻칠한 기둥들이 이를 떠받치고 있었다. 그 안에 진짜 용상이 있었다. 여러 단으로 겹겹이 쌓여져 단마다 난간이 둘러쳐진 이 거대한 기단은 햇빛이 비치면 마치 금색과 옻칠로 반짝이는 궁궐을 받치고 있는 것처럼 보였다. 넓은 궁정의 한 가운데에서 보면 더욱 장관이었다. 기단에 유럽의 건축물에서와 같은 단순한 아름다움을 조금 더 가미한다면, 아마도 위대한 제왕의 영광을 드높이는 매우 장엄한 왕좌가 되었을 것이다.

궁정에 들어와 15분 이상 걷자 마침내 황제의 거처에 이르렀는데 그 입구가 크지는 않았다. 대기실은 조각, 금박, 대리석으로 치장되어 있었는데 그 디자인과 재료를 매우 깔끔하게 다룬 것이 커다란 장점으로 보였다. 태후의 상중인지라 황제가 머무는 장소에는 장식이 거의 없었다. 황제 말고는 눈에 띄는 것이 없었다. 황제는 만주식 복장을 하고 석 자 정도 높이가 되는 단 위의 장의자에 앉아 계셨다. 바닥에는 평범해 보이는 [상중임을 나타내는] 흰색 융단이 깔려있었는데 펠트로 만들어진 것 같았다. 황제의 곁에는 서적과 먹, 붓 몇 자루가 있었다. 황제는 담비로 안을 누빈 검정 비단 겉옷을 걸치고 있었으며, 좌우 양쪽으로 거친 옷(상복)을 입은 젊은 환관들이 바른 자세로 서 있었다. 그들은 무기를 들고 있지 않았으며, 발을 모으고, 양팔을 아래로 내려뜨린 채로 있었다. 황제는 평소에 그를 둘러싸고 있는 눈부신 화려함보다는 일부러 검소한 복장을 하고 수수한 분위기에서 우리를 맞이하였다. 아마도 세상을 떠난 모친 태후에 대한 효심과 애도를 우리가 알아채기를 원하는 듯했다. 문 앞에 도착하자마자 우리는 서두르기 시작하였다. 어전으로 갈 때 최대한 서두르는 것이 황제에 대한 예를 다하는 것이었기 때문이었다. 우리는 모두 황제 쪽을 바라보면서 줄을 서서 우리 쪽으로 팔을 내려뜨린 채 가만히 서 있었다.

우리는 무릎을 꿇고 허리와 팔꿈치가 같은 높이가 되도록 손을 모아서 이마에 갖다 댄 뒤에, 세 번의 배를 여러 차례 올리고 처음처럼 일어나서 섰다. 우리는 같은 절차를 세 차례나 반복한 후에야 비로소 황제 앞으로 와서 무릎을 꿇으라는 명을 받았다. 황제는 우리에게 매우 온화하게 말을 걸었다. 먼저 프랑스의 장엄함과 현재의 상황, 우리가 중국에 오는데 걸린 시간과 겪은 위험들, 중국 관리들이 우리를 대했던 태도 등을 물었다. 마지막으로 '짐이 이미 보여준 호의 말고도 더 베풀 것은 없는가? 짐에게 바라는 것이 무엇인가? 원하는 바를 주저하지 말고 말해 보라.'고 했다. 우리는 황제께 감사의 말을 전했고 진정한 하느님의 축복이 황제와 중국에 임하도록 하늘을 향하여 날마다 간구할 수 있게 해 달라고 간청했다. 황제는 이 말을 듣고 기뻐하는 것처럼 보였다. 우리에게 물러나도 좋다고 하였으므로 우리는 별다른 예의를 차리지 않고 어전에서 물러날 수 있었다. 아시아의 대 군주를 직접 뵈면서 우러나온 존경심으로 인해 우리는 삼가지 않고 물러났다. 하지만 이것이 너무나 많은 자유를 우리에게 준 것이 아닌가 하는 두려움과 함께, 중국에서 황제의 영향이 미치는 곳에서는 작은 흠도 없다는 것을 알고 나서, 우리는 조심스럽게 물러나는 것을 허락해 달라고 말했다.

황제는 보통 사람들보다 조금 더 컸고, 유럽에서 건강하다고 여기는 사람에 비하면 좀 더 살집이 있는 편이었으나 중국인들의 기준보다는 상당히 덜 나가는 편이었다. 황제는 동그란 얼굴형을 가졌는데 얼굴에 마마 자국이 남아 있었다. 이마는 넓고 눈과 코는 여느 중국인들처럼 작고 낮았으며 입은 균형이 잡혀 있었고 턱은 보기에 아주 반듯했다. 그의 태도에는 품위가 있었다. 그에게는 항상 명령하는 듯하고 주인임을 보여주는 어떤 분위기가 감돌았다. 우리는 황제의 거처에서 물러나 대리석이 깔린 매우 정갈한 방으로 인도되었다. 그곳에서 궁인 하나가 우리에게 차를 대접한 후에 황제의 이름으로 은 100냥 가량을 주었다. 이 정도의 돈은 중국 황제와 같은 대 군주가 주는 선물로서 그리 대단한 것이라고 할 수는 없지만, 높은 사람들은 거의 받기만 하고 아무것도 주지 않는 이 나라의 관습을 생각한다면 결코 적은 액수가 아니었다."

중국 내지로 흩어진 프랑스 예수회 선교사들의 활동

강희제는 새로 도착한 프랑스 선교사 다섯 명 모두가 궁궐 안에 묵기를 원하였다. 이것은 크나큰 영광이기는 하였으나 페레이라 신부의 뜻과는 다른 것이었다. 그는 선교단의 책임자로서 선교에 전반적으로 이익이 되는 것이 무엇인지 고려해야만 했다. 지방의 여러 성에서 일할 선교사들의 숫자가 부족한 상황에서 다섯 명 모두가 베이징에 머무는 것은 다른 그리스도인 공동체들을 포기해야만 한다는 것을 뜻했다. 페레이라 신부는 외교적 수완을 발휘해서 예의 바르게 황제가 그러한 생각을 단념하도록 만들 필요가 있었다. 중국의 정책에 대해 잘 알았던 페레이라 신부는 자신의 능력을 십분 발휘하여 이 어려운 교섭을 수행하였고, 마침내 천자가 자신의 생각을 단념하게 했다. 그는 상냥한 말로 프랑스 선교사들이 궁정에 남지 않도록 나무란 후에 제르비용 신부와 부베 신부는 자기와 동역하기 위하여 남아 있고, 나머지는 중국 내지로 들어가 그리스도교를 전파하라고 말했다. 이에 따라 드 비스델루, 르 꽁뜨와 드 퐁타네 신부는 여러 성으로 흩어져서 이교도들의 개종과 새 신자들의 영적 성장을 돕는 사역을 하였다. 드 비스델루 신부는 산서성山西省에 자리 잡은 뒤에 가장 먼 곳에 있는 선교대상지들을 찾아다니면서 용감하게 헌신하였다. 그는 자신의 모든 시간을 바쳐야만 하였던 선교 사역을 수행하면서도, 외국인에게는 어려운 중국 문학의 연구에 큰 성과를 거두었다. 이는 그가 언어를 습득하는 것에 선천적인 재능이 있었던 한편 남다른 열정을 가지고 활동했기 때문에 가능했다. 르 꽁뜨 신부도 산서성으로 가서 복음을 전하는 일에 크게 헌신하였다. 그는 흥미로운 회고록을 남겼는데, 그 회고록에는 하느님께서 그의 선교활동을 얼마나 크게 축복하셨는지가 자세히 기록되어 있다. 드 퐁타네 신부는 남경으로 갔고 그곳에서 다시 그리스도교인 공동체가 번성했던 상해로 향했다. 앞서 말했듯 상해는 리치 신부가 중국에 있을 때 제국의 중신이었던 서광계徐光啓가 개종하였던 곳이다. 드 퐁타네 신부는 상해에 머무는 동안 자신의 동포이자 덕망과 재능이 뛰어났던 쟈크 르 파브르Jacques Le Fèvre의 무덤을 여러 차례 방문했다.[89] 파리 의정원 참사관의 아들이었던 그는 부르쥬Bourges 대학에서 신학 교수로 명성을 떨치던 중 하느님의 부르심을 받고 중국에서 영혼들을 개종하는 것에 힘을 쓰다 몇 해 후에 세상을 떠난 자이다.

1689년, 초 강희제는 남방을 돌아보고 있는데, 남경에 머무는 동안 다른 신부들과 함께 드 퐁타네 신부를 궁으로 불러들였다. 그가 거처로 돌아갈 때는 지위가 높은 사람들이 수행하도록 하였다. 이런 황제의 은총 때문에 선교가 크게 번창하였고, 이웃 성의 고관들은 각자의 임지로 돌아가 다른 중국인들에게 그리스도교와 선교사들에게 매우 유익했던 황제의 은혜로운 행동에 대하여 보고하였다. 황제는 3월 22일에 남경을 떠나 대운하를 이용하여 베이징으로 돌아갔다. 드 퐁타네 신부는 말했다.

> "황제가 여행하는 며칠 동안 동행하는 것이 우리에게 주어진 임무였다. 우리는 약 150km 정도를 황제의 수행원들과 동행한 후에 강둑에서 황제가 오기를 기다렸다. 황제가 우리를 알아보고는 우리가 탄 배를 10km 정도 더 가서 황제의 정크로 끌어오게 하였다. 그는 마지막 방문 중에 우리를 친근하게 대했는데, 황제의 식사를 우리 배로 가져다주라고 명하였다. 그리고는 영예로 가득한 우리를 물러가라고 했다."

드 비스델루, 르 꽁뜨와 드 퐁타네 등 세 명의 신부가 열정적으로 제국의 여러 성에서 사도의 임무를 성공적으로 수행하는 동안, 제르비용과 부베 신부는 베이징에서 바쁜 나날을 보냈다. 페르비스트 신부가 선종한 후, 페레이라와 도

89) 쟈크 르 파브르(Jacques Le Fèvre, ?-1716)는 프랑스의 가톨릭 신학자로 소르본느 대학 출신이었다.

마 두 선교사는 날마다 궁정으로 가서 흠천감의 일을 돌보아야만 했기 때문에, 프랑스 선교사들은 이 대도시에 있는 그리스도인들을 위하여 성직자가 행해야 하는 모든 의무에 참석해야만 했다. 남방을 순시하기 전부터 프랑스 선교사들을 존경하고 있었던 황제는 순시에서 돌아온 이후에 선교사들에게 만주어를 배우도록 했다. 이는 선교사들과 좀 더 깊이 있는 대화를 하려는 목적이었다. 황제는 선교사들에게 선생을 붙여주었다. 그는 질문을 쏟아내고 작문한 것을 읽어가면서 선교사들의 만주어 공부에 관심을 보였다. 이는 선교사들이 중국어보다 비교적 배우기 쉬운 만주어를 얼마나 습득하였는지를 알기 위함이었다.

청나라와 러시아가 맺은 네르친스크 조약과 예수회 신부들의 활약

이 시기에 제르비용 신부는 중요한 일로 황제의 부름을 받았다. 러시아와 청이라는 두 강대국이 최초로 맺게 되는 평화조약의 내용을 협상하는 일이었다. 베이징에 있는 프랑스 예수회 신부들은 러시아와 청나라가 전쟁을 벌였고 이후 평화조약을 협상하려고 전권대사들을 두 제국의 국경에 파견했다는 소식을 유럽에 전하였고, 이 소식을 전해 들은 유럽인들은 크게 놀랐다. 당시에는 먼 나라들에 대한 지정학적 지식이 매우 부족했으므로, 유럽 사람들은 중국과 러시아의 국경이 어디에 있는지조차 알 수 없었다. 오늘날(19세기 중반)에도 유럽 정치인들은 러시아인들의 동아시아 진출에 관하여 잘 알지 못한다. 17세기부터 지금까지 러시아의 성공적인 동방진출을 서방에 처음으로 알린 것도 가톨릭 선교사들이었다.

16세기가 끝나갈 무렵 상당히 많은 시베리아 사냥꾼들이 광활한 대초원을 건너 모스크바인들이 사는 고장으로 갔다. 모스크바에서 담비 모피를 팔기 위해서였다. 담비 모피는 세상에서 보았던 그 어떤 짐승의 털보다도 좋은 것이어서, 이를 가져온 사냥꾼들은 큰 환영을 받았다. 그들은 며칠간 술을 대접받고 선물을 받으며 다시 오라는 초청을 받았다. 모스크바인들 가운데 시베리아 사냥꾼들과 함께 담비사냥에 나서는 자들이 있기는 하였지만, 그들은 이 지역에서 떠돌이 유목민들 말고는 마을이나 거주의 흔적을 찾지 못했다. 유목민들은 가축을 먹이려고 한 지역에서 다른 지역으로 목초가 무성한 곳을 찾아 돌아다녔다. 모스크바 사냥꾼들은 사냥을 아주 많이 해서 그들이 통과했던 나라의 귀중한 징표였던 담비 모피를 많이 가지고 돌아왔다. 1598년, 표도르 이바노비치Feodor Ivanovich의 처남인 보리스 고두노프Boris Fyodorovich Godunov는 모스크바 공국들의 만장일치로 러시아 왕좌에 올랐다.[90] 폭 넓은 시야를 가지고 있었던 그는 시베리아인들과 좋은 관계를 유지하는 것이 유익하다는 것을 알고 있었다. 그는 시베리아인들과 동맹을 맺기 위하여 사신을 보내었다. 차르가 보낸 사신들은 환대를 받았고 그 사신들은 시베리아인들을 데리고 돌아왔다. 차르의 명으로 모스크바를 방문한 시베리아 여러 부족의 부족장들, 그리고 숲속 짐승들 외에는 그 누구도 만나본 적이 없었던 야생 사냥꾼들은 모스크바의 위엄과 아름다움, 궁전의 웅장함, 그리고 만나는 사람마다 그들에게 보여주었던 우정에 큰 감명을 받았다. 황량한 땅에서 온 사람들이 신기한 것에 둘러싸여 어리둥절해진 틈을 이용해, 차르는 모스크바인의 황제를 그들의 군주와 주인으로 삼으라고 제안하였다. 가련한 시베리아인들은 이 제안을 매우 기쁘게 받아들였고, 기쁨에 넘쳐 러시아인들로부터 독립했다고 외치며 동포들에게 좋

90) 표도르 이바노비치(Feodor Ivanovich, 1584-98)는 이반 4세의 아들로 러시아의 마지막 류리크 차르이다. 보리스 고두노(Boris Fyodorovich Godunov, 1598-1605)는 러시아 동란 시대의 차르이다. 1584년 이반 4세가 사망하자 섭정이 되었고, 1598년 표도르 1세가 죽자 정식으로 황제 자리에 올랐다. 서유럽의 문물을 수용하면서 개혁정책을 시행하였으나, 말년에 기근으로 반란이 촉발되었다.

은 소식을 알리기 위해 얼어붙은 대초원으로 돌아갔다.[91] 그들이 많은 선물을 가지고 시베리아로 귀향하자 다른 사냥꾼들과 목자들도 그들과 함께 기뻐하였으며, 차르의 강력한 보호를 받게 되는 것을 특별한 행운이라고 여겼다. 그때부터 시베리아는 러시아제국에 포함되었다. 이렇게 손쉽게 광대한 영토를 얻은 러시아는 곧바로 그 광활한 땅에 확고한 기반을 세우는 작업에 착수하였다. 사방으로 수많은 카라반이 시베리아 땅을 횡단하면서 좋은 땅마다 그곳이 러시아의 소유임을 나타내는 징표를 박아놓았다. 그들의 진출을 가로막는 세력은 아무도 없었다. 몽골 부족들과 가끔 마주치기는 하였으나, 그들은 러시아인들에게 적대적이지 않았다. 오히려 러시아인들과 알고 지내면서 문화적인 혜택을 보게 된 것에 만족해했다. 용감한 개척자였던 러시아인들은 약간 남쪽으로 방향을 틀기는 하였으나 계속하여 동쪽으로 진출하였고, 큰 강이 흐르는 곳과 산골짜기에 러시아 요새들과 마을들을 세웠다. 그리고 그들은 마침내 청나라 인근에 있는 황해에 이르렀다.

그러나 청나라는 몽골 부족들처럼 만만한 상대가 아니었다. 만주인들은 자신들이 지금까지 보지 못했던 새로운 인종을 보고 매우 놀랐다. 러시아인들이 국경지대에 요새를 짓는 것을 보면서 그들이 품었던 분노는 곧 경악으로 이어졌고, 중국인들은 러시아인들을 어떻게 쫓아낼지 고민하기 시작했다. 그때까지 아무런 저항도 받지 않았던 러시아인들은 세상에서 가장 아름다운 담비들이 우글거리는 조그만 섬 하나를 차지했다. 러시아인들은 만주인들의 의도를 알아채자마자, 이 지역은 그때까지 법적인 소유자가 없었기 때문에 먼저 발견한 러시아가 그 땅을 점유할 권리가 있다고 주장했다. 만주인들은 러시아인들의 주장이나 그들이 내세우는 근거를 받아들이지 않았고, 오랜 다툼 끝에 결국 전쟁이 발발하게 되었다. 러시아인들이 만주와의 국경에 요새를 세우면, 중국

91) 이때 까지만 해도 시베리아인들이 러시아인들과 모스크바인들을 구별했다는 것을 알 수 있다.

군대는 이를 파괴하였다. 러시아인들은 다시 요새를 세웠고, 중국 군대는 이를 다시 파괴하는 일이 반복되었다. 분쟁이 오래 지속 되면서 이 작은 영토를 뺏고 뺏기는 일이 이어지자, 마침내 양측은 아무런 결실도 없는 이런 전쟁에 지치게 되었다. 중국 황제가 제국의 다른 곳을 다스리는 데로 관심을 돌리자, 러시아 차르로서는 시베리아의 가장 먼 황무지에 상당한 규모의 군대를 유지하느라 많은 경비를 들여야만 했다. 이에 러시아는 베이징에 직접 사신을 보내어 강희제에게 국경에서 두 나라의 대표가 서로 만나 종전을 협의하자고 제안했다. 중국 황제도 러시아와 마찬가지로 화평을 원하고 있었다. 러시아인들이 국경 가까이에 머물면서 몽골인들에게 영향을 주어, 청나라가 중국을 지배하는 데 대해서 몽골인들이 불만을 품도록 할까 봐 염려했기 때문이었다. 베이징에서는 차르의 제안에 긍정적인 화답을 보내었고, 이듬해인 1688년에 강희제는 시베리아에 전권대사를 보내어 평화조약을 맺었다.[92)]

중국 측 대표단은 대규모로 화려하게 구성되었다. 모두 5명으로 황제의 외숙과, 그리스도교와 선교사들의 열렬한 보호자임을 늘 자처하였던 송고투索額圖가 그 대표였다.[93)] 50명이나 되는 고관들이 두 대표를 보좌하였고, 만 명이 넘는 군대와 엄청난 수의 말, 낙타, 포병대가 뒤따랐다. 대표단이라기보다는 마치 원정군과 같았다. 강희제는 페레이라와 제르비용 두 신부를 통역으로 동행시켰다. 러시아가 중국에 보낸 외교문서가 언제나 라틴어로 번역되었기 때문이었다. 황제는 선교사들에게 황제의 의복 몇 벌을 하사하였는데, 이는 선교사들이 관리들 가운데 두 번째 서열에 해당하는 지위를 갖도록 하였다. 이는 선

92) 당시에는 이반 5세(1682-96년)와 표트르 1세(1682-1721년)가 러시아를 공동 통치를 하고 있었다.

93) 여기에 소개되는 황제의 외숙은 동국망(佟國綱, 穆麟德, ?-1690)으로 满洲 鑲黄旗人이었다. 孝康章皇后의 동생이며 강희제의 장인이다. 1690년, 강희제의 갈단 원정 때 전사했다. 송고투(索額圖, 1636-1703)는 滿洲 正黃旗人이다. 청의 개국공신으로 보정대신이었던 索尼의 3남으로 盛京 태생이었다. 강희제 때의 중신으로 벼슬이 領侍衛內大臣(정1품)에 이르렀다. 1688년 러시아와의 국경회담 수석대표로도 활약하였으나 1703년 황태자 문제에 연루되어 실각, 처형되었다.

교사들이 없이는 중요한 문제를 협의할 수 없었던 대사들과 선교사들이 한 테이블에서 식사하도록 하기 위함이었다. 이 중국대표단 일행은 넉 달이나 걸려 까다롭고 힘겨운 지역을 통과해야만 했다. 제르비용 신부는 이 여행길에서 겪었던 고생은 프랑스에서 베이징으로 올 때 겪었던 고생이 아무것도 아닐 정도로 만들었다고 표현했다. 대사들과 예수회 신부인 통역사들은 육로로 갔으나, 수행부대 대부분은 아무르강黑龍江을 거슬러 올라갔다. 서쪽에서 동쪽으로 흐르는 4,000km 길이의 이 강은 거의 상류까지 수상 운송이 가능하고, 일본열도의 최북단에서 약간 남쪽인 북위 46도 지점에서 태평양으로 흘러든다. 중국대표단은 마침내 회담이 열리는 장소인 시베리아의 작은 마을 네르친스크尼布楚에 도착했다. 러시아인들은 이미 회담 장소에 도착해 있었고, 양측은 처음으로 대면하였다. 차르가 보낸 대표는 아무르강을 양국의 국경선으로 삼자고 제안하였다. 아무르강이 국경선이 되면, 경계선 이북은 러시아의 영토가 되는 셈이었다. 중국 측에서는 이 제안을 받아들이지 않았다. 청나라의 상당히 많은 인구가 이미 많은 지역과 흑룡강 이북의 여러 마을을 관할 하고 있었고, 또 인근의 산악지역은 담비사냥에 매우 좋은 곳이었기 때문이다. 중국 측은 러시아가 셀렝게강까지 물러나고 셀렝게 지역과 네르친스크, 또 야시아Yacsia 같은 도시와 그 인근 지역을 중국에 넘기라고 요구하였다. 거듭 합의점을 찾는 것에 실패하자 양측 모두 지쳐가는 가운데 대사들이 화를 낼 조짐이 보였고, 결국 오해가 생겨 협상은 결렬되고 군대는 전투태세에 들어갔다. 곧 전쟁이 터질 판이었다.

제르비용 신부는 곧 전쟁이 더욱 격렬하게 다시 시작되리라고 보고, 송고투 수석대표에게 자신에게 이 사안을 위임한다면 양측을 모두 만나 평화협정을 맺게 할 수 있다고 자신 있게 말했다. 중국 측 대사들은 제르비용 신부의 능력을 크게 신뢰하고 있었으므로, 이 제안을 받아들였다. 이 프랑스 선교사는 홀로 러시아 대표의 숙소를 찾았다. 신부는 그곳에서 며칠을 보내면서 러시아인들을 설득하였고, 차르의 사신들이 자신들의 주장을 포기하고 자국의 진정한 이익만을 고려하도록 했다. 제리비용 신부는 차르의 사신들에게 이렇게 말했다.

> "도대체 왜 황무지의 작은 땅 몇 조각을 가지고 끝도 없는 분쟁을 벌이는 것이오? 그러는 동안에 당신들은 세계 어느 나라와 맺는 것보다 이로울 만한 통상의 기회, 즉 동방의 모든 풍요와 보물을 러시아로 가져갈 수 있는 중국과의 통상 기회를 놓치고 있지 않소? 최근에 정복한 넓은 시베리아를 확보하기 위해서라도, 당신들에게 평화가 필요하지 않소? 그렇게 멀리 떨어진 곳에 있는 영토를 지키는 것은 쉽지 않은 일이오. 그런데 지금 중화제국에서 총동원하여 당신들을 공격하면 그대들은 이에 대항하기가 쉽지 않을 것이오."

제르비용 신부의 말에 설득을 당한 러시아인들은 중국 측 조건을 받아들였다. 제르비용 신부는 두 나라의 대표들이 네르친스크의 작은 교회당에서 평화조약에 서명하는 것을 목격하는 기쁨을 누렸다. 조약문은 모두 4부가 만들어졌는데, 중국 측을 위한 만주어본 한 부, 러시아 측을 위한 러시아어본 한 부, 그리고 양국의 국인이 찍힌 라틴어본 두 부였다. 각국 대표들은 자기네들이 각기 가져갈 조약문에 손을 뻗어 각자 군주들의 이름으로 조약을 충실하게 지킬 것을 맹세하였고, 하느님께서 그들의 신실함의 증인이 되시기를 기도하였다. 중국 관리들은 러시아인들이 조약을 준수하도록 하려면 별다른 방법이 없다는 생각에서 그리스도인들의 하느님께 평화를 지킨다는 맹세를 하라는 명을 받자, 다음과 같은 맹세문을 작성했다.

> "양국의 국경 부근에 사는 주민들 사이에 창궐한 전쟁과 과다한 피를 흘려 양국의 평화를 깨뜨린 전투는 백성들의 평온을 원하시는 하늘의 뜻에 크게 위배되는 것이다. 그리하여 양국 대표인 우리는 양국 사이의 국경선을 확정하고 또

양국 사이의 확고부동하고 영속적인 평화를 구축하기 위해 파견되었고, 강희 28년(1689) 니포초(네르친스크)와 가까운 곳에서 열린 회담에서 이 일을 만족스럽게 마무리 지었다. 이를 확실히 하기 위해 두 나라가 접하게 되는 지점들과 고장들의 이름을 기록하여 양국 사이의 경계로 삼고, 또 이를 근거로 이제부터 양국 사이에 야기될 수도 있는 문제를 처리하기로 문서화 하였다. 이에 상호 간에 진본을 교환하였고, 그 안에는 서로가 양국의 국경이 마주치는 곳들에 세우는 석판들에 새겨 넣기로 동의한 조약의 조문이 모두 담겨 있다. 이는 그 길로 다니는 모든 사람이 그 내용을 숙지하고, 또 이런 조건이 붙은 평화가 영원토록 어김없이 지켜지도록 하게 하려는 것이라. 이 평화조약을 은밀하게 위반하려는 의도나 계획을 품고 있거나 약속과 맹세한 신뢰를 어기는 사람은 개인적인 이익을 얻으려고 분쟁을 일으키고 전쟁의 불꽃을 다시 일으키는 음모를 꾸미는 자로 보아야 할 것이다. 우리 마음의 깊은 곳을 아시는 만물의 통치하시는 주님께서 그런 자들에게는 장수하도록 허락지 마시고, 단명하는 벌을 주시기를 기도한다."[94)]

중국 고관들은 그리스도교의 하느님 형상 앞에 무릎을 꿇은 채로 이 맹세문을 읽어 내려갔다. 이는 그들이 겸손한 마음을 갖고 있었기 때문인지, 혹은 종교상의 모든 문제에 크게 무관심했기 때문인지는 알 수가 없다. 이어서 그들은 자신들의 방식대로 형상에게 절하자는 제안을 했는데, 결국은 각 나라의 방식에 맞추어 각각 맹세하는 것으로 결정되었다. 각국 대표들은 악기의 연주에 맞추어 평화의 입맞춤을 했고, 모두가 연회에 참석하여 양국 사이에 막 체결된 우호조약을 두고 서로 축하했다.

중국 측 대사들의 대표인 송고투는 이 어려운 협상이 성공한 것은 선교사들 덕분이라며 크게 칭찬하였다. 그는 제르비용 신부가 매우 어려운 상황에서 도

94) (원주) Maillu, Histoire Générale de la Chine, vol. iv. p. 131.

움을 준 데 대해 여러 번 감사하면서, 어떤 상황에서든 제르비용 신부를 친구로 여기겠다고 공언하였다. 이 프랑스 선교사는 송고투에게 답했다.

> "공이시여, 저희가 소중한 모든 것들을 유럽에 두고 이 나라로 오게 된 동기를 잘 아시지 않습니까. 저희는 오로지 참 하느님을 모든 사람이 알게 되고, 그분의 거룩한 법이 지켜지기만을 바랍니다. 저희는 최근에 중국인들이 그리스도교를 믿는 것을 금하는 조서가 내려진 것을 알고는 크게 상심하였습니다.[95] 당신께서 저희를 이처럼 친절하게 대하시니, 이 금지조치를 조속히 풀어주시기를 간청합니다. 공께서 저희에게 벼슬과 재물을 듬뿍 내리시기보다 이런 혜택을 내려주시면 저희는 깊이 감사할 것입니다. 영혼들을 하느님 앞으로 오게 하는 것이 저희가 귀중하게 생각하는 유일한 선이기 때문입니다."

송고투는 이 대답에 감동하여 선교사들을 실질적으로 돕겠다고 제르비용 신부에게 약속하였다. 그리고 머지않아 이 약속을 지킬 기회가 찾아왔다.

황제의 면학과 1691년 절강성에서 발생한 그리스도교 박해

강희제는 여러 해 동안 페르비스트 신부로부터 가르침을 받았다. 그는 예수회 신부들의 지도로 유럽의 학문, 그중에서도 특히 수학, 기하학의 이론과 응용, 철학을 중점적으로 계속하여 공부해왔다. 제르비용과 부베 신부는 이런 주제들에 관한 글을 쓰라는 황제의 명을 받았다. 두 신부는 만주어로 글을 썼는데, 황제가 지명한 학자들이 신부들에게 만주어를 가르쳤고, 또 그들이 신부

---

95) 강희제는 선교사들을 다시 불러들이면서 그들이 여러 성에 자리 잡고 활동하는 것은 허용하였으나, 중국인들이 그리스도교를 받아들이는 것을 금하였다.

들이 쓴 글을 수정하고 교정하였다. 이해력이 매우 뛰어났던 황제는 선교사들이 쓴 글을 읽고 유럽의 과학탐구방법에 매우 감탄하면서 크게 분발하여 학업에 더욱 매진하였다. 제르비용과 부베 신부는 날마다 궁정에 들어가서 아침에 2시간, 저녁에 2시간을 황제와 함께 보냈다. 황제는 그들을 용상이 있는 단으로 올라오게 하여 그의 옆에 앉혀서, 좀 더 쉽게 도표들을 설명할 수 있도록 배려하였다. 황제는 심지어 베이징에서 10km가량 떨어진 별궁인 창춘원暢春園으로 행차할 때에도 공부를 멈추지 않았으므로, 선교사들은 날씨와는 상관없이 날마다 그곳으로 갈 수밖에 없었다. 어떤 때는 새벽 4시에 베이징을 떠나 해가 질 때까지 돌아올 수 없었고, 다음날 수업을 준비하느라 밤을 새워야 할 때도 자주 있었다. 가르치는 일이 힘들어서 지칠 때가 있기도 하였지만, 황제가 그리스도교에 대하여 호의를 가지도록 그를 기쁘게 하려는 바람 때문에 모든 고생을 감수했다. 황제가 4~5년 동안 부지런히 공부에 매진하였으므로 대신들도 황제가 배운 지식에 대하여 존경심을 갖지 않을 수 없었다. 강희제는 그들의 칭찬을 받기는 하였지만, 이러한 칭찬을 선교사들과 그들이 가르치는 유럽의 학문의 덕택으로 돌리는 아량을 보여주었다. 황제인 학생과 그 스승인 선교사들이 이렇게 사이좋게 지내는 동안 그리스도인들에 대한 박해가 일어났고, 선교사들은 황제에게 부탁을 청하게 된다.

절강성은 복음이 가장 활발하게 전파된 지방이었다. 이곳은 일찍이 요한 드 몬테코르비노 시대인 13세기와 그 후 마테오 리치 시대인 16세기에 그리스도교를 열렬히 받아들였다. 앞에서 명나라 위대한 고위 관료였던 서광계가 자신의 일가를 중심으로 열성적인 그리스도교인 공동체를 만들어 성 전역에 좋은 영향을 크게 끼쳤다고 말했던 적이 있다. 개종자들의 숫자가 늘어났고, 사방에 성당 건물들이 세워졌으며, 사람들은 성도인 항주杭州의 성당이 제국 전체에서 가장 번창하는 선교관이라고 말했다. 그러나 불행히도 절강성 순무는 그리스도교와 선교사들에게 적대적이었고, 악의를 품고 아담 샬 신부를 박해했던 그 유명한 양광선과 매우 가까운 사이였다. 마치 유럽인들의 종교를 혐오하는 양광선의 마음이 그에게 전염된 듯했다. 그러나 예수회 신부들이 베이징의 황제의 궁정에서 은혜를 입고 있었으므로, 절강성 순무는 이런 혐오감을 밖으로 드러내지 못하고 속으로만 사악한 음모를 키워가면서 그리스도인들을 모두 처형할 기회만을 노려왔다. 그리고 1691년, 그는 이러한 기회를 포착하였다.

중국에서 가장 열정적인 선교사들 가운데 하나였던 스페인 도미니크회 소속 신부인 알칼라Alcala는 오랫동안 항주부에 속해있는 한 작은 마을에서 선교활동을 펼치고 있었다. 그는 선교관으로 사용되는 곳에 거처를 마련하고 있었는데, 그곳은 빌린 곳이었기 때문에 주인이 원하면 언제든지 마음대로 쫓겨날 수 있는 곳이었다. 그는 다른 곳에 좀 더 영구적인 거처를 마련하는 것이 낫겠다고 생각하고 있었다. 알칼라 신부는 일류 도시이자 인구가 많은 금주錦洲를 새 거처로 선택하여, 그 도시에서 개종자의 숫자를 늘리기를 바랐다. 그는 큰 집을 사들여서 선교사들과 전도자들이 살기도 하고, 또 예배 장소로도 사용하려고 계획을 하고 있었다. 하지만 순무의 대리인들이 이전에 집을 빌려준 사람을 조종하여 신부의 일을 크게 방해했다. 결국에는 신부가 산 집을 몰수하여 매각하게 하고, 그가 그 집을 매우 싼 값에 사들여 큰 이득을 취할 목적으로 신부를 상대로 소송을 제기했다. 이런 종류의 속임수가 중국에서는 매우 흔했고, 사업을 위한 매우 일반적인 방법으로 여겨졌다. 이에 알칼라 신부는 중화제국에서 위법행위를 할 목적으로 부동산을 사들여 사기행각을 벌였다는 혐의로 기소되었다. 관리들은 악의적으로 이 사건을 부풀려 성의 판관들에게 가져갔고, 신부는 최종적으로 순무 앞으로 보내졌다. 그리스도인들에 대한 자신의 혐오를 실행으로 옮길 기회를 오래전부터 노리고 있었던 순무는 이 소송 사건이 자신이 기다리던 기회가 되리라고 보았다.

알칼라 신부는 그의 심문 과정에서 양광선이 교안教案(曆獄)을 일으켰을 때 자신은 인토르체타 신부와 함께 광동에 유배되었었다고 진술하였다. 이 진술은 순무가 분통을 터트릴 수 있는 커다란 구실이 되었다.[96] 순무의 오랜 벗인 양광선과 항주부의 선교책임자인 인토르체타 신부의 이름이 거론되자, 순무는 이를 자신이 오랫동안 품어왔던 적개심을 나타낼 수 있는 징조로 여겼다. 이에 순무는 인토르체타 신부를 체포하라는 명령을 내렸고, 그리스도교를 모독하는 내용으로 가득 한 소책자를 만들어 그 내용을 큰 글자로 적어서 교회당 출입구와 항주부의 공공장소는 물론 62개가 넘는 절강성의 거의 모든 도시에 빠짐없이 걸어 놓았다. 우리는 관리들이 그리스도교를 비난한 흥미로운 예로 이 저작물을 번역한 내용을 여기에 싣는다.

"순무와 심사관들이 이 포고령을 내리는 것은 서양인들이 많은 사람에게 문서를 배포하고, 중화제국의 백성들을 유혹하여 그들의 종교를 따르게 하려는 것을 엄금하고자 함이다. 이러한 금지조치를 통해서 법이 그 힘을 유지하고 백성들의 마음이 다시 바른길로 돌아오기를 바라노라. 우리는 어떠한 법도 성현들의 가르침보다 더 자세하고 폭넓게 나라와 개인의 참된 처세술을 완벽하게 담은 것이 없음을 알고 있노라. 이러한 처세법에는 가정을 다스림에 있어서 부모에게 순종하고 노인을 공경하라고 가르치며, 나라를 다스림에 있어서 군주에게 충성하고 백성을 사랑하라고 가르친다. 이 가르침에서는 주공周公과 공자를 스승으로 받들고 있다. 선행과 이웃 사랑, 덕과 정의가 그 가르침의 기반이다. 교화나 인생의 의무에 대한 성찰, 음악의 화합과 조화가 그 상징이고, 민법과 형법 같은 것들은 그것을 적용하는 수단이다. 이 참된 가르침은 세상을 비추며, 해와 달과 별은 하늘을 비춘다. 강과 시내는 땅을 적신다. 이와 비교해 본다면, 인도가 기원인 힌두

96) 양광선, 이류사, 남회인 저. 안경덕, 김상근, 하경심 옮김. 『부득이: 17세기 중국의 반기독교 논쟁』 (서울: 일조각, 2013) 참조.

교와 불교는 횃불이나 소 발자국에 고인 물과 같다. 그렇다면 다른 종교들에 대해서는 우리가 어떻게 생각하겠는가?

천자께서는 참된 가르침을 매우 존중한다고 밝히시며, 그 누구보다도 우리 성현들을 존중하고 계신다. 황제께서는 몸소 오경과 사서의 주석을 애써 연구하시고 그 경전들을 온 세상에 널리 보급하셨는데, 전 제국에 오직 하나의 학문적인 언어만 있는 것의 유익함을 드러내 보이기 위함이다. 이는 백성들이 성인의 통치하에 살면서 모든 일에서 성현들의 가르침을 따르고, 또 공자와 맹자가 우리에게 남겨주신 서적들을 공부하며 살 수 있는 행복을 누리도록 한다. 풍족한 삶을 살기 위해서 농사꾼들과 장인들과 상인들은 이 가르침을 따라 온 힘을 다하여 그들의 생업에 전념해야 한다. 만일 그들이 일하는 가운데 여유가 생기면, 백성들은 칙유勅諭의 16개 조항에 따라, 여가를 즐기고 또 이 조항들을 가지고 설명도 하고 의논을 할 수도 있다. 이는 상호 간에 선을 권장하고 죄악에 빠지기 쉬운 본성을 억누르려 함이라.[97] 이렇게 함으로써 백성들은 이러한 가르침을 완벽한 기초로 삼아, 하늘이 무엇을 명하든지 확고하고 변함없는 지조를 가지고 결실의 때를 기다려야 한다.

그런데 절강성 주민들은 무례하고 무지하여 이런 의무를 다할 생각은 하지 않고 무리를 지어 천주의 법을 받아들이려 하노라. 이 천주의 법이라는 것이 원래 서양의 오랑캐들에게서 비롯된 것인데, 이 자들은 명나라 말(1581)에 중국에 들어왔노라. 지금의 왕조에서 황제께서 이런 내용을 담은 조서를 내리셨노라. '남회인과 그 동료들에게 평상시와 같이 종교 활동을 하도록 허락한 것 외에는, 짐은 베이징이나 지방에서 새로운 교회당을 세우거나 새로운 그리스도인을 만드는 것을 엄금하고 백성에게 이러한 금지규정을 경고했노라.' 이 내용은 강희 9년

97) (원주) 관리와 백성의 의무에 관한 칙유로, 강희제의 명으로 만들었다.

(1670)에 반포된 내용이다. 이에 따라 예부에서 새로운 상소를 올렸고 이에 따라 황제께서는 이러한 조서(1670년 7월)를 우리에게 내리셨노라.

'짐은 유럽인 선교사들 가운데 천문학에 정통한 자가 있으면 그들을 궁정으로 불러 페르디난드 페르비스트와 그 동료들과 함께 거하도록 명하노라. 원래 일하던 성당으로 종교 활동을 위해 돌아가지 못하는 선교사들은 개인적으로 종교 생활을 하는 것은 허락하노라. 그러나 백성들 가운데 누구 하나라도, 어떤 신분을 막론하고, 베이징에 있거나 지방에 있거나 가리지 않고, 그리스도교를 받아들이는 것을 허락하지 않노라. 동시에 같은 금지 내용을 담은 이전의 조서를 준수하고 있는지를 확인할 것을 명하노라.'

이에 나(순무)로서는 언제 유럽인 인토르체타가 강서성에 있는 예전의 교회당을 버리고 절강성에 와서 교회당을 세웠는지 알지 못하노라. 그가 자신이 그리스도인이라고 한다면 제국의 법도를 지켜 종교적인 목적으로 누군가 방문한다면 문을 닫아걸고 받아들이지 않아야만 할 것이다. 그런데 어찌하여 그는 『천주실의』와 『칠극七克』이라는 제목의 책자를 인쇄했단 말인가? 어찌하여 그는 특정한 날에 사람들이 와서 예배를 드리고 금식하라고 강요하면서 하느님의 형상을 인쇄한단 말인가?[98] 어찌하여 그는 항주와 안길安吉, 해녕海寧, 임안臨安, 덕청德淸에서 그리스도인들에게 책자를 돌리는가? 천 가구가 넘는 무지한 백성들이 이 종교를 받아들였으니, 이들 모두가 공포된 금지조치를 위반하고 조서에 어긋나는 행동을 하여 죄를 짓고 말았구나.[99] 그들에게 이 점을 깨우치게 하고 이런 행위를 하지 못하도록 조치하는 것이 합당하다. 이런 까닭에 벼슬에 있는 자들이

98) (원주) 인토르체타 신부는 스페인 예수회 신부인 알레니 신부와 판토하 신부가 쓴 책들을 다시 인쇄하였다. 『七克』은 중국문학의 걸작으로 꼽히고 있다. 우리는 중국의 사인들이 이를 극찬하는 말을 들었다.

99) 당시 절강성에는 교당 두 곳에 교인 1,000명이 있었다. 徐宗澤, 『中國天主教傳教史概論』 (上海書店, 1990), pp. 237-240 참조.

나 평민을 가릴 것 없이 모두가 다음 사항을 유념하기를 바라노라.

> 오, 중국인들이여, 그대들은 옛 성현들이 보여준 참된 길을 버리고 서양의 사악한 길을 따르고 있지 않은가! 너희들은 황제의 조서를 어기면서 야만인들의 종교에 입문하였으니, 이는 엄청나게 잘못된 행위가 아닌가! 엄격한 법을 적용한다면 너희들에게 벌을 주어야 마땅하다. 그러나 너희가 무례하고 무지한 까닭에 이방인들의 유혹에 빠져들어 어리석게도 치명적인 종교에 빠져들게 되었노라. 따라서 지나간 일은 용서하고 잘못을 스스로 고칠 기회를 주겠노라. 이제부터는 법을 존중하며 따르고, 유럽에서 온 이러한 거짓 종교에 가담하는 일이 없도록 주의하라. 그러나 만약에 눈이 멀어서 이 사교에서 즉시 벗어나지 못하거나, 남녀를 가리지 않고 그 누구라도 이로 인해 각자의 생업을 소홀히 하면, 내가 관리들에게 명하여 그런 짓을 행한 자를 즉시 심문하여 상부에 보고할 것이니라. 그런 자들은 인토르체타와 조서를 위반하여 이 사교를 전한 다른 자들과 동류로 취급될 것이다. 유혹에 빠져들게 된 자들에게는 법을 엄중히 적용하여 처벌할 것이니라. 이런 자들을 감추거나 보호하거나 도운 이웃과 친구들은 모두 같은 혐의로 다룰 것이며, 단 한 사람에게도 예외를 두지 않을 것이니라. 이 포고를 사람들에게 알리라. 1691년 발표함."

위에 소개된 절강성 순무의 포고문은 그리스도교 박해의 신호탄이었다. 절강성의 모든 관원들은 앞장서서 그리스도인들을 희생시킴으로써 순무에게 아부하고자 하였다. 관원마다 자기 나름대로 그리스도교를 비방하는 현수막을 만들어서 내걸었는데, 이는 곧바로 사람들의 조롱거리가 되었다. 항주부 지부知府는 부하들에게 인토르체타 신부를 체포하여 관아로 압송하라고 명했다. 이 열정적인 선교사가 중국 관아에 그리스도교를 변호하기 위해 불려온 것은 이번이 처음이 아니었다. 양광선이 교안을 일으켰을 때 그는 신앙 때문에 사슬에 묶여 오랫동안 유배와 투옥을 당했던 것이다. 시칠리아 태생인 인토르체타 신부는 65세의 노인으로 백발이 되기까지 선교활동을 하고 있었다.[100] 그의 키는 평균에 조금 못 미쳤지만, 나이와 얼굴에 나타나는 연륜으로 이교도들에게도 존경심을 불러일으키는 당당한 풍모를 지니고 있었다. 그의 부드럽고 매력적인 태도는 보는 사람들에게 신뢰와 호감을 불러일으켰다. 신부는 활달한 성격으로 지혜와 분별력을 겸하였으며, 고결한 품성과 열정을 지녔다. 그리스도의 영광과 영혼들의 구원을 위해서는 무슨 고난이라도 감내할 대담한 용기의 소유자였던 그는 한 마디로 비범한 사람이었다.[101]

항주부 지부는 현명하고도 신중한 관리로서, 순무와는 달리 선교사들을 증오하지 않았다. 그는 인토르체타 신부에게 존경심을 가지고, 신부가 관아로 들어오자 일어나서 맞았다. 덕망을 갖춘 신부는 모든 질문에 매우 침착하게 대답하였다. 그는 자신이 페르비스트 신부와 함께 중국에 와서 처음에 강서성에 자리 잡았으며, 그 후에 항주 선교관의 책임자로 오게 되었다고 말했다. 신부가 이러한 행동을 할 때에 나라의 명을 받거나 혹은 관원들의 허락을 받지 않았다는 것은 틀린 말이 아니었다. 그러나 그는 절강성에 자리를 잡은 이래로 성을 관장하였던 모든 순무를 방문하여 그들을 만났다. 순무들 가운데 여러 명은 개인적으로 답방을 하거나 격식을 갖춘 편지를 보내는 영예를 신부에게 베풀었다. 이 모든 사실로 인해 많은 사람들이 신부를 알고 있었다. 신부는 지부에게 말했다.

> "당신 스스로가 몇 해 전(1688년), 황제가 남방을 순시하면서 봄철에 항주 성벽을 감싸고 있는 아름다운 운하에서 기쁨을 즐기셨을 때 일어났던 일의 증인이 아

100) 인토르체타에 대해서는 안재원. "인토르체타가 《중용》을 라틴어로 번역한 이유는 무엇인가?" 『교회사학 12호』 (2015년 12월), pp. 5-42.

101) (원주) Le Gobien, Histoire de l'édit de l'Empereur de Chine en faveur de la religion Chrétienne.

니시오? 황제께서 궁정의 고관들을 시켜서 성당으로 선물을 보내시고, 또 그 고관들이 황제의 명으로 참 하느님께 예배를 드렸던 일을 기억하지 못하시오? 또 황제께서 제게 황제의 식사를 하사하셨으며 저는 황제 앞에 세 차례나 불려갔던 영예를 입지 않았었소? 당신이 아마 이 모든 일을 잘 기억하지 못할 수도 있지만, 그 사실을 알 수 있는 기록이 여기 있소."

신부는 앞서 말한 시기에 일어난 일을 모두 적어 중국식으로 인쇄한 대화록을 내놓았다. 실제로 황제는 인토르체타 신부에게 큰 호의를 보이면서, 숙소와 성당의 상황, 항주의 그리스도인들 숫자, 그리고 순무가 지금 신부에게 죄를 뒤집어씌우려는 모든 사항에 관해 물어보았다. 신부의 대답을 들은 지부는 매우 상냥하게 "노인장, 여기서 편히 지내시오."라고 신부에게 말하였다. 자세한 내용을 인상 깊게 들은 항주 지부는 황제가 "평안하게 지내세요."라고 말했던 이 신부를 쫓아낼 권한이 자신에게 없다고 생각하였다. 그러나 그는 심문을 계속하면서 "황제께서 성당에 걸어놓은 성상들을 즉시 태우라고 명하시지는 않으셨소? 어째서 황제의 명에 따르지 않았고?"라고 물었다. 아래는 이어진 두 사람 사이의 심문 내용이다.

"하느님과 성인들의 성상은 태워버릴 수 없는 것이오. 그 성상들을 태우고 싶다면 먼저 나를 태우시오."

"당신이 인쇄한 책들의 판각은 어디에 두셨소?"

"판각은 지금 교회당에 보관 중이오. 판각은 명나라 만력 연간(1573-1615년)에 새겨진 것이며, 서적들은 개인적인 용도로 사용되었고 백성들을 유혹하거나 기만하는 내용은 아무것도 담고 있지 않소."

"이 책자들 배포에 관하여 관청의 명을 받은 적이 있소?"

"그런 허가는 전혀 받은 적이 없으나, 배포를 금한다는 명도 전혀 받은 적이 없소."

"순무가 이 책자들을 배포하는 것을 금하였으니, 배포되는 것을 막기 위한 어떤 방책을 가지고 계시오?"

"이 책자들은 하느님의 소유이지 내 소유가 아니오. 그러니 내 어찌 그 배포를 막을 수 있겠소?"

항주 지부는 그리스도인들에 대한 반감이 없었으므로, 인토르체타 신부 사건에 관한 의견을 호의적으로 적어 순무에게 보냈다. 다음은 그 내용을 직역한 것이다.

"성당에 걸어놓은 성상들은 인토르체타에게는 예배의 대상이고 수양의 수단이며 소망과 기쁨의 이유라는 사실을 알게 되었습니다. 그러므로 성상을 소각하는 일을 잠시 멈추는 것이 좋을 것이라고 여겨집니다. 서적들의 판각에 관하여는, 그것들이 만력 연간에 새겨졌고 실제로 성당에 보관되어 있으나 관청에서는 그것에 관한 어떠한 명이나 금지조치가 아직 내려지지 않았습니다. 인토르체타는 백성들을 유혹할 목적으로 그것들을 사용하지 않았습니다. 그 책자들은 진정으로 호기심을 자극하는 필치의 한문으로 쓰였습니다. 그 책자들에서 오류는 거의 찾을 수 없었습니다. 따라서 만일 각 지역의 관리들이 엄중한 벌금을 물게 하여 지금부터 이 책자의 판매를 금하고 이 책자들을 읽거나 해설되는 것을 금하시면, 실제로 책은 마치 발간되지 않은 것이나 다름없게 될 것입니다. 따라서 인토르체타에게 앞으로 어떤 방법으로 책자의 판매를 막을 것인지 따로 물으실 필요는 없을 것입니다. 이 문제에 관한 각하의 결정을 매우 공손하게 기다립니다."

절강성 순무는 이러한 의견에 화를 냈다. 이 사건이 제대로 고려되지 않았다고 하면서 다른 하급 관리들에게 인토르체타 신부를 관아로 다시 불러들여 모든 수단을 동원하여 그를 괴롭히고 잠시도 가만히 내버려 두지 말라고 명했다. 이 용감한 선교사는 위중한 병에 걸려 판관들 앞에 나타날 수 없을 정도로 쇠약하였으나, 오히려 예수 그리스도의 이름을 담대하게 고백할 수 있는 절호의 기회를 잃게 될 것을 걱정했다. 신부는 이 영광스러운 진술의 기회를 피하는 대신에, 아픈 몸을 이끌고 판관들 앞에 섰다. 그들은 이러한 신부의 용기와 고귀한 신앙을 매우 존경했다. 그러나 그를 괴롭히는 이런 절차가 여러 번 되풀이되는 가운데, 인토르체타 신부는 이 법정에서 저 법정으로 끌려다녀야만 했고, 순무의 대한 증오가 가라앉지 아니하였다. 그러나 인토르체타의 인내와 체념 또한 변함이 없었다.

황족 송고투의 중재 노력

인토르체타 신부는 처음부터 이 박해가 쉽게 끝나지 않을 것이며 잔인할 것으로 예상했다. 그는 격분한 순무를 저지하기 위해 베이징에 있는 선교사들이 황제의 호의와 신뢰를 이용할 수 있을 것이라는 희망을 안고 그들에게 편지를 보냈다. 때마침 황제는 몽골에서 사냥하고 있었다. 제르비용 신부는 중국 교회가 위협에 처했다는 것을 알게 되자마자 이를 극복할 방책을 열심히 찾아 나섰다. 그는 황제에게 먼저 호소하는 것은 신중하다고 생각지 않았으므로, 먼저 오랜 친구인 송고투에게 고민거리를 털어놓았다. 송고투는 러시아와 국경협정을 체결하였을 때 온 힘을 다하여 신부를 보호해주겠다는 약속을 한 바로 그 사람이었다. 고귀한 가문 출신이었던 송고투는 높은 관직을 차지하고 있었다. 황제의 가까운 친척이고 황후의 숙부로서 10년 동안이나 정일품의 지위에 있으면서, 화려한 재능과 견고한 판단력, 완벽한 지혜로 높은 명성을 얻었고 군주의 전적인 신임을 받고 있었다. 군주는 나라의 중요한 일을 모두 그와 의논하였으며, 그는 황제의 자문기구에서도 가장 높은 지위를 차지하고 있었다. 그러나 그는 지성보다는 심성이 더 훌륭한 사람이었다. 천성적으로 강직하고 성실한 성품을 갖고 태어난 그는 공평하고 충직하고 관대한 사람으로 변함없고 헌신적인 벗이었다. 이러한 그의 성격은 제르비용 신부의 성격과 여러 면에서 비슷했는데, 두 사람은 러시아와 협상하러 시베리아를 함께 여행하면서 아주 가까운 사이가 되었다. 송고투는 제르비용 신부가 고민하며 자신에게 알려준 일을 마음에 깊이 새기고, 베이징으로 돌아오자마자 서둘러 절강성 순무에게 서신을 보내서 공정함과 온화함의 감정에 호소했다. 송고투의 서신 내용은 이랬다.

> "우리는 지금 신중함과 온화함이 크게 요구되는 시대에 살고 있소. 황제께서는 기회가 있을 때마다 그리스도인 박사들에게 은총을 베풀고 계시오. 그런데 그런 사람들을 박해하면 황제께서 좋아하시리라 생각하시오? 황제께서는 다른 모든 판관의 결정보다는 귀하의 마음 씀씀이에 더 깊은 감명을 받으실 거라고 나는 확실히 믿고 있소. 궁정에서도 더는 따르지 않는 옛 조서들을 들먹이는 것은 지금 우리가 취할 행동이 아니오. 귀하가 선교사들에게 호의를 베푼다면, 황제께서는 귀하의 조치를 허락하실 것이오. 내가 그럴만한 이유를 감히 하나 덧붙이자면, 귀하가 선교사들에게 보여준 모든 선의를 내가 천거할 때 기억하리라고 장담하겠소."

송고투는 이런 서신을 절강성 순무에게 보내며, 그 안에 제르비용, 부베 두 신부가 항주 성당 책임자에게 보냈던 서신을 동봉하였다. 그는 이렇게 하는 것이 순무에게 인토르체타 신부를 보살피고, 그와 화해하고 또 선교 사업에 행한 잘못을 바로잡아줄 기회가 되리라 기대했다. 하지만 순무는 자존심이 너무나 강하고 포악하여 시작한 일을 중간에 그만두려 하지 않았다. 비록 그는 후견인인 송고투에게 신세를 지고 있었으나, 이 문제에 관한 한 그의 말을 들으려 하지 않았다. 그는 인토르체타 신부를 더는 괴롭히지 않고 놓아주었으나, 자신의 분노를 그리스도인들에게로 돌려 절강성에 있는 모든 성당을 약탈하고 폐허로 만들었다. 그는 무자비한 포고령을 내려 그리스도인임을 고백하는 모든 사람을 적대시하였고, 관리들에게 교회당들을 장악하여 사찰로 바꾸고 그 안에 불상을 안치하라고 명했다.

친타생 의원의 순교

결국, 핍박의 불길은 사방으로 퍼졌다. 들짐승과 같은 사냥감이 되어 버린 하느님의 종들은 우상 숭배자들의 신성모독으로부터 기도서와 성상들을 보호하기 위해 이들을 땅에 묻고 산속으로 피신할 수밖에 없었다. 작은 공동체 전체가 고통과 혼란에 빠져있는 가운데, 친타셍이라는 의원이 주목을 받았다. 그의 열렬한 신앙은 신자들의 용기를 되살아나게 했다. 그는 십자가를 손에 든 채 이 집 저 집으로 바쁘게 찾아다니면서 믿음의 형제들에게 믿음을 변치 말고, 자신들이 특권이라 여기었던 그리스도인이라는 영광스러운 이름에 어울리지 않는 행동은 하지 말고 참으라고 호소했다. 관리들은 이 용감한 그리스도인의 대담한 열정에 분개하여, 그를 붙잡아 사슬로 묶어 판관 앞으로 끌고 왔다. 그에게 곧바로 태형이 선고되었다. 형리들이 잔인한 형벌을 내릴 준비를 하는 동안, 청년 하나가 군중 사이를 뚫고 앞으로 달려와 판관의 발 앞에 무릎을 꿇었다. 곧 태형을 받을 친타셍 의원은 청년이 세례를 받을 때 함께했던 그의 대부였다. 청년은 관리에게 자신이 대부의 형벌을 대신 받겠다고 눈물로 호소했다. 그러나 용감한 친타셍은 이렇게 외쳤다.

> "아들아! 무슨 소리를 하는 것이냐, 너는 주님께서 내게 선물하시려는 왕관을 빼앗으려고 하는구나. 하느님께서는 내 자리를 너에게 양보하지 못하게 하셨다. 나는 나의 거룩한 주인을 위해서 이 작은 고통을 받게 된 것이 너무도 기쁘구나. 그분은 나를 위해서 기꺼이 채찍에 맞아 상처를 입으신 분이 아니냐!"

대부와 대자는 서로 태형을 받겠다고 다툼을 벌였다. 이 모습에 하늘에서는 천사들이 기뻐하였고, 땅에서는 강퍅한 사람들의 마음이 녹아내렸다. 그곳에 모인 사람들은 눈물을 흘렸고, 당황한 판관은 죄수에게 이렇게 말하였다.

> "가라! 내가 너를 용서하마. 네 잘못에 대한 형벌을 대신 지겠다는 이 청년의 열망이 참으로 대단하구나. 하지만 이제부터는 순무의 명에 복종하도록 하라."

순교의 기쁨을 맛본 친타셍은 순무의 명을 따르라는 판관의 조언을 무시하고, 사람보다는 하느님에게 순종하기로 하였다. 바로 그 이튿날 그는 다시 체포되어 형리에게로 보내져 태형을 받고 무거운 칼을 차는 신세가 되었다. 마음이 너그러운 대자가 대부 대신 고통 받기를 바라며 다시 형장으로 달려갔다. 그러나 그는 너무 늦었다. 그리스도를 고백한 대부에게 도착하였을 때, 이미 대부는 태형을 받아 온몸에 피를 흘리고 있었다. 대자는 대부에게 기쁨이 될 것이라고 여기고는 대부를 교회당으로 모시려고 하였다. 대부는 하느님께 감사를 드렸고, 그의 얼굴에는 기쁨의 광채가 흘러넘쳤다. 그는 자신을 위로하는 사람들을 향해 "나를 불쌍히 여기지 마시오. 내가 구세주를 위해 내 목숨을 내어놓고 내

몸의 피를 모두 쏟는 기쁨을 누리지 못했다면, 그것이야말로 위로받아야 할 것이오."라고 말했다. 여러 그리스도인의 부축을 받으면서 마침내 성당에 도착한 그는 제단 앞에 무릎 꿇고 아름다운 기도를 드렸다.

> "오, 주님. 당신께서는 오늘 제가 생애의 모든 즐거움보다 당신의 거룩한 법을 따랐다는 것을 보신 증인이십니다. 저는 당신의 원수들로 인해 흘린 피를 두고 당신의 정의에 호소하지 않습니다. 저는 남아있는 것을 드리려고 여기에 왔습니다. 저는 그런 일로 죽을 가치조차 없는 몸입니다. 오, 주님, 제 생애 전부를 제물로 받으소서."

이러한 그의 영웅적인 행위는 중국인들의 마음에 감동을 주었고, 많은 중국인이 그 자리에서 그리스도교를 믿게 되었다. 자신들이 목격하고 감동을 받았던 이 일이 잘못된 생각의 결과일 리는 없다고 여겼기 때문이다. 개종자들 가운데 젊은 생원 세 명이 있었는데, 그들은 초대 교회에서 순교를 당했던 많은 그리스도인이 가졌던 바로 그런 신앙심으로 가득 한 사람들이었다. 그들은 젊고 부유했으며 세상에서 인정받는 사람들로, 사대부 계층이 되면서 관리들과 같은 견해와 정서를 갖기로 맹세한 사람들이었다. 그러나 그들은 이 세상에서 이익을 얻는 것을 중시하는 것은 헛되다고 생각하고는 공개적으로 세례를 받겠다고 했다. 인토르체타 신부는 이 열렬한 입문자들의 신앙을 시험해보고자, 신앙이 흔들릴 수도 있는 그들에게 아무것도 숨기지 않고 말하였다. 신부는 생원들에게 엄격한 포고령, 관리들의 분개심, 그들의 가족들이 당하게 될 고통, 그들의 재산과 관직과 심지어 생명까지도 잃을 위험성에 관하여 말해주었다. 그러나 이런 모든 걱정은 그들의 결심을 더 확고하게 할 뿐이었다. 그들은 세례를 받았고, 다른 사람들처럼 용감하게 그리스도의 십자가를 지기로 했다. 이들의 개종은 신앙이 약한 사람들에게 용기를 북돋워 주었고, 선교사들은 위로를 받았으며, 이미 교회에 박해를 가해왔던 악한 세력에 대항할 용기를 북돋아 주었다.

절강성의 교회가 이와 같은 여러 가지 일로 괴로워하고 기뻐하기를 반복하는 가운데, 가해자인 순무는 베이징에서 보낸 급송을 받았다. 송고투가 보낸 2통의 서신이었다. 한 통은 인토르체타 신부에게 다른 한 통은 순무에게 보낸 서신이었는데, 송고투의 권유를 무시했던 것에 관한 책망으로 가득 한 서신이었다. 송고투는 그 서신에서 이렇게 썼다.

> "그리스도인들에 대한 자네의 악감정을 자극하는 사악한 자들을 기쁘게 하려고 자네가 내 권유를 무시하였을 것이라고는 여기지 않네. 나는 자네의 친구로서 좋은 감정을 불어넣으려고 애를 썼다네. 재고하시게. 이런 말을 자네에게 하는 사람이 바로 나라는 것을 기억하게나. 내가 자네에게 바라는 것은 세 가지일세. 첫째, 내가 인토르체타 신부 앞으로 보낸 편지를 자네가 직접 전달하게. 둘째, 그 선교사에게 친절을 베풀어서 그로하여금 선량한 관리에게 고마움을 느끼도록 하고, 그가 직접 내게 그 사실을 입증하도록 하게. 셋째, 앞으로 다시는 선교사들이나 그리스도인과 분란을 일으키지 마시게. 마지막으로, 이 같은 일로 내가 자네에게 자주 편지를 보내는 번거로운 일을 만들지 마시게. 자네가 앞으로 바르게 행한다면 감사의 마음을 담은 세 번째 편지를 받게 될 것이네. 그러나 지금까지와 마찬가지로 행동한다면 이것이 자네가 받는 내 마지막 편지가 될 것이네."

절강성 순무는 매우 나약한 자여서 이제 자신의 명예를 실추시키지 않고서는 뒤로 물러날 수는 없다고 생각했다. 그는 제국에서 가장 강력하고도 누구나 인정하는 재상인 송고투가 두려운 나머지 자기의 입장을 변호할 관리 하나를 베이징으로 보내기로 했다.

예수회 선교사들의 호소와 강희제의 냉담한 반응

한편 인토르체타 신부는 순무가 송고투에게서 받은 편지 내용을 은밀히 전달받고, 궁정에서 일하는 선교사들에게 그들의 노력이 거의 효과가 없었다는 사실을 알렸다. 선교사들은 만일 모든 지역으로 퍼지기 시작한 박해에 대해 즉시 강력한 대안을 마련하지 않는다면, 중국 선교가 커다란 위험에 빠지게 되리라 확신하고 다 함께 황제에게 가서 그들의 불만을 토로하기로 작정했다. 선교사들은 이러한 과감한 행동을 하기 전 송고투와 미리 협의하는 것이 좋겠다고 생각하였다. 송고투가 선교사들의 계획에 찬성하면서 자신도 힘껏 돕겠다고 확실히 말했으므로, 선교사들은 그를 믿음직하고 헌신적인 친구로서 의지하게 되었다. 그때 베이징에는 페레이라, 도마, 제르비용, 부베 신부 등 네 명의 선교사만 남아 있었다. 그들은 하느님의 영광을 위해 나아가는 중요한 발걸음 위에 하느님의 축복이 임하기를 간구한 후, 1691년 12월 21일 황제 알현을 요구하기 위해 함께 황궁으로 향했다. 강희제는 예수회 신부들이 그에게 도움을 준 것을 매우 고마워하고 있었으므로, 그들이 원하는 것을 들어주려고 했다. 황제는 선교사들을 직접 만나지는 않았으나 신부들을 황제의 명에 관한 일을 담당하는 차오라는 고관에게 보냈다. 신부들은 고관에게 더 자유롭게 설명할 수 있었다. 신부들은 관리들에게 간단하고도 진솔하게 항주부와 절강성에서 일어났던 모든 일, 순무의 끔찍한 적대감, 그가 그리스도인에 대해서 행한 핍박에 관하여 진술하였다. 그들은 모든 관련 서류를 손에 들고 있다가 무릎 위에 놓고는 황제의 보호를 간구하였다. 선교사들은 이렇게 호소했다.

> "그리스도교를 중국인들에게 전하는 것을 금하는 조서 탓에 선교사들은 끊임없이 수시로 모욕을 당합니다. 원통함에서 벗어날 수 있도록 황제께 눈물로써 애원합니다. 그리스도교로 개종하려는 중화제국의 백성들을 범죄자로 만드는 이

러한 금지조치가 존재하는 한 저희는 황제의 나라에서 물러날 수밖에 없습니다. 황제께서도 아시다시피 저희는 유럽과 저희의 친척, 친구들을 떠나서, 속세의 재물과 소망을 포기하고 세상 끝으로 예수 그리스도를 전하러 왔기 때문입니다. 황제께서는 저희에게 커다란 은총을 베풀고 계십니다. 황제께서 베푸신 혜택과 호의는 저희가 황제께 드렸던 보잘것없는 도움과는 감히 비교할 수 없는 것입니다. 그러나 저희는 이 일을 시작하면서 이 세상의 부귀영화를 탐하지 않기로 맹세하였습니다. 참 하느님을 섬기는 종교를 세우고 하느님의 일꾼들을 외부의 압박에서 지킬 정도의 부귀영화만을 받아들일 수 있습니다. 저희는 황제께서 저희에게 수많은 시련을 주는 그러한 조서들을 폐지하여 주시고, 또 선교사들이 중화제국 어디에서나 하느님의 법을 전하며 백성들이 그리스도교를 받아들이고 따를 수 있는 완벽한 자유를 허락해 주시기 바랍니다. 황제께서 이런 은혜를 내려주신다면 저희로서는 황제께 드린 도움에 대해 충분한 보상을 받는 것일 뿐 아니라, 저희가 계속해서 더욱 열정과 애정을 가지고 황제를 섬길 일에 대해서도 충분한 보상이 될 것입니다."

고관 차오는 선교사들에게 친근한 마음을 가지고 있었고 또 선교사들과 관련된 모든 것에 관심이 있었기 때문에, 선교사들이 했던 말을 황제께 고하고자 즉시 황제께 갔으나 크게 영향을 끼치지는 못한 듯했다. 황제는 이렇게 말했다고 전해진다.

"유럽의 박사들에게 가서 중국인들이 종종 그들을 괴롭히는 것에 대해 놀랄 필요는 없다고 전하라. 그리스도교 개종자들이 보호를 과신한 나머지 하지 말아야 할 것들을 많이 행해서 관리들에게 불평할 원인을 제공하고 있기 때문이니라. 그들은 짐이 낯선 종교의 보호자를 자처하고 서방 종교를 짐의 제국에 들여올 것이라고 잘난 체해서는 안 될 것이니라. 그들은 짐이 더 자세히 설명하지 더 하지 않아도 짐의 뜻을 충분히 이해할 만큼 깨우친 사람들이니라. 하지만 그들에게 경이 그들의 입장을 고려하여 짐이 절강성에서의 핍박을 누그러뜨리도록 은밀히 명할 것이라 전해라. 선교사들이 이에 만족해하는지는 두고 보도록 하겠노라."

선교사들은 황제의 냉담한 반응에 놀라고 당혹해했고, 이처럼 미묘한 때에 최선의 방법이라고 여겼던 것이 무산되어 크게 놀랐다. 황제의 제안을 거절하면 그의 분노를 자극할 가능성이 컸고, 그의 뜻대로 한다면 폐해를 바로 잡지 못한 채 일시적인 완화 효과만을 기대할 수 있을 뿐이었다. 관리들은 합법적으로 그리스도인을 모욕하고 억압할 수 있게 될 것이었고, 그렇게 되면 황제에게 계속해서 불평을 늘어놓게 될 것이었다. 불만이 계속 제기되면 황제는 선교사들과 거리를 두려고 할 것이 확실했다. 선교사들은 이런 문제들을 숙고한 끝에 고관 차오에게 이렇게 대답했다.

"저희는 황제의 자비 외에는 다른 도움을 받을 데가 없습니다. 절강성의 박해가 세상에 널리 알려져서 황제께서 순무에게 공개적으로 박해 중단을 명하지 않으신다면, 그리스도교에 미친 해악을 바로잡을 길이 없습니다. 그리스도교를 법으로 금하고 백성들이 그것을 믿는 것을 금하는 한 저희는 계속해서 모욕당하고 핍박받을 것이며, 제국 관리들에게 자비를 구하게 될 것입니다."

황제는 거리낌 없는 신부들의 말에 기분이 상해서 이번에는 환관들을 보내었다. 환관들은 크게 웃어대면서 조롱하듯이 농담을 던지며 무례하게 행동하였다. 그들은 황제가 선교사들이 믿는 그리스도교의 완고함에 매우 놀랐다고 말했다. 환관이 전한 황제의 말이다.

"선교사들같이 지적인 사람들이 아직 오지도 않았고 또 실제로 아무 쓸모도 없는 세상의 일에 그토록 매달려 있는 것이 가능한가? 그들에게 짐의 말을 믿으라고 전하라. 모든 것에는 적절한 때가 있다. 그들에게 지금은 그들의 수중에 있는 천국을 더 잘 활용하도록 하고, 또 이승을 떠난 자들에게 관심을 가지는 것은 저승이 올 때까지 미루도록 하라. 짐은 저승의 일에 관해서는 관심을 가지지 않을 것이고, 보이지도 않는 영혼들 사이의 소송을 판결하라는 부름을 받지 않았노라."

선교사들은 이러한 모욕적인 말을 전해 듣고 크게 실망하였다. 이 말을 전한 환관들조차 죄책감이 들 정도였지만 환관들로서는 황제의 명을 전하는 것 말고는 달리 할 말이 없었다. 그러나 강희제는 아마 이를 통해 선교사들의 인내심을 시험해보려고 한 듯하다, 왜냐면 그 이튿날 선교사들을 궁으로 불러서 선교사들의 권리를 유지하기 위한 공식적인 탄원서를 제출하는 것을 허락한다고 말했기 때문이다. 이러한 제안은 황제로서는 친근하게 자신의 의향을 내비친 것일 수 있지만, 선교사들은 매우 난처해지게 되었다. 선교사들은 공식적으로 탄원을 하는 것은 위험하다고 보았다. 만약 이 사안이 그리스도인들에 매우 적대적인 예부로 넘겨진다면, 이는 거의 예외 없이 그리스도인들을 반대했던 예전의 고발들을 상기시켜서 불교의 승려들과 유학자들의 증오심을 다시 일깨울 염려가 있기 때문이었다. 다른 방법으로 황제의 개인적인 보호만을 전적으로 신뢰하는 것이 현명하지 않을까? 그러나 황제를 의존하는 것은 그들이 이미 경험했듯 언제든지 실패할 가능성이 있고, 절강성 관리들의 박해를 막기에 불충분할 수도 있는 위험한 방법이었다. 예부가 선교사들의 요청에 극심하게 반대하리라는 것은 당연한 사실이었다. 그러나 어떤 수단을 써서라도 예부로부터 선교를 허용한다는 공개적인 포고령을 받아내기만 한다면, 그들의 지위와 그리스도교의 미래는 단번에 보장될 것이었다. 그 후로는 중국의 법과 충돌할 일은 없을 것이고, 각계각층의 중국인들이 세례를 받고 공개적으로 그들이 예수 그리스도의 제자라고 선언할 수 있게 될 것이었다.

베이징의 예수회 신부들은 위와 같은 문제들을 곰곰이 생각해 본 이후, 앞으로는 성공할 수 있는 더 좋은 기회가 그들에게 제안될 가능성이 없었으므로 그들에게 제안된 이러한 시도에 도전을 해 보기로 했다. 당시 선교사들은 궁정에서 매우 유명해져서 선비들 사이에서 명성을 날리고 있었다. 페르비스트 신부가 나라를 위해 커다란 업적을 남긴 것을 사람들은 여전히 생생하게 기억하고 있었고, 도마 신부는 지칠 줄 모르는 열정으로 흠천감 감정으로서 직무를 잘 수행하고 있었다. 숙련된 기계공이었던 페레이라 신부는 강희제가 큰 관심을 보이는 가구와 기계를 만드는 일을 하고 있었으며, 제르비용 신부는 최근에 베이징에서 1,350km나 떨어져 있는 곳에 가서 중국과 러시아 사이의 평화조약을 맺은 사람으로 알려져 있었다. 송고투는 제르비용 신부가 아니었으면 중국 측에 유리한 조약을 맺지 못했을 것이라고 주변에 이야기하고 다녔다. 마지막으로 제르비용 신부와 부베 신부는 몇 해째 황제에게 기하학과 철학을 성공적으로 가르쳐주고 있어서 날마다 궁으로 불려가고 있었다. 이에 선교사들은 신의 섭리에 일의 성공을 맡기기로 하고 상소문을 써 내려갔다. 그들은 절강성 순무를 탓하는 말이나 그 누구에 대한 불평은 일절 하지 않았다. 그들은 오직 그리스도인이라는 사실만으로 괴롭힘을 당하고 박해를 받는 것의 정당성을 물었다. 그리고 그리스도교는 이치나 국법에 어긋나는 것을 가르친 적이 없고 오히려 순전한 도덕과 숭고한 덕의 실천을 가르치고 있는데 다른 많은 종교가 용인되는 중국에서 참 하느님의 법만을 금지하고 박해하는 것은 부당하다고 주장하였다. 만약 그들이 가르치는 교리에 책망할 만한 점이 조금이라도 있다면, 그들은 그들에게 가해지는 모든 반론에 대답할 준비가 되어있다는 점도 함께 밝혔다. 날마다 황제를 알현하는 제르비용 신부와 부베 신부는 이 상소문을 황제에게 올리고, 이것을 공표하기 전에 미리 검토해 주시기를 간청하였다. 그 후 여드레 동안 황제는 이 문제에 대해 전혀 언급하지 않았다. 드디어 어느 날 저녁에 차오 고관이 베이징의 선교관으로 와서 예수회 신부 네 명을 불러서 그들이 작성한 상소문이 설득력이 없으며, 그리스도교에 대한 편견을 오랫동안 가졌던 사람들에게 그리스도교의 탁월성을 설명한 그들의 이유가 깊은 인상을 줄 수 없을 것이라고 답했다. 그리고 만일 그들이 중국인들의 마음을 움직이려면 전혀 다른 형식으로 상소문을 만들어야 한다고 말했다. 따라서 황제는 만주어로 또 다른 상소문을 만드는 것이 더 좋겠고, 그렇게 해야 [한인 관리들에게] 좀 더 압박할 수 있고, 또 이 나라의 취향에도 더 맞을 것이라는 의견을 전달하였다. 이에 따라 새로운 상소문의 초안이 만들어져 황제에게 개인적으로 전달되었다. 황제는 초안을 교정하는 수고를 마다하지 않으면서, 상당히 많은 부분을 수정해 주었다. 황제는 또 예수회 신부들에게 전갈을 보내어 페레이라 신부와 도마 신부로 하여금 상소에 서명하도록 하였다. 두 신부만이 흠천감의 감정과 감부監副의 자격으로 황제에게 직접 올리는 상소에 서명할 권한이 있었기 때문이었다. 만약에 다른 선교사들이 상소문에 서명할 경우 상소문은 개인의 상소문으로 취급되어 예부로 보내져 수많은 절차를 거쳐야 했기 때문에, 당혹스러운 일도 벌어질 수 있었다.

이렇게 자세히 살펴보면 중국 황제들은 우리가 생각하는 것처럼 전제적이 아니며, 또 그들이 완벽한 독재로 제국을 다스리는 것이 아니라는 사실을 알 수 있다. 때로는 황제들도 법적 효력을 갖는 상서들의 뜻에 반대하기 어려운 경우도 있었다. 강희제 자신은 예수회 신부들과 가까이 지내면서 그리스도교에 불리한 옛 조서들을 폐지하고 새로운 조서를 내려 중국 전체에서 그리스도교가 자유롭게 전파되는 것을 허락할 생각이었던 것은 분명하다. 그러나 이 전제군주는 백성들에게 명하여 그의 뜻을 강요하는 대신, 자신이 부분적으로 관여한 상소문을 올리게 하여 예부에서 검토하게 하고, 또 여론과 상충 되는 것을 막기 위해서 엄중히 대책을 마련하는 한편, 가능하면 이를 회유하려고 하는 것을 보게 된다. 얼마 지난 후, 우리는 황제가 베이징 판관들의 반대에 부딪히고, 내각의 동의와 승인을 얻는 절차를 지난 후에야 오랫동안 계획해 왔던 일을 실행에 옮길 수 있게 된 것을 보게 된다. 페레이라와 도마 신부는 황제가 동의한 계획에 따라 두 사람만 황궁으로 가서 형식을 갖춘 상소문을 황제에게 올렸다. 황제는 이 상소를 다른 관리들이 올린 다른 여러 상소와 함께 받았다. 이 상소문은 좀 길지만 흥미롭고 중요한 내용이기에 다음과 같이 그 번역문을 싣는다.

"황제의 신하인 페레이라와 도마는 가장 온전하고도 깊은 존경의 마음을 담아 황제께 상소를 올립니다. 저희가 크게 염려하고 있는 이 일에 대하여 황제께서 친히 조사를 해주시기를 간구함을 알려드리려는 것입니다. 항주부에 사는 황제의 백성인 인토르체타가 금년 9월에 저희에게 절강성 순무가 성의 관리들에게 그리스도인의 교당들을 부수고 저희의 종교 서적을 인쇄하는 판각을 태워버리라는 명령을 내렸다고 급보하였습니다. 또한 순무는 저희의 교리는 거짓이고 위험한 것이므로 제국에서 허용되어서는 안 된다고 공표하고, 저희에게 매우 불리한 다른 많은 조항을 덧붙였습니다. 이 소식을 접하고 저희는 공포에 싸이고 슬픔에 젖어있습니다. 고통을 당하는 자들의 부모이신 황제께 저희가 당하고 있는 참혹한 상황을 말씀드리려고 읍소하나이다. 이는 황제께서 보호하시지 않으면 저희는 원수들이 쳐놓은 덫에서 벗어날 수 없고, 또 저희를 위협하는 치명타를 입을 수밖에 없기 때문입니다.

이렇게 황제의 발 앞에 나아와 보니, 마치 나라는 몸이고 황제께서는 그 영혼인 것처럼 제국 곳곳의 움직임을 다스리시는 황제의 지혜와 각 사람의 관심사를 예외 없이 공평하게 보살피시는 것을 보고 저희는 위안을 받습니다. 만약 백성들 가운데 하나라도 부당한 압박을 받고 있거나, 심지어는 당연히 차지할 수 있는 지위와 보상을 빼앗겼다는 것을 아신다면 황제께서는 마음이 심히 불편하실 것입니다. 저희는 황제께서 진리만을 사랑하시며, 거짓을 용인하지 않으신다는 것을 알고 있습니다. 이 때문에 황제께서는 여러 성을 순시하셨을 때 여행하는 길에서 만나셨던 선교사들에게 그들이 섬기는 종교를 아낀다고 하시면서 많은 관심의 증표를 남기셨습니다. 그리고 황제의 영토 안에서 그리스도교가 전파되는 것을 기뻐하셨습니다. 저희가 이 자리에서 말씀드리는 것들은 온 제국이 다 알고 있는 사실입니다.

그러므로 절강성 순무가 그리스도교를 거짓이며 위험한 것으로 취급하는 것을 보고, 또 그가 그리스도교를 파괴하려고 온갖 수단을 동원하려는 것을 보고 그 슬픔을 어찌 저희 마음속에만 가두어둘 수 있겠습니까? 저희가 당하는 고통을 황제께 고하지 않을 수 있겠습니까? 이유도 없이 저희가 핍박을 당한 것이 이번이 처음은 아닙니다. 전에, 아담 샬 신부가 이전 황제의 과분한 은총을 입던 시절에 그는 중국의 고대 천문학자들이 관측하였던 천체 운행 법칙에 오류가 있다는 것을 밝혀내었습니다. 신부는 천체의 운행과 완전히 합치하는 법칙을 제시하여 황제의 허락을 받아 성공적으로 이를 도입하였으며 책력을 바로잡아 제국의 질서를 회복하였습니다. 그러나 이런 오류를 바로잡을 즈음에, 아담 샬 신부가 원수들의 비방으로 고난을 받지 않았습니까? 양광선과 그 일파가 갖가지 죄목으로 그분을 거짓으로 고소하였고, 그분은 자신의 결백을 밝히시지도 못한 채 세상을 떠났습니다. 황제께서는 페르비스트 신부를 신뢰하셔서 그에게 흠천감 감정을 제수하셨습니다. 그는 20년 이상을 국익을 위하여 천문학, 수학, 음악과 철학에 관한 책들을 썼습니다. 그 책들이 지금도 시간이 없어서 미처 마치지 못한 몇 권의 다른 책들과 함께 궁중 서고에 있습니다.

황상께서는 이 모든 일을 잘 알고 계시므로 이를 길게 늘어놓아 감히 황상을 피곤하시게 할 수는 없습니다. 저희로서는 오로지 이 일을 기억해 주셨으면 하는 것이 전부입니다. 만약에 저희가 고소를 당한 내용처럼 거짓되고 위험한 종교를 진정으로 전하고 있다면, 존경하는 마음으로 저희를 칭찬하고 있는 왕자들의 행위가 어찌 올바르다 할 수 있겠습니까? 황제께서도 페르비스트 신부에게 새로운 종류의 대포를 주조하라고 명하여 위태로웠던 내전을 끝내시면서 저희의 충성심에 크게 의존하셨습니다. 황제께서는 여러 차례 페레이라와 제르비용 신부를 중요한 임무를 맡겨 몽골이라는 극지로 보내셨으니, 거짓 교리의 지배를 받는 자들이라면 충성심을 가지고 저들의 주군을 섬기지 않을 것을 잘 알고 계실 것입니다. 사악한 자들은 언제나 자신들만의 욕망을 추구하며 사적인 이익만을 추구합니다.

저희가 매우 고단한 오랜 항해를 거쳤고, 보통 사람들이라면 유혹받기 쉬운 야망과 탐욕을 멀리하면서, 유일한 참된 종교를 전하려는 열심만 가지고 황제의 나라에 왔다는 사실을 고려해 주시기를 겸손히 빕니다. 저희가 처음으로 이 나라에 왔을 때 특별한 대접을 받았습니다. 순치 10년(1653년)에는 저희를 흠천감 간부로 삼으셨고, 순치 14년(1657년)에는 베이징에 교당을 짓도록 허락하셨으며, 순치제께서는 장지로 쓰라고 특별한 부지를 저희에게 기꺼이 하사하셨습니다. 황제의 영광스러운 치세인 27년(1688년)에 황제께서는 친히 페르비스트 신부를 추모하여, 그에게 커다란 새로운 벼슬을 다시 내리셨을 뿐 아니라 화려하고도 장엄한 장례식을 치르도록 배려하셨습니다. 그 후로 곧바로 새로 온 선교사들에게는 숙소를 내어주시고 또 그들이 만주어를 공부할 수 있도록 선생을 붙여주셨습니다. 마지막으로, 황제께서는 그 선교사들의 행동을 대견하게 여기시면서 그들이 몽골 땅을 여행하면서 나라에 공헌했던 일과 러시아인들과 협상한 내용을 문서 보관소에 남기게 하셨습니다. 저희로서는 이처럼 위대하신 황제를 모시게 된 것이 크나큰 영광이고 행복이 아닐 수 없습니다. 그 후로 이 거대한 제국을 현명하게 다스리시는 황제께서 미천한 저희를 크게 신뢰해 주셨는데, 저희 형제인 인토르체타가 그의 성에 거주할 수 있는 허가를 내주지 않을 만큼 비합리적인 한 명의 관리가 발견되는 것이 어떻게 가능합니까? 이 선량한 노인은 남은 생애를 조용하게 지내는데 필요한 만큼의 작은 땅 한 조각을 겸손하게 요구하였습니다만, 아직 그 땅조차 얻지 못하였습니다. 진심으로 그의 운명은 아무리 애통해해도 부족합니다.

황제의 보잘것없는 백성인 저희는 이곳에서 버림받은 고아 신세이면서 또 누구에게도 해를 주지 않으려 애쓰고 있습니다. 소송이나 아주 사소한 다툼이나 분쟁도 피하면서 살고 있습니다. 바로 이것이 황제께 이 문제를 엄하게 다스려주시기를 간청하는 이유입니다. 이 무죄한 사람들을 불쌍히 여겨 주십시오. 황제께서 저희가 결백하다는 것을 아시게 되면 온 나라에 조서를 내리시어 저희의 행위와 종교에 대한 황제의 판단을 널리 알려주시기를 저희는 간구합니다. 저희가 감히 이 상소문을 올리는 것은 이러한 황제의 은혜를 입기를 바라기 때문입니다. 하지만 모든 선교사는 두려운 마음으로 기다리면서 무슨 명령을 내리시든지 이를 기꺼이 따를 것입니다. 강희 30년 12월 16일(양력 1692년 2월 2일)."

제 5 장

베이징 성당의 건축과 중국인 신도봉사회의 활동

제 5 장

베이징 성당의 건축과 중국인 신도봉사회의 활동

예수회 선교사들이 올린 상소문에 대한 예부의 부정적인 반응

중국에서 춘절春節은 가장 화려하면서도 모두가 기다리는 축제이다. 실제로 춘절에는 종교적 의미는 전혀 없지만, 이날을 아무 행사도 없이 그대로 넘기려는 사람은 없다. 이를 소홀히 하면 그다음 해에 어떤 커다란 불행이 닥칠지도 모른다는 두려움이 있기 때문이다. 사람마다 모두 가장 좋은 옷을 입고 친구들과 친척들에게 인사를 하고 복을 빌러 다닌다. 모두가 즐거운 마음으로 사람들이 모여드는 축하 행사에 참여한다. 하던 일은 모두 잠시 멈추는데, 상인들은 흥정을 멈추고, 농부들은 농사짓는 일을 멈춘다. 관가도 문을 닫고, 전 제국에서 휴일을 지킨다. 중국인들은 이런 긴 휴가를 봉인封印이라고 부르는데, 실제로 관아마다 큰 의식을 행한 뒤에 관인을 보관하는 조그만 상자를 잠가 버린다. 관리마다 관인을 하나씩 가지고 있는데, 각각의 크기, 모양, 재료는 벼슬의 크기에 따라 법으로 정해져 있다. 공무를 수행한다는 것은 바로 이런 인장을 사용한다는 것을 뜻한다. 그 관리가 황제에게서 임명장을 받고, 심지어 공식적으로 한 관서의 책임자가 되었을지라도, 관인을 손에 쥐기 전에는 어떤 법적인 행위도 할 수 없다. 마찬가지로 그가 그 인장을 손에 쥐고 있는 동안에는 그의 법적 권한을 아무도 막을 수 없다. 관인을 공식적으로 찍지 않으면 모든 행위가 무효가 되고, 이런 형식을 밟지 않고 문서를 발송한 관리는 범법자로 간주 되어서 엄한 처벌을 받는다. 이 넓은 제국이 행정의 기틀을 잡으려면 이러한 세심한 형식이 필요하다.

책력을 만들고 길일과 흉일을 알아내는 업무를 맡은 흠천감에서는 새해가 시작되기 오래전부터 [관인이 들어있는 상자를] 봉인하고 재개봉하기에 적절한 날과 시간을 알려준다. 봉인과 재개봉 사이의 기간은 보통 3주 정도이다. 황궁에서는 흠천감의 결정 내용을 충분한 여유를 두고 신중하게 지방에 알린다. 제국 전체가 같은 시간에 관인 상자를 닫아야 하기 때문이다. 선교사들이 강희제에게 상소를 올린 날은 12월 6일이었고, 황제는 이 상소문을 가능한 한 빨리 심사하여 결과를 보고하라는 명령과 함께 서둘러 예부로 보냈다. 하지만 예부에서는 봉인 전에 이 일을 마무리할 시간이 부족했으므로 춘절 연휴가 끝나기를 기다릴 수밖에 없었다. 이렇게 일이 지연되자 선교사들과 새 신자들은 하느님의 보호를 기원하면서 교회당에 모여 함께 기도를 드리며 기다렸다. 관습에 따라 소란스러운 파티로 흥청망청하는 대신 중국인 그리스도인들은 집안에 모여 이교도인 동포들을 위해 하느님께 눈물과 번민으로써 경건한 예배를 드렸다. 그들은 박해받는 교회에 평화를 주시고 제국에 사는 모든 사람에게 복음을 받아들일 수 있는 자유를 주시기를 밤낮으로 하느님께 간구하였다.

정월 12일에 나라 전체에서 봉인이 풀렸고 모든 관청이 일제히 업무를 다시 시작했다. 예부에서는 관리들이 모여 선교사들이 올린 상소를 심사했는데, 그들은 크게 난감해했다. 관리들은 그리스도인들에 대한 증오심과 황제를 기쁘게 해야겠다는 욕심 사이에서 고민하면서 이 건을 어떻게 다루어야 할지 몰라 몹시 난처했다. 오랜 망설임 끝에 드디어 그들의 증오심이 황궁에 대한 공손함을 이겼다. 변하지 않고 그리스도교를 반대하였던 예부는 군주의 뜻과 선교사들의 이익에 반하는 결정을 내렸다. 예부는 그리스도교를 반대하는 옛 조서들 안에서 가장 가혹한 조항들을 모두 택하여 긴 개요를 작성한 후, 이 사안은 이미 결정이 내려진 것과 같이 그리스도교의 활동을 허용할 수 없다는 결론을 내렸다.

예부의 답변이 마음에 들지 않았던 황제는 이에 서명을 거부하였다. 황제는 자신이 선교사들에게 유리한 답변을 기대하고 있다는 점을 밝히며 상소를 재심하라고 명했다. 하지만 예부는 완강하게 첫 번째 의견을 고수하였다. 강희제는 예부에 다시 지시해도 아무것도 얻을 수 없음을 깨닫고, 마음에 들지는 않았으나 끝내 양보하여 예부에서 올린 중국인들이 유럽인들의 종교를 믿는 것을 금한다는 내용의 조서에 서명하였다. 이처럼 군주의 뜻에 반대할 수 있는 부서가 있는 나라는 과도한 독재가 아니라는 점을 인정해야 할 것이다. 민주제도를 가진 국가를 포함하여 모든 국가에서 한 나라의 원수가 이 중국 황제만큼 양심적으로 권력을 행사하는 나라를 찾기는 어려울 것이다.

이러한 결과가 나오리라고는 전혀 예상치 못했던 선교사들은 슬픔과 실망에 빠져들었다. 황제 자신도 선교사들의 일로 비통해하면서 그들을 위로하려고 애썼다. 황제는 몇몇 선교사들에게는 벼슬을 주어 지방으로 내려가라고 제안하였는데, 황제가 선교사들을 존중하고 그리스도교를 승인한다는 것을 모든 사람이 믿게 하려는 것이었다. 그러나 선교사들의 고통이 너무 컸기 때문에 그들을 달래거나 헛된 말로 위로할 수 없었다. 선교사들은 자신에게 위로의 말을 하는 사람들에게 "저희는 눈앞에 부모의 시신을 둔 사람들과 같습니다."라고 말하였는데, 이 말은 중국인들이 큰 고통을 당했을 때 흔히 쓰는 표현이었다.

그리스도교를 옹호하는 송고투의 연설과 그 결과

선교사들의 슬픔이 날이 갈수록 덜해지는 것이 아니라 오히려 더해가는 것을 보고, 황제는 송고투를 불러 선교사들에게 그들을 위해 무엇을 해줄 수 있을지 상의하게 되었다. 따뜻한 심성을 가진 이 재상은 네르친스크 조약을 체결하면서 자신이 제르비용 신부에게 맹세했던 말을 기억하고 있었다. 재상은 선교사들의 노고를 크게 칭찬한 후에, 황제에게 그들은 직업상 부귀와 세상의 명예를 하찮게 여기니 그 노고에 대한 유일한 보상은 나라 전체에 공개적으로 그들의 종교를 전하는 자유를 주는 것이라고 말했다. 황제는 "그렇소. 짐도 그리 알고 있으나, 관리들이 유럽의 종교를 허용하려 들지 않으니 어찌 선교사들을 만족시킨다는 말이오?"라고 답하였다. 이에 송고투는 "폐하께서는 관리들의 주군이 아니십니까? 명령만 내리시면 신이 관리들에게 가서 그 누구라도 감히 폐하의 심기를 건드리면 안 된다고 강변하겠습니다."라고 큰 소리로 말했다. 더는 이러한 간곡한 부탁을 물리칠 수 없었던 강희제는 곧바로 중신들과 판관들과 예부 관리들에게 다음과 같은 조서를 내렸다.

> "강희 31년(1692) 2월 2일, 내각은 경들에게 천자의 뜻을 전하노라. 궁정에 있는 서양인들은 오랫동안 수학과 천문학을 관장해왔고, 삼번의 난 때에 짐을 도와 대포를 주조하는 큰일을 행하였도다. 그들은 신중한 태도와 뛰어난 능력을 지녔고, 또 커다란 열정과 불굴의 근면성을 발휘하였으니, 짐으로서는 그들에게

보상을 내릴 의무가 있노라. 그들이 믿는 종교는 민심을 교란하거나 민란을 교사하는 것이 전혀 아니다. 이에 짐은 모든 백성에게 그들의 종교를 믿는 것을 허락하니, 원하는 자는 그 종교를 받아들여 자유롭게 교당을 출입하고 공개적으로 천주를 경배하는 것이 가하다. 따라서 짐은 판관들의 충언과 자문을 거쳐 지금까지 내려진 그리스도교를 금하는 모든 조서를 폐기하려 하노라. 중신들과 예부 관리들은 함께 모여 이 건을 심의하여 될 수 있는 한 빨리 경들의 의견을 보고하도록 하라."

송고투는 사전에 황제와 합의했던 대로 이 사안을 심의하는 자리에 참석하여, 자신이 그리스도인은 아니지만, 외국 신부들을 위해서 외국 종교를 옹호한다기보다는 자신의 명분이나 조국을 지킨다는 태도로 활기차고 애절하게 말했다. 공식 기록에 적힌 그의 연설의 전문을 아래에 옮기기로 한다.

"경들께서는 이 유럽인들이 얼마나 대단한 열정과 근면함과 신의를 가지고 힘을 다해 제국에 봉사하고 있는지 알고 계실 것이오. 제국의 평화와 질서를 책임지고 있는 우리 고관들조차도 나라의 번영보다는 자기 재산과 개인적인 영달에 관심을 쏟는 사람들이 더 많고, 공익을 쫓는 사람은 거의 없는 것이 현실이오. 이 이방인들은 이와는 반대로 개인적인 욕심을 버리고, 우리가 나라를 사랑하는 것보다 더 우리나라를 사랑하고, 우리나라 지방의 안정을 위해 저들의 안락한 생활을 스스로 포기했소. 지난번 내전(삼번의 난)과 러시아와의 전쟁을 통하여 나는 이 사실을 직접 경험하고 깨닫게 되었소. 러시아와의 협상에서의 좋은 결과가 누구 덕분이라고 생각하시오? 내가 협상단의 대표자였으므로, 나로서는 그 영광을 나 자신에게 돌리는 것이 이익이 될 것이 분명하오. 그러나 만일 내가 만약 부당한 대우를 받고 있는 선교사들에게 영예를 거짓으로 돌리고 있다면, 적군의 장수들과 내가 데려갔던 관리들, 군대가 모두 내가 거짓말을 한다고 했을 것이오.

신중하고도 훌륭한 태도와 지혜와 온건함으로 이 중요한 협상에서 다행스러운 결과를 가져오게 한 사람들은 바로 이 유럽인들이오. 그들의 조언이 없었다면 우리 적들이 매우 완강하게 허락하기를 거부하였던 권리를 피를 흘려서 사야만 했을 것이오. 이렇게 큰 노고를 우리가 무엇으로 갚을 수 있단 말이오? 벼슬도, 재산도, 명예도 요구하지 않는 사람들에게 우리가 무엇을 줄 수 있단 말이오? 우리가 어떤 방법으로든 우리를 위해 자신을 희생한 이방인들에게 우리의 힘으로 보상하지 못한다면, 우리 마음은 분명히 크게 불편할 것이오. 경들은 이 문제를 생각하면서 경들에게 고마움을 표시할 수 있는 유일한 방법을 알려준 것에 대해 내게 감사할 것이라 믿소.

그들은 자신의 종교를 세상의 모든 보화보다도 값진 것으로 여기고 있소. 그들이 행복과 위안을 얻는 방법은 오직 그들의 신을 경배하는 것이오. 그들은 오직 자신들의 행복과 위안에 영향을 주는 어떤 신을 경배하오. 그들로하여금 이러한 즐거움을 마음껏 누리게 합시다. 그들에게 선한 것은 오직 그것뿐 아니겠소? 그리고 이에 관하여 그들이 만약 원한다면 중국인들에게 이를 전할 수 있도록 합시다. 그들은 이를 받아들이기만 하고 있지는 않을 것이오. 오히려 우리에게 고마움을 느끼고 많은 것을 베풀려고 노력할 것이오. 티베트 라마들과 중국 불승들은 자기네 종교 활동에 방해를 받고 있지 않으며, 이슬람조차도 항주부에 우리들의 건물보다 더 높은 모스크를 세우고 있다고 하오. 하지만 어느 누구도 이 제국에 범람하고 있는 이러한 움직임을 막으려 하지 않았소. 백성들은 이런 종교들을 불필요하거나 위험하다고 여기고 있는데 말이오. 그런데 우리는 유럽인들이 가장 순전한 덕성의 교리를 가진 종교를 전파하려고 하자, 이를 경멸하고 거부하였을 뿐만 아니라 선교사 비난하기를 자랑으로 여기고 있지 않소? 마치 거짓과 미신이 제국에 침입하는 것을 막아야 할 우리의 도리가 진실까지도 배척하고 있는 꼴이 되어버리고 있는 것 같소.”

송고투가 이렇게 계속 압박을 하며 말을 이어가자 몇 명의 참석자들이 그의 말을 가로막으면서, 이 종교가 당장은 위험하지 않을지 모르나 나중에는 심각한 혼란의 원천이 될 염려가 있다는 것을 입증하려고 하였다. 앞뒤를 헤아려보면 반란과 불화를 일으킬지도 모르는 이 작은 괴물은 미리 억눌러야 하고, 이 이방인들이 가진 종교의 본 모습이 의심스럽다는 주장이었다. 그러자 송고투는 다음과 같이 말했다.

> "어떤 의심이란 말이오? 내가 재상으로 10년을 봉직하는 동안 그리스도인들에 대한 불평을 들어본 적이 없소. 온 백성이 그들의 종교를 받아들이는 것이 크게 바람직하다는 내 말을 믿으시오. 그 종교가 자녀들이 부모에게 순종하고, 군주에게 충성하고, 종들이 주인에게 복종하라고 가르치지 않는단 말이오? 그 종교가 살인을 금하고, 이웃의 재물을 취하지 말라고 가르치지 않는단 말이오? 그 종교가 위증과 중상과 거짓을 말하는 것을 무서워하지 않는단 말이오? 그 종교가 소박한 마음을 가지고 온전하고 겸손하며 절제하는 것을 금한단 말이오? 하실 수 있거든, 사람의 마음을 샅샅이 들여다보시오. 그리고 난 후에 그리스도교에서 금하지 않은 죄악을 단 하나라도, 혹은 권하지 않는 덕을 단 하나라도 찾아낸다면, 경들이 그리스도교에 반대하는 결정을 내려도 내가 동의하겠소. 그러나 그 종교가 거룩하고 또 합리적이라면, 경들이 그것을 인정하는 것을 머뭇거릴 이유가 없지 않소?"

송고투는 그의 말을 듣고 있던 이들이 자신의 말에 마음이 동하고 있음을 확인하고는, 십계명에 관하여 설명하기 시작하였다. 십계명에 대한 그의 설명이 너무나 유창한 나머지 관리들은 할 말을 잃고 서로를 멍하게 바라보기만 할 뿐이었다. 그리고 마침내 그들은 이 새로운 종교가 제국에 전파되는 것을 허용하는 데 어떠한 위험도 없을 것 같다고 인정하였다. 그러자 예부에 속한 한인 관리 하나가 일어나 유럽인들이나 그들의 종교에 적의를 가지고 있지는 않지만, 중국인들은 마땅히 그 종교를 따르지 않아야 한다고 주장하였다. 그 이유를 한 마디 요약하자면, 그리스도교가 외래종교이고 외국인들이 전파하기 때문이며 또 일단 문을 열어주면 머지않아 나라의 대부분이 그 종교에 빠지게 질 것이 두렵기 때문이라고 말했다. 이에 송고투는 다음과 같이 말했다.

> "하늘에 맹세컨대 온 나라가 그 종교를 믿게 될 것이고 이 계명을 지키게 될 것이요! 그러면 범죄가 없어지지 않겠소? 살인도, 강도도, 간통도, 가족의 헤어짐도, 개인들 사이의 분쟁도, 관리들의 부정도 없는 세상이 오지 않겠소? 반란자나 도적들이 더는 들끓지 않고, 범죄도 없고 평화스러우며, 이 나라를 세상에서 가장 행복한 나라로 만드는 조화로움 가운데 살게 되지 않겠소! 우리가 이미 가장 현명하고 강한 나라에 살고 있는 것처럼 말이오."

송고투의 마지막 말은 듣는 이들의 마음을 크게 움직였다. 예부의 모든 관원, 한인들과 만주인들을 가릴 것 없이 만장일치로 선교사들에게 복음을 전파할 수 있는 완벽한 자유를 주고 백성들에게도 그리스도교를 믿을 수 있는 자유를 주는 것에 동의하였다. 예부에서는 이어서 이러한 내용을 담아 황제에게 올리는 상소를 마련하기 시작하였다. 송고투는 성공을 기뻐하면서 예부의 호의적인 입장을 황제에게 전하기 위해 좌중을 떠났다. [그는 황제에게 나아가] 중국인들이 [그리스도교에 대한] 편견을 버렸으며, 한인들이 몽골인들처럼 유순해진 것을 발견하게 되었고, 선교사들은 황제가 바라던 결정을 담은 조서만을 기다리면 된다고 장담하였다. 황제는 웃음을 터뜨리며 "경은 중국 한인들이 절대로 용서하지 못할 속임수를 썼구려. 그대는 한인들로부터 용서받지 못할 것 같소."라고 말했다. 송고투는 이에 "그런 일은 없을 것입니다. 저보다 더 속이는 자만 없다면, 한인들은 불평할 이유가 없을 것입니다."라고 답했다. 이튿날, 예부 관원 전원이 어전에 도열하여 그들이 작성한, 다음과 같은 상소를 황제에게 올렸다.

"신 예부상서 고팔대와 소속 관원들은 황제께 이 변변치 않은 상소를 올리나이다.[102] 신들은 언제나 황제의 명을 따라야만 하고 특히 황제께서 신들에게 나라의 대사에 관한 의견을 물으실 때는 더욱 그러하옵니다. 신 등이 유럽인들과 관련된 문제를 심사숙고하였사온데, 그들은 황상의 뛰어나신 배려와 위대하신 성품에 이끌리어 세상의 끝에서 유럽과 중국을 갈라놓는 엄청나게 넓은 바다를 건너온 자들입니다. 그들이 우리 가운데서 살게 된 이래, 내전과 외국과의 전쟁 과정에서 나라에 커다란 봉사를 하였고, 또 유용하고도 흥미로운 서책들을 부지런히 지었고, 공익을 위해 진실함과 성실함을 보였으니 이는 존경과 감사를 받아 마땅합니다. 게다가 이 유럽인들은 아주 조용하여 지방에서 아무런 분란을 일으킨 적이 없습니다. 누구를 해한 일도 없고, 악행을 저지르지 않았습니다. 그들이 말하는 교리는 제국에 있는 거짓되고 위험한 종교들의 교리와는 전혀 다르며, 또 폭동을 일으킬 조짐도 전혀 없습니다. 우리나라에서는 몽골 라마들이나 중국 불승들이 사원을 짓고 저들의 신들에게 향초를 피우는 것을 막고 있지 않사온데, 하물며 선량한 법도만 전하는 유럽인들이 자신들의 교당을 가지고 거기에서 그들의 종교를 공개적으로 전하는 것을 우리가 어찌 금할 수 있겠습니까? 그러므로 예부에서는 천주에게 봉헌한 모든 교당은 어디에서 발견되든지 보존되어야만 하고, 이 신에게 예배를 드리고자 하는 모든 사람은 이 교당에 들어가 그 신에게 향초를 피우고 그리스도인들이 예전부터 행해오는 예전에 따라 행하도록 결정하였나이다. 따라서 이후로는 선교사들에게 아무도 어떠한 반대도 하지 못하도록 할 것입니다. 신 등은 이 건에 관하여 예부가 이런 사실을 베이징뿐 아니라 다른 지역의 총독들과 순무들에게도 전달하기 위하여 황제의 명령을 기다리옵니

102) 고팔대(顧八代, ?-1708, 字는 文起)는 满洲 鑲黄旗人이었다. 삼번의 난 때 廣西省으로 여러 차례 출전하였고, 그 뒤에 禮部尙書로 승차하였다. 太傅에 추증되었고, 위패는 賢良祠에 안치되었다.

다. 강희 31년 2월 3일(1692년 3월 22일).”

황제는 이 상소를 받고 크게 만족하여 즉시 서명한 후에 국새를 찍은 정본을 선교사들에게 곧바로 보냈다. 이것은 “궁정에 있는 문서보관소에 영구히 보존될”것이었다. 며칠 후에 이 조서가 반포되었고, 예부에서는 이를 고관들에게도 교부했다. 그 조서의 내용은 다음과 같았다.

> “총독과 순무들은 삼가 황제의 명을 받들라. 이 조서를 받는 즉시 주의를 기울여 그 내용을 읽고, 예부에서 너희에게 보여준 예에 따라, 이를 정확하게 집행해야만 한다. 또 이 조서의 사본을 만들어서 다스리는 모든 지역에 배포하고, 이 건에 관하여 행한 일을 예부에 반드시 보고하라.”

이렇게 엄숙하고도 공식적인 조치가 취해짐에 따라 그리스도교는 마침내 중화제국에서 사실상 가장 확고하고 단단한 기초 위에 세워지게 되었다. 이 반가운 소식을 접하고 모든 교당이 얼마나 기뻐하였는지는 이루 다 말할 수 없다. 그보다 더 활기 있고 진정한 기쁨은 결코 있을 수 없었다. 새 신자들은 그들의 기도에 응답해 주시고, 그들의 눈물을 멈추게 해주셨으며, 마음껏 하느님을 섬길 수 있는 완전한 자유를 주신 하느님께 감사하려고 교당으로 무리를 지어 달려갔다. 그 후에 신자들은 웅장한 공공축제를 열었는데, 악기를 연주하는 이들의 호위를 받으며 꽃으로 장식된 황제의 조서가 위엄을 과시하며 함께했다.

중국 교회에 펼쳐진 밝은 미래와 강희제의 치료

이러한 행복한 일로 인해 생긴 가장 좋은 결과는 온 백성에게 끼친 영향이었다. 지금까지 법을 두려워하여 그리스도교를 가까이하지 않았던 많은 불신자가 이제는 전도를 받고 세례를 받으러 왔다. 매우 놀랄만한 개종이 모든 성에서 일어났다. 초심자의 수가 너무 많아서 선교사들은 이 새로운 예수 그리스도의 병사들을 다 명부에 올리지도 못할 정도였다. 복음이 매우 빠르게 전파되자 한 중국 선교사가 이 고무적인 소식을 담은 편지를 유럽으로 보냈다. 그러나 안타깝게도 유럽은 아직 이것을 실감하지 못했다. 그 선교사는 이런 소식을 전했다.

> "하느님의 나라를 확장할 수 있는 이와 같은 기회는 지금까지 있었던 적이 없었다. 3억이 넘는 사람들이 살아가는 광대한 중화제국에서 복음의 빛을 받아들이는데 이처럼 호의적이었던 때는 이제껏 없었다."

고비앙Charles Le Gobien 신부는 아래와 같은 말을 덧붙였다.

> "우리가 살아 있는 동안에 [중국의] 이 신생교회가 한꺼번에 기성교회(유럽 교회)처럼 열렬한 모습으로 번성하는 모습을 제 눈으로 보는 기쁨을 주셨으니 하느님께 감사할 뿐입니다.[103] 첫 번째 콘스탄티누스 황제처럼 열성적인 새로운 콘스탄티누스 황제[강희제]가 부디 이 교회의 아들이 되게 하시고, 또 교회의 보호자, 후원자가 되게 하소서. 일본, 몽골, 베트남과 그 이웃 나라 모두가 세상에서 가장 현명하고 개명된 나라임을 자부하는 중국인들의 예를 본받게 하셔서, 유럽과 아시아가 함께 예배드리면서 같은 하느님과 주님을 경배하게 하소서. 그분은 해가 뜨는 곳에서 지는 곳까지 찬양을 받아 마땅하신 분이며, 세계의 가장 중요한 지역에서 쓰는 모든 언어로 찬양을 받으실 분이십니다."[104]

---

103) 고비앙(Charles Le Gobien, 1653-1708)은 프랑스 예수회 신부로 예수회의 중국 선교자료 수집하는 업적을 남겼고 특별히 전례논쟁에 관한 글을 많이 썼다. 육 신부는 고비앙의 자료를 활용하고 있다.

104) (원주) Le Gobien, Histoire de l'Édit de l'Empereur de In Chine, 1698.

춘절 이후 그리스도교에 호의적인 조서가 반포된 직후에 강희제는 좋아하는 공부를 다시 시작했다. 제르비용과 부베 두 신부가 황제의 학문적인 노력을 돕기 위해 바친 열정과 헌신을 쉽게 상상할 수 있을 것이다. 그들은 날마다 숙소와 궁정을 오갔다. 중국에서 종교의 자유가 선포된 직후에 하느님께서는 선교사들에게 황제에 대한 감사를 표할 기회를 주시는 듯했다. 같은 해(1692년) 음력 4월, 강희제는 매우 위험한 악성 열병에 걸렸다. 어의들은 온갖 의술을 동원하여 치료하였으나 효험이 없었고, 그들의 처방은 전혀 효과가 없었다. 황제는 제르비용과 부베 두 신부가 최근에 유럽에서 들어온 키니네라는 약을 극찬하였고 자신이 그 약에 '신성한 치료약神療'라는 이름을 붙여주었던 일을 기억해냈다. 황제는, 한의漢醫들이 아무런 도움을 주지 못한다는 것을 깨닫고는, 유럽인들이 소개한 '신료'를 써보자고 하였으나, 어의들은 옥체에 알려지지 않은 약을 쓰면 크게 위험할 수 있다고 주장하며 황제의 소원을 단호하게 거절했다. 가장 유명한 어의 세 사람이 이 같은 의견을 내면서 며칠 동안 투약을 중단하고 병세를 관찰하면서, 더 정확한 진단을 내리면 좋겠다는 의견을 덧붙였다. 황제는 이 기회를 활용하여 어의들에게 알리지 않고 유럽의 처방을 써보았다. 그날 저녁에 열이 내렸고 곧 정상으로 회복되었다. 그러나 그로부터 얼마 후부터 황제는 종종 열병에 걸려 근심하게 되었다. 신부들은 황제가 이 약의 효험을 베이징 전체에 알려 누구라도 이 열병에 걸리면 즉시 궁정으로 와서 치료를 받을 수 있게 선포하도록 했다. 궁정의 고관들 몇 명을 지명하여 처방을 받아 환자들을 치료하는 일을 맡게 되었다. 사람들은 절대적인 효험을 보장한다며 다양한 처방전을 가지고 왔다. 그 가운데 한 불승이 있었다. 그는 특이한 행동으로 조신들을 즐겁게 했다. 이 불승은 빈손으로 궁정에 있는 가장 깊은 우물로 가고 싶다고 했다. 그는 우물에서 물 한 통을 기르더니 매우 엄숙하게 자기로 만들어진 병에 부어서 먼저 바닥에 놓은 다음, 이 병을 태양을 향해 두 손으로 들어 올려서 경건하게 바쳤다. 그런 후 이 돌팔이 의사는 사방을 향해서 매우 우스꽝스럽고 뒤틀린 자세로 같은 의식을 되풀이했다. 그리고는 이 병을 조신들에게 보여주면서 아무리 심한 열병이라도 이 신비한 액체만 있으면 걱정 없다고 장담했다. 구경꾼들이 웃기 시작했지만, 그는 전혀 신경 쓰지 않고 환자들 몇 명에게 이 물을 주었다. 역시 예상대로, 좋은 효과가 생기지 않자 불승은 마치 사기를 치다가 들킨 것처럼 궁궐을 빠져나갔다.

남아있던 사람들 가운데 프랑스 선교사인 드 퐁타네 신부와 부베 신부는 상당량의 키니네를 들고 궁궐로 가서 치료를 담당하던 네 고관에게 전하면서 용법을 설명하여 주었다. 그 이튿날 조심스럽게 선택한 몇 명의 환자에게 약을 실험적으로 복용하도록 했는데, 이들은 한 차례만 복용하고도 열병이 치료되었다. 관리들은 이 약이 효과가 있으면 즉시 복용할 작정이었던 황제에게 이 치료법의 놀라운 효험을 보고했다. 하지만 이 약을 복용하는 것을 심하게 반대하는 태자가 나타나 강희제에게 이 처방을 권했던 관리들을 나무라며 물러가게 하였다. 관리들은 이 특정한 약은 아무 해가 없을 것이고, 건강한 사람에게도 유익한 것이라고 변명했다. 그러자 태자는 술을 가져오라 하더니 키니네를 직접 술에 타서 네 고관에게 복용해 보라고 내밀었고, 그들은 곧바로 귀가하여 아무런 불편함 없이 조용하게 잠이 들었다.

열병으로 힘든 밤을 보낸 황제는 유럽의 약을 먹은 네 명의 고관에게 아무런 이상이 없었다는 말을 듣고는, 더는 망설이지 않고 그 약을 먹었다. 황제의 열병은 사라졌다. 황제는 그 후로 며칠간 계속 이 약을 먹었고, 몸이 완전히 회복되었다. 강희제는 그렇게 효험이 좋은 약을 대령한 사람들에게 상을 내렸고, 약을 처방하지도 않고 내버려 두면서 자연적인 치유에만 의존했던 세 명의 어의를 엄벌하였다. 어의들은 형부에 끌려가 사형이 선고되었으나 황제는 몽골의 얼어붙은 초원으로 귀양을 보내는 것으로 그들의 형을 감형했다. 어디에선가 언급한 적이 있지만, 중국에서는 누구든지 원하면 의원을 할 수 있고 나라에서는 이에 대해 아무런 규제를 하지 않는다. 건강하고 자신의 건강문제에 본래 관심을 가지는 사람들은 의원이 되겠다는 확신만으로도 의원이 될 자격이 충분하다고 생각했다. 따라서 의서 몇 권 읽고 약방문을 쓸 줄 아는 사람이면 자기 동족 누구라도 치료(혹은 살인)할 수 있었다. 의원이라는 직업은 거사나 진사가 되지 못했거나 관리 흉내를 내는 남아도는 생원들이 되고 싶어 하는 제법 괜찮은 배수관이나 하수도관 같은 직업이었다. 언젠가 말했듯이 중국에는 의원들로 가득해서 풋내기 의원들의 숫자는 헤아릴 수 없이 많았고, 거의 모든 중국인이 피상적인 의학지식을 가지고 있었다. 아무리 작은 마을이라도 의원이라고 자처하는 여러 사람이 뽐내고 있었다. 의원의 지위가 유럽에서처럼 높지 않은 것은 말할 것도 없었다. 누구나 할 수 있는 일을 하는 사람을 크게 존경할 수는 없으므로 서툰 의원들이 존경을 얻을 가능성은 거의 없다. 중국의 의원은 왕진비를 받지 않는다. 단지 약값으로 이윤을 남기기를 바랄 뿐이지만, 약값도 저렴할뿐더러 늘 외상이기 때문에 일반적으로 총수입에서 실제로 손에 들어오는 것은 삼 분의 일 정도도 안 된다. 또 약효가 없는 약에 대해서는 돈을 내지 않는 것이 관례였고 이런 일은 매우 흔했다. 나을 것이라고 장담했던 환자가 사망하는 최악의 경우에 이 불운한 의원은 피신하거나 도망치거나, 이에 실패하면 벌금을 내거나 투옥되거나 태형을 당하게 된다. 그 경우에 관련자들은 그를 상대로 소송을 제기한다. 만일 의원이 자신의 목숨과 안전을 고려한다면, 그가 할 수 있는 최선은 가능하면 빠르게 사라지는 것이었다. 관청에서는 이러한 불운한 의원들에게보다 엄격한 법조문을 적용하는데, 『형법전』(297조)을 보면 이렇게 기록되어 있다.

> "의학지식이 없이 의료행위를 하는 자가 약을 조제 하거나 예규에 어긋나는 방법으로 예리하거나 자르는 도구를 사용하여 수술하고, 그 결과 환자가 사망하

게 되는 경우, 관리는 의술에 능한 다른 자를 불러 환자를 사망에 이르게 한 처방 내용이나 수술 부위를 검증하도록 해야만 한다. 고의로 해를 입힌 게 아니라 실수를 했다는 이유로 고소되었음이 밝혀지면, 이 의원은 사고로 살인한 자가 내야 하는 벌금을 내면 살인죄는 면할 수 있지만 다시는 의료행위를 할 수 없다."

여기에서 마지막 구절은 매우 적절하다고 볼 수 있는데, 중국이 아닌 다른 곳에서도 아마도 유익을 가져다주는 법조문이 될 것이다.

궁정에서 살게 된 예수회 신부들과 강희제의 몽골 원정

강희제는 자신을 치료하지 못하였던 프랑스인 의원[중국 어의]들은 상당히 가혹하게 대했지만, 자신을 낫게 한 선교사들에게는 큰 감사의 뜻을 나타냈다.[105] 황제는 선교사들을 궁궐로 불러들여 한 명의 대신을 통해 "황제께서 그대들에게 베이징의 황제 궁정 안의 가옥 한 채를 하사하신다."라는 황송한 내용을 전했다. 선교사들은 중국의 예법에 따라 무릎을 꿇고 이 말을 전해 들었다. 그 후에, 그들은 황제의 은혜에 감사하려고 황제의 침소로 찾아갔으나 강희제는 그곳에 없었다. 드 비스델루, 부베, 제르비용과 드 퐁타네 등 네 명의 신부들은, 굳게 침묵을 지키는 관리들이 두 줄로 서 있는 사이에 한 줄로 서서 세 차례 무릎을 꿇고 아홉 차례 낮게 엎드려 황제에게 감사의 뜻을 표했다. 선교사들은 그 이튿날 같은 의례를 반복하였는데, 이번에는 황제가 그 자리에 함께하였다. 황제는 친절하게도 선교사들과 아주 다정한 대화를 나누었다. 황제는 헤어지기 전에 루이 14세에게 보내는 선물을 전해주면서 그가 궁정 안에 선교사

105) 여기서 "프랑스인 의원(French physicians)"으로 기록되어 있는데, 조판 과정의 실수로 보인다. 본문을 보면 황제를 치료하지 못한 의원들은 "중국인 어의"들이었다.

들의 거처를 마련해준 호의를 프랑스 왕에게 꼭 전하라고 당부했다. 선교사들이 이 가옥을 소유하게 된 날은 1693년 7월 11일이었다. 그 가옥은 성직자들의 거처로 쓸 수 있도록 잘 정돈되어 있지 않았기 때문에 황제는 선교사들이 필요한 대로 건물을 고치라고 명했다.

평상시의 원기를 회복한 강희제는 그가 본래 즐기던 활동적이고 근면한 생활로 돌아갔다. 여러 해 동안 몇몇 몽골 부족들의 갈단(부족장)은 만청 왕조의 중국 지배에 복속하기를 거부하고 있었다. 그들은 칭기즈칸 때부터 아시아 전역에 폭력과 죽음을 불러왔던 몽골의 유목민들을 부추겨 반란을 꾸미고 있었다. 황제는 할하Khalkas부족, 서 몽골의 중가르Oeleuts 부족, 코코노르Kou-Kou-Nor의 호전적인 부족들을 이미 자기편으로 끌어들였고, 또 티베트 라마의 도움을 약속받았다. 그는 이 불교 법왕의 영향력을 이용해서 청나라의 몽골 부족 모두를 복속시킬 수 있게 되기를 바랐다.[106] 강희제는 갈단의 의도와 술책을 알고 있었으므로 모든 외교적인 수단을 동원하여 이 무서운 적군의 계획을 방해했다. 황제가 보낸 사신들은 몽골 여러 부족의 진영을 오가며 갈단과의 연합을 방해하려고 애썼으며, 가장 유능한 사절을 라사의 라마에게 보내어 중국의 적들에게 종교적 영향력을 행사하지 못하도록 설득하였다. 하지만 이러한 사전조치에도 불구하고 갈단의 세력이 점차 커져서 큰 위협이 되었으므로, 강희제는 최대한 많은 병력을 동원하여 갈단을 정벌하기로 하였다. 그는 대규모의 원정군을 조직하고 직접 군을 지휘하기로 했다. 원정을 준비하는 것은 엄청나게 커다란 일이었으나 거국적인 사냥으로 훈련된 군사들이었으므로 원정 준비에 많은 시간이 걸리지는 않았다. 황제가 인솔하는 중군中軍인 경군京軍은 37,000명이었고, 여기에 몽골군 40,000명이 합세하였다. [서로군西路軍을 이끌었던] 비양고費揚古 장군은 휘하에 한족, 만주족, 몽골족으로 구성된 55,000명

106) 할하(Khalkas) 부족은 현재 몽골 공화국의 최대 부족을 이루고 있다.

의 군사를 거느렸고, 삽수薩布素가 이끌었던 동로군東路軍은 모두 35,000명이었다.[107] 이밖에도 면직된 관리들과 의원들과 문관 15,000명이 함께 호송대를 호위하면서 부대를 뒤따랐다. 그리고 많은 수행원으로 인해 무리가 더욱 늘어났다. 한족, 만주족이나 몽골족 병사마다 개인적으로 여러 명의 하인이 함께하여, 중국의 기록에 따르면 모두 합하여 100만 명 정도는 되었을 것으로 추정된다.[108] 모든 준비가 끝나자 예부에서는 황제의 출정식을 마련하였고, 병부에서는 행군의 진행절차를 다음과 같이 정했다.

> "천자가 하늘天에 제사를 지낼 때 조상의 사당에 가서 조상께 출정을 알린다. 그 뒤에 황제는 궁궐을 벗어나 남정문 거리를 지나 무장한 팔기군이 기다리고 있는 토성土城의 성문까지 이동한다. 경무장 부대가 앞에서 호위하고, 원정을 함께 하는 왕자들이 호위병을 데리고 황제의 깃발을 앞세운 채 행군한다. 만주군 포병대가 대열을 이루고, 그 바로 뒤로 한족 포병들과 한족 병사들이 따른다. 황제가 모습을 드러내면 세 발의 예포로 황제에게 경의를 표하고 나서 전군이 움직이기 시작한다. 황제가 군영에 도착하면 모든 관원과 병사들은 말을 탄 채 허리를 굽혀 절하는 것으로 경의를 표하고 행군을 개시한다. 황제와 함께 전장으로 나가지 않는 왕자들과 관리들은 황제가 지나는 길 양옆에 자리를 잡고 무릎을 꿇고 엎드려서 황제에게 경의를 표한다."

매우 세세한 부분까지 규칙을 정한 후에 황제는 하늘에 엄숙한 제사를 지냈는데, 이렇게 기원하였다.

---

107) 비양고(費揚古, 1645-1701)는 강희연간의 무관으로 갈단의 토벌에 큰 공을 세웠다. 삽수(薩布素, ?-1701)는 滿洲 鑲黃旗 소속의 무관이었다.

108) (원주) 실제 병력이 8,000에서 10,000명에 이르는 기마군단의 규모는 경우에 따라 군병의 역할까지도 하는 하인들까지 포함하면 4~5만 명 정도가 되는 것이 보통이었다. 이 종자들 모두가 활 쏘는 법을 익혔으므로 기병이나 보병으로 써먹을 수 있었다. 이런 비정규군은 그들에게 임금을 지불하지만, 전과에 따른 보상을 갈취하는 주인들에게는 큰 돈벌이가 되었다.

"강희 32년(1693) 2월 27일, 경의를 받으소서. 가장 순종하는 당신의 종들을 보호하소서. 오, 하늘이시여, 하늘의 주재자이시여, 상제시여! 제가 이제 수행해야만 하는 전쟁에서 경의를 표하는 신뢰감으로 하늘의 도움을 청하나이다. 천제께서는 지금까지 은총으로 저를 감싸주셨고, 놀랍도록 저를 보호해주셨나이다. 제가 천제를 고요함 가운데서 사랑하오며 베푸신 은혜에 감사드리옵니다. 제 마음에 가득한 감사를 어떻게 표현해야 할지 모르겠나이다. 저의 간절한 소망은 이 나라의 백성들과 나아가 온 세상의 백성들이 평화의 복을 누리는 것을 항상 보는 것이옵니다. 하지만 갈단이 저의 이 간절한 소망을 짓밟고 사방에서 혼란을 일으키며, 하늘의 법을 발로 짓밟고 지상에서 당신의 위치를 고수하는 천제의 통치 질서를 경멸하고 있나이다. 그는 가장 기만적이고 가장 사악한 자입니다. 천제께서 저로 하여금 그를 한 차례 징벌하도록 해주셨나이다. 저는 그를 무찔러 궁지에 몰아넣었습니다. 그러나 이런 불운에도 그의 행동에는 변함이 없습니다. 음모를 꾸미고 도당을 지어 폭력을 행하면서 가장 신성한 맹세를 조롱하고 있나이다. 그는 인류가 증오하는 대상이니, 오, 하늘이시여, 당신의 진노 또한 받아 마땅하나이다. 그의 범죄를 벌하여 세상의 원수를 갚아주는 것이 제 손에 달려 있나이다. 천제께서 제게 사악한 자들에 대항해 전쟁을 일으킬 권한을 주셨나이다. 이 의무를 다하기 위해 이제 갈단을 포위하려고 여러 부대로 나눈 군대를 제가 직접 이끌고 행군에 나서려고 하나이다. 출정일은 2월 13일로 정하였나이다. 당신 앞에 무릎 꿇고 도움을 청하오며, 당신의 보호를 받고자 이 제물을 바칩니다. 저의 통치하에 맡기신 이 커다란 나라가 영원한 평화를 누리기만을 소원하나이다."[109]

황제는 하늘에 제사를 올린 후 관습에 따라 종묘로 이동하여 출정계획 및 몽골인들과 벌이려는 전쟁에 관해 고하였다. 그런 다음 정해진 날에 선교사 세

109) (원주) De Mailla, Histoire Générale de la Chine, vol. ii. p. 187.

명을 대동하고 베이징을 떠났다. 원정 기간에도 학문을 소홀히 하지 않겠다는 생각이었다. 선교사들은 자신의 궁궐에 거처를 내줄 정도로 그리스도교를 알고, 사랑하고, 아끼고, 본을 보여 그리스도교를 승인한 이 위대한 황제가 자신이 믿지도 않는 우스꽝스러운 이교도의 의식을 여전히 행하는 것을 보고 매우 서글퍼하였다. 그는 건전한 이성을 가지고 진리를 인지할 수 있었으나, 세속적인 통치의 책략 때문에 거짓에 경의를 표하는 것이었다.

황제가 탄 전차는 몽골대평원을 가로질러 헤를렌Keroulan 강 유역으로 진격하였다.[110] 이 어마어마한 군세를 보고 갈단의 수하인 몇몇 몽골 부족장들은 황제에게 서둘러 항복하였다. 황제는 몇 차례의 교전을 통하여 갈단보다 상당한 우위를 차지하게 되었다. 마침내 갈단은 자기 영토의 서쪽 끝으로 퇴각하였다. 강희제는 갈단을 추격하는 것이 바람직하다고 생각하지 않았다. 중국에 널리 알려진 공식 기록에는 중가르의 갈단이 완전히 패하여 망한 것으로 되어있으나, 중가르의 많은 백성이 살해된 것은 사실일지라도 중가르는 영토 한 조각이라도 빼앗긴 적이 없었고 황제의 군대는 갈단의 행적을 찾을 수 없었다.[111] 이듬해(1696년), 강희제는 황하의 접경지대인 오르도스로 진군하여 그곳에서 갈단의 사절을 만났다. 황제는 이들을 부드러운 태도로 맞았으나 갈단이 몸소 와서 항복하기까지 아무런 조건도 제시하지 않을 작정이었다. 황제는 갈단에게

110) 이 강을 서양식으로는 'Keroulen'으로 표기하지만 현대 할하-몽골어 발음으로는 헤를렌(Herlen) 강이다. 칭기즈칸의 몽골족은 헨티에서 발원하는 오논 강과 헤를렌 강 유역에서 발흥하였다. 헬를렌 강은 헨티 산맥에서 남쪽으로 흐르다가 동쪽으로 굽어 흐른다. 험준한 헨티 산지는 여러 세대에 걸쳐 몽골 지도자들의 성장한 곳인 동시에 도피처의 구실을 해왔다. 칭기즈칸이 젊었을 때 원수 씨족들의 추적을 피하여 그곳에 몸을 숨겼던 것이 그 시작이었다. 몽골인들에게는 가장 중요한 성소이고 칭기즈칸이 묻혀있는 곳이기도 하다. 강희제가 몽골에서 성지인 헨티 산지 깊숙이 진격했을 때, 갈단은 멀리 있는 고지에서 이 광경을 주시하였다. 그는 만청군의 엄청난 군세를 보고 이 주력군과 전투를 벌이지 않기로 결심하게 된다.

111) 갈단은 울란바타르에서 80km쯤 남쪽의 작은 마을 Zuunmod 근처에서 비양고 휘하의 군대와 조우하였다. 갈단은 3만, 만청과 동몽골의 연합군은 5만의 군사를 거느리고 있었다. 중국인들이 준모드를 음역하여 차오모도(昭莫多)라고 하였고, 테렐지 강가에서 벌어졌던 전투를 "杜鵑花溪戰役"이라 하였다. 테렐지(Terelj)는 진달래科 철쭉屬 가운데 亞種이 모인 수풀이므로, 전투 명을 영어로 옮길 때, "진달래 개울 전투"(Battle of Azalea Creek)라 하였다.

70일의 항복할 기한을 주었고, 그 사이에 춘절을 보내러 베이징으로 돌아갔다. 춘절이 지나자 황제는 다시 오르도스로 와서 갈단이 오기를 기다렸다. 만약 갈단이 항복을 완강하게 거부한다면, 몽골 내지로 들어가 갈단을 추격할 준비를 하고 있었다. 이때 갈단의 군대는 거의 흩어지거나 청나라 장수들에게 투항한 상태였다. 황제가 몽골 땅으로 갈단을 추격하려고 나설 즈음에 갈단이 죽었다는 소식이 들렸고, 이 가공할 적에 대한 두려움에서 벗어나게 되었다.[112] 황제는 가벼운 걸음으로 평소의 습관대로 중도에 사냥을 즐기면서 베이징으로 돌아왔다. 황제는 환궁하여 만조백관이 모인 자리에서 이 전쟁의 동기와 결과에 관하여 다음과 같이 반가운 소식을 전했다.

> "갈단은 실로 무서운 적이었느니라. 그는 사마르칸트, 부하라, 호탄, 야르칸드, 카슈가르, 투르판, 하미를 비롯한 1,200개나 되는 도시들을 무슬림들에게서 빼앗아, 그 무서운 군사력이 어디까지 미쳤는지를 보여주었노라. 할하 부족이 전력을 다하여 10만이 넘는 일곱 개의 부대를 가지고 그와 대적하였으나 성과가 없었느니라. 갈단이 이 엄청난 군대를 섬멸시키는 데에는 1년이면 족하였느니라. 할하 부족의 칸이 짐에게 도움을 청하러 와서 짐이 이방인들에게 언제나 드러내 보이는 아량과 관대함을 베풀기를 호소하였노라. 짐이 할하의 칸이 중가르와 합세할 가능성이 있다는 이유로 그를 받아들이지 않았다면 짐의 가장 현명한 정책상의 원칙이 깨어졌을 것이고, 갈단이 그 무시무시한 동맹의 도움으로 군사를 일으키게 되었을 것은 말할 필요도 없을 것이니라."

---

112) 1696년 10월부터 이듬해 1월까지 이어진 강희제의 2차 원정은 실제로는 오락삼아 벌인 사냥 잔치나 다름 없었다. 하지만 중국 사서에서는 이것을 군사원정으로 둔갑시켜 놓았다. 1697년 2월부터 7월까지 이어진 3차 원정은 황하 오르도스 서쪽 狼山에서 시작되었다. 강희제의 부대가 여기에서 출병하여 홉드 주거지 근처에 진을 치고 있다는 갈단을 쓸어버리려고 하였다. 하지만 강희제 부대의 출진 전에, 갈단이 고비-알타이 Tonhil 솜에 있는 Ats 산맥 부근의 Amttai 호반에서 음독 자결하였다는 소식이 전해졌다. 1697년, 그가 죽음으로써 몽골 부족들은 러시아와 만청에 대항할 수 있는 지도자를 다시는 가질 수 없게 된다.

실제로 이 만청 황제[강희제]가 이런 나라들의 일에 간여하는 것에 소홀했었다면 몽골을 중국 치하에 두는 것을 보기는커녕, 중국 자체가 갈단에 예속될 수도 있었을 것이다. 강희제는 중가르 연맹에 속한 대다수의 부족을 복속시키고 나서, 키르기스 부족도 공격해야만 했다. 그러나 이런 나라들의 주인이 되고 나자 황제는 몽골의 부족장들이나 티베트의 라마 사이의 모든 분쟁에 중재자가 되었다.

우리는 강희제가 이런 군사원정에 나설 때면 선교사들을 대동하고서, 함께 물리학, 자연사, 지리학, 천문학 같은, 좋아하는 공부를 계속하였다는 것을 알고 있다. 황제의 교사라는 영예를 가진 예수회 신부들이 이런 원정 중에 심한 노고를 겪으면서도 위로를 받았던 것은, 이것이 그들이 새 신자들과 함께 성당에 남아서 할 수 있었던 일보다 그리스도교를 위해 더 봉사하는 일이라고 생각하였기 때문이었다. 선교사들은 황제가 그리스도인들에 대해 지속적으로 호감을 표현하는 것이 그들의 주위에 복음의 씨앗을 뿌리는 일이고, 하느님의 축복으로 후일에 열매를 맺을 수 있다고 생각했다. 그리스도교의 빛이 그들의 인문학 덕분에 궁정 관리들에게도 비치었고, 나중에는 백성들 가운데로 더 널리 번져갔다. 그리스도교는 제국의 이 끝에서 저 끝으로 사회 모든 계층으로 계속해서 전파되었고, 이제는 전 세계 그리스도교인들 가운데 중국인들의 비중이 높아진 것이 확실히 보였다.

중국인 사제의 양성과 중국어 사용을 호소하는 예수회 신부들

황제가 전국에 걸쳐 그리스도교의 자유로운 전파를 허락하는 조서를 내림에 따라, 선교사들은 어느 때보다 중국인 교역자를 길러내려는 생각을 굳히게 되었다. 지도적 위치에 있던 몇 명의 선교사들, 즉 트리고, 루즈몽, 페르비스트 같은 선교사들은 이미 여러 차례 이에 관한 건의문을 교황청에 올렸다. 1695년 8월 15일, 베이징의 예수회 신부들은 [교황청에 보내는] 새로운 진정서를 작성하였는데, 이는 그들의 열정을 드러내는 영광스러운 기념할 만한 글이었다. 새로운 진정서의 내용은 다음과 같았다. 선교사들은 우선 매우 생생한 필치로 당시 중국의 종교적인 상황을 기술하면서, 중국의 번영을 영원히 보장하고 이 광대한 제국을 영적으로 정복할 수 있는 길이 열리는 순간이 다가오고 있다고 말했다. 그리고 덧붙여 최근의 새 신자의 수에 따라서 교회를 만드는 것이 이롭고 또 바람직할 것이라고 주장하였다. 왜냐면 중국인들은 그들의 정책에 따라 신자의 수가 적을 때만 [그 종교를] 핍박하고, [그 종교의] 신자가 많으면 핍박이 움츠러들기 때문이라고 말했다. 이런 관점에서 선교사들은 [교황청에] 중국 성당에서 라틴어를 사용하지 않게 해달라고 다시 간청했다. 한참 성장 중인 교회를 더욱 굳건한 기초위에 세우고, 중국의 관습과 더욱 조화를 이루기 위해서, 이 방대한 제국, 나아가 도덕적으로나 정치적으로 중국의 영향권 아래 있는 여러 나라가 중국어로 예배를 드릴 수 있게 해달라고 요청했다.

물론 라틴어를 등한시하면 교황청과 중국 사이에 직접적인 소통수단이 사라지게 되고, 이 새로운 교회가 결과적으로 분리되는 커다란 위험에 빠질 수 있다는 이유로 이 계획을 반대할 수도 있다. 하지만 선교사들 측에서는, 이와 같은 주장에 모든 주교직 후보자들을 포함하여 명성 있는 직위를 차지하려는 사람들은 라틴어를 공부해야 할 것이라고 답하였다. 더욱이 로마에 중국인 사제 양성을 위한 신학교가 세워질 것인데, 이를 통해 교황청과 중국과의 관계가 훨씬 원활해질 것이며, 훨씬 더 수월하게 중국인 사제들을 양성할 수 있을 것이라고 주장하였다. 선교사들은 자신들의 주장을 뒷받침하기 위해 다른 이유도 들었다. 일부 선교사들은 다수의 현지인 사제들을 필요한 당시의 상황을 강조하면서, 다른 방법으로는 사제를 수요에 맞게 양성하는 것이 불가능하다고 주장하였다. 이것은 페르비스트 신부가 이전에 올린 진정서에서 말한 의견과 같았다. 다른 선교사들은 개개인의 지역적 환경 혹은 개인적 상황이 다양하다는 이유를 들기도 하였다. 진정서를 쓴 선교사들이 가졌던 생각은 다음의 글을 보면 알 수 있다. 선교사들은 이렇게 호소했다.

> "만약에 우리의 거룩한 구원자께서 중국에서 성육신하셨고, (중국은 고대 로마와 비교하여 역사성, 나라의 규모, 인구 등에서 절대로 뒤지지 않는다) 중국인들이 선교적인 열정을 가지고 그리스도의 거룩한 복음을 전하기 위해 로마에 왔다고 가정해 보십시오. 그런데 그들이 중국식 예배의식과 언어를 반드시 받아들여야 한다는 조건을 붙인다면, 과연 로마인들은 이러한 조건을 받아들일 수 있겠습니까? 로마인 일부가 그리스도교를 받아들인다고 해도, 로마인 사제가 그의 절정기를 외국어를 배우는 데 소비해버린 나머지, 자국의 문학이나 과학에는 부끄러울 정도로 무식하다면 그 누가 이 사제를 주목하려 하겠습니까? 우리가 우리나라를 사랑하는 그 이유 때문이라도, 중국인들이 자기나라 말을 사용할 수 있도록 허락해 주십시오."

무엇보다 선교사들은 그리스도의 교회를 위해 이보다 더 좋은 시기는 결코 다시는 오지 않을 것이며 중국을 영적으로 정복할 길이 이제 열렸다는 것을 교황에게 읍소하면서, 새롭게 성장하는 교회의 발전과 안전을 위해 그들의 간구를 들어달라고 애원하였다. 이 진정서와 계획안에 다소 도전적인 면이 없다고는 할 수 없겠으나, 한 가지 확실한 것은 현지인 성직자나 국가의 교회에 대하여 편협함, 옹졸함, 악의와 같은 요소 것은 전혀 찾아볼 수 없다는 것이다.

그러나 오늘날까지도 예수회 신부들이 현지인 사제들이나 다른 수도회에 속하는 선교사들이 예수회의 선교활동에 참여하는 것을 거절했다거나, 예수회가 필수불가결한 존재가 되어 자신들의 마음대로 모든 일에 위세를 부리려고 중국에서 예수회만 단독으로 선교하려 했다고 주장하는 사람들이 있다. 1698년에 교황청에 제출된 이 주목할 만한 진정서야말로 이러한 모든 중상에 대한 최종적인 답변이다. 중국에 온 선교사들이 현지인 사제들을 양성하기 위해 모든 노력을 다하는 동안, 중국 교회는 그 후로는 다시 볼 수 없었던 번영의 절정에 도달하고 있었다. 황제는 궁궐 안에 프랑스 예수회 신부들의 거처를 마련해준 것에 만족하지 않고, 얼마 후 그 거처에 인접한 넓은 땅을 추가로 내주어서 성당을 짓도록 했다.

베이징에 건축된 프랑스 성당과 그 영향

프랑스 선교사들의 숙소 옆에는 넓은 땅이 있었는데, 본래 그곳에는 궁정에 있는 환관들의 숙소가 건축될 계획이었다. 그러나 제르비용 신부는 그 땅에 성당을 지을 것을 요청하면 좋겠다는 생각을 하고는 이러한 계획을 중지시키려고 노력하였다. 그는 드 비스델루와 드 퐁타네 신부와 함께 황궁으로 가서 상소를 올렸다. 선교사 거처에 성당이 없어서는 안 되며, 성당이야말로 선교활동에서 가장 중요한 곳이라는 내용을 담은 상소였다. 선교사들은 그들이 서원한 것과 그 직업상 하느님의 영광을 무엇보다 가장 중시하기 때문에 천주보다 더 좋은 집에 사는 것은 아주 수치스러운 일이며, 그들의 거처가 크고 보기 좋다면 성당은 그것보다 더욱 훌륭해야만 한다고 말하였다. 신부는 황제가 그들에게 하사한 집에는 아무런 부족함이 없으므로 웅장한 성당이 함께 있어야만 한다고 공손하게 말했다. 황제는 그러한 요청을 비난하지 않고 선교사들에게 앞서 언급한 땅을 하사하여 그들이 제안한 성당을 짓게 했다. 그로부터 며칠 후에 제르비용 신부가 다시 궁정에 와서 수석 태감에게 폐하께 선교사들이 이제 건물을 지을 준비가 되었음을 고해달라고 부탁하였다. 그리고 황제께서 성당 건축 비용을 내겠다는 은혜로운 말을 했던 것을 상기시켜달라고 겸손하게 간청했다. 강희제는 왜 다른 선교사들은 그에게 와서 이러한 요청을 하지 않는지 그 이유를 물었다. 하느님께 바칠 성당을 짓는 것은 선교사들 모두가 똑같이 관심을 가지는 일이었기 때문이었다. 제르비용 신부는 이러한 요구에 황제가 동의할지에 대한 확신이 없기 때문에 다른 선교사들은 눈에 띄는 방식으로 황궁에 오지 않는 게 더 낫다고 생각해 왔다고 답했다. 그러나 이런 은총을 받고 나면 반드시 형제 신부들을 불러 모아 함께 폐하에게 감사를 드리러 오겠다고 답하였다. 그리고 그의 계획이 승인되면, 바로 그날에 감사를 표할 것이며 다른 선교사들 모두가 그리스도교에 큰 영예가 되는 이런 은총을 구하러 올 것이라고 말했다. 그에 따라서 다음날 베이징 세 군데 숙소에 머무는 선교사들이 함께 황궁으로 갔다. 황제는 태감을 보내어 그들이 올린 상소문을 받았고, 이에 관하여 성당을 짓는 일은 성스러운 일이므로 그리스도교와 선교사들을 모두 아끼는 마음으로 기부하겠다고 답지를 내렸다. 그리고는 은괴 50냥, 비단 2필을 선교사 각자에게 알맞게 지급하여 이를 새 성당을 지을 때 헌금하도록 하라고 명하였다. 또 황제는 건축자재도 내주고, 관리를 임명하여 공사를 감독하도록 하였다. 베이징에서 이 프랑스 성당을 짓고 꾸미는 데는 4년이라는 시간이 걸렸다. 완성된 건물은 동방에서 볼 수 있는 가장 멋지고 조화롭게 지어진 성당들 가운데 하나가 되었다.

성당 입구에 들어서면 넓은 대청이 나오는데, 그 길이가 15m, 넓이가 12m이며, 그 양쪽으로는 중국풍의 커다란 방들이 있다. 한 방은 집회와 입문자를 위한 교실로 사용되는 곳이고, 다른 하나는 성당을 찾는 손님들을 맞이하는 방이었다. 이 방에는 루이 14세, 프랑스 왕가의 왕자들, 스페인 국왕, 영국 국왕과 다른 여러 나라 군주들의 초상화가 걸려있었다. 그리고 멋진 물리학 도구들과 악기들은 물론이고 프랑스의 화려한 판화 첩들이 전시되어 있었다. 프랑스 왕실의 장려함과 화려함이 느껴지는 풍경이었다. 이 전시물들은 중국인들의 큰 호기심을 불러 일으켰다. 이 대청의 끝에 본당이 있었다. 본당의 크기는 길이 22m, 넓이 10m, 높이 9m가 되었다. 내부는 두 개의 단으로 구성되었고, 단마다 녹색 라커를 칠한 16개의 반원형 기둥들이 세워져 있었다. 아래 받침대는 대리석이고 상단은 금빛으로 반짝거렸는데, 기둥머리, 천정의 돌림띠와 문틀을 둘러싼 띠들도 마찬가지였다. 문틀은 돋을새김으로 아주 화려하게 장식한 것으로 보였지만, 실제로는 색을 칠해서 그런 효과를 낸 것이었다. 또 다른 관새款塞의 부분들은 원근법에 따라 점차 엷은 색으로 칠해져 있었고, 천정의 윗부분에는 커다란 아치형의 창문이 12개 있었다. 한쪽에 6개씩 있어서 성당 내부가 매우 밝았다. 색이 칠해진 아치형 천정은 세 부분으로 나누어져 있었다. 가운데 천정은 개방형 돔으로, 화려한 양식으로 장식되었고 대리석 기둥들이 회랑의 단을 지탱하고 있었다. 그 위에는 멋진 난간이 얹혀 있었다. 기둥들은 조화롭게 꽂혀있는 꽃바구니로 아름답게 장식된 난간으로 둘려 있었고, 그 위쪽으로는 구름과 천사들이, 또 영존하시는 하느님 아버지께서 그의 손에 세상을 들고 있는 모습이 보였다.

처음에 중국인들은 모든 돔이 평면 위에서 그려진 것이라는 사실을 믿지 못하였다.[113] 그들은 기둥들이 그들에게 보이는 것처럼 실제로는 서 있지 않다는 사실을 이해할 수 없었다. 햇빛이 잘 들어서 이러한 눈속임을 더욱 그럴듯하게 보이도록 하였다. 이 아름다운 작업을 한 사람은 이탈리아 화가 조반니 게라르

113) 로마의 예수회 성당인 예수 성당(Chiesa del Gesù)나 로욜라 성당에는 초기 바로크 양식에 따라, 눈속임 기법으로 그린 실내 돔이 있었다. 평면에 그린 그림이지만 보는 각도에 따라 돔으로 보이도록 그렸다. 이를 콰두라투라(quadratura) 기법이라고 한다.

디니Giovanni Gherardini였다.[114] 돔 좌우에는 아름답게 채색된 두 개의 타원이 그려져 있었다. 성당은 구석구석까지 원근법을 따라 건축되었던 것이다. 중국인들이 자꾸만 벽 쪽으로 다가서면서, 제단의 뒤편 공간이라고 생각되는 곳으로 걸어가려고 하는 모습이 흥미로웠다. 그들은 건물 끝까지 갔다가 뒷걸음질을 하며 다시 앞으로 걸어 나오기도 하였고, 손을 내밀어 높고 낮음과 오목한 부분이 실재하는 것인지 확인하려고 하였다. 매우 정확한 비율을 맞추어 제작된 제단은 풍부한 선물로 장식되어 있었다. 루이 14세가 선교사들에게 보내준 선물들이었다. 자르투 신부는 이 제단을 일컬어 "지상에서 가장 위대한 왕이, 왕 중의 왕을 위해 세운 제단"이라고 말하였다.[115]

성당이 완공되자 성당의 위엄을 최대한으로 드러내 보이는 봉헌식이 올려졌다. 이 축일에는 베이징 사람과, 당시 중국에 있던 여러 나라의 많은 선교사, 베이징 부근은 물론이고 각처에서 그리스도인들이 몰려들었다. 지방 사람들이 이 인상적인 예식을 무척 보고 싶어했기 때문이었다. 예수회 동아시아 담당 관찰사 그리말디 신부가 성당을 봉헌하자, 모인 사람들 모두가 제단 앞에 엎드렸고, 선교사들은 성소 안에 둘러섰으며, 신도의 자리에 있던 새 신자들은 이마를 바닥에 대었다. 그런 뒤에 이 새 성당을 세운 제르비용 신부의 집전으로 가톨릭의 장엄한 대 미사가 거행되었는데, 수많은 중국인 새 신자들이 성체를 받았고 선교사들의 보호자이며 후원자인 프랑스 왕을 위한 기도가 드려졌다. 이어서 그리말리 신부가 사람들에게 매우 감동적인 강론을 했고, 많은 입문자에게 세례를 베푸는 것으로 축제가 마무리되었다.

---

114) 조반니 게라르디니(Giovanni Gherardini, 1655-1723)는 이탈리아 예수회 선교사로, 평면에다 원근법적인 입체적 그림을 그리는 콰두라투라(quadratura) 기법에 능숙했다.

115) 자르투(Pierre Jartoux, 1669-1720, 중국명 杜德美)는 예수회 선교사, 수학자, 지도제작자였다.

베이징에 세워진 프랑스 성당은 중국 전역에 일대 선풍을 일으켰다.[116] 성당의 모든 것이 중국인들의 호기심을 자극하거나 제국 전역에 있는 관리들과 저명인사들의 관심을 끌었다. 그들에게 하느님과 그리스도교의 신비에 대해 전할 수 있는 좋은 기회였다. 황태자, 황제의 두 형제, 왕자들과 그들의 자녀들, 궁정 요인들이 서둘러 이 성당을 방문했다. 지방관들과 전시殿試를 보기 위해 매해 베이징으로 오는 선비들도 이 성당을 빠짐없이 살펴보면서 이에 매료되어 그리스도교에 대한 호감을 드러냈다. 교회당 외벽에는 그리스도교에 관한 영원한 가르침을 글자로 새겨놓아 관리들과 백성들에게 좋은 영향을 끼칠 수 있었다. 입구 위 높은 곳에 새겨진 글자는 "칙건천주당勅建天主堂(황명으로 세운 천주당)"이었다. 이 글자 밑으로 어필御筆 세 점이 있었는데, 정면의 당명 바로 아래에는 3m 높이의 금박으로 "만유진원萬有眞原"이라는 글자가 새겨져 있었다. 다른 두 개의 편액은 30cm 길이로 주랑의 두 기둥 사이에 걸려있었다. 오른쪽에는 "하느님은 한없이 선하시고 한없이 공의로우시다. 하느님은 권능과 공의로 만유를 밝히시고, 보존하시며 다스리신다."는 글이 새겨져 있었고, 왼쪽에는 "하느님은 시작도 없고 끝도 없으시다無始無終. 태초에 만물을 창조하시고 다스리시니 모든 것의 진정한 주인眞主이시다."라고 새겨져 있었다. 샤토브리앙은 "자기 나라의 영광에 관심을 가진 사람이라면 누구라도 이 가난한 프랑스 선교사들이 수많은 백성을 다스리는 군주에게 하느님에 대해 이러한 생각을 가지도록 한 것을 감동 없이는 볼 수 없으리라.[117] 얼마나 고상하게 종교를 활용한 것인가!"라고 말하였다.

---

116) 당시 베이징에는 예수회의 마테오 리치 신부가 1605년에 宣武門 안(자금성 밖의 남서쪽)에 건립한 南堂과 1653년 아담 샬 신부가 東安門 밖에 건립한 東堂이 있었다. 南堂은 順治帝로부터 "欽崇天道"라는 편액을 하사받았고, 1675년 강희제로부터는 "萬有眞原"이라는 편액을 하사받았다. 프랑스 예수회 신부들이 세운 성당은 北堂으로 西安門 밖에 위치해 있다.

117) 프랑수아-르네 드 샤토브리앙(François-René de Chateaubriand, 1768-1848)은 프랑스 작가, 정치가, 외교관이며 역사가이다. 프랑스 낭만주의 문학의 아버지로 불린다.

중국인 신도봉사회의 구성과 활동

아름다운 베이징 성당과 가톨릭의 장엄한 의식이 중국인들에게 그리스도교에 대한 좋은 영향을 끼쳤다는 것은 분명하다. 그러나 선교사들은 그들의 신앙을 외적으로 표명하는 것만으로 만족하지 않았다. 선교사들은 예수의 복음을 전파하고, 나아가 그리스도의 사랑을 실천하여 영혼들을 예수 그리스도께 인도하기 원했다. 선교사들은 중국인들이 가지고 있는 취향과 소질을 선하게 활용하기 위해서, 베이징과 지방에 "신도봉사회"라는 이름의 대규모 자선단체를 만들었다.[118] 선교사들은 이 단체에 가입하는 특권을 좀 더 소중히 여길 수 있도록 가입을 원하는 사람을 모두 받아들이지는 않는 것이 좋겠다고 생각하였다. 그들은 새 신자들을 상대로 영혼을 구원하려는 열정을 가지고, 모범적으로 생활하고, 신도회가 추진하려는 자선활동에 헌신할 수 있는 시간적 여유가 있는 사람들만을 받아들이겠다고 알렸다. 1차로 그들은 가장 열렬한 그리스도인 26명만을 받아들였고, 그 뒤에 26명을 더 뽑아서 앞서 받아들인 사람들을 도우면서 봉사회에 가입할 준비를 하도록 하였다. 이때 그들은 자신의 경건과 열정을 충분히 입증해야만 했다.

중국에서 가장 필요하다고 여겨지는 자선활동을 어느 하나도 소홀히 하지 않도록 신도봉사회는 네 개의 다른 분회로 구성되었다. 각 분회마다 특정한 수호성인을 모시도록 하였는데, 성인 신도들로 구성된 첫 번째 분회의 수호성인은 성 이냐시오였다. 그들은 혼자서 혹은 전도사의 도움을 받아 새 신자들을 가르치고, 비겁하거나 무절제한 생활 때문에 다른 길을 가는 사람들을 구원의 길로 돌아오게 하는 일을 맡았다. 또한 그들은 하느님께서 자녀를 주신 그리스도인들을 돌보는 일을 하였는데, 그리스도인들이 자신의 자녀들에게 세례의

---

118) 정확한 중국 명칭은 "聖母領報會"이다.

은혜를 받게 하는 일을 소홀히 하지 않도록 하려는 것이었다. 두 번째 분회는 그리스도인들의 청소년 자녀들을 가르치고, 그들이 그리스도인의 의무를 배울 수 있는 주일학교에 출석하도록 돕는 일을 맡았다. 그리고 중국의 모든 대도시, 특히 베이징에서 버려지는 많은 영아에게 세례 주는 일을 맡았다. 이 일은 거룩한 수호천사들의 특별한 보호 아래 있었다. 세 번째 분회는 병들고 죽어가는 사람들이 임종을 준비하면서 필요로 하는 영적인 도움을 주는 일을 맡았다. 그들은 신자가 위독하여 임종을 도와야 할 때, 종부성사를 베풀 때, 사망한 후에 시신을 매장할 때, 하관식을 거행할 때, 이 사실을 선교사들에게 알리고 미신적인 의식이 행해지지 못하도록 살피는 일을 맡았다. 이 분회의 수호성자는 성 요셉이었다. 마지막 네 번째 분회는 불신자들을 개종시키는 일을 주로 맡았다. 따라서 결과적으로 말하자면 그들은 일반적인 신앙인보다 더 많은 훈련을 받았고, 신앙의 자세한 부분에 관하여 특별한 교육을 받았다. 그들은 우상 숭배자들로 가득한 곳에서 신앙의 씨앗을 뿌리고, 우상 숭배자들이 개종할 의향을 보이면 그들을 곧장 선교사들에게 데려오는 일을 맡았다. 이 마지막 분회는 성 프란치스코 하비에르를 수호성인으로 모시도록 하였다.

각 분회에 속한 신자들은 각기 할당된 도시의 여러 구역에 흩어져서 맡겨진 임무를 감당했다. 네 명의 간부가 이 신자들을 이끌었는데, 한 명은 책임자(prefect)였고, 다른 두 사람은 그를 보조하는 업무를 맡았다. 이들은 매년 새롭게 선출되었는데, 맡겨진 일을 하느라 기진해 지는 것을 막기 위해서였다. 그리고 임기가 짧으면, 맡은 일에 더욱 열정을 쏟을 것이라고 생각되었기 때문이다. 이 간부들에게는 일하는 동안 몇 사람의 보조원들을 붙여주었고, 이들도 투표로 뽑았다. 책임자들은 신자들이 낸 구호금을 가난한 사람과 장례비용이 부족한 사람들에게 나누어 주었다. 그리고 이들은 배움을 원하는 이교도들에게 줄 목적으로 종교 서적을 구매하는 일을 맡았다. 이 봉사회에는 두 종류의 모임, 즉 일반 모임과 특별 모임이 있었다. 일반 모임은 매달 그리고 분기마다 있었고, 특별 모임은 필요한 경우에 소집되었다.

모임이 열리면 회원들은 지난달의 자선사업 실적과 다음 달의 계획을 나누었다. 중요한 것은 문서로 보고하였는데, 봉사회의 의식 고양을 위하여 이런 내용은 총회에서 낭독되었다. 선교사들은 회원들의 자선활동 참여를 고취시키고자 회의실에 종교에 관한 귀중본의 사본을 비치하는 도서관을 만들었고, 신자들에게 이 책들을 대출할 수 있도록 하였다. 이 도서관에는 회원들과 개종자들의 학습에 필요한 모든 책이 갖추어져 있었다. 이 그리스도인 단체는 중국에 큰 영향을 주었는데, 냉담함과 종교적 무관심에 빠진 대중들의 도덕을 고양시키는 매우 강력한 지렛대와 같은 역할을 했다. 눈에 띌 정도는 아니었지만, 냉정하고 계산적이며 이기적인 성격을 가진 이교도들이 열성적이고 자기 부정적이며 헌신적으로 바뀌는 경우가 많아졌다. 일반 백성들은 그리스도교 신앙이 불러일으킨 수많은 자선사업을 보고 매우 놀라워하였다. 관리들과 주요한 궁정의 관리들은 존경하는 마음으로 이 일들을 이야기했고, 황제 자신도 이렇게 많은 선행의 원인이 되고 동기가 되는 그리스도교를 자주 칭찬하였다. 이교도들도 아프고, 배고프고, 헐벗은 사람들에게 도움을 준 적이 있는 것이 사실이었으나, 그들이 구호금을 내는 것은 도움을 받게 될 사람들을 두려워하는 마음에 기인하고 있었다. 그러나 그리스도인들이 선행을 베푸는 것은 도움받는 이들을 사랑하기 때문이었다고 말할 수 있다. 이교도들은 가난한 사람들을 적으로 보았고, 그리스도인들은 그들을 형제처럼 대했다.

황제의 명으로 가난한 자들에게 자선을 베푸는 예수회 신부들

불신자들과 신자들이 베푸는 선행의 근본적인 차이를 알았던 강희제는 종종 선교사들을 복지 담당자로 뽑았다. 그렇게 해야 구호금이 그것을 필요로 하는 사람들에게 제대로 전달된다는 것을 알고 있었기 때문이었다. 1704년, 황하가 범람하여 산동성 전체가 크게 침수되는 일이 벌어졌다. 크나큰 재난의 소식이 베이징에 전해지자마자 황제는 대신들로부터 특별세를 걷어 상당한 금액을 피해지역으로 보냈는데, 이 나랏돈의 용도를 특별히 지정하여 부유한 관리들이 나누어주도록 하였다. 그러나 황제가 보낸 돈은 고통당하는 사람들에게 골고루 배분되지 않았다. 굶어 죽어가는 남녀와 아이들이 옷도 제대로 걸치지 못한 채 수해 지역을 떠돌아다니면서 나뭇잎을 먹고 있었고, 때로는 허기진 채로 길가에 쓰러져 있기도 하였다. 이런 불행을 당한 여러 무리는 어디에서든 먹을 수 있을 만한 것을 찾아 떠돌아다니며 베이징까지 도달하였다. 이 살아있는 해골들이 베이징에 이르자 백성들은 큰 공포에 휩싸였고, 조정으로서는 이들을 어떻게 먹여야 하는지 대책을 마련해야만 하였다. 황제는 그때 가난한 자들을 구제하기 위한 그리스도교 자선단체가 얼마나 훌륭하게 조직되었는지 기억해냈다. 황제는 관리들을 크게 신뢰하지는 않았으므로 이 네 명의 예수회 선교사를 불러들여 이렇게 말했다.

> "당신들은 자비를 베풀기 위해 중국에 와 있소. 짐은 불쌍한 사람들을 구제하는 것이 당신들이 믿는 종교의 특별한 의무라고 알고 있소. 황하의 둑이 무너졌고 산동성 수재민들이 떼를 지어 베이징으로 몰려들고 있소. 짐은 백성들의 어버이로서 기근으로 죽어가는 백성들을 먹여야 할 의무가 있소. 짐이 자비를 베푸는 일을 당신들이 도와주기를 바라오. 짐은 당신들이 구호금을 지성과 동정심을 가지고 나누어준다고 들었소. 여기 쌀을 살 은전 2,000냥이 있소. 또 당신들은 늘

해왔듯이 열정을 다해서 상당한 구호금을 더 마련할 수 있을 것이오. 짐이 황하의 범람으로 불행을 당한 이재민들을 위로할 임무를 그대들에게 맡기겠소."

선교사들은 감사한 마음으로 황제의 명을 받고는 베이징에서 서둘러 구호금을 모았다. 얼마 안 있어 강희제가 내어준 2,000냥에 500냥을 더 보탤 수 있었다. 소아레스José Soares 신부와 파레닌 신부Dominique Parrenin가 구호품을 나누어주는 일을 맡았는데, 선교사 묘역의 널따란 공터에 큰 가마솥과 주전자를 준비하고, 쌀, 염장 채소, 토기, 수저 등을 수북하게 쌓아놓고 굶주린 많은 사람에게 먹을 만큼의 끼니를 나누어주었다.[119] 선교사들은 공터 가운데에 높은 깃대를 설치하고, 식사가 준비되면 그 꼭대기에 깃발을 매달아서 배고픈 사람들이 찾아와 먹을 수 있도록 하였다. 사람들은 질서정연하게 들어와서 남자들은 한쪽에, 여자들은 다른 한쪽에 줄을 섰다. 그리고 음식을 나누어주는 장소로 연결된 좁은 통로를 한 명씩 통과하여 각자가 밥과 채소를 일인분씩 받았다. 그들은 지정된 장소에 일정하게 줄을 맞추어 앉아 조용하게 끼니를 먹었다. 식사를 마치고 나면 곧바로 식기를 수거하여 설거지를 하였고, 대기하고 있던 다른 사람들을 불러 같은 방식으로 급식하였다.

베이징에 거주하는 높은 신분의 그리스도인들이 자신들의 덕성을 함양하고 불쌍한 사람들을 섬기기 위해 줄지어서 급식소로 왔다. 그들은 쓰고 난 밥그릇을 모아 다시 사용하기 좋게 정돈하면서, 불쌍한 난민들에게 일일이 위로의 말을 하였다. 이러한 광경을 보고 관리와 환관들은 호기심이 발동하였다. 그들은 하인들의 도움이 없이도 질서가 유지되고 중국인들이 매우 높이 사는 청결이

---

119) 호세 소아레스(José Soares, 1656-1736)는 예수회 선교사로 1694년 베이징에 자선단체인 聖母領報會를 조직하여 활동하였다. 이 조직에는 모두 20개의 작은 그룹이 포함되어 있었다. 파레닌(Dominique Parrenin, 1665-1741. 중국명 巴多明)은 프랑스 태생의 예수회 선교사이자 지도제작자였다. 1698년 광주로 입국하여 베이징 지역에서 40년 동안 활동하였다. 저서로는 『德行譜』, 『濟美篇』이 있다.

유지되는 것에 크게 매료되었지만, 어떻게 이것이 가능한지 그 이유를 알 수 없었다. 그들은 또 재산이 많고 신분이 높은 사람들이 가난한 사람들과 스스럼없이 어울려 젓가락을 건네주고 식사가 끝난 사람들을 손님처럼 조심스럽게 밖으로 안내하는 것을 보고는 깜짝 놀랐다. 겸손과 헌신을 불러일으키는 그리스도교 정신에 대한 통찰력을 얻기 시작했던 것이다. 불승들도 선교사들을 매우 칭찬했는데, 다른 불쌍한 사람들과 함께 끼니를 때운 불승들이 보통 100여 명이 넘었기 때문이었다. 베이징의 선교사들은 넉 달 동안 급식을 이어가면서 하루에 천 명이 넘는 사람들에게 끼니를 나누어주었다. 매우 허름한 이 급식소에서 불쌍한 사람들을 직접 돌보았던 존경할만한 사람들은 매우 고귀한 신분의 귀재들이고 선비들이었다. 황하의 범람으로 고통을 당한 극빈자들에게 저렴하게 음식을 나누어준 선교사들은 순전한 마음과 하느님께 영광을 돌리려는 한결같은 마음으로 거대한 중국 지도를 제작하는 일에 착수하였다.

중국 지도의 제작과 프랑스 예수회 선교사들이 유럽에 전한 소식

황제가 매우 가치 있게 여기고 선교사들의 도움을 받고자 했던 일은 만리장성을 경계로 하는 중국의 지도를 만드는 것이었다. 그러나 나중에는 지도의 범위가 중국 전체와 동쪽과 서쪽 국경지대까지 확대되었다. 자신이 계획한 이 대규모 사업의 중요성과 가치를 잘 알고 있었던 강희제는 지도 제작상의 어려움을 이해하며 큰 관심을 가지고 지도의 완성을 독려하였다. 이 거대한 작업을 완성하는 데는 8년이 걸렸는데, 이 작업을 수행하였던 사람들의 기술과 노고보다는 그런 발상을 한 군주의 천재성에 더 커다란 영광을 돌려야 했다. 아벨 레뮈자는 "이 중국 지도는 여전히 유럽 이외의 지역에서 만든 지도 중에서 가장 위대하고 가장 완전한 지도"라고 말했다.[120] 선교사들은 사도의 계율에 따라 모든 사람을 예수 그리스도께 오게 하려면 어떻게 해야 하는지를 알고 있었다. 샤토브리앙은 이런 기록을 남겼다.

> "예수회 신부[인 파레닌]는 망원경과 나침판을 가지고 중국으로 떠났다. 그는 루이 14세 궁정의 세련미와 많은 예술과 과학에 관한 증거물들을 가지고 베이징 궁정에 모습을 드러냈다. 그는 두루마리 지도, 지구의, 천구의 등을 가지고 가르쳐 관리들을 놀라게 했고, 동시에 별들의 운행과 이 별들을 그 궤도대로 운행하시는 하느님의 이름을 그들에게 알려주었다. 그는 물리학적인 오류들을 찾아내고 이를 수정하는 작업으로 중국인들이 가진 도덕체계를 공격하였다. 그는 그리스도교에 대한 깊은 존경과 프랑스에 대한 커다란 자부심으로 고무되어, 그의 학식과 행동을 통하여 그의 지성에서 사라져버린 소박함을 마음에 회복했다."

이 평범한 프랑스의 종교인들은 중국이라는 대제국의 기록을 바로잡고, 중국 수도에 있는 최고의 석학들과 토론하며, 역사학, 천문학, 자연사의 분야에서 탐구할 만한 질문들을 베이징에서 파리로 보내왔다. 이는 프랑스에게는 자랑스러운 일이었다. 중국 서적들이 프랑스어로 번역되었고, 프랑스 서적들은 중국어로 번역되었다. 파레닌 신부는 퐁트넬에게 보낸 편지에서 프랑스 학술원에 이렇게 말했다.[121]

> "학술원 회원 여러분! 여러분들께서는 제가 이 머나먼 나라에서 당신들이 모르는 언어로 쓴, '해부학에 관한 논문,' '의학 강좌'와 자연과학의 요점들에 관한 질문을 한다면 틀림없이 놀라시겠지만, 제가 그 논문들이 여러분이 직접 쓴 논

120) (원주) Abel Rémusat, Mélanges Asiatiques.

121) 퐁트넬(Bernard Le Bovier de Fontenelle, 1657-1757)은 프랑스 계몽주의 작가이다.

> 문과 글에 몽골인의 옷을 입혔다는 점을 알려드린다면 더는 놀라시지 않을 것입니다."

샤토브리앙은, "이 편지는 모두 읽어볼 만하다. 편지 전반에 오늘날에는 거의 찾아볼 수 없는 예의와 품위가 살아 있다."고 말했다. 유럽의 학계와 서신을 주고받았던 이 선교사들은 황제의 조정에서 나라의 문서를 작성하고 중국의 석학들과 종교문제를 토론하는 즐거움과 함께 들판에서 일하는 단순한 농부들과 대화하는 즐거움도 누렸다. 박식한 프레마레 신부가 중국의 마을을 돌아다니면서 단순함을 즐겼던 그의 이야기를 들어보자.[122]

> "도시에서 그리스도인들을 가르치는 것에 애쓴다며 시골에 사는 신자들을 소홀히 하면 안 된다. 내 경험에 따르면 시골 마을은 선교일꾼들이 가장 큰 수확을 할 수 있는 곳이고, 가장 도덕적이고 순진한 사람들을 만날 수 있는 곳이어서 가장 큰 위안을 받을 수 있는 곳이다. 사순절 첫 주간에 나는 로강이라는 마을에 갔다. 아주 작은 동네 서너 개가 붙어서 한 마을을 이루고 있는 곳이었다. 가는 길에 잠시 식사를 하려고 뒤따라오는 동행이 나를 따라잡을 때까지 혼자서 계속하여 걸었다. 자그마한 동산을 가로지르는데 같은 방향으로 가고 있는 사람 하나를 만났다. 그 사람이 나를 유심히 쳐다보았고, 이방인이 혼자 걷는 것을 보고 틀림없이 놀란 눈치였다. 처음에 그 사람은 말도 없이 내 뒤를 따라오더니 잠시 뒤에 참지 못하고 말을 걸어왔다. 나는 이 틈을 타서 그에게 하늘나라의 복음을 선포하였고, 그를 개종시키려고 애썼다. 내 말이 그의 가슴에 닿았고, 하느님의 은혜로 그가 감동하여 그리스도인이 되기로 했다.

---

122) 프레마레(Joseph de Prémare, 1666-1736)는 프랑스 태생의 예수회 선교사이다. 13세기 작품인 紀君祥의 『趙氏孤兒冤报冤』을 불어로 번역하여 『L'Orphelin de la Maison de Tchao』로 출간하였는데, 유럽의 언어 최초로 번역된 중국(원나라)의 희곡이었다. 중국 문법서인 『Notitia Linguae Sinicae』는 1728에 집필되었다가, 1831년에 출간되었다.

로강에 닿자마자 내가 왔다는 소문이 퍼졌다. 이튿날 미사를 드린 후에 내가 기도하러 작은 숲으로 가자, 마을 사람들 몇 명이 바로 내 뒤를 따라왔다. 나는 그들을 친절하게 맞아들여, 내 집으로 보내어 전도사에게서 배우게 하였다. 나는 이 첫 방문에서 특별히 준비된 18명에게 세례를 주었으나, 세례를 받고자 하는 다른 사람들에게는 넉 달에서 다섯 달 안에 다시 와서 다른 사람들과 함께 세례를 주겠노라 약속하였다. 로강을 떠나기 전에 그들이 세례준비를 하도록 새 신자들 가운데 4명에게 초심자 교육과 신앙지도를 하도록 하였다. 한 병든 여인에게 조그만 자선을 베푼 것이 마을 사람들이 그리스도교를 크게 존중하는 계기가 되었다. 그 여인은 서너 해 동안 병을 앓고 있었는데, 오랫동안 간병을 하였던 가까운 친척들조차 이제는 지쳐 포기한 상태로 그 여인을 위로할 방법이 없었다. 그 여인이 그리스도교의 가르침을 받은 후에 나는 세례를 주기 위해 그 여인의 움막으로 갔다. 짚으로 만든 조그만 집에 누워있는 것을 보면 유럽에서라면 짐승이 사는 우리만도 못한 곳이라는 생각이 들었다. 교인들은 정성껏 그 여인을 위로하였고, 나는 돈 몇 푼을 신자들 가운데 가장 신실한 분에게 맡기면서 병자가 필요로 하는 것을 사주거나 병자가 사망하는 경우 묻어주는 데 쓰라고 말했다. 내가 떠나온 지 이틀 만에 그 여인은 평온한 상태에서 세상을 떠났다. 적은 돈을 사려 깊게 내어주는 것만으로도 때로는 예수 그리스도를 믿게 만들거나 온 마을이 그리스도교를 믿도록 하기에 부족함이 없다.

나는 복음을 한 번도 전하지 않았던 곳에서 복음의 길을 열어가는 기쁨을 누리고 있다. 한 번은 이웃한 도시의 순무 저택에 사는 어떤 그리스도인 귀부인이 내게 돈을 조금 보내왔는데, 내 뜻대로 자선하는 일에 쓰라는 것이었다. 나는 그 돈을 아주 강직하고 순수한 사람들이 매우 소박하게 살아가고 있는 큰 마을인 샤오체에 작은 성당을 세우는데 쓰는 것이 가장 좋겠다고 생각했다. 샤오체는 강가에 있는 마을로 주민들 대부분이 어부들이었는데, 이 작은 마을에 들어서자

어귀에 아이들만 있는 것을 보고 매우 놀랐다. 그곳의 여인들은 안살림을 하느라고 늘 바쁘고 사내들은 강가에서 일하거나 일 년에 서너 번 밭을 갈거나 하는 것이 일상이었다. 로강에서 시골 선교의 즐거움을 알게 된 나는 마을을 지나 이 가난한 사람들이 함께 일하고 있는 곳으로 걸어갔다. 나는 내게 반가운 표정을 짓는 것 같은 한 사람에게 말을 걸면서 하느님에 관하여 이야기했다. 별다른 어려움 없이 그는 내가 영감을 주기를 바랐던 감정을 갖게 되었다. 그는 내가 하는 말을 귀 기울여 들었고, 내게 호의를 보이면서 나를 사당으로 데려갔다. 사당은 마을에서 가장 멋있고, 또 주민들이 공동으로 소유하고 있는 건물이었다. 그곳의 주민들은 오랫동안 고장 밖과는 접촉하지 않고 살아왔으므로, 자기들끼리는 친척 관계였고 또 조상들이 같았다. 대다수의 주민이 하던 일을 멈추고 내가 있는 쪽으로 거룩한 말씀을 들으려고 모여들었다. 나는 전도사에게 주요 교리를 설명하여 주도록 하였고 교리문답서 몇 권을 주었다. 그러나 오래 머물 수는 없어서 19명의 입문자에게 세례를 준 뒤에 그 마을을 떠났다."[123]

이 순박하고도 귀가 솔깃한 이야기를 듣고 있으면 저절로 『오디세이아』, 아니 『성경』의 한 장면 속으로 빠져들어 가는 것 같다. 샤토브리앙은 "2,000년 동안이나 관습, 시대상, 혁명과 정복에도 변함이 없었던 한 제국이 먼 유럽에서 온 한 수도사의 소리 때문에 변화하였다. 뿌리 깊은 편견, 매우 오래된 관습, 시대에 따라 믿어온 종교, 이 모든 것들이 복음을 주신 하느님의 이름 앞에서 무너지고 사라졌다."고 말했다.

123) (원주) Lettres Édifiantes, vol. iii. p. 169.

제 6 장

교황청과 강희제의 대립으로 확대된 중국의 전례 논쟁

제 6 장

교황청과 강희제의 대립으로 확대된 중국의 전례 논쟁

중국 전례 논쟁의 확산

베이징을 비롯한 제국의 모든 성에 살고 있던 일반 백성, 사대부, 황족들에게 복음이 널리 퍼져 나갔다. 해마다 성당의 수가 늘어났으며, 곳곳에서 장엄한 가톨릭 예배가 올려졌다. 이 모든 현상은 이 오래된 제국이 머지않아 그리스도교 왕국의 일원이 될 것이라는 기대감을 불러일으켰다. 그러나 불행히도 성가시고도 끝없이 계속되는 전례典禮문제가 이러한 기쁨의 행진을 멈추고야 말았다. 선교사들 사이에 이미 존재해왔던 의견의 차이는 갈수록 심해져만 갔다.

아시아에서 매우 신랄하게 지속된 이 분쟁은 로마 교황청까지도 분쟁으로 휩싸이도록 만들었다. 교황청에서도 중국에서와 못지않게 의견이 서로 나뉘었는데, 로마에서는 이 문제에 대해 양측이 너무나 다른 관점을 가지고 있었다. 앞서 1645년, 교황 인노첸시오 10세는 도미니크회 선교사들과 그 지지자들의 전례에 관한 의견을 듣고 포교성성을 통하여 중국의 전례에 관해 최종결정을 내릴 때까지 이를 잠정적으로 금지 시킨 것을 살펴보았다. 이에 예수회 선교사들은 자신들의 의견을 펼칠 기회가 없었음에 불만을 제기하였고, 그들의 견해를 해명할 수 있는 기회를 얻었다. 그 결과 1656년에는 새로운 교서가 공포되었는데, 이 교서는 공자와 조상에 대해 드려지는 제사는 종교적인 의미가 없는 하나의 사회적 혹은 정치적인 행사이기 때문에 중국인들이 예전부터 내려오는 관습을 유지하는 것을 허락한다는 내용을 담고 있었다. 예수회 선교사들은 위의 내용을 담은 교황 알렉산데르 7세의 교서가 새롭게 승인되었기 때문에, 앞서 [1645년에] 공포된 교서가 무효라고 주장하였다. 그러자 도미니크회 선교사들은 이에 대한 불만을 표시하였고, 결국 교황청으로부터 앞선 두 교서 모두 유효하다는 내용을 담은 세 번째 교서를 받아내었다. 세 번째 교서는 중국의 전례를 미신이라고 생각하는 사람들에게는 중국 전례를 금하고, 전례가 민간의 예절에 지나지 않는다고 생각하는 사람들에게는 허용한다는 내용을 담고 있었다. 교황청은 양측이 제시하는 이유를 놓고 충분한 토론이 이루어질 때까지 이 사안을 결정하는 것을 유보하였던 것이다.

이와 같은 조치는 중국에 파송된 선교사들 사이의 평화와 일치를 회복시키기에 최적의 방법은 아니었다. 양측으로 하여금 각자의 관점에 따라 행하도록 허락한 것은 그들로 하여금 계속 논쟁을 이어갈 여지를 남겨두는 것이었다. 인노첸시오 11세는 이를 간파하였고, 선교 성공에 큰 방해가 되는 이 악폐를 제거할 방법을 찾기로 했다. 교황은 로마에서 이에 관하여 최종적인 결정을 내릴 수 있도록, 이에 필요한 확실하고도 풍부한 양의 정보를 수집하고자 하였다. 실제로 현지 상황에 필요한 해결책을 찾아내기 위한 현명한 판단이었다. 앞서 말했듯 당시 파리에는 불신과 우상의 어둠 속에 여전히 빠져있는 여러 민족에게 하느님을 아는 지식을 전해주기 위한 목적으로 설립된 선교단체가 있었다. 항상 아낌없이 베푸는 것으로 알려진 루이 14세가 설립을 도운 이 선교단체의 이름은 "파리 외방전교회Missions étrangères de Paris"였다. 이 선교단체는 설립 초기부터 훌륭한 품성과 선교 열정을 가진 사람들로 구성되어 있었다. 중국의 전례 논쟁이 최고조에 달했던 시기에 이 선교단체에 소속된 여러 명의 열정적인 선교사들이 중국의 선교활동에 합류했다. 이들은 공식적으로 예수회 혹은 도미니크회에 소속된 자들이 아니었기 때문에, 자유로운 입장에서 이 전례문제를 연구하며, 수도회들이 가지고 있는 정신적 편견에 방해받지 않고 판단을 내릴 수 있었다. 결론부터 말하면, 이들은 중국의 전례가 그리스도교의 교리와 상반된다고 주장하였던 선교사들의 편을 들게 된다. 교황 인노첸시오 11세와 인노첸시오 12세는 이들 [파리 외방전교회 소속] 가운데 하나인 소르본 대학의 박사이며, 코난 주교라는 칭호를 가진 복건성의 교황대리 샤를 매그로Charles Maigrot 신부에게 중국 현지에서 논쟁의 실상을 파악하여 그들이 도달한 결론을 교황청에 알리는 일을 맡겼다.[124] 이 중대한 조사에 충분한 시간을 들였다고 생각한 신부는 공자와 조상에 대한 제사를 비난하는 성명서를 발표하였다.

"중국에 파송된 선교사들을 갈라놓은 쟁점[전례 논쟁]에 대하여 [예수회 선교사들이] 교황 알렉산데르 7세에게 보고했던 내용은 여러 측면에서 부정확하였다고 선언한다. 물론 보고되었던 내용에 맞추어 교황은 올바르고 현명한 결정은 내린 것이었다. 선교사들은 이 문제에 대하여 [알렉산데르 7세] 교황이 내린 답변을 따르면 안 될 것이다. 우리는 이 문서의 주장과는 견해를 달리하거나, 혹은 본 문서의 결론과 다른 방법으로 사역했던 자들을 비난할 의도는 없다. 이러한

124) 인노첸시오 12세(Innocent XII, 1691-1700)는 제 242대 교황으로 세속명은 안토니오 피나텔리(Antonio Pignatelli)였다. 1615년 이탈리아 스피나촐라에서 태어나 1681년 추기경으로 서임되었다. 교황청의 족벌주의와 얀센주의에 대한 강경한 입장을 고수하였다. 매그로(Charles Maigrot, 1652-1730)는 파리 태생이며 1676년 사제 서품을 받았다. 1678년 소르본느(Sorbonne) 대학에서 박사학위를 받았고, 1680년 파리 외방전교회에 가입한 뒤, 그 이듬해에 중국으로 왔다. 복건성, 장수성, 절강성에서 활동하다가 1687년에는 절강성 교황대리가 되었고, 1700년 주교로 서임되었다. 1693년, 마테오 리치의 입장에 반대하면서 전례 논쟁을 재개하였다. 1707년, 강희제로부터 추방명령을 받아 교황청으로 자리를 옮겼다.

> 문제에 있어서 선교사들이 서로 다른 견해를 갖고 있다는 점을 놀라워해서는 안 된다. 각각의 선교사들은 하느님 앞에서 진리에 가장 부합한다고 생각하는 바를 따라야 할 뿐이다. 우리는 중국의 몇몇 선교사들이 우상 숭배에 빠졌다거나, 혹은 다른 이들을 시험에 들게 하였다고 말하는 것이 아니다. 중상모략을 일삼는 사람들만이 그렇게 말할 수 있을 것이다. 그러나 혹자들은 중국의 전례를 순수한 사회적 관례로 여기고 이를 허락하였는데, 다른 많은 이들은 그 전례를 미신적이며 우상 숭배라고 본다."

이 성명서는 회합을 위하여 작성된 것이었으나 오히려 논쟁의 불씨를 부채질한 셈이 되었다. 선교사들은 여전히 코난 주교의 결정에 이르게 했던 알렉산데르 7세와 인노첸시오 11세의 교서 내용에 반대하였다. 예수회 선교사들은 그 명령서가 거짓된 보고서에 따라 급하게 만들어졌다고 주장하는 진정서를 교황청에 제출하여 불만을 표시했다. 코난 주교는 1696년 교황청에 진정서를 보내어 그가 제출한 성명서에 관하여 결정을 내려달라고 간청했다. 그러나 인노첸시오 12세는 더 이상 양측의 단순한 진술만을 근거로 이 문제를 해결할 수 없다고 판단하고, 최종 결정을 내리기에 앞서 독립적인 자료를 구해보기로 결심하였다.

성급하게 강희제에게 전례 문제의 결론을 의뢰한 예수회 선교사들

이런 일이 벌어지고 있는 동안에 베이징의 예수회 선교사들은 강희제에게 이 논쟁에 관한 의견을 달라고 청원하였는데, 이는 매우 경솔한 행동이었다. 아래는 중국 사서에 기록된 내용에 따른 것이다.

"1699년에 그리말디, 페레이라, 도마, 제르비용과 그 밖의 유럽인 몇몇이 이런 상소문을 올렸다. '황제의 충성스러운 신하인 저희는 비록 먼 곳에 있는 나라에서 태어났으나, 황제께 다음의 쟁점에 관해 저희에게 분명한 지침을 내려주시기를 간청합니다. 유럽의 지식인들이 중국에서 공자를 숭배하는 특정한 전례가 행해지고 있으며, 하늘에 제물을 바치는 의식, 그리고 특히 조상에게 제사를 지내는 의식이 있다는 것을 알게 되었나이다. 우리는 이러한 전례들이 이성에 근거한 것이라고 설득하였으나, 유럽의 식자들은 전례의 참뜻을 이해하지 못하고 있습니다. 황제께서 진심으로 저들이 이런 전례를 이해할 수 있도록 도와주십시오. 저희는 중국에서 공자가 법을 제정한 분으로 존경받고 있으며, 그분을 추앙하는 예전은 오직 이런 관점에서 행해지고 있다는 것을 알고 있나이다. 저희는 조상에 대한 제사는 평소 조상들에 대한 사랑을 나타내고 그분들이 살면서 행한 선행을 기리는 뜻으로 제정되었다고 믿고 있나이다. 저희는 하늘에 대한 제사도 우리 위에 있는 눈에 보이는 하늘이 아니라 최고의 주인, 창조자, 하늘과 땅을 지키시는 분, 이 모두를 포괄하는 존재에게 올리는 것이라고 믿고 있나이다. 저희는 중국의 전례를 언제나 이러한 뜻으로 깨닫고 이해하고 있나이다. 하오나 외국인으로서는 이 중요한 문제를 중국인들과 같은 확신으로 단언할 수 없다고 생각되기에, 저희가 필요로 하는 이에 대한 해명을 존경과 복종하는 마음으로 기다리오니 부디 거절하지 마시기를 바랍니다.' 황제께서 이 상소를 매우 주의 깊게 읽으셨고, 중국의 종교적인 교리에 완전히 일치한다고 하시면서 이에 찬성하셨다."[125]

오늘날[19세기] 예수회를 옹호하는 한 사람이 그의 입장을 이렇게 밝히고 있다.[126]

---

125) (원주) De Mailla, Histoire Générale de la Chine, vol. iv. p. 303.

126) 여기서 "예수회를 옹호한 한 사람"은 르네 로흐바하(René François Rohrbacher, 1789-1856)로, 프랑스 출신의 신부였다. 역사가이기도 한 그는 『Histoire Universelle de l'Église Catholique』(1842–49)을 남겼다.

> "1700년 내내 이 끝없는 논쟁이 모든 지식인의 관심을 사로잡고 있을 때, 앙투안느, 도마, 그리말디, 페레이라, 제르비용, 부베, 수아레스, 슈툼프Kilian Stumpf, 레지, 페르노티Pernoti, 페레닌 같이 중국 과학사에 이름을 남긴 유명한 신부들이 교황청에 다음과 같은 진정서를 제출했다.[127] '베이징의 궁정에 거주하고 있는 예수회 소속 신부들은 황제에게 중국 전례의 참되고 적당한 의미에 관하여 정확하고 확실한 판단을 내려주시기를 요청했다. 이는 전례가 순수하게 예절의 차원인지 혹은 공자와 세상을 떠난 조상들과 관하여 어떤 다른 의미가 내포되어 있는지 결정하려는 것이었다. [예수회 신부들의 주장이다.] '우리가 자세하고도 확실한 판단을 구한 것은, 종교적인 것은 물론 정치적이고 예절에 관한 문제에 대하여 중국 최고 통치자인 황제만이 마땅히 행해야 할 바와 생각을 결정할 권한이 있기 때문이다. 황제의 권위는 절대적이어서 황제의 생각에 대해서는 항소하지 않는다. 중국의 백성들은 전례에 관한 황제의 해석과 선조들이 남긴 글들에 대한 황제의 이해를 반드시 따라야 하며, 이러한 황제가 정의한 것의 권위는 황제가 나라 전체에 쌓아놓은 학식에 대한 높은 명성이 더해질 수도 있다.'"

이 역사가는 개신교도인 라이프니츠는 베이징 선교사들의 행적을 바람직하다고 보았으나, 교황은 이를 못마땅하게 생각했는데, 아마 그들이 사도의 권위보다 황실의 권위를 더욱 의지하는 것으로 보였기 때문일 것이라고 추측하였다. 실제로 선교사들은 예수 그리스도의 대리인인 성 베드로의 후계자보다 중국 황제가 이 논쟁을 처리하는 것이 낫다고 보았던 것 같다.[128]

---

127) 앙투안느(Antoine de Beauvollier, 1657-1708)는 프랑스 예수회 선교사로 중국에서 사역했다. 프랑스 광동 선교회의 대표로 일했고, 황제의 전례에 관한 답변을 유럽에 전달하는 일을 맡았다. 슈툼프(Kilian Stumpf, 1655-1720)는 독일 빌츠버그 태생의 예수회 선교사였다. 레지(Jean-Baptiste Régis, 1663-1738)는 프랑스 태생의 예수회 선교사였다. 1698년부터 40년 동안 중국에서 활동하면서 중국지도를 제작하였다.

128) (원주) Rohrbacher, Histoire Universelle de l'Église Catholique, vol. xi. p. 644.

예수회와 입장을 달리했던 사람들은 예수회 선교사들이 교황청에 위 내용을 알린 후 몇 달이 지나서야 그 내용을 다른 수도회 회원들에게 알렸다고 주장하였다. 다른 수도회 회원들이 이와 관련하여 반론을 제기할 시간을 갖지 못하게 하려고, 황제에게서 위와 같은 답변을 받았다는 사실을 비밀로 했다는 것이다. 예수회 선교사들은 황제의 답신에 큰 기대를 걸었던 것으로 보인다. 그리고 이로써 교황청을 설득할 수 있을 것이라고 믿었던 것 같다. 중국의 학식에 전통하고 자신이 다스리는 나라의 모든 정보를 가장 잘 알고 있는 강희제야말로 중국에서 전례의 진정한 의미가 무엇인지 그 누구보다 확실하게 확인해 줄 수 있는 사람임이 틀림없었기 때문이다. 그러나 예수회 선교사들이 취한 방법은 대단히 위험한 방법이자, 큰 분란을 일으킬 소지가 있다는 것을 인정해야만 한다. 예수회 선교사들은 황제에게 전례 논쟁에 대하여 판단을 내려주거나 그리스도교 교리의 요점에 관하여 의견을 제시해 줄 것을 요청한 것이 아니었다. 그들은 황제에게 사실에 대한 증인으로 서주기를 기대하였던 것이다. 그러나 과연 이것이 현명하고 신중한 절차였을까? 강희제는 선교사들 사이에 불화가 만연해 있다는 것을 이미 알고 있었고, 예수회 선교사들이 황제의 권위에 의지하려고 했다는 것도 알고 있었을 것이다. 이러한 갈등 상황에서 자신의 증언이 결정적인 수단으로 사용될 것이라는 생각을 과연 그가 하지 않을 수 있었을까? 만약 교황청이 황제와 반대되는 결정을 내린다면, 황제의 심기를 거스르게 될 위험을 간과한 것은 아닐까? 황제가 선교에 대하여 호감을 보였던 바로 그 순간에 그를 교황과 충돌하게 만든 것이 과연 현명한 일이었을까? 새 신자들과 선교사들이 서로 분투하는 것도 모자라 이교도들, 선비는 물론 황제까지 이 안타까운 논쟁에 끌어들여야만 했을까?

파스칼의 예수회 공격

그러나 예수회 선교사들이 아시아에서 강력한 보호자를 찾을 수밖에 없었던 것은 유럽에서 그들을 향하여 엄청난 공격을 퍼부었기 때문이며, 여론 또한 그들에게 불리한 방향으로 흘렀기 때문이었다. 르 꽁뜨 신부의 회고록은 이미 소르본에서 맹렬한 비난을 받았으며, 그 대학의 교수회의는 이 회고록에 기록된 다섯 개의 명제를 불신임하기로 결정한 상태였다.[129] 포르루아얄 수도원의 은둔 수도자들은 오랜 기간 예수회와 적대적인 싸움을 벌이고 있었는데, 그들은 자신들에게 방해가 되는 예수회를 파멸시킬 기회가 왔다고 생각하고 중국 문제에 기를 쓰고 관심을 가졌다.[130] 그들이 유럽을 도덕적으로 타락시킨다고 주장하던 은둔자들은, 예수회가 중국의 사도로, 최소한 우상숭배를 선동하는 자들로 여겨지게 된 것을 즐겁게 여기는 것 같았다. 파스칼이 이러한 작업에 착수하였는데, 그의 우아한 문체는 예수회의 훌륭한 명성에 치명타를 입혔다. 표현력이 아무리 뛰어나다고 해도, 그가 언제나 올바른 사람이라고 할 수는 없는 일이다. 사람들은 자신의 모국어로 경탄할만한 문장을 써내는 뛰어난 재능을 가진 작가라면, 중국 전례문제도 완벽하게 이해할 것이라고 믿고 싶어 하였다. 프랑스에서 예수회에 대한 평가를 부정적으로 만드는데 다른 그 어떤 것도 필요하지 않았다.

---

129) (원주) 이 유식한 예수회 신부[르 꽁뜨]의 진정서에서, 다음과 같은 명제를 찾아낸 것은 놀라운 일이다. "중국인들은 2,000년 넘게 참 하느님을 아는 지식을 보존하여 왔으며, 그리스도교인들에게도 모범이 될 정도로 하느님을 경외하여왔다." 또 공자에 관하여는, "그가 지극히 겸손하였으므로 단지 이성을 근거로 한 철학자라기보다는 새로운 세계를 개혁하기 위하여 하느님으로부터 영감을 받은 것으로 추단할 수 있는 근거가 되었다." 현대의 예수회 옹호론자의 말을 빌린다면, 르 꽁뜨 신부가 중국인들, 특히 선비들의 개종이 가능할 것이라는 커다란 욕망에 사로잡혔던 것만은 분명하였다. "이 경우에 우리는 그리스도교에 대한 사랑과 과학에 대한 열정이 예수회 선교사들을 타락하게 만들었다고 볼 수밖에 없다." Jacques Crétineau-Joly (1803-1875), Histoire, religieuse, politique et littéraire de la Compagnie de Jésus, (6 vol), 1845, vol. iii. p. 178.

130) 포르루아얄 수도원(Port-Royal Abbey)은 파리에 있는 얀센주의자들의 본거지로, 1626년에 설립되었다.

교황청에서는 이 어렵고도 위험한 문제를 신중히 그리고 면밀하게 조사해 나갔다. 그들은 양측에게 자신의 논점을 최대한 자유롭게 변호할 수 있는 기회를 주었다. 그들의 변론을 모두 듣고 난 후, 교황청의 신앙교리성Congregation of the Holy Office에서는 중국 전례를 엄격하게 금하기로 결정하였다. 나아가 중국 선비들이 하느님을 지칭할 때 사용하는 용어도 금지하기로 하였다.[131] 클레멘스 11세Clement XI는 1704년 이를 승인하고, 교황특사로 중국으로 파견되는 안티오크 대주교인 메일라드 드 투르농Charles-Thomas Maillard de Tournon에게 이를 공포하라고 명하였다.[132] 신앙교리성에서 발표한 교서의 내용이다.

"안티오크 대주교는 터툴리아누스Tertullianus의 말을 따라 이교도적인 미신의 느낌이 조금이라도 들면 이를 완전히 소탕해야만 할 것이다.[133] 그러나 그는 주님의 밭에서 부지런하게 힘써 일한 선교사들의 명예와 명성도 보호해야만 할 것이다. 교황청이 온전하고도 깊은 사려를 통하여 내린 결정과 의견을 달리하였던 자들도 보호해야만 할 것이다. 특히 그들이 우상 숭배자로 오해받는 일은 없어야만 한다. 왜냐하면, 그들은 자신들이 증언한 것 이상의 일, 즉 그리스도인으로서 절대 행해서는 안 될 행동은 하지 않았다고 분명히 선언하였기 때문이다. 그리고 이 문제에 대하여 판결이 난 이상, 그들은 이제 겸손과 순종으로 교황청

131) 중국에서 하느님의 이름을 상제(上帝)로 번역한 마테오 리치의 선교 정책과 이에 대한 중국인들의 반응에 대해서는 Sangkeun Kim, Strange Names of God: The Missionary Translation of the Divine Name and the Chinese Responses to Matteo Ricci's Shangti in Late Ming China, 1583-1644 (New York: Peter Lang, 2004).

132) 클레멘스 11세(Clement XI, 1700-1721)는 제 243대 교황으로 세속명은 조반니 알바니(Giovanni Francesco Albani)였다. 1690년 추기경으로 서임되었고, 교황의 지위가 도전받던 시기에 얀센파와 갈리아주의와 대결을 펼쳤다. 1715년, 중국 전례금지에 대한 칙서를 반포하였다. 메일라드 드 투르농(Charles-Thomas Maillard de Tournon, 1668-1710)은 교황특사로 동인도와 중국문제를 담당하였던 추기경이다. 육 신부는 드 투르농의 행적에 대한 자세한 기록을 남겼다.

133) 터툴리아누스(Quintus Septimius Florens Tertullianus, c. 155-c. 240)는 초대교회 교부이다. '삼위일체'라는 신학용어를 최초로 사용하였고, 라틴어를 공식 언어로 사용한 첫 번째 교부이다. "예루살렘과 아테네가 무슨 상관이 있는가?"라는 유명한 명제를 남겼다.

의 지침을 따를 것이 분명하기 때문이다."

전례 문제를 해결하기 위한 교황특사 드 투르농의 중국 방문

중국 사서에는 1704년에 교황이 톨로鐸羅라고 불리는 한 위대한 유럽인을 광동성 성도인 광주로 보냈는데, 그는 궁정에 들어가지 않고 그곳에서 1년을 머물렀다고 기록되어 있다.[134] 중국 사서는 이어서, 다음 해 음력 5월 27일에 그리말디, 도마, 페레이라와 제르비용 신부가 황제에게 상소를 올려, 뒤늦게 광동에 도착한 톨로의 자질과 그의 임무를 설명하고는 그가 황제를 문안하러 궁정에 올 수 있게 허락해 달라고 간청했다고 기록한다. 며칠 후 강희제는 이렇게 명했다고 기록되어 있다.

> "톨로는 종교인으로서 그리스도교의 사정에 관한 조사를 하러 중국에 온 것이지 경의를 표하거나 공물을 바치라고 유럽의 왕들 가운데 누군가가 보낸 사람이 아니므로, 그에게 중국식 복장을 하고 궁정에 들어오게 하라. 광동 총독은 그가 명예롭게 가능한 한 빨리 베이징에 명예롭게 올 수 있도록 필요한 모든 것을 풍부하게 공급할 것이며, 오는 길에 드는 모든 비용을 대 주도록 하라."

교황특사 톨로[안티오크 대주교 드 투르농]는 그해 10월이 되기까지 베이징에 도착하지 못하였다. 황제는 그가 불과 며칠이면 도착할 거리에 있으며 선편으로 이동 중이라는 말을 듣고는, 광독 총독의 아들들과 제르비용, 수아레스와

134) (원주) 중국에 거주하는 선교사들은 중국식 이름을 갖는다. [톨로鐸羅라는 이름을 선택한] 드 투르농은 중국식 이름을 잘못 고른 것 같다. 왜냐하면 그 이름이 "얼간이"라는 뜻이었기 때문이다. 베이징의 그리스도교인들이 그렇게 부른다고 소문이 났는데, 그 이름 때문에 그가 공공연히 조롱을 받은 것은 사실이었다. 선교사들이 그런 행동을 하였다고 믿을 수는 없지만, 그 이름의 뜻을 알면서도 방치했다는 것은 유감스러운 일임에 틀림없다.

레기스 신부 같은 유럽인들을 천진항으로 보내어 그를 맞이하게 하였다. 마중 나간 사람들은 그가 병이 들어 고생하고 있다는 것을 알고, 서둘러서 안정을 취하도록 하는 데 필요한 것들을 내어주었다. 그리고 자금성 안에 있는 선교사들의 거처인 천주전天主殿에 숙소를 마련해 주었다. 강희제는 관리들을 보내어 톨로의 안부를 묻는 친절을 베풀어 주었다. 황제는 추기경이 1년 넘게 베이징에 머무는 동안 황제의 식사를 보내어 주었으며 몇 차례 알현도 허락하였다. 황제는 나중에 추기경을 광동으로 돌려보냈는데 베이징에 올 때와 마찬가지로 그를 예우하였다. 이상의 내용은 중국의 사가들이 추기경의 여행에 관하여 남긴 기록이다. 우리는 선교사들이 행한 사역의 결과를 알아보고자 이 기록을 보관하고 있다.

예수회 선교사들은 필시 안티오크 대주교가 도착하는 것을 유감스럽게 바라보고 있었을 것이다. 왜냐면 그가 전례에 관한 예수회의 해석을 규탄하고, 또 앞으로의 선교 방식을 예수회의 방식과는 전혀 맞지 않는 방향으로 전환시키리라는 사실을 알고 있었기 때문이었다. 그러나 예수회 선교사들은 자신들의 개인적인 반감에도 불구하고, 그가 베이징에 올 수 있도록 황제로부터 허가를 받고, 어느 외교 사절도 누린 적이 없는 극진한 환영을 받도록 모든 노력을 다했다. 하지만 이처럼 외형적으로 존경을 표하는 것은 가장 중요한 것은 아니었다. 안타깝게도 예수회 선교사들이 추기경의 맡은 임무의 제일 중요한 목적을 진척시키는데 최선을 다했다고 말할 수는 없을 것이다.

황제는 중국에 교황특사가 나타난 것을 보고, 그가 유럽 선교사들 사이의 평화와 화합을 이루게 하려고 중국에 왔다는 사실을 간파하였다. 황제는 일개 외국의 군주가 중국 내부에서 일어나고 있는 문제에 대하여 질책을 하거나 이에 관하여 권위를 행사하려고 한다는 사실에 놀랐다. 추기경이 도착한 지 며칠

이 지나자 황제는 그가 무엇 때문에 중국에 왔는지를 물었다. 추기경은 무엇보다 황제가 그리스도교와 선교사들을 보호해 준 것에 대해 교황의 이름으로 감사를 표하는 것이 방문의 첫 번째 목적이라고 밝혔다. 그리고 나아가 교황께서 모든 선교사를 감독하는 총 관찰사를 베이징에 두고 싶어 하신다고 대답하였다. 황제는 이를 통해 유익을 얻을 것이라고 생각하고는 이 계획을 승인하였다. 그러나 황제는 총 관찰사는 최소한 10년을 베이징 궁정에 살면서 중국의 관습을 제대로 알고 있는 사람이어야 한다고 말했다. 대주교는 이 대답에 매우 실망했는데, 황제가 궁정에 있는 예수회 신부들의 지시를 받았다고 믿었기 때문이었다. 이러한 황제의 뜻을 따른다면 아무 소득 없이 전례문제가 이전 그대로의 상태로 남아있게 될 것이었다. 교황특사의 의견과는 정반대 입장을 가진 것으로 알려진 [기존 예수회] 선교사들 가운데서 총 관찰사가 선출될 것이 분명했기 때문이었다.

1705년 12월 31일, 안티오크 대주교는 처음으로 강희제를 알현했다. 베이징에 있는 모든 선교사가 추기경의 뒤를 따랐는데, 유례없이 장엄하게 행해졌다. 추기경의 건강이 좋지 않은 것을 고려해서 황궁을 가로질러 지나는 길에 있는 여러 궁인에게는 전통적인 중국 의례를 생략하라는 명이 내려졌다. 황제는 추기경을 화려한 긴 의자에 앉히고, 직접 술을 따라 주었다. 이어서 큰 연회를 베풀어 금 접시에 담은 36가지의 음식을 대접하였다. 공식연회가 끝난 후에는 일상적인 대화들과 자잘한 호기심에서 나오는 질문들을 위주로 하는 긴 대화가 이어졌다. 이후 황제가 드디어 대주교에게 그가 온 공적인 목적을 물었다. 대주교는 황제가 총 관찰사보다는 교황대사의 뜻에 덜 반대하리라고 기대하며 베이징에 유럽과 중국의 우호 관계를 유지하기 위하여 한 명의 대리인을 두는 것은 어떻겠냐고 제안하였다. 황제는 그런 일은 매우 쉽게 이루어질 수 있다며, 자신의 궁궐에 오래 머무르고 있는 유럽인 신부들 가운데 한 명에게 그런 임무를 부여하면 될 것이라고 답하였다. 대주교는 황제의 제안을 받아들이면 이전과 달라질 것이 없다고 생각하여 새로운 대리인을 임명하는 것이 더 적절하다고 여겨진다고 답하였다. 하지만 황제는 새로운 인물을 받아들이기를 단번에 거절했다. 이러한 상황을 보면, 궁정에 살고 있던 선교사들이 황제의 결정에 영향을 주었을 것이라는 추측은 전혀 근거 없는 말은 아닌 것 같다. 예수회 선교사들은 오랫동안 궁정에 살고 있었고, 예수회 소속이 아닌 사람이 총 관찰사로 임명된다면 선교에 치명적일 것이라고 확신하고 있었기 때문이었다. 황제와의 만남 가운데서 또 다른 주제가 논의되었을 때 이와 같은 [예수회 선교사들의] 영향력이 다시금 느껴지는 일이 있었다. 황제는 교황에게 답례의 선물을 보내겠다는 말을 하면서, 학식이 풍부하고 재능 있는 수학자 3명, 물리학자 3명, 의사 3명, 음악가 3명, 총 12명을 보내 달라고 청하였다. 대주교는 황제의 선물을 교황에게 기꺼이 전하겠고 12명의 새로운 선교사들을 파송하는 것을 협의하겠다고 하였다. 대주교는 당연히 이 중대사를 자신이 매우 헌신적이고 신실하다고 믿는 사람들에게 맡기려고 했다. 그러나 황제는 이 대주교에게 선택권을 주지 않고 부베 신부가 이 일을 맡도록 지명했다. 교황특사가 부베 신부를 전적으로 신뢰할 리가 없었음에도 불구하고 말이다. 대주교의 이의는 받아들여지지 않았다. 대주교는 어쩔 수 없이 이런 새로운 견제를 받아들여 황제의 완강한 뜻에 복종할 수밖에 없었다.

대주교는 사방에서 수없이 많은 장애물과 맞닥뜨리게 되면서 예수회 신부들이 자신의 임무를 방해하고 있다고 생각하게 되었다. 그의 이러한 확신이 근거가 있든지 없든지 간에, 이는 서로에 대한 불신을 조장하여 양측의 어려움만 더욱 커졌다. 그러나 안티오크 대주교는 열정과 인내를 가지고 자신이 중국에 온 주요 목적을 이루기 위하여 노력하였다. 그는 베이징에 도착한 이후부터 매우 조심스럽게 전례문제와 관련된 모든 정보를 수집했다. 피에몬테 출신의 라자로회 소속 아피아니Luigi Antonio Appiani와, 통역이었던 프란체스코회 소속 드 프로솔로니de Frosoloni 신부의 도움으로 대주교는 베이징의 그리스도인들에게서 전례에 관한 자세한 정보를 얻을 수 있었다. 지금부터는 이에 관하여 보다 자세하게 이야기하려고 한다.[135] 아마 이를 통하여 독자들도 전례의 성격을 올바르게 평가할 수 있을 것이다.

조상에 대한 제사 절차와 공자에게 바치는 제사

중국인, 그 가운데서도 특히 중요한 계층이자 황제 자신이 우두머리로 있는 사대부 계층에서는 세상을 떠난 부모를 포함하여 위로 4대까지의 조상들에 대하여, 공적으로든 개인적으로든, 큰 경의를 표한다. 중국인들은 조상을 위한 사당을 세우고 그 안에 큰 글자로 조상의 성함과 벼슬을 적어 그 조상의 "영혼의 자리神位"라는 위패를 안치한다. 사당 중앙에는 제단이 하나 있고 양쪽으로 그보다 작은 제단들이 있는데, 그 위에는 여러 조상의 위패가 봉안되어 있다. 한 해에 서너 차례, 특히 봄가을에는 이런 사당들에서 크고 엄숙한 제례가 올려진다. 제삿날이 되기 며칠 전에는 아버지나 가장, 그리고 서너 명의 가까운 친척들 사이에서 제사의 주관자, 보조하는 사람參祀者, 제주祭主가 세워진다. 그들은 추첨으로 제삿날을 정하고 사흘 동안 금식하면서 제사를 준비한다. 제삿날 전날 저녁에 그들은 제물로 바칠 동물, 돼지나 염소 등을 검사한 뒤에 그 동물의 귀에 따끈한 술을 붓는다. 동물이 머리를 흔들어대면 제물로서 적당하다고 인정이 되고, 만약에 머리를 흔들지 않으면 깨끗하지 못한 짐승으로 여겨진다. 선택된 동물은 제사를 주관하는 사람들이 보는 데서 곧바로 잡는다.

---

135) 루이지 아피아니(Luigi Antonio Appiani, 1663-1732)는 이탈리아 출신의 라자로회 선교사였다. 1699년 10월 광동으로 들어온 최초의 라자로회 선교사들 가운데 하나이다. 1697년, 중국에 35명의 선교사들을 파송하였는데, 프란체스코회 25명, 도미니크회 4명, 아우구스티누스회 3명, 라자로회 1명 등이었다.

제사 당일에는 닭이 울기 전에 일가친척 모두가 모여 세대 순에 따라 정렬한다. 제단 위에 놓인 초에 불을 붙이고 향을 사른다. 그런 다음에 제주가 큰 소리로 "모두 무릎을 꿇으시오."라고 외친다. 그 자리에 있는 사람들은 위패 앞에서 이마가 바닥에 닿도록 세 번 배를 올리며, 주관자들 가운데 하나가 정해진 형식의 축문祝文을 읽는다. 그 뒤에 제주가 "일어서시오"라고 외치면, 모인 사람들이 기립한 가운데 제주가 술을 채운 잔을 제단 앞에 들어서 올리고 소리 높여 "헌주獻酒"라고 외친다. 그런 후에 술맛을 보고 나머지를 제주 가까이에 있는 짚으로 만든 인형 위에 뿌린다. 이어서 제물이 된 동물의 털을 조금 뽑아서, 이 털과 동물의 피를 함께 묻는다. 동물 머리와 살을 높이 들어서 위패 앞에 내놓는데 같은 방식으로 꽃, 과일, 채소, 비단과 지전紙錢을 바치고는 이것들을 사당 문 앞에서 태운다. 그동안 참사자 중 하나가 기도를 한다. 이러한 의식절차가 만족스럽게 마무리되면 제주는 조상들에게 올린 제사 덕분에 온갖 축복, 즉 건강, 이 땅에서의 풍성한 수확, 많은 자손과 장수를 기대할 수 있게 되었다고 참가자들에게 말한다.

공자에 대한 제사를 살펴보자. 모든 도시에는 "공자묘孔子廟"와 비슷한 사당이 하나씩 있다. 사당에는 금박으로 "大成至聖 文宣王(가장 성스럽고 뛰어나신 큰 스승)"이라고 쓴 공자의 위패가 모셔져 있다. 해마다 두 차례씩, 춘분과 추분에, 모든 선비가 그들의 후원자이며 중국 철학의 아버지인 공자에게 엄숙한 제사를 올려 경의를 표하기 위해 모인다. 도시에서 가장 높은 관리나 총독이 헌관獻官이 된다. 조상에 대한 제사 때와 마찬가지로, 이름난 선비들이 집사執事가 되어 헌관을 돕는다. 집사들은 철저하게 금식한 후, 춘분이나 추분 저녁에 공자묘 뜰에서 공자에게 바칠 과일, 쌀과 술을 준비한다. 헌관이 된 관리는 앞서 말한 대로 제단에 향을 사르고 초를 밝히며 동물을 잡는다. 헌관이 된 관리가 선택된 돼지에 굽혀 절하고, 자신의 눈앞에서 백정들이 제물인 돼지를 도

살할 때에도 되풀이하여 절한다. 그런 다음 돼지의 털을 밀고 이튿날 하루 동안 돼지 피와 함께 이를 보관한다. 새벽닭이 울기 전에 헌관은 다른 관리들, 선비들과 함께 공자묘에 위풍당당하게 모습을 드러내는데, 붉은색 초를 밝힌 제단 위에 향을 사르고 집사가 보내는 신호에 따라 성가를 부르고 또 다른 노래도 부른다. 이어서 집사가 "제물의 털과 피를 봉헌합시다."라고 외치면, 헌관은 제물을 공자의 위패 앞에서 높이 들어 올린다. 이어서 줄이 만들어지고 일동은 사당 뜰로 나아가서 제물의 털과 피를 묻는다. 그런 뒤에 각자 제자리로 돌아오면 집사가 큰 소리로 "공자의 혼을 내려보내소서!"라고 외친다. 헌관은 이 말을 듣고는 술잔을 들어 짚으로 만든 인형 위에 붓고, 동시에 공자의 위패를 벽감에서 끌어내어 제단에 안치하고 공자를 드높여 찬양하는 기도를 한다. 이것이 제사의 첫 부분이다. 두 번째 부분은 다음과 같이 진행된다. 집사가 "무릎을 꿇으시오."라고 외치면 이 소리에 맞추어 모두 무릎을 꿇고 "일어서시오" 하면 일어선다. 그런 뒤에 헌관은 손을 씻고, 다른 집사에게서 비단 조각과 술이 가득 담긴 잔을 받는다. 집사가 "헌관이 공자의 신위 앞으로 나갑니다."라고 외치면, 곧바로 악사들이 노래를 부르는 가운데 헌관이 비단 조각과 술잔을 들어 올려 공자의 위패에 바치고, 집사는 참석한 모든 사람에게 네 번 연속으로 무릎을 꿇었다가 다시 일어서게 한다. 이에 일동은 매번 이마를 바닥에 대고 절을 올린다. 이어서 비단 조각을 태우면서 공자를 칭송하는 기도를 올리고, 엎드려 절하는 것이 반복된다. 이때 기도와 함께 술잔을 바치는데, 그 술잔 안에 공자의 혼령이 깃들게 된다. 그 후, 모인 사람들은 세 번째 부분을 진행한다. 집사가 "번영과 행복의 잔을 듭시다."라고 하면서 "무릎을 꿇읍시다."라고 외친다. 그리고는 집사가 헌관에게로 가서 "행복의 잔을 드세요."라고 하면, 헌관이 잔을 비운다. 이어서 집사가 "제물의 고기를 집으세요."라고 하면, 헌관은 한 집사에게 제물의 고기 조각을 받아, 그것을 두 손으로 들어 올려 공자 위패에 바치면서 두 차례의 기도를 올린다. 그 기도문은 이렇게 끝을 맺는다.

"저희가 바친 모든 제물을 정결하고 향기로운 것들입니다. 이 제사를 지낸 후에, 저희에게 평화를 주시며 혼령께서는 기쁨을 누리십시오. 이 제물을 통하여 저희가 모든 행복과 행운을 얻게 하소서."

이 기도를 마치면 마침내 공자의 혼령이 강림하여 위패 위에 자리하는 것으로 여겨지고, 엄숙한 기도와 함께 위패는 다시 벽감에 안치된다. 제사는 참석자들에게 제물의 고기를 나누어주는 것으로 마무리되고, 이 고기를 먹는 사람들은 공자가 그들에게 많은 혜택을 주기를 희망한다.[136] 이상이 중국의 전례에서 말하는 전형적인 의례절차이다. 알고 보면 전 중화 제국의 모든 사람이 이러한 전례를 지내고 있었다. 도미니크회 선교사들은 이와 같은 내용을 교황청에 알렸고, 교황특사는 우리가 살펴보고 있는 그 당시에 베이징에서 이것을 직접 목격할 기회가 있었다.

예수회 선교사들의 전례에 대한 이해와 교황청의 결론

몬시뇰 류께Luquet는 [전례에 관해] 이런 설명을 처음 들으면, 예수회 선교사들이 이처럼 미신에 의해 더럽혀진 전례를 어떻게 종교적으로 용인할 수 있는지 이해하기 어려울 것이라고 말한다.[137] 그러나 예수회 신부들을 판단하기에 앞서, 중요한 몇 가지 사항이 고려되어야 마땅하다. 무엇보다도 중국 사대부 계층의 원칙에 따르면 이러한 공경은 순전히 예를 지키는 것이라고 여겼다는 것이다. 그리고 그들은 "예를 지킨다."는 전례의 성격을 보존해 왔다. 그러나 서민들이 이러한 전례에 사대부들에게는 매우 낯설기만 한 미신적인 사고를 덧

136) (원주) Historia Cultûs Sinensium, p. 3-12.

137) 몬시뇰(Monseigneur)은 교황의 명예 전속 사제로 확정된 성직자에 대한 경칭이다. (원주) Luquet, Lettre à Monseigneur l'Évêque de Langrès, p. 158.

붙여왔다는 것이다. 이러한 내용은 사대부 계층이 확실히 밝히고 있다. 이들이 양심에 따라 증언을 한 것인지, 혹은 자신들의 관습이 불명예스러운 비난을 피하도록 애를 쓴 것인지는 여기서 다룰만한 문제가 아니다. 이 나라의 여러 엘리트는 다양한 곳에서 이와 유사한 내용을 진지하게 증언하고 있다. 그러나 우리는 이것을 받아들인 외국인들의 증언에 크게 의존할 수밖에 없다. 많은 사람들이 양심의 법정 앞에서 증언하기에 충분한 도덕적 확신을 가지고 있었을 것으로 보인다. 낯선 나라에서 그들의 예절과 관습, 언어를 충분히 알지 못한 상태에서 선교사들이 진실을 알기 위해서 겪었을 어려움을 기억한다면 이를 더욱 확신할 수 있다.

당시에 예수회 선교사들은 이러한 제사가 실제로 많은 사람에게 미신적인 요소로 작용한다는 것을 알고 있었다. 그러나 그들은 특정한 조건 아래에서는 그리스도인들이 제사에 참여하는 것을 허용하였다. 첫째, 제사에 참석하려는 중국인 신자들은 그의 지위 때문에 불가피하게 참여할 수밖에 없다는 점을 입증해야만 하였다. 둘째, 중국인 신자들은 제사를 드리는 도중에 제사의 본래 의미, 즉 제사는 순수하게 예절을 표하는 것이라는 점을 기억해야만 했다. 예수회 선교사들은 전례문제를 이러한 관점에서 바라보면서, 공자묘들과 사당들은 아무런 종교적 의미가 없이 그저 만남의 장소이고, 또 고기를 나누어 먹는 것은 널리 행해지는 축제에 단지 참여하는 일이라고 여겼다. 예수회 선교사들은 엎드려 절하는 것과 다른 의례들이 일상적인 관습과 교제 속에서 볼 수 있는 것이나 다름없는 것이라고 쉽게 이해했다. 그들은 이 점에서 물론 실수를 범하였으나, 앞서 말했듯 그들의 실수는 용납될 수 있는 것이었으며, 그럴듯한 해석이기도 하였다.

하지만 가톨릭교회는 신앙과 도덕의 순수성을 해칠 수 있는 것은 그 무엇도 용인할 수 없었다. 따라서 예수회 선교사들의 주장(교리적 해석)은 처벌을 받아야 마땅한 것이었다. 교황 인노첸시오 12세는 자신의 특사가 중국을 향해 유럽을 떠나는 시점부터 선교사들을 갈라놓았던 이 문제를 철저하게 조사하기 시작하였다. 후계자인 클레멘스 11세는 아주 조심스럽게 이 문제를 직접 조사하였고, 1704년 11월 20일에 종교재판소의 판단을 승인하였다. 중국의 전례가 가톨릭 교리에 어긋난다는 내용의 칙서가 드 투르농 추기경에게 발송되었다. 추기경이 이 칙서를 전달받은 것은 베이징에서 예수회 선교사들에게 그들의 잘못된 의견을 포기하라고 설득하며 헛된 노력을 하고 있던 때였다. 클레멘스 11세의 칙서는 주로 다음과 같은 내용이었다.

참 하느님은 유럽의 언어로도 적절하게 부를 수 없는 것이다. 그리하여 중국의 선교사들과 개종자들은 오래전부터 "천주天主"라는 말을 사용할 수밖에 없었다. 이는 "하늘에 계신 주님(Lord of Heaven)"이라는 뜻이다. 그러나 교회로서는 천天, 즉 하늘(Heaven)과 상제上帝, 즉 황제(August Emperor)라는 말을 함께 사용하는 것을 용납할 수 없다.[138] 이 때문에 무슨 일이 있어도 한자로 경천敬天이라고 쓴 편액을 교회에 걸어놓을 수 없다.[139] 나아가 그리스도교의 신자들은 어떤 일이 있어도, 또 어떠한 이유로도, 중국인들이 해마다 춘분과 추분에 공자와 조상들에게 관습적으로 드리는 제사를 주관하거나 차리거나 도와서는 안 되었다. 이러한 제사는 미신에 오염되었기 때문이다. 그리고 앞서 말한 그리스도인들이 공자묘에서 달마다 초하루와 보름에 공자를 숭배하여 드리는 모든 제사, 관리들이 벼슬을 받기 전이나 받고 나서 공자묘에 가는 것, 선비들이 과거에 급제하고 나서 습관적으로 공자묘에 가는 것도 금지되었다. 또한 그리스도인들은 조상의 사당에서 간소한 제사를 지내거나, 어떠한 방식으로든

138) 여기서 상제(上帝)를 황제(皇帝)의 동의어로 이해하고 있음을 볼 수 있다.

139) 강희제는 1675년 베이징 南堂에 "萬有眞原"과 "敬天"이라 쓴 편액을 하사하였다.

공무를 보거나, 어떠한 의식을 거행하는 것조차도 허용되지 않았다. 그리스도인들은 그들끼리 또는 이교도와 함께 사저私邸나 묘소의 위패 앞에서 조상들을 공경하는 의식을 거행하거나, 어떠한 다른 의식을 거행하는 것도 허용되지 않았다. 문제가 되었던 전례에 대한 찬반 주장 모두를 저울질하여 결정된바, 전례는 미신적인 것들과 떼어놓을 수 없는 것이었다. 따라서 경배하는 의미가 없이 순수하게 예의를 차리거나 정치적인 의미로 제사를 지내는 것이라고 주장하더라도, 공적인 전례이든 사적인 전례이든 그리스도인들에게 허용될 수 없었다. 제사를 거행하는 사람들이 제사를 지내는 대상에게 무엇을 간구하거나 소망하지 않다고 할지라도 변하는 것은 없었다.

이러한 금지조치는 전례를 거행하는 장소에 단순히 모습을 드러내거나 그리스도교인들이 때로는 이교도의 미신적인 행사에 순수하게 물질적인 도움을 주는 것까지 금하지는 않았다. 그러나 이러한 전례를 용인하거나 동의한다는 감정을 표현해서는 안 되었고, 전례와 관련된 행사에서는 어떠한 역할도 맡아서는 안 된다는 전제가 붙어 있었다. 그리고 그렇지 않으면 혐오와 위협을 받게 되는 어쩔 수 없는 상황에서만 위와 같은 행동이 허락되었다. 마지막으로 그리스도인들은 중국 관습에 따라 그들의 집에 조상의 위패를 모시는 것이 허락되지 않았다. 이러한 위패는 비록 축약된 형식으로 만든 것이기는 하지만, 혼령이 깃드는 자리였기 때문이었다. 망자의 이름만을 쓴 위패는 허용되었는데, 이것을 세울 때는 미신적인 요소가 전혀 없어서 추문이 생길 여지가 없어야만 한다는 단서가 붙어 있었다. 즉 불신자들은 그리스도인들이 자신들과 같은 심정으로 위패들을 갖고 있다는 것을 상상할 수도 없었다. 나아가서 그리스도인들은 위패 가까이에 죽음에 관한 그리스도교 신앙의 내용과 돌아가신 부모와 조상들에게 자손이 된 도리를 표하는 그리스도교의 가르침을 명기하여 붙여놓도록 했다. 교황 클레멘스 11세는 저질러진 오류들을 바로잡으려고 노력하는 동시에 잘못을 저지른 선교사들의 행동을 정당화하고, 그들을 비난하는 것을 금하였다. 아래는 그 내용이다.

> "교회는 전례문제에 관해서 다른 입장을 가졌던 선교사들을 비난해서는 안 된다. 교황청이 그전에 있었던 사실관계에 관한 서로 다른 입장의 보고서를 받고 두 개의 서로 다른 대답을 내놓아 여러 해 동안 논쟁을 불러일으켰다. 이 문제에 대하여 모든 사람이 일치된 생각을 가지지 않았다고 해서 놀랄 필요는 없다. 교회는 안티오크 대주교와 교회의 결정을 따르도록 하는 것이 요구되었던 모든 사람에게 [예수회] 선교사들의 명성과 명예를 지키고 또 그들이 우상 숭배를 하도록 만들었다는 누명을 쓰지 않도록 명하였다. 논쟁을 끝내려는 이 시점에 예수회 선교사들이 교황청의 결정에 순종할 것이란 점을 교회는 조금도 의심하지 않는다."

추기경의 입장

전례 논쟁은 교황청에서 이 문제에 관한 입장을 공개적으로 밝힌 것으로 사실상 끝이 났다. 그러나 이러한 결정이 선교사들을 통해 어떻게 실행에 옮겨질 것인지는 모두 확실히 알 수 없었다. 드 투르농 추기경은 베이징에 머무는 동안 전례문제에 관한 여론의 상황이 어떠한지 확인하면서, 클레멘스 11세가 이 교황령을 즉각 공포하지 않는 것은 신중한 처사였다고 생각했다. 전례를 옹호하는 사람들이 이 문제로 감정적으로 매우 고조되어 있었기 때문에, 예수 그리스도의 대리자인 교황의 말씀에 선교사들이 순순하고도 완전하게 복종하기까지 커다란 추문이 생기지 않으리라는 확신이 없었기 때문이었다. 따라서 그는 자신에게 부여된 권한을 사용하는 대신, 신중하고도 관대한 자세로 반대편의 사람들을 설득하여 그들이 교황청의 의견과 같은 의견을 갖도록 애썼다. 이를 위해 추기경은 코나나Conana의 주교인 몬시뇰 매그로를 보내어 예수회 선교사들과 여러 쟁점을 놓고 토론을 벌이도록 하였다. 추기경은 또한 매우 저명하고 박식한 예수회 신부이자 동료 선교사들과 의견을 달리하는 비스델라우 신부를 베이징으로 부르고 싶어 했다.

교황특사가 교황의 결정을 공포하는 것을 연기하였던 두 번째 이유는 아래와 같다. 이것 또한 첫 번째 이유 못지않은 중요한 이유였다. 궁정에서 강희제와 가까이에 있는 선교사들의 경솔함으로 인하여 추기경의 행동에 어느 정도 제약이 따랐던 것이다. 절대적인 통치권을 가진 강희제가, 논란의 중심이 되는 전례가 전혀 미신적이지 않다고 밝힌 것이다. 따라서 베이징과 중화제국의 전역에서 전례를 공식적으로 비난한다는 것은 다소 위험한 행위임이 분명해 보였다. 황제의 생각과 정면으로 반대되는 결정을 발표하면 황제의 격렬한 분노를 일으킬 것이 뻔했기 때문이다. 베이징의 선교사들은 비록 실제 문서[전례를 금하는 교황령]를 두 손에 접한 것은 아니었으나, 교황청에서 전례문제에 관해 내린 결정을 무시할 수 없는 노릇이었다. 교황특사의 신중한 태도는 현지에 있는 선교사들을 당황스럽게 하고, 양측 모두의 화를 돋우었다. 선교사들은 교황특사가 조금은 덜 신중하게 행동하기를 오히려 바랐을 것이다. 한편은 반대편에게 멋진 승리를 거두게 되리라는 희망이 있었기 때문이고, 다른 한편은 황제가 이 문제를 황제의 권위에 관련된 것으로 간주하여 상황을 바꾸어 버릴 수도 있다는 기대를 가지고 있었기 때문이다. 베이징의 그리스도인들과 선교사들은 굳게 입을 다물고 있었지만, 뒤늦게 이 [전례를 금하는] 중요한 문서가 교황청으로부터 전달되었다는 소문이 돌기 시작하였다. 소문이 돌기 시작하자 중국의 모든 그리스도인 공동체는 불안에 떨었다. 중국인들을 잘 모르는 사람은 당시 베이징의 선교 사역이 처한 상황을 이해할 수 없을 것이다. 중국인들은 교묘하게 흥미를 돋우는데 능수능란한 사람들이었다. 그들은 비밀스러운 방식으로 소식을 퍼뜨리기를 좋아하였으며, 곧잘 말을 과장하거나 왜곡하는 경향이 있었다. 남들 모르게 살며시 서둘러 선교사들의 거처로 찾아오는 새 신자들은 음모를 꾸미는 비밀결사 단체의 앞잡이로 이용당하고 있는 것은 아닌지 모르는 일이었다.

전례 문제에 직접 입장을 밝힌 강희제

시간이 얼마 지나지 않았지만, 황제는 그리스도인들 사이에 돌고 있는 소문을 접하였다. 그리고 어렴풋이나마 자신이 지지자임을 밝혔던 중국의 전례가 교황청에서 비난의 대상이 되었다는 것을 알게 되었다. 황제는 본래 논쟁에 흥미를 보이는 성격이었다. 그리고 그는 대단한 표현력을 가지고 있었으며 이를 사용하는 것을 매우 즐기는 사람이었기 때문에, 선교사들이 이 문제를 제기하였을 때 관심을 보였던 것이다. 하지만 황제는 이제 자신의 명예와 권위가 이 사안에 결부되어 있다는 것을 감지했다. 로마에서 추기경들과 가톨릭교회 최고의 신학자들이 교황의 앞에서 이 문제에 대해 논의하였던 것처럼, 강희제는 조정 대신들과 제국의 고관들을 불러 모아 이 문제를 거론하기로 했다. 1706년 6월 29일, 황제는 어전회의의 결의에 따라 추기경의 알현을 허락하였다. 교황 특사는 황제가 선교사들에게 베풀어 준 호의와 자신들이 믿는 성스러운 교회를 보호해 준 것에 대하여 그리스도인들의 수장 이름으로 감사를 표하기 위해 긴 여행을 했다고 말했다. 이 감사의 말 때문에 강희제는 자신이 계획하고 있던 토론을 시작할 기회를 얻게 되었다. 황제는 "옳소. 당신네 종교는 거룩하오. 전 세계로 전파된다면 바람직한 일이 될 것이오. 하지만 당신들은 그것을 제대로 시작하지 못하고 있소. 당신들은 여러 나라의 관습과 생각을 고려하지 못하고 있소."라고 대답하였다. 그리고 중국의 전례에 관하여 길고 자세하게 설명하면서, 그가 예수회 선교사들 대다수의 선교활동에 큰 호감이 있다는 것을 보여주었다. 이어서 황제는 말했다.

> "유럽인들은 중국 고전과 전례의 의미를 충분히 이해하지 못하고 있소. 나는 교황이 무지한 사람들에게서 그릇된 정보를 얻어서 그 거짓 정보를 근거로 중국의 그리스도교를 파멸로 이끌 것이 확실한 규제를 하게 될까 봐 매우 염려되오. 이런 곤란한 결과가 생기지 않도록 짐은 유럽에 보내는 [중국 전례에 관한] 내용을 수정할까 하오. 이는 정보를 바로잡고 잘못을 고치기 위함이오."

교황특사는 황제의 열변에 크게 당황했다. 그의 상대는 이러한 논쟁을 한마디 말로 끝낼 수 있고, 예수회와 도미니크회의 선교사들을 한꺼번에 내쫓을 수 있으며, 제국이 존속하는 한 그리스도교를 금할 수 있는 황제였기 때문이었다. 안티오크 대주교는 무서운 함정을 피해가고자 매우 조심스럽게 노력하면서, 강희제에게 사실의 문제와 법의 문제의 차이를 이해시키려고 애썼다. 사실의 문제는 중국인들이 실제로 준수하는 관습을 간단명료하게 언급하는 것만으로도 충분하였다. 그러나 법의 문제는 다른 종교의 학자들이 아니라 그리스도교 신학자들이 판단해야 하는 문제로, 그리스도교의 관점에서 평가되어야 하기 때문이었다. 또한, 중국인 학자들 사이에서도 공자와 조상에 대한 제사가 정당한지에 대해서 서로 다른 의견들이 있다고 알려져 있었다.

이에 따라 교황특사는 몬시뇰 매그로를 한문에 조예가 깊은 사람이라고 지목하면서, 그의 한문 실력이 이 문제를 규명하는 데 큰 도움이 될 것이라고 말하였다. 이에 강희제는 매그로에게 공자의 저술 가운데서 그리스도교와 대립된다고 생각하는 구절을 정확하게 글로 써서 제출하라고 요구했다. 매그로는 황제의 요청을 받아들여 중국 경전에서 자신의 의견을 뒷받침하는 50개의 문장을 골랐다. 그러나 그는 동시에 교황청이 판단할 권한을 가진 문제를 중국의 황제에게 맡길 생각은 없다는 뜻을 분명히 하였다. 안티오크 대주교는 이러한 항의가 타당하다고 생각하여, 다른 여러 수도회에 속하는 선교사들이 1700년에 몇몇 선교사들이 황제에게 상소문을 올린 것과 같이 중국의 황제에게 상소문을 올리는 것을 금했다. 매그로가 보냈던 문서는 강희제의 궁정에서 커다란 파문을 일으켰다. 황제는 이 문서를 받고는 매우 불쾌해 하였다. 매그로가 경전에서 인용한 구절들은 1700년에 강희제가 교황에게 순수하게 예절에 관한 것이라고 공표했던 전례가 우상 숭배임을 입증하고 있었기 때문이었다. 매그로 주교의 주장을 반박하기 위해서는 그가 중국 작가들이 썼던 진정한 의미를 알지 못했다고 주장하는 것 외에는 방법이 없었다. 따라서 일은 이렇게 진행되었다. 무지하기 때문이라는 이러한 비난은, 그 자체로는 매우 사소한 것이지만, 상황에 따라 다르게 해석되면서 좋은 구실거리로 둔갑해 버리기도 하였다.

강희제는 주교의 상소문을 읽고 나서 그를 궁궐로 불러들여 오랜 시간 논쟁을 벌였다. 그리고 그의 한문 실력을 알아보려고 옥좌 뒤편에 걸려있는 편액에 쓰인 네 글자를 읽어보라고 하였다. 그의 적들은 이 고위 성직자가 [네 글자 가운데] 두 글자만 읽을 수 있었고, 그 뜻도 전혀 설명할 수 없었다고 말했다. 따라서 그는 주위에서 박식하다고 말한 것과 달리, 유럽식으로 표현하자면 그의 벗들이 그가 매우 조예가 깊다고 말해왔던 학문 분야의 가장 기초도 모르는 사람으로 여겨졌다. 유럽에서도 이러한 사실이 매우 이상하게 여겨졌을 것이 확실하다. 그러나 한문의 특이한 구조를 알고 있는 예수회 선교사들이 좀 더 솔직하고 진실한 태도를 보였더라면, 이 사건을 강조하지 않았을 것이다. 우리는 제국에서 가장 유식한 사람들 가운데 하나인 강희제조차 주교가 몇 글자 실수한 것을 보고 절대로 놀라지 않았을 것이라고 믿는다. 널리 알려진 한림원의 학사라 해도, 특히 그가 잘 모르는 주제를 이해해야만 할 때는 사전을 의지해야만 했기 때문이었다.

우리도 뛰어난 중국인 학자들이 교리 문답서를 읽으면서 거의 페이지마다 읽기를 멈추는 것을 본 적이 있다. 몬시뇰 매그로 역시 틀림없이 박식한 중국학 학자였지만, 천자의 옥좌 뒤에 걸려있는 편액의 글자를 해독할 수는 없었다. 따라서 우리가 보기에 그의 적들이 주교의 무지를 비난하는 것은 선한 믿음의 행동이 아니었다. 그리고 그 때문에 후대의 모든 역사에서 주교의 이름은 무지와 연관되어 버린 듯하다.

강희제는 몬시뇰 매그로가 무식하다는 주장에 놀라기보다는 오히려 전례문제를 가지고 싸우는 데 힘을 쏟았고, 교황청이 이 문제를 독단적으로 결정하려는 것을 인식하고 이에 항의했다. 황제는 주교의 완강함과 사도직의 독자성 때문에 자부심에 상처를 받았다. 황제는 약했기 때문에 이로 인하여 화를 내었고, 주교를 위협하기 시작하였다. 그러나 이것은 주교로 하여금 중국 전례가 그리스도교와 전혀 상충 되지 않다는 점을 인정하게 만드는 데 효과적이지 않았다. 이 문제에 관해서 주교의 입장은 너무나 뚜렷하였기 때문에, 시간을 끌게 만드는 것이 불가능했고 황제의 뜻을 거스를 수 있는 용기를 주었다. 이로 인해 그에게 일어날지 모르는 위험에 대한 두려움조차 그를 단념시킬 수 없었다. 드 투르농 대주교와 매그로 주교 두 사람의 태도가 변하지 않자 황제는 격분하였으므로 사람들은 황제의 진노가 어디까지 미칠지 두려워하기 시작했다. 며칠 동안 위협적으로 불던 폭풍이 가라앉고 며칠이 지나, 8월 3일에 갑자기 황제의 조서 2개가 반포되었다. 하나는 매그로 주교에게 내린 것으로 그에 대한 강한 불쾌감을 표현하면서 베이징에 있는 예수회 신부들의 거처로 물러나라는 명령이었다. 다른 하나는 드 투르농 대주교에게 내린 것으로 즉시 유럽으로 돌아갈 준비를 하라는 통고였다. 몬시뇰 매그로는 황제의 명을 따라 예수회 숙소로 물러났다. 그러나 그곳에서 안티오크 대주교 편에 속한 여러 성직자와 함께 붙잡혀 쇠줄에 묶인 채 황태자의 법정에 서게 되었다. 그는 그곳에서 굴욕적인 질문을 받으며 극심한 모욕을 당했다. 사실 몬시뇰 매그로는 사형을 선고받아도 놀랄만한 상황이 아니었다. 황제는 황태자의 보고를 받고는 이튿날 아침 그에게 추방령을 내렸다. 같은 시기에 두 명의 그리스도인과 한 명의 전도자가 태형을 당한 후에 만주에 유배되었다.

중국에서 추방된 매그로 주교와 드 투르농 대주교

매그로 주교는 드 투르농 대주교로부터 그의 행동에 대한 찬성과 시련 중에서도 용기 있는 행동을 보여준 것에 대해 감사를 표하는 편지를 받았다. 그러나 그는 중국을 떠나야만 하였고, 마카오로 가는 것조차 허락받지 못한 채 영국 배에 실려 마침내 아일랜드에 도착하였다. 그는 1708년 자신이 아일랜드에 도착하였음을 알리는 서신을 교황에게 보냈다. 그는 파리 외방전교회가 운영하는 신학교로 은퇴하려고 했으나, 클레멘스 11세로부터 아일랜드에서 잠시 머문 뒤에 교황청으로 오라는 연락을 받았다. 중국에서 생겼던 일을 보고받기 위함이었다. 이 고위성직자는 1709년 로마에 도착하여 매우 정중한 예우를 받았고, 교황에게 그동안의 사정을 모두 전달하였다. 그의 이야기가 담겨 있는 기록은 카사나타 도서관에서 보관하고 있다.[140] 그는 로마에서 클레멘스 11세가 주는 연금으로 생활했다. 인노첸시오 13세는 그의 연금을 늘려주었고, 베네딕토 13세도 그에게 적지 않은 관심과 애정을 보여주었다.[141] 그는 1730년에 선종하

140) 카사나타 도서관(Biblioteca Casanatense)은 1701년 산타 마리아 소프라 미네르바(Santa Maria Sopra Minerva) 성당과 수도원에 세운 도서관으로 25,000권에 달하는 그리스도교 서적을 보관하고 있다.

141) 인노첸시오 13세(Innocent XIII, 1721-1724)는 제 244대 교황으로 예수회 교육을 받았다. 1706년 추기경이 된 그는 교황으로 선출되자, 얀센파를 극력 반대하고 전임 교황 클레멘스 11세의 칙서를 강력하게 실천하였다. 베네딕토 13세(Benedict XIII, 1724-30)는 제 245대 교황으로 세속명은 피에트로 오르시니(Pietro Francesco Orsini)이다. 1649년 이탈리아 태생으로 도미니크회에 입회하였다. 로마의 명문가 출신으로 23세에 추기경에 서임되었다.

였는데, 본인의 청원대로 성대하지 않게 트리니타 델 몬테Trinita del Monte에 있는 프랑스 성당 묘지에 묻혔다. 그곳에 그를 기념하는 비석이 세워져 있다. 피코Picot는 『세계인명록』에 이 성직자의 생애를 수록해 두었다. 여기서 피코는 매그로 주교가 무지한 사람이라는 비난을 반박했을 뿐 아니라 그가 어떻게 부당하게 얀센주의자로 몰리게 되었는지 밝혔다.[142] 아래는 피코의 기록이다.

> "이 성직자는 로마에서 고결하게 살았다. 씀씀이는 검소했으며 가난한 사람들을 구제하였고 매우 경건하게 살았다. 몇몇 역사 사전에 따르면, 그는 얀센주의와 관련이 있다는 혐의를 받고 있다. 그러나 이러한 혐의는 근거가 없는 것으로 밝혀졌다. 매그로는 언제나 교황청의 결정을 따랐다. 그가 중국에서 보낸 편지들을 보면 파벌주의나 혁신을 멀리 하였는지 알 수 있다. 그는 자신이 정말로 옳지 않다고 믿는 점에 대해서는 예수회 선교사들에 반대하였으나, 그들을 대할 때에도 조심스럽고도 온건한 태도로 대했다."[143]

갑자기 몰아친 박해의 악영향은 매그로 주교의 추방과 몇몇 선교사들의 투옥으로 끝나지 않았다. 황제는 새로운 조서를 발표하여 그리스도교 전파에 제한을 가하였고 선교사들의 활동 가능성을 제한시키는 과정을 밟아나갔다. 황제는 당시 중국에 있던 모든 선교사는 물론이고 앞으로 중국에 올 선교사들은 황제에게서 인표印表(거류증)를 받아야만 하고, 이러한 인표는 선교사들이 공자에게 드리는 제사에 찬성하고 또 유럽으로 돌아가지 않겠다는 결심을 한다는 조건 아래에서만 발급한다고 명했다. 이 새로운 황제의 조서는 백성들에게 그리스도교 신앙의 자유를 허락했던 이전의 조서를 무효화 시켰다. 그리고 중국에서 그리스도교 사제들을 몰아내는 결과를 초래하였다. 몇몇 선교사들은

142) (원주) Joseph-François Michaud, Biographie Universelle (2nd ed., 45 vols., Paris, 1843).

143) (원주) Biographie Universelle, p. 236.

이 조서로 갑자기 중국에서 쫓겨나게 되었고, 남으려고 했던 다른 선교사들은 관리들의 추적을 피하여 몸을 숨겨야만 했다. 예수회 선교사들만이 거의 유일하게 황제의 인표를 받게 되었다. 그들은 이런 낯설고도 불운한 상황에 빠지게 된 것은 자신들이 황제에게 상소함으로써, 어떤 면에서는 황제를 전례 논쟁의 결정권자로 만들어버린 경솔한 행동 때문이었다는 것을 깨달았다.[144] 중국 영토에 머물 수 없다는 결정적인 금지법이 발표된 굴욕적인 상태에서 선교사들이 중국에 남아 있을 수 있는 방법은 한 가지뿐이었다. 앞으로 보게 될 그 마지막 조치는 강희제가 세상을 떠남과 거의 동시에 취해졌다.

안티오크 대주교는 황제에게 그러한 명을 받자마자 매우 슬퍼하며 더는 돌이킬 수 없는 의견 충돌로 분열된 교회를 뒤에 남겨 놓은 채 중국을 떠날 준비를 하였다. 그에게는 선교사들 사이의 화합을 회복시킬 방법이 없었다. 대주교는 베이징을 떠나기 전에 마저 처리해야만 한다고 생각한 일이 몇 가지 있어서 [1709년] 8월 28일까지 귀환 길에 오르지 못했다. 이로 인해 그는 본의 아니게 황제의 명을 곧장 따르지 못하였고, 황제의 심기를 더욱 불편하게 했다.

대주교는 무거운 마음으로 베이징을 떠났다. 최근에 반포된 교서로 인하여 선교사들이 고통을 당하게 되리라는 것을 내다보았기 때문이었다. 여행길은 매우 힘들고도 우울했다. 마카오로 가는 길에 남경에 도착한 그는 자신의 예감이 적중하였다는 것을 알게 되었다. 어떤 선교사들은 공자와 조상에 대한 제사에 반대하는 내용을 가르치지 않겠으며 유럽으로 귀환하지 않겠다는 이력접자履歷摺子를 제출하고 인표를 받았다.[145] 하지만 이를 거부한 선교사들

144) (원주) Picot, Mémoires pour servir à l'Histoire Ecclesiastique, vol. i. p. 43. Luquet, Lettre à Monseigneur l'Evéque de Langrès, p. 166.

145) 이력접자(履歷摺子)에는 소속 수도회, 국적, 나이, 중국 도착 일자, 현재 거주지, 마테오 리치의 規矩를 따르고, 서양에 돌아가지 않겠다는 서약이 들어 있었다.

은 이미 관리들에게 온갖 부당한 처우를 받는 대상이 되어 체포된 이후, 사슬에 묶여 광동이나 마카오로 끌려가게 되었다. 대주교는 선교사들의 공동체가 무질서해진 것을 보고 큰 슬픔에 빠졌으나, 우상에 대하여 가졌던 확고한 입장과 황제와 우상을 숭배하는 조정 앞에서도 굽히지 않았던 자신의 신념을 조금도 바꾸려 하지 않았다. 그는 선교사들이 중국 관리들에게 이력접자를 제출하기 위해 소환되는 경우, 그들에게 어떤 행동준칙이 절실히 필요하다고 생각했다. 그리하여 그는 그 유명한 남경교서南京教書를 공표하기로 했다. 그는 베이징에서 자신이 겪을 일을 반추하여 볼 때, 클레멘스 11세의 칙서를 발표하는 것은 신중하지 않다고 판단하였다. 대신 그는 교황청을 향한 황제의 분노를 자신에게 향하게 하는 것이 좋겠다고 판단하였다. 따라서 그는 남경에 있는 선교사들을 불러 모아 애절한 심정으로 강론하기 시작했다. 그는 중국의 선교 상황을 설명한 후 그토록 말이 많았던 전례는 죄를 범하는 것이므로 이를 전적으로 금지한다는 내용의 남경교서를 읽어 내려갔다. 그는 자신에게 부여된 임무를 완수하고자 그리스도교 신앙의 신성함과 정당성을 입증하고, 미신에 오염되지 않은 예배의 순수성에 대하여 강론하고, 개종자들과 그들의 인도자, 그리고 목자들이 위험에 빠지는 것을 막기위해 필요한 모든 규정을 만들었다.

헤세본Hesebon 주교는 "이 남경 교서는 선교사들 사이의 이견에 종지부를 찍는 것과는 아주 거리가 먼 결과를 불러일으켰다."[146]고 말하였다. 선교사들이 이 행동의 준칙을 지킬 수 있는 상황이 아니라는 것을 인정할 수밖에 없었기 때문이었다. 앞서 말했듯 드 투르농 대주교는 교황과 황제의 직접적인 충돌을 막고자 자신의 이름으로 이러한 교시를 발표하였다. 이 교시에 포함된 내용을 받아들인다면 유약한 중국 교회는 커다란 박해를 당하게 될 것이 확실했다. 당황스러운 상황 속에서 전례를 용납하는 것이 좋다는 의견을 가진 선교사들이

146) (원주) Luquet, Lettre à Monseigneur l'Evéque de Langrès, p. 166.

의지할 것은 오직 자신의 양심이 이끄는 대로 따라가는 방법 외에는 없었다. 이 선교사들은 교황이 대주교의 판단을 다시 한번 판단해 줄 것을 호소했다.

예수회 선교사들이 요청한 재고를 거절한 교황청

1710년 9월 25일, 교황 클레멘스 11세는 재고를 청하는 선교사들의 요구를 거부하였다. 그리고 1704년의 교서에 못지않은 칙서(Ex illa die)를 [1715년 3월 19일에] 반포하였다. 교황은 이를 확실히 실행시키기 위해서 이 교황령을 교황청의 종교재판관을 통하여 도미니크회, 아우구스티누스회, 프란체스코회, 그리고 예수회 총장들에게 전달했다. 당시 예수회 총장 미켈란젤로 탐부리니 Michelangelo Tamburini 신부는, 교황이 원하는 대로 이 명령에 전적으로 순종하였다.[147] 당시 예수회 간부들은 로마에 모여 총회를 열고 있었는데, 교황의 칙서가 발표되었다는 사실이 알려지자마자 만장일치로 교황청의 명에 절대 순종한다는 선언을 담은 매우 근엄한 수도원의 내규를 총회에서 통과시켰다. 이어서 예수회 간부들은 총장이 집전하는 미사를 드리면서 예수 그리스도의 대리자[교황] 앞에 무릎을 꿇었다. 그들의 순종이 감동적이고 아름다워 클레멘스 교황은 흐르는 눈물을 주체하지 못했다고 전한다. 예수회 총장 탐부리니 신부는 다음과 같은 말로 강론을 마쳤다.

> "앞으로 우리 가운데서 다른 마음을 품고 다른 말을 하는 사람들이 세계에서 언제든 어디서든 발견된다면, 하느님께서 이런 일이 없도록 만들어 주시기를 바랍니다, 대다수의 사람에게는 이러한 일이 일어나는 것을 미리 막아낼 만한 분별

147) 미켈란젤로 탐부리니(Michelangelo Tamburini, 1648-1730)는 이탈리아 출신의 예수회 신부로 예수회 해외선교 전성기에 14대 총장을 역임하였다(1706-1730년). 이때에 중국에서 전례논쟁이 절정에 달했다.

> 력이 없기 때문에 그를 추방할 것입니다. 그러한 사람은 벌을 받아 마땅하고 예수회의 아들로 인정할만한 가치가 없는 사람이라는 것을 총장과 수도회의 이름으로 분명히 밝히고 선언합니다."

오늘날[19세기]의 예수회 변론인들은 위와 같은 인상적인 선언을 인용한 후에 "이보다 더 명확할 수는 없었다. 선교사들은 위와 같은 지침을 행동으로 옮길 수밖에 없었다. 그러나 그들은 교황의 칙서를 교묘하게 피해 나갈 방법을 강구하였다."는 말을 덧붙였다.[148)]

교황 클레멘스 11세는 더욱 강경한 태도를 보였다. 그는 전례문제는 모두 해결되었다고 분명하게 선언하였다. 교황청이 결정을 내렸고 드 투르농 추기경의 교서도 확인되었으므로, 그 결정을 겸손히 따를 일만 남았다고 했다. 하지만 교황은 매우 유감스럽게도 많은 선교사가 다양한 구실을 만들어 교서를 따르고 있지 않다는 것을 알게 되었다고 말하였다. 교황 클레멘스11세는 진정한 사도들이라기보다 간교한 분파주의자들이나 일삼는 이러한 모든 속임수와 핑계를 뿌리 뽑기 위하여 모든 대주교, 주교, 교황대리, 선교사, 그리고 예수회에 속하는 성직자도 모두 빠짐없이 중국의 전례에 관한 교서를 준수하지 않으면 교황청에서 직무 정지, 금지명령, 파문 같은 징계를 내릴 것을 매우 엄격하게 다짐했다.[149)] 모든 선교사에게는 개별적으로 다음과 같은 맹세를 하고, 상사가 이를 반드시 교황청에 보고하도록 하는 조치가 취해졌다.

> "교황청이 (또는 교황청의 위임으로 상사가) 중국에 (또는 이러저러한 왕국이나 지방에) 파송한 (또는 파송하기로 한) 선교사인 나 (아무개)는, 교황 클레멘스 11세 교황께서 반

---

148) (원주) Crétineau-Joly, vol. v. pp. 52, 53.

149) (원주) Rohrbacher, Histoire Universelle de l'Église Catholique, vol. xi. p. 651.

포하신 중국 전례에 관한 칙서에 들어있는 맹세문에 관련된 수칙과 명령을 전적으로 또 충실하게 따를 것을 맹세합니다. 저는 칙서 전문을 읽고 그 내용을 숙지하였으며, 이 명령을 그대로 엄격하고 빈틈없이 준수하고 또 어떤 핑계도 대지 않고 실천에 옮기겠습니다. 만일 이와는 반대로, 하느님이시여 그런 일에서 저를 지켜주소서, 어떠한 경우라도 그 명령을 위반하면, 간혹 생기는 일이기도 하지만, 칙서에 명시된 징벌을 언제라도 받겠다고 자술합니다. 성경에 손을 얹고 이것을 약속하고 서약하고 또 맹세하오니, 하느님과 성자들께서는 저를 도우소서! (등등) 자필 서명.[150)]

강희제는 대주교 드 투르농이 남경에서 교서를 반포하였다는 소식을 듣자마자 화를 내며 대주교를 체포하여 그를 죄인으로 다룰 것을 명하면서, 그를 마카오의 포르투갈인들에게 돌려보냈다. 드 투르농 대주교는 포르투갈인들에게 학대를 당했다. 그리스도인들의 도시에서 교황 특사인 그에게 온갖 모욕적인 일이 가해졌다는 사실을 기록으로 남긴다는 것에 깊은 유감을 느낀다. 그를 따르고 그리스도교를 위하여 그가 행한 바를 인정할 용기가 있는 모든 사람은 그와 함께 사슬에 묶여 추방되었다. 그러나 그 어느 것도 대주교와 대주교가 당하는 시련에 동참하는 도미니크회 선교사들의 대담한 용기를 꺾지는 못했다. 오히려 대주교는 그리스도교의 예배문제로 고난받게 된 것을 귀한 일이라 여겼다. 어디인지도 모르는 감방에 대주교가 갇혀있는 동안, 교황청에서는 그의 열정을 치하하기보다는 선교활동을 더욱 독려할 목적으로 그를 추기경에 서임하였다. 1709년 8월 17일, 그의 서임 소식이 마카오에 전해지자 그는 곧 죽음의 길목에 들어섰다. 교황청의 소식을 그에게 전달한 여섯 명의 도미니크회 신부들은 추기경과 함께 감옥에 갇혔다. 감옥에서의 생활은 더욱 가혹해졌다.

150) (원주) 지금도 중국에 오는 모든 선교사들에게 이 서약서를 강요하고 있다. 우리 일행도 1839년에 마카오에서 이런 맹세를 하였다.

그는 한 노파가 몰래 넣어주는 음식으로 연명하고 있었고, 바닷물이 스며든 우물물을 마셔야만 했다. 그가 추기경으로 승진하면서 감옥 생활은 더욱 가혹해졌고, 도미니크회 신부들도 더욱 심해지는 시련을 참아내야만 했다. 1710년 마닐라에서 열린 관구 회의의 결의를 보면, 이 신부들의 용기와 충성에 대한 증언이 남아 있다. 필리핀 관구장의 말이다.

> "지난 몇 달 동안 광활한 중국 땅에 있는 선교사들뿐 아니라 샤를르 도마 드 투르농 추기경에게서 온 편지의 내용을 통해 다음과 같은 사실을 알게 되었습니다. 편지의 내용과 그리고 그리스도인이든 이교도이든 가릴 것 없이 중국에서 온 사람들이 하는 말을 들어보면, 우리 선교사들은 지조를 잃은 적이 없습니다. 그들은 비방을 받고, 유배를 당하고, 극심한 박해를 겪고 있다고 합니다. 선교사들의 총책임자인 추기경은 폭행을 당하고 이루 말할 수 없는 고통을 받고 있습니다. 최근에 추기경으로 서임을 받으신 이후로 더 많은 간수와 더 무거운 쇠사슬로 고통이 가중되었으나, 우리 선교사들 가운데 누구도 그분을 저버리지 않았다고 합니다. 모두가 끝없는 인내로 신앙을 지키면서 불편함과 모욕, 고역과 굶주림을 나누고 있다고 합니다. 두 명의 신부는 부하들의 손아귀를 피하여 체포를 면하였는데, 몰래 드넓은 고장을 두루 다니면서 무너져 내린 새 신자들을 다시 일으켜 세우고 있다고 합니다. 그들은 약자들에게 용기를 불어넣고 불안한 자들에게 평안과 도움을 주고 있다고 합니다."

포르투갈 국왕에게 보낸 교황의 항의 서한과 드 투르농 추기경의 선종

교황 클레멘스 11세는 충성스러운 추기경이 고통을 받자 포르투갈 왕에게 편지를 보내어, 마카오 총독과 그의 수하 관리들이 추기경을 박해하고 있다는 사실을 알렸다. 교황은 포르투갈 왕에게 추기경이 받고 있는 학대에 관하여 물으며, 이를 즉각 중지하고 가혹 행위를 한 책임자들을 처벌하라고 요구하였다. 그리고 다음과 같이 덧붙였다.

> "앞서 보낸 여러 통의 편지를 받은 후, 이 사안을 다루는 인도로부터 아직 어떠한 대답도 받지 않은 것을 알고 있습니다. 그리고 교황청은 당신의 신하인 고아 총독이 왕명을 듣는 즉시 이를 수행할 것을 믿어 의심치 않습니다. 하지만 교황청은 귀국에서 들려오는 소식에 큰 비통함에 빠져있고, 그곳에서 벌어지고 있는 수많은 폐해에 관하여 말씀드리지 않을 수 없습니다. 포르투갈 관리들은 대담하고도 무례하게 교황특사의 위엄을 훼손하고 있고, 심지어 특사가 추기경이 된 것을 알고서도 이런 행위를 멈추지 않았습니다. 1708년 12월과 1709년 9월에 동방에서 보낸 마지막 편지들에는 고아 총독이 포고령을 내려 마카오에서 누구라도 교황 특사에게 존중을 표하거나 복종하는 태도를 보이는 것을 엄금하였다고 합니다. 교황 특사에게 복종하는 성직자나 평신도는 즉각 고아의 감옥에 가둘 것이라는 이 포고령은 귀국에 커다란 손상을 입히는 것입니다. 이 포고령이 공포되고 세 명의 사제를 포함한 네 명의 도미니크회 수사는 포고령보다 자신들의 의무를 앞세웠다는 이유로 체포를 당하여 수감 되었습니다. 이 수사들은 신자들을 위한 성찬이 진행되는 동안 성당에서 기도를 드리는 중이었습니다. 그 중 한명은 사제복을 걸친 채로 끌려갔는데, 이는 모든 보는 사람들의 분노를 일으켰습니다. 대중과 이교도들은 이러한 만행에 두려워하며 몸서리를 쳤습니다."

교황은 포르투갈 국왕에게 이러한 불만을 털어놓는 동안, 추기경이 마카오의 감옥에서 죽어가고 있다는 사실은 미처 모르고 있었다. 뇌졸중 증세를 보이던 추기경은 1710년 6월 8일에 심장마비로 세상을 떠났다고 전해진다. 이 소식을 접한 교황은 1711년에 열린 추기경 회의에서 다음과 같이 말했다.

"존경하는 형제들이여, 우리는 이 자리에서 종종 공공의 악을 놓고 개탄해 왔습니다. 오늘 우리는 한 개인의 죽음을 두고 눈물을 흘립니다. 이는 저와 여러분에게 있어서 커다란 상실이며, 어떤 면에서는 전 세계의 교회에 닥친 비극이라고 말씀드릴 수 있습니다. 이미 알고 계신 바와 같이, 이 자리에서 샤를르 도마드 투르농 추기경의 선종 소식을 전합니다. 존경하는 형제들이여, 우리는 그리스도교의 열정적인 옹호자이며 교황 권위의 용맹스러운 수호자, 교리의 강력한 지지자, 수도회의 큰 빛이며 상징인 인물을 잃었습니다. 우리는 아들이며, 여러분의 형제, 오랫동안 노고를 당하면서 예수 그리스도를 위해 살아온 사람을 잃었습니다. 시련과 모욕, 비난을 당하면서도 그는 불굴의 인내와 용기로 이를 모두 이겨내어 불로 연단한 금과 같이 되었습니다. 그러나 우리가 이 모든 것을 더욱 슬퍼하기보다는 신앙의 관점에서 바라보고자 합니다. 그러면 오히려 그 비통함이 경감되고 그리스도인다운 위로를 받게 됩니다. 이 사도가 우리에게 "소망이 없는 다른 사람들처럼 슬퍼하지 말라"고 경고하고 있기 때문입니다.[151]

이 신실한 추기경의 선종을 주님께서는 가장 고귀하게 여기실 것이라 믿는 것이 당연하지 않습니까? 우리를 통하여 주님께서 그를 선교하라고 부르시자마자 그는 교황청, 도시, 친척, 벗, 또 본성이 기뻐하는 모든 것들을 버리고 열정적인 신앙과 즉각적인 순종함으로 불편하고도 매우 길고도 고된 위험한 여행에 나선 것을 기억해야 하지 않겠습니까? 그 머나먼 곳에서 그를 격려하고 견디게 하신 그리스도의 한결같은 사랑이 그가 육지와 바다를 여행하는 동안에도 자신의 안위를 생각하기보다는 임무에 더 충실하도록 하셨습니다. 그리스도의 사랑이 인간이 가질 수 있는 두려움을 극복하게 하셨습니다. 그는 주님의 법을 이 세상의 왕

151) 『데살로니가전서』 4:13.

들에게 선포함에 조금도 흔들리지 않았습니다. 그는 시련을 당하면서도 하늘의 기쁨이 충만하였고, 하느님과 그분의 천사들을 끝없이 기쁘시게 하는 광경을 온 교회에 보여주었습니다. 그는 행동과 편지로 우리에게 그의 마음이 확고하다는 것과 인간의 위엄이 하찮은 것이라는 모범을 보여주었습니다. 결코 이것을 잊지 맙시다.

교황청이 그의 중요한 공헌을 인정하여 추기경으로 승진시키기로 하자, 그는 교황청으로 편지를 보내어 예수 그리스도와 그분의 교회를 위하여 피 흘리기까지 싸우는 것을 그에게 준 새로운 의무로 여기고 받아들이겠다고 하였습니다. 또한 덧붙이기를, 중국에서의 선교 활동을 포기하고 유럽으로 돌아가기보다는 오히려 추기경이 되는 명예를 포기는 편이 낫다고 하였습니다. 어느 누가 그가 보여준 진귀한 경건함을 인정하지 않을 수 있겠습니까? 그는 경건한 마음으로 가난한 사람들에게 돈을, 친척들에게는 십자가만을 나누어주었으며, 그의 전 재산을 불신자들 가운데서 그리스도교를 전파하기 위해 수고하는 일꾼들을 돕기 위해 내놓지 않았습니까? 그는 교회에 헌신하여 사제로 살아가는 사람이라면 유산을 어떻게 처분해야 하는지를 이런 단순한 행위를 통하여 우리에게 본을 보여주었습니다. 하느님께서 그를 제물로 받으실 것이라는 희망이 우리에게 가득합니다. 거룩한 추기경이 시련을 당하면서도 사제의 품성과 선교에 대한 열정을 보여준 까닭입니다. 그는 굶주림, 목마름, 투옥, 핍박과 박해를 이유로 하느님의 일을 포기하지 않았습니다. 마지막 숨을 거둘 때까지 늘 한결 같았습니다. 그는 선한 싸움을 다 싸우고, 신앙을 지켰습니다. 정의로운 심판장께서 그를 위해 준비한 면류관을 씌워주시리라는 소망을 가져야하지 않겠습니까? 그렇습니다. 틀림없이 그럴 것이라 생각합니다.[152)]

152) 『디모데후서』 4:5-8 참조.

그러나 우리는 불완전함에서 자유로워질 수 없는 연약한 인간입니다. 그리스도교적인 사랑을 가지고 선종하신 추기경의 영혼을 위해 기도와 제물을 드릴 수밖에 없습니다. 우리가 개인적으로는 이미 그렇게 하였지만, 그의 뛰어난 품성을 기리기 위해 날을 정하여 교황청 성당에서 공개적으로 엄숙한 장례미사를 올리도록 하겠습니다. 생전에 선교사들을 크게 보살피셨던 드 투르농 추기경께서 천국에서 이 미사를 가상히 여겨 주실 것이고, 주님의 자비를 가지고 원수들이 그 밭에 심어 놓은 잡초를 뿌리까지 뽑아버리게 하실 것이며, 하느님의 영광과 가톨릭 신앙의 격상을 위하여 수확이 날로 풍성하게 될 것입니다."

예수회 선교사들의 반응

교황의 입을 통하여 고백된 이런 감동적인 찬사를 소개한 후, 예수회 저자의 말을 인용하려고 하니 마음이 괴롭다. 아브리니d'Avrigny 신부는 선교사들 사이 불화로 희생된 이 유명한 신부를 두고 아래와 같이 언급하고 있다.

"중국에서는 드 투르농 신부에 대한 기억이 매우 소중하다고 말할 수는 없을 것이다. 그러나 유럽에서는 그를 존경할만한 사람으로 만들기 위해 모든 노력을 기울였다는 점은 인정해야만 한다. [그레고리오 16세] 교황은 1841년 10월 14일 추기경들이 모두 모인 자리에서 그를 크게 칭찬하였다. 한 이탈리아인 추기경이 그에 대한 추도사를 했는데, 이 추도사는 나중에 많은 각주가 달려 프랑스어로 번역되었다. 추도사에서는 그의 열정, 정직함, 자비심, 온유함이 이 영웅의 매력이었다고 밝히며, 그를 진정으로 완전한 인간인 성인의 반열에 올려놓았다. 사람의 마음의 중심을 아시는 주님께서 그를 판단하시길."

우리 일행[육 신부와 일행]은 마카오에서 추기경이 갇혀 지내다가 마지막 숨을 거둔 해안가에 있는 집을 방문했다. 그곳에는 추기경이 받았던 무자비한 고문과 끔찍한 핍박의 흔적이 아직도 남아 있었다. 그가 오랜 기간 핍박을 받다가 갑작스럽게 세상을 떠났기 때문에, 전 유럽과 아시아에는 매우 악의적인 소문이 돌았다. 이 소문에 당파심까지 보태지자 예수회 신부들이 추기경에게 독약을 먹인 것이 아니냐는 혐의를 받게 되었다.[153] 이런 주장을 하는 사람들의 말을 소홀하게 취급하지 않았던 오늘날의 한 역사가는 다음과 같이 기록하고 있다.[154]

> "추기경은 예수회 선교사들이 그가 가는 길에 장애물을 놓았다고 자주 불평하였다. 그는 예수회 선교사들이 적대적이라고 단언하였다. 포르투갈인들이 추기경을 박대한 일이 알려지자 황제의 큰 신임을 얻고 있다고 알려진 예수회 신부들에게 심한 비난이 쏟아졌다. 얀센주의자들이 보기에 드 투르농은 순교자였고, 살인자는 예수회 신부들이었다."

얀센주의자인 큐드레Coudrette는 이런 기록을 남겼다.

> "동인도에서 예수회가 코나나Conana의 주교 매그로에게 가한 핍박은 얼마나 분개할만한 일인가! 교황청의 고위성직자인 드 투르농 추기경조차 살아남지 못하였다. 예수회 선교사들이 추기경을 어떻게 대했는지 자세히 기술하면 그들은 살인자로 여겨질 수도 있다."

---

153) (원주) 임종 시에 풍자적인 유인물이 나돌았는데, 예수회 신부 하나가 죽어가는 추기경의 머리에서 모자를 벗겨 갔다는 내용이었다. 인쇄물에는 "법에 따라 의복은 처형자의 소유다."라는 제목이 붙어 있었다. Dictionnaire Historique, par Chaudon et Delandine, vol. xii. p. 122.

154) (원주) Cretineau-Joly, Histoire de la Compagnie de Jesus, vol. v. p. 49

이 중대한 협의에 대하여 예수회 역사가는 이렇게 답하고 있다.

> "직접적으로든 간접적으로든, 이러한 비난을 입증할 만한 증거는 아무것도 없다. 우리로서는 [예수회 선교사들이] 강희제에게 어떠한 권고를 했거나, 혹은 포르투갈인들을 부추겼다는 작은 흔적도 찾아낼 수 없다. 예수회 선교사들은 이러한 상황에서 중립을 지켰다. 이러한 중립성은 인간의 눈에서는 신중한 처사로 여겨질 수도 있는 것이었다. 그러나 역사와 종교의 관점에서 보면 이는 잘못된 판단이었다. 교황특사였던 추기경은 예수회 선교사들과는 반대되는 의견을 가지고 있었다. 그러나 선교사들은 그가 가진 지위와 그의 인격을 존경하였다. 자신들의 신임을 활용하여 추기경의 자유를 보호했더라면 그들이 추기경을 향하여 가졌던 존경심을 가장 훌륭하게 표현할 수 있었을 것이다. 그러나 예수회 신부들은 추기경과 중국 황제 사이의 문제에 끼어드는 위험을 감수하지 않았다. 이러한 그들의 무개입이 결국 이러한 비방을 받는 원인을 제공한 것이다."

예수회 역사가인 르네 로흐바하René François Rohrbache는 위의 문단을 인용한 후에 다음과 같은 말을 남겼다.

> "이 이야기에 조심스럽게 한 마디 더 붙여본다. 위의 이야기[전례 논쟁의 전 과정]를 주의를 기울여 더 많은 시간을 할애하여 살펴보니, 가슴 깊은 곳에서부터 온 맘을 다해 사랑하는 예수회를 위하여 더는 변명할 만한 근거를 찾지 못하여 깊은 슬픔에 잠겼다. 우리를 슬픔에 잠기게 하는 예수회를 향한 깊은 사랑과 예수회 선교사들을 향한 애정은 우리로 하여금 드 투르농 추기경과 매그로 주교에 대하여 공정한 평가를 내리지 못하게 하였다. 지금 와서 돌이켜보니, 크게 후회되는 일이다."[155]

---

155) (원주) Rohrbacher. Histoire Universelle de l'Église Catholique, vol. ii. p. 640.

제 7 장

예수회의 전례 인정을 금지한 교황청의 최종 결정

제 7 장

예수회의 전례 인정을 금지한 교황청의 최종 결정

전례 논쟁에서 유일한 소수의견을 낸 비스델라우 예수회 신부

일련의 사건들이 진행되는 가운데 예수회는 전례문제를 두고 서로 입장을 달리하는 리치 신부파와 롱고바르디 신부파, 둘로 나뉘어져 있었다.[156] 롱고바르디 신부의 견해를 지지하는 선교사들은 비스델라우Claude de Visdelou 신부라는 충실한 대변인을 두고 있었다.[157] 그는 루이 14세가 중국에 프랑스 교회를 만들 목적으로 보냈던 선교사 중 하나로 제르비용, 드 퐁타네, 르 꽁뜨, 부베 신부와 함께 중국에 온 선교사였다. 중국어와 중국 고전을 배울 때 그의 빠른 학

156) 롱고바르디의 선교 정책에 대해서는, 전홍석. "명말 예수회의 롱고바르디 노선에 관한 논고: 사오저우의 평민영성선교를 중심으로." 『가톨릭신학 32호』 (2018), pp. 65-90.

157) 비스델라우(Claude de Visdelou, 1656-1737)는 프랑스인 예수회 신부로, 브리타니 출생이고, 1673년에 예수회에 입회하였다. 1687년, 루이 14세가 중국에 파견했고, 전례 논쟁 당시 예수회 신부로는 유일하게 리치 신부의 입장에 반대하는 입장을 취했다. 그가 로마로 보낸 500 권의 중국 고서들은 유럽의 중국 이해에 큰 도움을 주었다.

습 능력은 중국인들마저 놀라게 하였다. 강희제의 왕자들 가운데 한 명은 이에 놀란 나머지, 중국 관습에 따라 비단에 그에 대한 찬사를 적어 전달하기도 하였다. 비스델라우 신부는 자신이 배운 내용을 곧바로 과학과 인문학 분야에 적용시키는 데 주저하지 않았다. 그는 중국 고전에 있는 역사적 정보를 찾아냈던 선배들을 본받아, 중국 고전에서 아시아 중부와 북부의 여러 나라에 관한 정보를 찾아내었다. 그리하여 그때까지 알려지지 않았던 나라들에 관한 진귀한 자료와 그 역사를 처음으로 찾아내는 행운을 누렸다. 그는 이 자료를 『초원 부족의 역사』로 정리해 내었다. 그는 또 7세기에 중국에 전파되었던 그리스도교[경교]에 관한 내용을 새긴 유명한 서안석비[大秦景教流行中國碑]를 해석하기도 했다.

비스델라우는 중국의 전례를 반대하는 선교사들의 편에 가담했다. 이 특별한 주제에 대하여 그의 깊이 있고 방대한 연구는 그의 이러한 의견에 큰 힘을 실어주었다. 이런 종류의 논쟁은 고대의 전통과 금석문에 통달한 사람들만이 겨우 판단할 만한 수준의 것으로, 특정한 사료를 해석하는데 능하고 관습에 익숙한 사람만이 가능한 일이었다. 그의 의견은 드 투르농 추기경에게 유리하게 작용하였고, 그는 추기경이 당한 불명예스러운 일에 연루되어야만 했다. 클레멘스 11세는 그를 중국의 여러 성을 담당하는 교황대리로 임명하고, 한 달 후에는 그를 클리우디오폴리스Claudiopolis의 주교로 임명할 정도로 신임하였다. 그 직함에 적법성에 대해서는 논란이 있었다.[158] 왜냐하면, 그는 드 투르농 추기경으로부터 마카오 감옥에서 한밤중에 축성을 받았기 때문이었다. 옛날 옛적 로마제국이 이교도 국가였을 때 초대 교회 사도들이 카타콤에서 축성을 받

158) 클리우디오폴리스(Claudiopolis)는 로마 황제 클라우디우스의 이름에서 유래한 많은 도시로 터키 남부 Isauria (Cilicia) 지방에 있다. 비스델라우 신부는 마카오에 투옥되어 있을 때 이 주교직을 서임 받았다. 그러나 예수회 상급자가 이를 인정하지 않아, 순종의 의무를 지고 있는 예수회 신부였던 비스델라우는 이 주교직을 사양하게 된다.

았던 것과 유사하였다. 비스델라우는 자신이 더는 평화롭게 지낼 수 없고 또 영혼 구제 활동을 할 수 없게 되어버린 중국에서 추방되어, [인도의] 퐁디셰리Pondicherry로 떠났다. 그는 그곳에서 교황 클레멘스 11세로부터 활동을 인증받는 약식 교서를 받았다. 그는 28년 동안 단 한 차례 마드라스Madras에 갔던 것만을 빼고는, 퐁디셰리를 떠나지 않았다. 그는 카푸친 작은형제회 수사들과 함께 소박한 의식주 생활을 하다가 1737년에 선종하여 성 프란체스코 성당에 묻혔다.[159] 아벨 레뮈자의 말에 따르면, 로렌 지방의 카푸친 작은형제회의 노베르Norbert 신부는 그에 대한 추모사에서 "그분은 더 사려 깊은 찬사를 받아야 마땅한 분이다."라고 말했다.

중국에서 활동하던 선교사들의 불안한 상태와 교황이 보낸 새로운 특사

중국에서 활동하던 선교사들은 여전히 불안하고도 비참한 상태에 놓여있었다. 클레멘스 11세는 머나먼 나라에 있는 선교사들 사이에 합치된 관행을 세우고자 지칠 줄 모르는 노력을 계속하고 있었다. 교황은 드 투르농 추기경이 칙서를 반포하였음이 확인되자, 주교들과 선교사들이 칙서에서 금하고 있는 관례들에 대하여 이의를 제기하지 못하도록 하였다. 이 시기에는 서로 의견이 다른 선교사들이 경쟁적으로 소책자를 발간하거나 글을 써서 상대방에 대한 공격을 일삼았다. 그들은 온갖 수단을 동원하여 이 책자들을 널리 유포하면서, 진실을 알리기보다는 갈등을 조장하고 있었다. 교황은 교황청의 허가 없이는 중국 전례에 관한 어떤 출판도 금하는 단호하고도 신중한 조치를 내려, 교회의

159) 카푸친 작은형제회(Ordo Fratrum Minorum Capuccinorum)는 1223년 수도회로 인준되었고, 1619년 교황 바오로 5세로부터 프란체스코 수도회의 하나로 인가 받았다. 예수회와 더불어 개혁파 수도회로 분류되었다.

진정한 벗 모두를 기쁘게 했다. 새로운 교서는 시행되는데 상당한 어려움이 있었다. 교황은 그가 말했듯이 "깊은 슬픔에 사로잡혀" 마침내 [1715년 3월 15일] 전례문제에 관한 교서인 『엑스 일라 디에Ex illa die』를 반포하였다.[160] 이 교서에서는 칙서의 권위를 회피하기 위한 어떠한 핑계도 용납하지 않고, [1704년에 공포된] 교서를 정확하게 준수해야 한다고 명시되었다. 또 이를 더욱 공고히 하고자 모든 교서의 회피에 따르는 파문의 범위를 확대하였다. 동시에 교황은 모든 선교사로 하여금 교황청에서 준 양식에 따라 서약을 하도록 하였다. 서약 절차를 밟을 때까지 선교사들의 모든 권리는 유보되었다.

클레멘스 11세는 과거에 일어난 일을 고려해 볼 때, 그가 명령한 교서가 그대로 시행되지 못할 수도 있다고 판단하였다. 그 후에 일어난 일을 보면 그의 염려는 괜한 우려가 아니었다. 교황은 새로운 사절을 파견하면서 드 투르농 추기경과의 협상보다 더 좋은 결과를 기대해 보기로 하였다. 이러한 임무를 수행하는 데에는 탐욕이나 이기적인 동기가 전혀 없어야만 하였다. 이 임무에 필요한 사람은 세속적인 것에 관심이 없고, 매우 신중한 성격에, 예수 그리스도를 위해서는 무엇이든 할 준비가 되어있는 용감한 사람이어야 했다. 교황청은 수많은 고난을 받으며 오랜 고통 속에 사망한 드 투르농 추기경에 대한 기억이 생생하게 남아 있었다. 때문에 여러 당파가 그 어느 때보다 서로에게 적대적인 이 때에, 추기경과 똑같은 불행을 당할 수도 있는 위험을 무릅쓰면서 난투 속에 자

---

160) (원주) 1715년 교황 클레멘스 11세는 『Ex Illa Die in』라는 칙서를 통해 다음과 같이 유교적 행위를 금지하였다: 하느님을 일컫는 라틴어는 Deus인 바, 중국어 번역으로는 天主만을 인정하고 上帝, 天은 금지한다. 성당에 敬天이라는 현판을 거는 행위도 금한다. 가톨릭 신자는 공자에게 제사를 지내거나 조상신을 숭배하는 의식을 거행하거나 이를 방관하는 행위도 할 수 없다. 관리라도 개종자라면 매월 두 차례 공자에 대한 제례에 참석할 수 없다. 신자는 사찰·사원에 참배하여 조상에게 기도하는 행위를 할 수 없다. 가정에서나, 묘지에서나, 장례식장에서나 조상을 숭배하는 행위를 할 수 없다. 동행자가 비신자라는 이유로도 이런 행위를 할 수 없다. 위에 열거하지 않은 중국 고유의 전통과 관습이 이교의 관습이 아니라면 중국인인 가톨릭 신자가 이를 지키는 것은 상관없다. 중국의 관습이 가톨릭 신앙에 저촉되는지 여부가 문제되면 중국 주재 교황 사절이나 지역선교책임자가 판단한다. 결론적으로, 중국의 관습은 가톨릭 신앙에 모순되지 않는 범위 내에서만 인정한다. 이 책의 부록으로 그 전문에 수록되어 있다.

신을 내던져지겠다고 감히 나서는 후보자가 없었다. 그러던 중 몬시뇰 메자바르바Carlo Ambrogio Mezzabarba가 오직 형제 선교사들의 안전과 교황청의 명예, 그리고 그리스도교를 위하여 자신의 사심을 버리고 이 위험한 임무에 헌신하기로 하였다. 교황은 그의 권위를 높여주고자 그에게 알렉산드리아 대주교라는 칭호를 부여했다.[161] 새 교황특사는 사람들의 이목을 집중시키는 많은 사람을 대동하고 1719년 로마에서 출발했다. 그 가운데는 바나바 사제회 소속의 신부들 4명, 즉 베르첼리의 호노라트 페라리Honorat Ferrari of Verceil, 베르가모의 알렉산드레Alexandre of Bergame, 밀란의 시기스문드 칼치Sigismond Calchi of Milan, 니스의 살바토르 로시니Salvator Rosini of Nice 같은 신부들이 포함되어 있었다. 이들은 학식이 풍부하며, 건전하고 순수한 종교적 성품을 지녔으며, 강희제의 궁정으로 갈 운명을 타고난 사람들이었다.[162] 특사는 포르투갈 당국을 존중하는 의미에서 리스본을 경유하기로 하였다. 포르투갈 왕은 선교를 후원하는 권리[파드로아도]와 드 투르농 추기경을 핍박하는 구실로 삼기도 하였던 동양 선교를 총괄하는 고아 대주교라는 지위를 가지고 있었다. 때문에 교황특사는 리스본에 도착하는 즉시 특사와 교황대리 신임장을 제시하는 것이 좋은 예방책이 되리라 생각하고 이대로 행하는 신중함을 보였다. 몬시뇰 메자바르바는 리스본에 머물 때나 그곳을 떠날 때, 융숭한 대접을 받았다. 그는 1720년 3월 24일 다시 수많은 수행원과 여행길에 올라 큰 고생을 하며 6개월의 항해를 하였고, 마카오 항구가 보이는 곳까지 이르렀다. 하지만 항구까지 불과 10km 정도를 남겨 놓고 바다에 바람이 거세게 불어 해류에 휩쓸리지 않으려고 닻을 내릴 수밖에 없었다. 다음은 메자바르바 교황특사가 중국 황제에게 고했다고 전해지는 내용으로, 다음과 같은 경구警句로 시작된다.

161) 몬시뇰 메자바르바(Carlo Ambrogio Mezzabarba, 1685-1741)는 알렉산드리아 대주교였다. 1719년 교황특사로, 클레멘스 11세가 1715년에 반포한 중국전례에 관한 칙서의 수용을 협상하기 위해 중국 땅을 밟았다. 이 책에서는 그의 행적이 자세히 소개되어 있다.

162) 바나바 사제회는 1530년에 롬바르디아 지역의 교회 개혁을 위해 결성된 소수 정예 가톨릭 사제들의 단체이다.

"성인들아, 들어라! 중화제국에 사는 모든 사람아, 귀를 기울여라! 너희가 살아가는 현재나 너희 조상이 살았던 과거에 이런 일이 일어난 적이 있느냐?[163] 실제로 이런 일이 일어날 것 같지 않아 보이지만, 너희는 이것을 자녀들에게 말하고, 자녀들은 또 그들의 자녀들에게 말하게 하고, 그들은 또한 다음 세대에게 말하게 하라."[164]

이 글은 이런 요란한 말로 시작되지만 사실 별로 중요한 내용이 없다. 본문의 내용이 지루해서 읽기에 여간 곤욕스럽지 않다. 혹자는 이 글의 저자에 대해 알렉산드리아 대주교의 고해 신부인 비아니 세르비테 신부Viani Servite라고 하기도 하고, 혹자는 교황특사의 비서인 파브리Fabri 신부라고 하기도 한다. 이 글의 내용은 예수회에 대해 호의적인 것이 아니었다. 그러나 우리는 이 글의 내용에서 약간의 유용한 정보를 얻을 수 있다. 중국 관습에 어느 정도 익숙해진 우리로서는, 이 글에서 어느 부분이 잘못된 것인지 쉽게 걸러낼 수 있기 때문이다.

바람이 불지 않아서 배가 항구에 멀리 떨어진 곳에서 꼼짝 못하게 되자, 선장은 리스본 궁정에서 보낸 사람들과 함께 보트를 이용하여 마카오 항구를 먼저 방문하였다. 선장은 배로 돌아오면서 마카오 총독과 주교들이 특사에게 보내는 환영 인사가 적힌 서신을 대주교에게 전해주었다. 그리고 교황특사 일행 모두를 마카오로 이동시킬 수 있도록 사람을 보내지 못하고 있는 것에 대한 사과의 편지도 전달되었다. 교황특사의 체면을 세우고, 자신들이 원하는 대로 특사를 적절하게 맞이하는 준비를 하려면 시간이 필요하다고 설명하였다. 교황특사가 마카오로 향하는 도중에 포르투갈[리스본]을 경유한 것이 꽤나 좋은 효

163) 『요엘서』 1:2.

164) 『요엘서』 1:3.

과를 나타낸 듯하였다. 포르투갈 당국이 이 일로 인하여 특사에게 호의를 보였기 때문이었다.

다음날 교황청 사절들은 동방선교를 하러 떠났던 선교사들이 한 번도 경험해 보지 못했던 경의를 받으며 마카오에 상륙하였다. 화려하게 장식된 여러 척의 배들이 특사 일행을 영접하러 나왔다. 육지에 가까워지자 총독, 주교, 참사회 전원, 그리고 마카오의 공직자들과 성직자들이 특사를 환영하기 위해 기다리고 있는 것이 보였다. 교황특사가 육지에 발을 딛자마자 군악이 연주되기 시작하였고, 부두에 늘어선 수비대들이 받들어 총 자세를 취했다. 마카오 시내의 종탑에서 종소리가 울려 퍼지는 가운데 특사는 준비된 거처로 안내를 받았다. 행차하는 길에 있는 요새와 선박들 모두에서 축포를 터뜨렸다. 그가 지나는 길목마다 화려한 걸개들이 걸려있었고, 꽃잎들이 뿌려져 있었다. 주교저택의 큰 방에 옥좌가 마련되어 있었는데, 특사는 옥좌에 앉아서 마카오 저명인사들의 안부 인사를 받았다. 그 가운데는 예수회 부관구장인 호세 몬테리오José Monterio 신부도 포함되어 있었다. 환영식을 마치고 숙소로 돌아오자, 특사는 가까이에 있는 몬테리오 신부에게 낮은 소리로 대화를 할 기회가 있었다. 그는 신부가 중국에 체류하는 것을 개인적으로는 찬성하지만, 부관구장으로서의 지위와 신학교, 선교사들의 상황을 잊지 말라고 당부했다. 마카오 총독은 특사의 숙소에 경비병을 배치했고, 시 당국에서 특사가 필요로 하는 시종들을 모두 보내주었다. 몬테리오 신부는 메자바르바 교황특사가 그에게 친절하게 일러준 암시를 잊지 않고 기억하였다. 그는 겸손한 마음으로 대주교를 찾아가 드 투르농 추기경이 그에게 내린 견책으로부터 사면해 줄 것을 간구하였다. 또한 자신의 형제들도 사면해 줄 권한을 자신에게 부여해 줄 것과 예수회의 선교관과 신학교에 내린 파문도 모두 거두어 줄 것을 부탁하였다. 이 모든 은혜가 그에게 주어졌다. 그 후, 몬테리오 신부는 교황이 [1715년] 칙서에서 요구한 서약(Ex illa die)을 하였다. 특사는 이어서 드 투르농 추기경을 억류하는 데 가담했다는 이유로 교회로부터 견책을 받았던 모든 사람을 교회와 화해하도록 하였다. 모두에게 사면이 행해졌고, 모든 사람의 마음은 그리스도교적인 사랑의 끈으로 묶여, 하나가 된 듯했다. 하느님께서 화해와 평화를 이루기 위하여 행복한 전조를 베풀어 주심에 감사하는 성대한 잔치가 준비되었다.

메자바르바 교황특사가 찬미가(Te Deum)를 올리며 성당에서 장엄하게 감사예배를 드리기로 정한 날은 9월 29일이었다. 이날은 그가 알렉산드리아 대주교로 승격한 것을 기념하는 날인 동시에 대천사 미카엘의 축일을 기념할 수 있는 날이었다. 대천사 미카엘은 클레멘스 11세가 일찍이 중국에 보내는 새 특사에게 정하여 준 수호성자였다. 교황이 미카엘을 수호성자로 정했다는 것은 특별한 의미를 가지는데, 메자바르바 교황특사가 미카엘처럼 선과 악 사이에 큰 싸움을 벌이고 어둠과 거짓의 영을 무찌르기 위해 중국에 파송되었다는 것을 뜻한다. 감사예배를 드리기 위하여 모든 준비가 마쳐지고, 예배를 드리기로 한 바로 날 마카오에 '태풍'이라고 불리는 무서운 강풍이 몰아닥쳤다. 마카오와 같은 위도 지역에는 종종 이런 태풍이 오는데, 이 태풍의 강력함은 직접 목격하지 않으면 전혀 상상할 수 없을 정도이다. 격노에 가득 찬 우렁찬 소리를 내는 바람이 몰아쳤다. 하늘과 땅, 바다가 자연의 고함으로 한데 뒤섞여 세상의 종말이 오는 것 같았고, 온 세상은 겁에 가득 질려 떨고 있는 것만 같았다. 밖으로 나갔다가는 지푸라기와 같이 바람에 휩쓸려 날아가기 때문에 아무도 감히 문밖으로 나가려고 하지 않았다. 성당으로 갈만한 용기를 가진 사람이 아무도 없었으므로 감사예배를 드릴 수 없게 되었다. 그러나 결국 이는 좋은 결과를 가져왔는데, 예배가 이틀 연기되면서 미카엘 수호천사 축일에 예배를 드리게 되었기 때문이었다. 알렉산드리아 대주교는 존경하는 성 미카엘의 상징이자 전쟁을 떠올리게 하는 창을 든 모습으로 나타나는 대신에, 경험도 없고 나약한

자의 발걸음을 부드러운 안내하는 자애로운 수호천사의 모습으로 나타날 수 있었다. 교황특사는 마카오에서 열흘을 쉬면서 지혜롭고 절제 있는 모습을 보여주어, 딱딱하게 굳어진 사람들의 마음을 부드럽게 만들고 난폭한 기질을 누그러뜨렸다. 그는 모든 행동에 있어서 눈에 띄는 존엄함을 보여주었고, 많은 사람들이 그를 부모 대하는 듯 모셨다. 포르투갈인들은 그 관이 아직도 마카오를 떠나지 못하고 있는 드 투르농 추기경의 엄격한 모습을 기억하고 있었지만, 새 교황특사의 다정한 모습을 보면서, 교황 사절에 대한 새로운 인상을 가지게 되었다. 예수회 선교사들도 교황특사가 도착하자 공개적인 축하 행사를 열었다. 그들은 마카오 인근에서 볼 수 있는 가장 아름다운 장소인 녹주綠洲에 있는 시골 저택에서 아주 멋진 "가족 잔치"를 벌였다.

이 자그마한 섬은 해변 가까이 항구 안쪽에 자리 잡고 있는데, 짙푸르고도 무성한 숲이 우거져 있어서 "녹주"라는 이름을 갖게 되었다. 그곳에서 맞은쪽에 있는 해변을 향해 서면 거칠게 파인 동굴 모양의 자연 암석이 하나 보였다. 마카오의 전설에 따르면, 시인 카몽이스Luís de Camões가 이 바위에서 끝없는 대양을 바라보면서 홀로 명상하면서 시적인 영감에 빠져들곤 했다고 한다.[165] 이 유명하고 불운했던 포르투갈 시인은 이 바위를 자기 이름으로 불렀는데, 사람들은 지금까지도 이 바위를 "카몽이스의 동굴"이라고 부르고 있다. 『신의 코메디Lusiad』를 쓴 이 부유한 포르투갈인은 틀림없이 애국심이라는 고상한 감정에 사로잡혀 이 바위에 정원을 만들어, 아름다운 장관을 연출하고자 하였던 것 같다. 그러나 대자연이 주는 황량한 모습 그대로 놓아두었더라면 더 좋을 뻔하였다. 당시에는 마카오의 예수회 선교사들이 녹주를 소유하고 있었는데, 그들은 이곳에 시골 저택과 작지만 아름다운 성당을 지어 놓았다. 이 멋스럽고

165) 카몽이스(Luís de Camões, c. 1524-80)은 포르투갈의 시인으로 대표작 『신의 코미디The Lusiads』를 마카오에서 집필하였다. 『신의 코메디』는 서사시 형식으로, 1572년에 처음 발간되었고, 포르투갈의 문학 작품 중 가장 중요한 작품으로 여겨진다.

고적한 곳에서 알렉산드리아 대주교는 안티오크 대주교가 용서할 수 없는 적이라고 고발했던 바로 그 예수회 선교사들의 대접을 받게 되었다. 몬시뇰 메자바르바는 마카오를 떠나 이 섬에 머물게 된 것을 기뻐하며, 어려운 임무를 성공적으로 수행하겠다는 각오를 다졌다.

중국에 도착한 두 번째 교황특사

교황특사가 광동으로 출발하는 길에 주교가 선창까지 배웅하였고, 성벽과 항구에 있는 선박들에서는 예포가 터졌다. 마카오의 주요 인물 몇 명과 특사를 마카오로 데려온 배의 선장과 사관들이 특사를 광동까지 호위하고자 함께 배에 탑승하였다. 특사가 광동성으로 들어가는 입구라고 할 수 있는 주강珠江 어귀에 도착하였을 때, 그곳에는 광동 총독이 특사의 뜻대로 사용하라고 보내온 화려한 정크가 한 척 기다리고 있었다. 특사가 탄 배에는 그를 만나러 왔던 예수회 순찰사 라우레아티Laureati, 프란체스코회 순찰사 페르난데스Fernandez, 아우구스티우스회 관구장 팔라리오Pallario와 다른 여러 수도회의 선교사들이 함께 타고 있었다. 예수회 순찰사 라우레아티 신부는 특사를 한쪽으로 데려가 라틴어로 쓴 글을 보여주면서, 그에게 자신의 입술과 자신의 마음을 다해 이 안에 포함된 내용을 인준한다고 말했다. 그 내용은 다음과 같다.

> "예수회 소속의 요한 라우레아티 본인은 저의 마음속에 남아있는 모든 의심을 제거하고, 교황 클레멘스 11세 성하께서 중국 전례문제에 관해 제정한 칙서를 실행에 옮기는데 어떤 방식으로라도, 스스로 혹은 다른 사람을 통해서든, 직간접적으로 그 어떤 방해도 하지 않겠다고 저의 마음을 다스리시는 하느님 앞에서 약속하며 맹세합니다. 저는 또 진심으로 칙서를 실천할 것과 이 문제 때문에

> 특사의 자격으로 중국에 파송된 몬시뇰 샤를레스 암브로제 메자바르바를 돕기 위해 저의 모든 능력과 이해력을 사용할 것을 맹세합니다. 저는 다른 이의 요구에 의해서가 아니라 자발적으로 이렇게 약속하고 맹세하오니, 하느님이여 저와 신령한 복음을 도우소서. 요한 라우레아티 예수회 중국 일본 순찰사."

예수회 선교사들의 대표가 이런 선언을 하자 교황특사는 이를 아버지와 같은 마음으로 받아들였다. 특사는 전에 드 투르농 추기경에 적대적이었던 이들이 자신에게는 우호적이기를 바라고 또 그렇게 되리라고 확신하고 있었다. 그때까지 그는 선교사들과 좋은 관계를 맺고 있었다. 이를 토대로 그는 신중하고도 용의주도하게 단호한 걸음으로 전진할 수 있었다. 그러나 그는 이제 막 새로운 세계에 발을 들여놓았다. 모든 것이 알려지지 않았고 낯선 세계였다. 중국 관리들과의 관계는 앞도 보이지 않는 어둡고 복잡한 미로와 같아서 언제든지 길을 잃을 것 같았다. 알렉산드리아 대주교는 광동에 도착하자마자 지부, 순무, 총독과 서둘러 서신을 주고받았다. 베이징에 가는 문제에 관하여 공식적으로 의논하기 위한 목적이었다. 그런데 곧 난처한 일이 생기기 시작했다. 광동에 주재하는 선교사들은 각종 모임을 중재하고, 통역하고, 주관해야만 했기 때문에, 특사 일행의 방문을 계획하는 일에만 매달려 있을 수 없었던 것이다.

몬시뇰 메자바르바는 어느 날 광주 지부를 방문하였다. 지부는 인사말을 건넨 후에, 특사가 온 목적이 무엇인지 물었다. 지부는 이 문제에 관하여 황제에게 보고하는 것이 임무를 자신이 맡았다고 말하였다. 특사는 "제가 오늘 찾아온 것은 귀하에게 인사를 드리려는 것뿐이오. 귀하가 말씀하신 문제를 논의하시려면 묻고 싶은 내용을 글로 써 주시고, 저도 똑같이 문서로 답해드리는 것이 좋을 것 같소."라고 답하였다. 지부는 이 같은 제안을 받아들였고, 순무 및 총독과 협의하고는 이튿날 다음과 같은 질문을 담은 문서를 특사에게 보내왔다.

"첫째, 교황은 무슨 이유로 귀하를 중국에 보냈는가? 둘째, 교황의 생각에 관하여 황제에게 새로운 말을 전할 것이 없는 것은 아닌가? 셋째, 오래전 드 투르농 추기경이 이곳에 와서 교리를 두고 논쟁을 벌인 일이 있었다. 그의 이러한 행동은 교황의 명을 받지 않고 스스로 한 것인가, 아니면 교황의 명에 따른 것인가? 넷째, 몇 해 전에 황제께서 두 신부를 교황에게 보낸 적이 있는데, 그 뒤로 그들에 대한 소식을 들은 적이 없으시다.[166] 그 후 2년 뒤에 다시 라몬José Ramón Arxó 과 프로바나Antonio Provana 라는 신부 둘을 더 보냈으나, 그로부터 20년이 지난 지금까지 아무런 회답을 받으신 적이 없으시다.[167] 다섯째, 귀하는 방문한 목적에 관하여 달리 더 할 말이 있는가?"

알렉산드리아 대주교는 이 질문에 대하여 다음과 같이 차례차례 답하였다.

"첫째, 교황께서 나를 여기로 보내신 이유는 황제께 공경하는 마음으로 문안을 드리고, 또 황제가 선교사들과 교회에 보여준 호의에 대해 감사를 표하고자 함이다. 둘째, 교황께서는 황제께 전달 드리라며 인봉印封한 서신 한 통을 내게 맡기셨다. 셋째, 드 투르몽 추기경은 그를 실제로 중국에 파송하였던 종교문제에 관한 모든 일을 교황의 명에 따라 행했던 것뿐이다. 넷째, 처음에 보냈던 두 신부는 유럽에 도착하기 전에 사망하였으므로 답을 줄 수 없었다. 라몬 신부는 로마로 오기 전 스페인에서 죽었으며, 프로바나 신부는 황제의 명을 실제로 받았다는

166) 1706년 9월 황궁 문서보관소에서 보관하고 있던 중국어와 만주어로 쓴 드 투르농 사절단 관련서류 50건을 예수회 선교사들이 필사하고 라틴어로 번역하여 강희의 14남 순근군왕 윤제(恂勤郡王 胤禵, 1688-1756)가 이를 봉하였다. 신부 Antoine de Beauvollier와 신부 António de Barros가 황제의 명으로 이를 교황청에 전하기 위해 1706년 10월 출발하였으나, 1708년 1월 포르투갈 연안에서 타고 있던 배가 침몰하여 사망하였다.

167) 라몬(José Ramón Arxó, 1663-1711, 중국명 陸若瑟)은 예수회 소속의 스페인 선교사이다. 프로바나(Antonio Provana, 1662-1720)는 이탈리아 투린 태생으로, 투린 대주교(1632–40)와 듀레스 대주교(1622–32)를 역임한 고위 성직자였다. 1708년 초 강희제는 총 69건의 관련서류 가운데 나머지 19건을 José Ramón Arxó, Antonio Provana, François Noël, 중국인 제자 Louis Fan Shouyi (樊守義, 1682-1753) 편에 교황청으로 보냈는데, 이들은 1708년 초에 로마에 도착하였다.

신임장을 보여주지 못하여, 처음에는 사절로 취급받지 못하였다. 그러나 그가 신임장을 제출하자 그는 많은 영예를 받게 되었다. 하지만 건강이 좋지 못하여 의사들이 중국으로 돌아가는 것을 만류하였으므로, 교황께서는 중국 황제에게 보내는 서신을 그에게 맡기실 수 없었다. 그의 체력이 감당할 수 없는 일을 그에게 면해 주시고, 대신에 나를 보내셔서 황제에게 그분의 훌륭한 성품에 대하여 평소에 갖고 계신 존경심과 황제가 그리스도교와 선교사들에게 베푸신 보호에 대하여 교황께서 느끼시는 감사의 마음을 전하라고 하셨다. 다섯째, 나는 황송하게도 황제가 평안하신지 교황에게 보고할 수 있도록 황제에게 간청하라는 명을 받았다. 나는 이런 일에 능숙한 사람들을 데리고 왔으며, 황제에게 교황의 이름으로 바치라고 맡기신 선물도 가지고 있다. 나는 또 그리스도교에 대하여 더 많은 호의를 베푸실 것을 황제에게 간원하려고 한다."[168]

교황특사 메자바르바는 자신이 온 목적을 문서로 분명히 밝히려고 하였다. 그것은 바로 황제로부터 1715년 교황이 내린 칙서를 인정받는 것이었다. 그는 다시는 자신의 대답이 충분히 완벽하지 못하다는 이유로 비난받고 싶지 않았다. 그러나 특사 주변의 인물들은 이 미묘한 문제를 다루지 말라고 충고했는데, 중국인들의 감정을 자극하여 베이징으로 출발하는 데 방해가 될 것을 염려했기 때문이었다. 마침내 [1720년] 10월 29일 알렉산드리아 대주교는 중국 황제의 궁정으로 가는 긴 여행길에 오를 수 있었다. 광동 관아에서 그에게 멋진 관선을 마련해 주었는데, 한자로 "대 서방에서 황제께 온 사절"이라고 쓴 커다란 황색 깃발을 큰 돛대에 달고 있었다. 특사 일행 가운데 다양한 수행원들이 다소 작지만 필요한 것을 모두 갖추고 있는 여러 대의 정크에 나누어 탔다. 광동 순무와 총독 그리고 만청군 장군들이 대주교를 호위했다. 징 소리와 격렬하게 쏘는 소총 소리에 작은 함대가 움직이기 시작했고, 선단은 남창南昌까지 공강贛

168) (원주) Journal of the Legation of M. de Mezzabarba.

江을 거슬러 올라갔다. 광동 지부는 특사가 탄 배와 같은 규모의 정크를 타고 베이징까지 특사 일행을 인도하는 임무를 맡았다. 육로와 수로를 이용하는 여정이 이어졌고, 중화제국을 여행하는 사람들이라면 피하고 싶은 성가신 일이나 당황스러운 일이 일어나기는 하였으나, 이 유명한 여행자들은 황제를 뵈러 가는 사람들이었으므로 여행하는 내내 극진한 예우를 받았다. 관리가 그의 구리 공을 들고 징을 울리고 불꽃놀이를 하면서 와서 찬사를 늘어놓았다. 강서성의 큰 도시들 가운데 하나에서는 대주교를 위해 연극공연을 하며 큰 잔치를 베풀었다. 우리는 관리들이 많은 연극의 레퍼토리 가운데 어느 정도 괜찮은 작품을 골라낼 교양이 있었으리라고 믿는다.

특사가 광동을 출발하여 여행길에 올랐을 때, 러시아의 사절 하나가 보기 드문 성대한 행렬을 하면서 베이징에 입성하고 있었다. 중국 사서에서 이 사건을 아래와 같이 전하고 있다.

> "1720년 11월 29일, 러시아 사절이 유럽식 복장을 멋지게 걸친 수행원 약 100명을 거느리고 베이징에 입성했다. 칼을 쥔 기마병들이 일행을 호위했는데 이는 중국에서는 낯설고 진기한 것이라 호기심을 불러일으켰다. 사절이 가져온 서신은 러시아어, 라틴어, 몽골어로 쓴 것이었는데, 다음과 같은 내용이었다. '아시아의 거대한 나라들의 황제시며, 북유럽과 동유럽의 군주시고, 거란(키타이)의 최고 통치자께 우정과 안부의 인사를 드립니다. 저는 오랫동안 폐하와 저희 선조들과 본인 사이에 유지되고 있는 긴밀한 유대감을 더욱 강화하기 위해서, 저의 시종장 레온 이스마일로프를 특임 대사 자격으로 황제의 궁에 보내는 것이 적절하다고 생각했습니다.[169] 그를 그에게 부여된 지위에 맞게 대해주시고, 그가 다루려는

169) 레온 이스마일로프(Leon Ismailov)는 1719년 6월 16일부터 1721년 3월 13일까지 베이징 주재 러시아 대사로 재직했다. 그는 네르친스크 조약을 재협상하기 위하여 베이징에 왔으나 협상은 결렬되어, 중국 측에서는 러시아 상인들을 몽골(우르가)에서 추방하였고, 베이징 출입도 금지하였다.

> 일에 관해 폐하께 고하는 것을 제가 직접 말씀드리는 것처럼 신뢰해 주시기를 바랍니다. 그리고 제가 그를 소환할 때까지 폐하의 궁정에 머물도록 허락하여 주기기를 청합니다. 폐하의 좋은 벗 표트르 배상'."

중국 사서는 강희제가 러시아 대사에게 알현 날짜를 정해주었고, 대사를 알현하는 날 왕자들과 대신들에게 둘러싸인 옥좌에 앉아 있었다고 덧붙였다. 그때까지 황제는 어느 외국 사절에게도 이와 같은 영예를 베풀지 않았다. 그리고 무릎 꿇고 이마를 바닥에 조아리는 것 같은 중국의 예법을 지키는 어려운 일을 러시아 대사가 조금 더 쉽게 할 수 있도록 묘책을 찾아내었다고 기록되어 있다. 그 묘책이라는 것은 러시아 황제의 서신을 대사가 탁자 위에 놓으면, 먼저 중국의 고관 하나가 그 서신이 자기 것인 것처럼 [예법에 따른] 절차를 보여준 뒤에, 레온 이스마일로프가 [이를 보고] 어렵지 않게 고관의 흉내를 내게 하여 궁중의 예법을 따르게 하는 것이었다.[170]

한편 교황특사는 길에서 거의 석 달을 보낸 후에 베이징에서 멀지 않은 곳에 있는 어떤 작은 마을에 도착하였고, 그곳에서 황제의 전갈을 가지고 온 대신 네 명을 만나게 되었다. 교황특사 메자바르바는 중국의 예법에 따라 엎드려 절하며 아홉 차례 이마를 바닥에 대고서 황제의 명을 받았다. 엄숙한 가운데 궁정에서 온 사자는 이렇게 말했다.

> "황제께서는 첫 번째 알현에서 그대가 유럽식 복장을 하고 나타나기를 바라신다. 그 뒤로는 그대가 좋아하는 복장을 하도록 허락하실 것이다. 이것은 며칠 전에 베이징에 온 모스크바의 사절에게 준비된 의전과 같은 것이다. 황제께서는 그대에게 몇 가지를 묻고자 하신다. 그대가 광동에서 했던 말에 따라, 황제는 그

170) (원주) Mailla, vol. ii. p. 336.

대가 황제께 인사를 올리고 황제께서 유럽인들에게 베푸신 호의에 감사를 표하겠다는 유일한 목적을 가지고 중화제국에 왔다고 알고 있다."

자리에 앉을 것을 허락받은 교황특사는 자신은 중국의 그리스도인들이 교황의 칙서를 지킬 수 있는 허락을 황제에게서 받아내고, 교황이 모든 선교사를 감독하라고 보내서 왔다는 점을 문서로 설명했다고 답했다. 이에 대하여 궁정에서 온 사자는 다음과 같이 답했다.

"황제께서는 이러한 요구를 받아들이시지 않을 것이다. 그것은 중국 전례를 옹호하는 황제의 조서에 어긋난다. 만약에 황제께서 로마에서 아주 옛날부터 있었던 관습을 바꾸라고 하신다면 교황은 어떻게 말하겠는가?"

이에 대해 교황특사는 "교황께서는 중국의 관습을 바꾸시려는 것이 아니고, 그리스도인들의 잘못을 바로잡으시려는 것이오."라고 답했다. 관리가 답했다. "그러나 왜 교황은 선대 교황들이 인정하였던 것을 비난하려고만 하는가?" 교황특사가 답했다. "선대 교황들은 이 사실을 충분히 검토하지 않은 채 잘못된 자료를 가지고 결정하였소. 그러나 지금은 이 문제를 두루 살피고 철저하게 검토하여 이성과 진리의 빛이 인도하는 대로 결정을 내린 것이오." 이 대답을 들은 황제가 보낸 사자는 황제의 이름으로 말하는 것을 마치고 일어나서, 엄숙하고도 오만한 말투로 이렇게 말했다.

"이제부터는 그리스도인들의 벗으로서 그대에게 하는 말이오. 양심에 손을 얹고 반문해 보시오. 드 투르농에게 무슨 일이 생겼었는지 기억해 보시오. 모욕당하고, 추방되고, 투옥되어 죽고 말았소. 사형집행인에게 붙잡혀 있었던 매그로를 기억하시오. 그가 죽음을 면할 수 있었던 것은 그를 중국에서 추방시키는 것만으로 충분하다고 여기셨던 황제의 자비심 때문이오. 그들과 같은 길을 걸으려는 사람들은, 그들과 똑같은 처분을 받게 될 것을 예상해야만 할 것이오. 황제께 간구하는 내용을 문서로 만들어 설명하시오."

궁정의 사절들과 첫 공식적인 면담을 마친 대주교는 커다란 슬픔과 번민에 빠졌다. 그는 이제 이 커다란 어려움에 대항하여 투쟁을 시작해야만 하고, 깊이 간직해 왔던 자신의 소망이 실현될 수 없다는 것을 깨달았다. 그는 용기를 잃지 않으려고 애쓰면서 분명하고도 단호하게 자신이 원하는 내용을 과감하게 적어 내려갔다.

"저는 교황을 대표하여 황제께서 이 거대한 중국에서 그리스도교가 순수한 모습으로 갖추고, [1715년의] 교황 칙서가 실행될 수 있도록 허락해 주시고, 또 제가 중국에서 그리스도교 선교를 감독하는 역할을 하는 자유를 주실 것을 간청하러 왔습니다."

황궁의 사자들은 이 내용을 중국어로 번역하여 광동 관리들에게 대주교를 베이징 근교에 있는 황제가 일상적으로 머무는 창춘원暢春園으로 모시라고 명하였다. 황궁 사자들이 돌아가기 전, 교황특사 일행은 [창춘원의] 거처에 들어갔고, 곧바로 황제가 특사에게 하사한 진미와 과일로 가득한 상을 받게 되었다. 특사는 교황청 대표의 요청에 대한 황제의 답서를 받았는데 내용은 다음과 같았다.

"황제께서는 특사에게 그가 요구하는 모든 것을 허락하시지만 여기에는 다음과 같은 유일한 조건이 붙는다. 특사는 궁정에서 일하는 유럽인들을 중국에 남겨두어야만 한다. 그리고 교황 칙서를 준수하도록 허락하는 대상은 중국인들이 아닌 유럽인들로 한정한다. 특사는 이들을 제외한 다른 유럽인들을 중국에서 떠나도록 해야 하며, 그들이 로마에 가게 되면 교황의 칙서를 따르고 또 그들을 대상으로 전례를 감독하는 일을 할 수 있다. 이 방법은 황제께서 절대 변경할 수 없는 황제의 조서, 그리고 황제의 조서와 모순되는 교황의 칙서 모두를 준수할 수 있도록 허락되는 유일한 방법이다. 둘째로 매그로는 큰 소동을 일으킨 논쟁의 장본인이다. 특사가 그가 한 짓을 밝혀 가혹한 형벌을 받도록 그를 중국으로 다시 데려오지 않은 것이 놀랍다. 황제께서 처음에는 특사를 친절히 맞으려고 하였다. 그러나 그가 중국의 법도에 매우 상반되는 두 가지 문제를 완강하게 고집하는 것을 아시고는, 그를 절대 보지 않는다고 결심하셨다."

교황특사가 당면한 어려움과 이어진 황제 알현

황제의 이러한 포고문은 특사에게는 청천벽력과도 같았다. 특사는 잠시 숙고한 후에, 해결책을 찾기 위해 황궁의 사절들에게 특사와 황제와의 사이를 중재해줄 것을 간원하였다. 특사는 좀 더 호의적인 내용의 포고문을 기다리면서, 황제의 말을 마음에 새기며 하느님의 영광과 선교사들의 행복을 위한 최선이 무엇인지 보여 달라고 하느님께 기도드릴 뿐이었다. 특사는 손에 그 무엇도 잡히지 않고 한 줄기 빛도 없는 깊은 어둠 속에서 벼랑 끝으로 미끄러지는 것 같은 느낌이 들었다. 수많은 음모의 그물에 말려들어서 어떻게 벗어나야 할지 알 수 없는 기분이었다. 그는 자신과 관련하여 사람들이 하는 말을 단 한 마디도 알아듣지 못했기 때문에, 수많은 통역사와 함께해야 했다. 그러나 통역사들은 서로를 시샘하였고, 그의 생각을 안 좋게 표현하거나 그에게 전해야 할 말을 부정확하게 전달했다. 이런 상황에서 그가 어떻게 관리들의 간교를 막아내고, 의견이 나뉘고 소속과 국적이 서로 다른 선교사들에게 화평과 일치를 되찾게 해줄 수 있었겠는가?

긴 협상이 계속되고 중단되기를 반복하면서 아무런 성과 없는 시간이 흐르던 중, 마침내 황제가 특사에게 알현을 허락하였다. 특사는 주교의 의복을 입고 궁정에 나타났다. 하지만 대부분 시간을 예법을 차리고, 아홉 번 절을 올리고, 데운 술을 마시고, 설탕절임 과자를 먹으면서 지내게 되었다. 이러한 일을 처리하고 나서 중국의 중요한 고위관리 네 명이 커다란 접시에 흑 담비로 만든 튜닉을 담아 특사 앞으로 엄숙하게 가져왔다. 대주교는 황제의 은혜로운 선물에 경의를 표하기 위해 그 즉시 사제복 위에 튜닉을 걸쳐야만 했다. 방문이 끝나갈 때 즈음, 대주교는 위풍당당하게 옥좌 앞으로 나아가 황제가 손수 하사하신 황금 잔에 가득 담긴 과실주를 받게 되었다. 술을 건네며 강희제는 담담한 어조로 교황의 결정을 인정할 수 없으며 유럽인들은 중국에서 생긴 일들을 전혀 이해하지 못하고 있다고 말했다. 특사가 이에 대답하려 하자, 황제는 서둘러 다음과 같은 말을 덧붙였다. "짐은 유럽의 그림에서 날개를 달고 있는 사람을 본 적이 있소. 이것이 뜻하는 바는 무엇인가?" 특사가 답했다. "이런 인물들이 예수 그리스도, 성모, 성인들 곁에 그려져 있으면, 이들은 천사를 의미합니다." 황제는 물었다. "하지만 날개를 달아준 이유가 무엇인가?" 이 질문에 특사가 답했다. "이들이 민첩하고 신속하게 순종할 수 있다는 뜻입니다." 황제는 대주교를 바라보며 재미있다는 듯이 미소 지으면서 이렇게 덧붙였다.

> "그대는 중국인들이 이해할 수 없는 역설적인 이야기를 하고 있는데, 중국인들은 사람에게는 날개가 없다는 사실을 잘 알고 있기 때문이오. 하지만 서양 서적을 읽어본 중국인들이라면, 이런 그림들이 상징적이라는 것을 알 것이오. 비록 누가 봐도 잘못된 형식을 빌리기는 하였지만, 이론의 여지가 없는 진리를 담고 있다는 점을 알아챌 것이오."

특사는 이 대화가 어느 방향으로 가고 있는지 알아차리고 말하려 하자, 자신의 웅변술을 드러내는 것을 좋아하는 황제는 틈을 주지 않고 자신의 말을 이어갔다.

> "짐의 말을 듣고 마음속으로 결론을 내려 보시오. 어느 날 짐이 궁정에 있는 선교사 한 명에게 특정한 주제로 그림을 그려보라고 명하였소. 그랬더니 그는 그런 그림은 미신적이기 때문에 그릴 수 없다고 했소. 짐은 그 자리에서 한 마디도 대꾸하지 않았으나, 며칠 후에 그를 불러 연극을 보게 하였소. 막이 내리자 짐은 화필을 꺼내서 방금 눈으로 본 것을 그리는 데 양심에 거리낌이 있는지 물었소. 그는 양심에 거리낌이 없다고 답했소. 그래서 짐이 '그렇다면 좋소. 그 장면은 짐이 며칠 전에 그대에게 그려보라고 청했던 것과 똑같은 것이지만 그대는 그때 거절하였소.'라고 했소. 이와 같은 경우인 것이오. 당신을 이 먼 곳까지 오게 한 문제도 이와 다를 바가 없소. 관점을 다르게 하면 다르게 보이는 것이오. 이런 관점에서 보면 종교적인 것으로 보이고, 저런 관점에서 보면 순수하게 예에 관한 것으로 볼 수 있는데, 이런 일이 교황에게 일어난 것이오. 어떤 이들은 교황에게 중국 전례가 순수하고 별다른 뜻이 없다고 하였고, 다른 이들은 중국 전례가 미신이 가득하고 하느님의 법에 어긋난다고 말하고 있소. 교황은 이 후자의 말에 귀를 기울였고, 이러한 거짓된 보고를 근거로 아무것도 모른 채, 전례에 대해 올바른 판단을 내려야만 한다고 고집하면서 그런 선고를 내린 것이오."

황제는 이렇게 말하고 특사에게 대답할 틈도 주지 않은 채 그를 물러가도록 했다. 이 첫 번째 알현 뒤에도 여러 차례 알현이 있었지만, 매번 거의 같은 말만 이 되풀이되었을 뿐이다. 황제의 입장을 변화시키는데 아무런 진전이 없었다. 이러한 면담은 황제의 소일거리였고, 황제가 이를 진지하게 여기지 않았던 것이 분명하다. 황제는 언변에 능하고 뛰어난 재치를 가졌는데, 유럽인들에게 이러한 면모를 보여주는 것을 좋아했다. 이러한 논쟁은 황제의 취향에 잘 맞는 것이었으나, 특사의 내성적이고도 신중한 성격 때문에 황제는 무의식중에 실망했음을 드러냈다. 황제는 대주교를 논쟁에 끌어들이려고 애썼으나 정중하고도 공손한 대주교의 태도를 바꾸어 놓을 수 없었다고 여러 차례 말했다. 강희제는 중화제국의 중요 인물 대부분이 모여 근엄한 알현을 하는 도중에, 그가 천자라는 사실도 잊은 채 황실의 높은 위엄을 내려놓고는 활기차고 빈정거리는 태도로 날카로운 익살을 부리기도 하였다. 그의 농담에 웃음이 나면 크게 우쭐해 하는 듯 보이기도 하였다. 까다로운 일에 매달려 있던 대신들조차도 틈만 나면 크게 웃었고, 불행히도 선교사들마저 더 근엄하게 보이는 것이 나았을 경우에도 다른 사람들에게 불쾌감을 주지 않기 위하여 함께 웃어야만 하였다.

황제는 오랜 시간 논쟁을 벌이면서도 이견을 보이는 사람이 나타나지 않으면, 드 투르농 추기경 사절이 왔을 때 자신에게 반하는 뜻을 내세웠던 몬시뇰 매그로를 공격하는 버릇이 있었다. 황제는 그 주제를 자주 언급하면 교황특사 메자바르바에게 매그로 신부를 어떻게 생각하는지 물었다. 강희제는 특사가 황제의 말을 반박하거나 고위 사제로서의 위신이 실추될 것을 두려워하여 신중한 태도를 유지하고 있다고 느끼면, 종종 격노하거나 매우 난폭해졌다. 그는 매그로 신부를 무지하고 선동적이며, 간섭하기를 좋아하는 사람으로 여겼고, 중국에 온 선교사들 가운데 매우 커다란 해를 끼치고 불화를 일으키는 원인을 제공했다고 비난했다. 황제는 어느 날 평소보다 더 흥분하여 "짐의 심신을 피로하게 만든 그대와의 논쟁을 가장 처음 불러온 자가 바로 매그로였다. 논쟁이 곧 끝나지 않는다면 짐은 교황에게 매그로의 목을 치기 위해 그를 이곳에 보내달라고 요청해야만 하리라. 만약 로마에서 그의 목을 치지 않는다면 말이다. 짐은 그와 같은 성격을 가진 사람이 어떻게 교황청에서 중국의 박사처럼 여겨지는지 이해할 수 없다."고 말했다. 황제가 예수회 선교사들을 언제나 총애하고 있음은 쉽게 알 수 있었다. 그들은 황제에게 크게 봉사하고 있었고 또 전례문제에 관하여 황제와 의견이 같았기 때문이었다. 황제는 매그로에게 매우 비판적이었는데, 그가 예수회 선교사들의 적수였고 또 중국 문제와 관련하여 교황청에 지대한 영향력을 행사하고 있기 때문이었다.[171]

교황의 칙서를 가져온 교황대사에게 직접 대응한 강희제

황제가 몬시뇰 페드리니Teodorico Pedrini를 싫어하게 된 것도 틀림없이 같은 이유에서였다.[172] 이 라자로회 선교사는 놀랄만한 재능이 있었기 때문에 궁중으로 불려갔는데, 베이징에 도착한 순간부터 전례에 반대한다고 말해왔다. 그는 드 투르농 추기경에게 매우 헌신적이었고, 조상에 제사 지내는 것을 지지하는 사람들에 대항하여 싸우는 매그로에게 커다란 도움을 주었다. 페드리니의 이러한 행적을 알고 있던 교황특사는 그에게 통역을 맡아달라고 부탁하였다. 황제는 특사의 요청을 들어주었으나, 다른 예수회 선교사들 가운데서도 통역을 한 명 더 골라야 한다는 조건을 내세웠다. 견해가 다른 두 명의 통역이 생김으로써 당면한 업무에 혼란을 가중되었고, 더 많은 어려움이 생겨났다. 페드리니는 가능한 모든 방법으로 박해를 받았다. 그는 황제에게 혐오스러운 존재가 되어버렸다. 황제가 매그로의 목을 치겠다고 제안할 때마다, 당연히 페드리니의 목도 매달고 싶다는 말을 덧붙였다. 나중에 보게 되겠지만, 이 선교사는 교황청 사자[인 메자바르바]에게 헌신하였다는 이유로 커다란 고난을 받았다.

171) (원주) Journal of the Legation of M. de Mezzabarba, p. 107.

172) 몬시뇰 페드리니(Teodorico Pedrini, 1671-1746, 중국명 德理格)은 이탈리아 출신의 라자로회 사제, 음악가, 작곡가였고, 36년간 중국 황실에서 일했다. 서양음악이론서인 『律呂正義續編』의 공동저자로, 이 책은 『四庫全書』에 포함되었다.

어떤 누구도 새로운 교황 칙서의 내용을 정확히 아는 사람은 없었다. 사람들은 이에 대해 많은 말을 했지만, 특사의 손에 있는 칙서를 읽어본 사람이 없었다. 하루는 몇몇 조신들이 특사에게 와서 황제가 이 서류를 매우 보고 싶어 한다고 말하였다. 특사는 더는 바랄 것이 없었다. 왜냐면 교황청에서 보내온 문서는 황제에게 감명을 줄 것이고, 뛰어난 지성을 가진 황제는 중국의 전례를 비난하도록 이끈 이성의 힘에 경도될 것이기 때문이었다. 그러나 몬시뇰 메자바르바는 이토록 중요한 문서를 자신의 손에서 떠나보내는 것이 경솔한 죄가 되어버리는 것은 아닐까 두려웠다. 그는 조정의 신하들에게 그가 이 문서를 황제에게 직접 전하는 게 좋을지, 혹은 이 일을 다른 사람에게 맡기는 게 좋을지 알고 싶다고 말했다. 조신들은 황제께서 그것을 보고 싶어 하시기는 하였으나, 어떤 방법으로 혹은 누가 그것을 전달할지에 대해서는 말씀이 없으셨다고 답했다. 조신들은 특사가 신임하는 선교사를 통해서 황제에게 이를 전하는 것이 좋겠다고 생각했다. 특사는 그 서류를 노란 비단 헝겊으로 싸서 두 명의 선교사에게 맡겼고, 두 선교사는 그것을 들고 조신들과 함께 궁궐로 돌아갔다. 황제는 네 명의 공식 통역관들에게 교황의 칙서를 번역하라고 명하였다. 그리고 두 명의 관원을 통역관이 번역 작업을 하는 숙소에 배치하여, 다른 선교사들의 접근을 막았다.[173)]

다음날 특사는 궁궐로부터 옥쇄가 찍힌 속달을 받았다. 그 안에는 칙서가 들어 있었고, 칙서 밑에 붉은 글자로 황제가 친히 쓴 주가 달려있었다. 다음과 같은 내용이었다.

"짐은 이 칙서를 읽고 나서 중국을 이해하는 데 도움이 되는 중국의 관습과

173) 이들 네 통역관들은 예수회에 속한 Joseph Anne Marie de Moyriac de Mailla(1669-1748), Jean-Baptiste Régis(1663-1738), Griampriamo 세 신부와 나자로회에 속한 Matteo Ripa(1682-1745) 신부였다.

> 예절과 언어를 전혀 모르는 이 무지하고 비열한 유럽인들이 감히 중국의 유교의 교리에 대해 말할 자격이 있는지 물어보지 않을 수 없노라. 서방에서 온 특사가 전달한 이 칙서는 틈만 나면 인정사정없이 서로 난도질하려고 하는 불교나 도교의 불경하고 비열한 종파들이 가르치는 것과 유사하다. 중국에서 이런 유럽인들에게 그들의 종교를 전하도록 허락하는 것은 합당치 않다. 짐은 저들이 그런 종교를 전하는 것을 금할 것이며, 그렇게 해야만 끝없는 근심과 혼란을 피할 수 있을 것이다."

특사는 황제의 이런 무서운 말을 읽고서 슬픔에 사로잡힌 듯했다. 특사가 이 통지문을 읽고 있을 때 베이징의 모든 선교사, 즉 예수회와 다른 수도회의 선교사들이 특사를 둘러싸고 있었다. 모두가 고개를 숙인 채 깊은 침묵에 잠겼다. 그러나 아마 모두가 똑같은 감정에 사로잡힌 것은 아니었을 것으로 짐작된다. 마침내 특사가 우울한 침묵을 깨고, 선교사들에게 이 불운한 논쟁을 끝내고 황제가 계획하고 있는 사악한 계획을 막아낼 방법이 있을지 물었다. 예수회 선교사들은 교황의 "칙서Papal Bull"를 연기하는 것처럼 온건하고 효과적인 계획은 없을 것이라는 의견을 냈다. 특사는 그것은 불가능하고, 그러한 비겁한 행동을 하느니 차라리 죽음을 택하겠다고 대답했다. 만약 특사가 이 방법을 따랐다면, 그가 그 이후로 하는 모든 행위는 법적 효력을 잃고 아무 가치도 가지지 못할 것이었다. 왜냐면 특사에게 부여된 권한은 생각보다는 광범위했지만, 교황을 판결하거나 혹은 교황이 내린 칙서를 유보하는 권한까지는 주어지지 않았기 때문이다. 그러자 예수회 베이징 관구장 무라오João Mourão 신부가 일어서서 다음과 같이 말했다. 첫째, 만약에 교황 칙서가 시행된다면 선교활동은 틀림없는 파멸을 맞이할 것이었다. 둘째, 당면한 위험이 너무나 크고 돌이킬 수 없는 치명적인 결과가 예상된다면 대주교는 교황 칙서의 시행을 유보해야만 한다. 왜냐하면, 교황께서 이러한 칙서를 내렸을 때, 그는 잘못된 보고에 기초하여 결정을 내렸기 때문이다. 교황께서 현장에 계셨다면 그는 생각을 바꾸시고 칙서를 앞장서서 취하하셨을 것이라고 말했다.[174] 그러나 특사는 앞으로 이 문제는 더 이상 논의하는 것조차 허락하지 않겠다고 답했다. 왜냐면 교황께서 직접 이 문제를 최종적으로 결정했다고 선언했고, 선교사들이나 선교에 미치는 결과와 상관없이 칙서를 시행하라고 명했기 때문이었다.

그 순간 두 명의 조신이 대주교의 거처에 들어와 황제께서 언급하신 내용에 대한 답을 달라고 하였다. 특사는 다음과 같이 적어 보냈다.

"저는 황제께서 저에게 내리신 답서를 경외하는 마음으로 읽었습니다. 황제의 선하심이 온 세상에 널리 알려졌기 때문에, 저 또한 그에 이끌리어 이 제국에 와서 황제께 그리스도교에 대해 호의를 베푸시기를 간구하고자 하였습니다. 제가 가져가는 관면팔사寬免八事[175]는 견해의 차이를 해소하고 평화를 이룩하기에 충분할 것입니다. 소인은 이제 교황청으로 돌아가서 교황에게 황제의 의지를 전하려 합니다. 그동안에는 어떠한 것도 변경하지 않고 아무런 공적인 업무를 하지 않을 것이며, 모든 것을 지금 있는 그대로 놓아두도록 하겠습니다. 황제께 제가 황제의 명을 신속하게 수행하는지의 증인이 되기에 적합한 인물로 동행할 저

174) 무라오(João Mourão, 1681-1726)는 중국에서 순교한 예수회 신부이다.

175) (원주) [1721년 11월 4일] 강희제에게 전달된 "관면팔사寬免八事"의 내용은 다음과 같다. "첫째, 중국인 그리스도인들은 집안에 조상의 위패를 모실 수 있으나, 그 옆에 경구를 붙이는 동시에 모든 미신적인 것들과 추문을 일으킬 수 있는 것은 피하여야 한다. 둘째, 미신적인 요소가 없을뿐더러 그러한 의심이 전혀 없는 중국의 전례는 의례적인 성격이므로 이를 허용한다. 셋째, 순전하게 의례적인 경의를 공자에게 표할 수 있으나, 공자의 위패에는 미신적인 표현과 미리 정해진 표현을 함께 써넣을 수 없으며, 촛불을 켜고 향을 사르며, 제물을 이 철인의 위패 앞에 진설하는 것은 허용한다. 넷째, 앞서 말한 경구에 준거하여, 조상의 위패나 관 앞에서 장례의식을 위하여 무릎 꿇고 절하고, 촛불을 밝히는 것은 허용한다. 다섯째, 위패나 관 앞에 조상을 대접하기 위한 과일과 제물을 놓는 상을 마련하는 것은 허용하되, 언제나 경구에 따르고, 미신적인 요소는 철저하게 배제해야 하고 오로지 조상에 대한 감사의 마음을 표현하는 제사가 되어야 한다. 여섯째, (앞서 한 말에 따라 수정된) 위패 앞에서 춘절과 다른 절기에 의례적으로 배례하는 것은 허용한다. 일곱째, 앞서 한 말에 따라 위패 앞에 향초를 사르는 것을 허용한다. 여덟째, 마찬가지로 무덤 앞에 과일과 제물을 진설하는 것은 허용하되, 경구를 생략하여서는 안 된다." Journal de la Legation de Mezzabarba, p. 118.

와 사람을 지명해 주시길 간청합니다."

이와 같은 선언을 두고 알렉산드리아 대주교 외교사절은 클레멘스 11세의 칙서가 더는 효력을 발휘하지 못하도록 하는 결론을 내렸으며, 이 개탄할만한 싸움에서 전례를 옹호하는 선교사들이 승리를 거두었다고 말할 수 있을 것이다. 사실 "관면팔사寬免八事"는 이때부터 리치 신부의 관행을 실천하려는 선교사들에게 커다란 자유를 주었다. 단, 중국의 그리스도인들이 미신적이고 우상숭배적인 생각을 거부하는 것을 맹세해야 한다는 조건이었다. 리치 신부를 따르는 선교사들은 이에 만족하였으나, 과연 교황청에서 클레멘스 11세의 칙서를 무효화시키는 이러한 조치가 받아들여질 수 있었을까?

황제의 위협으로 마지막까지 궁지에 몰린 몬시뇰 메자바르바는 자신이 이러한 양보를 하면 모든 일이 해결될 것이라고 생각하였다. 그러나 그는 자신의 목적을 달성하는 것과는 상황이 매우 동떨어져 있다는 것을 깨닫게 되었다. 어느 때보다도 개인적인 판단을 할 수 있게 된 선교사들은 새로운 열정으로 논쟁을 재개하였다. 황제는 민감한 신학적 문제들이 단 하나도 분명하게 정리되지 않았으며 교황이 중국의 전례를 비난하였다는 것을 알고는 특사, 선교사, 그리고 그들이 전파하는 종교를 불쾌하게 여기지 않을 수가 없었다. 그리고 이러한 일은 실제로 일어나고 말았다.

황제는 특사에게서 온 청원과 관면팔사를 받고 난 후, 몬시뇰 메자바르바의 알현을 허락했다. 이 자리에 베이징에 있는 선교사들, 한림원 학사들, 제국의 중신들과 황족들이 함께 소집되었다. 황제는 이 자리에서 교황특사를 극단으로 몰아붙여서 그가 회피하지 못하도록 끝장내려는 의도임이 분명했다. 황제는 이제까지 이처럼 생생하고 날카로우면서도 풍자적인 농담을 한 적이 없었다. 황제는 자신은 언제나 무엇이 진리이고 무엇이 허위인지를 분별하려고 노력해왔으며, 자신은 참과 거짓을 구분하는 법을 잘 알고 있다는 말로 시작했다. 황제의 무과실성을 분명히 한 후, 황제는 특사가 선교사들에게 허용한 관면팔사에 대하여 신랄한 공격을 퍼부었다. 이러한 조치는 별 의미가 없는 것들이며, 전례에 이러한 온갖 제약들이 가해진다면 그것이 무슨 전례가 될지 이해할 수 없다고 말했다. 황제는 다시 교황의 칙서로 돌아가서 그저 오류 덩어리와 같아서 도저히 용납할 수 없다고 단언했다. 황제는 말했다.

"짐은 매그로의 주장과 이 칙서를 비교해 보려고 많은 애를 썼다. 그리고 결국 그 둘이 똑같다는 것을 알게 되었다. 실제로 매그로가 지금 교황청에 있으므로 그가 이 칙서를 만들었을 개연성도 있다. 그리스도인들은 겉으로는 스스로 결정하는 것은 아무것도 없고 성령의 빛이 모든 것을 결정하는 것처럼 말하지만, 우리가 보니 이 성령이라는 것이 바로 매그로임에 틀림이 없구나 하는 결론을 내리지 않을 수 없다."

천자가 이렇게 말문을 열자 폭소가 터져 나왔다. 이에 힘을 얻은 강희제는 이렇게 말을 이어갔다.

"짐이 아는 어떤 눈먼 사냥꾼은 열심히 토끼를 쫓아가서 겨냥하지도 않은 채 제멋대로 화살을 날리는 일을 즐긴다. 알고 보니 교황이 그 사냥꾼과 같다. 그는 매번 빗나가는 칙서를 남발하는데, 매그로의 말에 눈이 멀었기 때문이다. 이곳 베이징에 있는 성당 정문 위에 '경천敬天'이라고 쓴 석판이 걸려있다. 이 석판에는 옥새가 찍혀 있는데, 짐이 몸소 선교사들에게 하사한 것이다. 칙서에 따르면 이 석판에 쓴 글은 미신적이고 망령된 것이다. 특사는 그것을 떼어내어 부숴버리라고 명해야 할 것이다. 그렇다면 석판을 불태울 때 이를 하사 받은 선교사들을 올려놓고 태워버리는 것은 어떤가? 페드리니가 몸소 불을 붙여야 하지 않겠는가?"

이 말에 폭소가 터졌고, 모든 눈길이 대주교의 통역인 페드리니 신부에게로 쏠렸다. 스스로 만족한 강희제는 여러 주제를 놓고 많은 말을 이어갔다. 교황 특사에게는 거의 눈길을 돌리지도 않았다. 질문하려고 한 차례 그를 돌아본 것이 전부였다. 그것도 유럽에서는 먼저 누군가의 죄를 입증하지 않은 채 사형을 선고하는 관례가 있는지 물었을 뿐이었다. 대주교는 "유럽에서는 그 누구도 법적인 증거가 없이는 처형을 받지 않습니다."라고 답했다. 황제는 중국에서도 마찬가지라고 답했다. 심지어 황제는 확실한 증거가 있더라도, 자신이 내려야 할 결정에 관하여 하늘의 빛을 보여주시기를 기도하고 이를 위하여 금식을 하지 않고서는 절대로 사형을 선고하지 않는다고 답했다. 또 이러한 예방수단을 강구하였음에도 불구하고 누구를 처형하라고 명할 때는 두려움에 몸이 떨린다고 말했다. 황제는 잠시 침묵하고 나서 어의에게 가까이 오라고 명하였다. 그리고 "선생, 당신이 짐보다 훨씬 더 무서운 사람이오."라고 말하였다. 어의가 그의 뜻을 헤아리지 못하자, 강희제는 웃으면서 "짐이 그 이유를 설명하겠소. 짐은 범죄의 증거가 없이는 그 누구도 사형할 수 없소. 하지만 선생은 아무 격식도 차리지 않고 원하는 대로 누구라도 죽일 수 있지 않소?"라고 덧붙였다. 군주의 이러한 재치 있는 말에 모든 사람이 매료될 수밖에 없었다. 황제는 오랫동안 이런 종류의 농담을 이어갔다.

강희제는 싫증이 날 만큼 농담을 한 후에, 갑자기 황제의 위엄을 되찾았다. 그리고 알렉산드리아 대주교에게 사절단의 임무는 끝났으니 준비되는 대로 곧바로 마카오로 향하여 그곳에서 그들을 유럽으로 데려갈 배를 기다리라고 말했다. 황제는 "짐은 만청의 관습을 따라야 하는데, 그러면 교황을 불쾌하게 할지도 모르는 표현을 써야만 하기 때문에 교황에게 서신을 쓰지 않겠다."라고 덧붙였다. 이에 몬시뇰 메자바르바는 자신이 황제가 교황에게 보내는 살아 있는 서신이 되겠다고 답변하였다. 황제는 특사에게 광동에 남겨두고 가는 선교사들을 어떻게 처우하기 원하는지 물었다. 특사는 이들을 여러 성에 있는 여러 선교관으로 나누어서 보내 달라고 답했다. 그러자 황제는 큰 소리로 답했다.

> "그럴 수는 없노라. 왜냐하면, 그 선교사들이 교황의 칙서를 준수하면 짐의 명에 불순종하게 되고, 짐의 조서를 준수하면 교황의 명을 거역할 수밖에 없게 될 것이기 때문이니라. 그들이 이와 같은 불편한 처지에 놓이지 않게 하려면 그들 모두를 유럽으로 데려가는 것이 나을 것이니라."

마지막으로 황제는 금으로 된 잔을 가져오라 하여 특사에게 내밀었다. 그리고는 특사의 두 손을 자신의 두 손 사이에 오랫동안 움켜쥐고 있었다. 이 장면을 지켜본 관리들은 이에 매우 놀랐다. 메자바르바 일행이 남긴 일기는 이렇게 덧붙이고 있다.

> "황제는 이렇게 그의 마지막 정을 표하고, 몬시뇰 알렉산드리아 대주교를 물러가게 하였다. 궁궐을 떠나는 그를 관리들이 에워싸고는, 황제가 그에게 베푼 영예를 축하해 주었다. 그들은 지금까지 중국 황제께서 자녀를 포함한 그 누구에게도 그처럼 겸손하게 대하신 적이 없었다고 장담했다."

이 이야기를 기록한 사람은 이를 적어도 싫어하지는 않았던 듯하다. 메자바르바는 1721년 3월 3일에 베이징을 떠났다. 광대한 중국 대륙을 다시금 횡단하는 그의 마음은 그간 베이징에서 그가 보고 들었던 것들로 인하여 [많은 생각을 하게 했다]. 그는 1721년 5월 27일, 마카오에 도착하였다. 그가 처음 도착했을 때처럼 마카오는 그를 열렬하게 환영해 주었다. 주둔군들은 무장한 채 도열 했고, 대포는 불을 내뿜었으며, 그에게 경의를 표하기 위하여 모닥불이 지펴지고 조명들이 밝혀졌다. 전에는 대주교의 가슴에 벅찬 희망을 안겼던 마카오 사람들의 이러한 기쁨의 표현은 이제 대주교의 마음에 애절함만을 안겨줄 뿐이었다. 특사는 마카오에서 여섯 달을 더 머물 수밖에 없었다. 그는 이 기간을 이용하여 선교사들에게 공자, 조상에 대한 제사와 관련되어 새로운 지시를 내리고 있는 '관면팔사寬免八事'의 내용으로 수정된 교황의 칙서를 따를 것을 권면하는 지시문을 발표하였다. 그리고 특사는 로마로 돌아가면서 드 투르농 추기경의 시신을 운구하였다. 교황이 그리스도를 주님으로 고백한 그 덕망가에게 경의를 표하고 싶어 했기 때문이다.

메자바르바 교황특사의 조치에 대한 유럽의 반응

유럽에서는 메자바르바 사절단과 관련하여 많은 말과 글들이 나왔다. 메자바르바 사절단이 불러온 결과는 전례를 지지하는 이들에게는 다소 우호적인 것이었기 때문에, 예수회 선교사들을 반대하는 여론을 자극했다. 예수회의 적들은 온갖 말과 모든 가능한 수단을 동원하여 특사의 실패를 예수회의 탓으로 돌렸다. 그들은 교황의 칙서(Ex illa die)가 중국에서 받아들여지지 않았던 것은, 예수회 선교사들이 음모를 꾸미고 황제에게 영향력을 행사했기 때문이라고 거듭 주장하였다. 따라서 그들이 베이징에서 얻은 구슬픈 승리는 유럽에서 그들에게 향해진 전례 없이 극심한 비난의 속편이었다. 다음은 생시몽 공작의 회고록에 나오는 내용이다.[176]

176) 생시몽 공작 루이 드 루브루아(Louis de Rouvroy, duc de Saint-Simon, 1675-1755)은 프랑스의 군인, 외교관, 회고록 작가이다. 루이 14세와 15세 시기의 인물들에 관한 전기를 여러 권 집필하였고 그의 『회고록 Mémoires』은 루이 14세의 통치와 베르사유 궁전 생활에 대한 상세한 분석을 담고 있다.

"중국의 공자와 조상에 대한 전례에 관해, 그리고 선교사들과 중국에 파송된 예수회 신부들 사이에 벌어진 모든 분쟁을 해결할 목적으로 교황께서 중국으로 사절단을 보내신 적이 있다. 당시 사절들은 중국 전례는 우상을 섬기는 것으로 보고 이를 금지하였고, 이러한 전례를 용인했던 예수회 선교사들을 비난하였다. 또 고인이 된 드 투르농 추기경의 행동은 인정을 받았으며, 그가 당했던 고난과 지조와 죽음은 크게 찬양되었다. 반면, 예수회 선교사들의 음모와 불복종은 크게 질책을 당하였다. 교황의 이러한 칙서는 예수회 선교사들에게 굴욕감을 주었다기보다는 오히려 이들을 분노하게 만들었다. 예수회 선교사들은 처음에는 이 칙서를 피하였을 뿐이지만, 나중에는 이를 발로 짓뭉개버렸다. 이와 관련된 글들이 많으므로 더는 말하지 않겠다."

예수회 선교사들이 교황의 권위에 대항하여 저항하였다는 것은 사람들 입에 자주 오르내리는 주제가 되었다. 특히 예수회를 향한 오랜 불신을 가지고 있었던 얀센주의자들은 이를 그들에게 유리하게 이용하였다.[177] 이러한 일련의 상황들이 얀센주의자들에게 큰 도움을 주었음은 인정해야만 한다. 얀센주의자들은 '유니게니투스 칙서'를 완강하게 거부하고 있었고, 그들의 가장 큰 적대세력이었던 예수회 신부들로부터 교황청에 반란을 일으켰다는 이유로 가톨릭 세계에서 비난을 받는 중이었다.[178] 이런 상황에서 중국에 있는 예수회 선교사들이 교황의 칙서를 거부하고 나선 것이었다. 얀센주의자들은 짐작한 대로 예수회 신부들의 모순된 행동을 자신들에게 유리한 방향으로 돌려놓는 방법을 알고 있었다. 흥미로웠던 것은, 중국 황제가 중국인들의 입장을 설명하기 위해 그리스도교 세계에서 얀센주의자들이 처한 상황을 언급했다는 것을, 얀센주의자들이 알게 되었다는 것이다.

177) 하느님의 절대적 은총을 강조한 얀센주의자들은 예수회의 공격을 받았다. 예수회는 소르본느 대학의 위원회가 얀센의 신학 저서인 <아우구스티누스>가 금서로 지정되도록 하는데 결정적인 역할을 하였다.

178) 유니게니투스 칙서(Unigenitus Bull)은 1713년 클레멘스 11세가 얀센주의자들을 이단으로 선고한 칙서이다.

하루는 황제가 메자바르바 교황특사에게 “프랑스에서는 유니게니투스 칙서를 수용하지 않으면서 어찌하여 당신들은 중국 사람들에게 중국 전례에 관한 칙서를 수용하라고 강요하는 것이오? 그리스도인이 아닌 사람들이 그리스도인보다 교황에게 더 복종할 수 있다는 말이오?”라고 말하였다. 강희제가 얀센주의자의 문제를 인지하고 있었다는 사실을 알아낸 것은 정말 안타까운 일이었다. 그러나 교회를 갈라놓는 불화에 관하여 어떤 의도로 누가 황제에게 이를 알려주었는지 묻지 않을 수 없다.

메자바르바 사절단은 얀센주의자들에게 예수회 선교사들을 공격할 수 있는 무기를 제공함으로써 유럽에서의 종교적 갈등에 새로운 기름을 끼얹었다. 이로써 중국이라는 선교지에서 평화를 회복하기가 더 힘들어졌다. 알렉산드리아 대주교의 지시문은 불화를 진정시키는 것과는 거리가 먼 결과를 불러왔다. 얀센주의자들이 다른 어느 때보다도 더 맹렬하게 공격했으리라는 것은 쉽게 짐작할 수 있다. 중국 전례를 옹호하는 선교사들은 이 특사로부터 반론의 여지가 있는 쟁점들을 보는 그들의 방식을 인정받았다. 이 특사는 자신보다 앞서 파견되었던 특사보다 전례를 옹호하는 사람들의 입장에 더욱 가까이 다가갔다. 이에 반대하는 사람들은 이 특사가 전임자 못지않은 실패를 하였다고 비난하였고, 결국 양편 모두가 서로에 대하여 더 많은 적의를 품게 되었다. 평화가 이루어지리라는 소망이 이때처럼 멀게 느껴진 적이 없었다.

메자바르바 특사는 1715년의 교황의 칙서를 무효화 되었다고 상황을 잘못 이해한 문서가 공표되는 것을 금지하였다. 그러나 이 조치는 큰 성과를 내지 못하였다. 베이징 주교는 관면팔사에 의해 수정된 교황의 칙서를 따르라고 그리스도인들에게 명하는 목회 서신을 보냈으나, 산서성의 교황 대리는 그 목회 서신을 따르지 말라는 내용의 서신을 보냈다. 혼란이 가중되었고, 이전보다 서로 간의 적대감이 더 커졌다. 사태가 이렇게 번지자 교황 [클레멘스 12세, 1730-40]의 개입이 불가피해졌다. 교황은 베이징 주교가 목회 서신을 보낸 일을 질책하였고, 교황청에서 메자바르바의 관면팔사를 심리하도록 하였다. 이 심리는 매우 엄격하게 진행되었고, 중국에 파송되었다가 당시 로마로 돌아온 선교사들, 신학을 공부하려고 로마로 유학을 온 중국인 신학생들이 맹세 후에 증언하는 내용을 참고하며 진행되었다. 그러나 심리 직후 교황이 세상을 떠나면서, 최종 결정이 미루어졌다.

학구적이고 해박한 신학자였던 베네딕토 14세 교황은 이 지루한 논쟁을 끝내고 앞으로의 논란을 단번에 근절하는 임무를 맡게 되었다. 교황은 전임 교황 [클레멘스 12세]의 선종으로 중단되었던 복잡하게 얽혀있는 이 문제에 대한 조사를 과감하게 재개했다. 이후 그는 교황청으로서는 교황의 칙서에 반하는 관면팔사를 결코 용납할 수 없다고 밝혔다. 그는 관면팔사를 무효화시켰고, 클레멘스 11세의 칙서를 자신이 받아들인 것과 다른 의미로 해석하는 것을 금지하였다. 즉, 말하자면 거론된 모든 전례는 예외 없이 모두 우상 숭배적인 것이기 때문에 교회법에 어긋난다고 선언했다. 교황 베네딕토 14세는 전임 교황들을 본받아 감히 이 칙서에 반대하려는 모든 선교사를 엄중하게 견책하였다. 칙서에 복종하는 것을 거부하는 모든 선교사는 유럽으로 소환하여 불복종에 따르는 벌을 내릴 것을 명했다. 교황은 모든 수도회의 총장들과 간부들에게 그들의 아래에 있는 사람들이 이 칙서를 준수하는지 엄격하게 지켜보라고 명하였다. 만일에 누군가 이에 복종하지 않을 때 교황은 법적으로 이를 다룰 것이며, 해당 수도회에 속한 신부들을 그 나라에 다시 파송할 권한을 빼앗아버리겠다고 수도회 총장들에게 선언했다. 교황은 또 선교사들이 반드시 해야만 하는 서약서 형식을 새롭게 만들었다. 마지막으로 교황은 동방 선교사들에게 교황청 칙서의 정신을 따르고자 힘을 쓰고, 모든 선교 활동에 더욱 노력을 하며, 교회에서 오랫동안 진행되고 있는 이 싸움을 멈추는 기쁨을 교황에게 안겨주기를 간청하였다.

선교사들에게 보내는 교황 베네틱토 14세의 메시지

이제 베네딕토 14세가 먼 아시아 땅에서 일하는 복음 전파자들의 마음을 위로하고 그들을 하느님 안에서 하나로 만들기 위하여 외치는 말을 들어보자. 지상에서 그리스도를 대리하는 교황의 애처롭고도 엄숙한 호소문이다.[179)]

> "나는 사제들의 왕이신 예수 그리스도, 지상에서 우리가 그 자리를 대신 맡고 있는 그분께서 이 중대한 과업을 이루기 위하여 오랜 기간 헌신하는 당신의 일꾼들을 축복하실 것임을 믿어 확신합니다. 그리고 그 광대한 나라에서 복음의 빛이 계속해서 밝게 타오르는 것을 보고 싶은 우리의 열망을 이루게 하시시라는 것도 확신하고 있습니다. 그리고 그 지역에서 일하는 사제들은 우리의 말을 진정으로 경청하고 그에 복종하는 의무를 가지고 있다고 믿습니다. 또한, 하느님께서 도움을 주사 교황의 칙서를 실행에 옮기면 복음이 전파되지 못할 것이라는 두려움에서 그들을 해방시켜 주시리라는 것을 믿습니다. 우리는 무엇보다도 우리의 소망을 하느님의 은총 위에 굳게 세워야만 합니다. 이러한 은총을 입어 우리가 그리스도교의 진리를 용감하게, 그리고 교황청이 목회자들에게 전해 준 순결한 마음으로 전파하면 우리는 절대 실패하지 않을 것입니다. 이 은총에 힘입은 목회자들이 거룩한 사도들과 그리스도교 신앙을 수호했던 위대한 이들의 모범을 따라 피 흘리기까지 그리스도교를 수호할 준비가 되어있다면 우리는 절대 실패하지 않을

179) 베네딕토 14세(Benedict XIV, 1740-1758)은 제 247대 교황으로 세속명은 프로스페로 람베르티니(Prospero Lorenzo Lambertini)였다. 본인이 탁월한 학자였으며 두 개의 중요한 교서를 발표해서 중국 전례논쟁의 종지부를 찍었다. 1742년에 발표된『Ex quo singulari』와 1744년에 발표된『Omnium sollicitudinum』이다.

것입니다. 그러한 죽음은 복음의 전파를 가로막기보다는 오히려 주님의 포도나무를 더욱 잘 자라게 하며, 영혼들을 구원하는 일에 더욱 풍성한 열매를 맺게 할 것이기 때문입니다. 우리에게 그런 책임이 있는 한, 우리로서는 하느님께서 그런 선교사들에게 모든 것을 이겨 낼 영적인 힘과 선교적인 열정을 주시기를 간구할 뿐입니다. 마지막으로, 선교라는 거룩한 사역에 헌신하는 자들은 스스로가 예수 그리스도께서 보내신 그분의 진정한 제자라는 것을 기억하십시오. 그분은 일시적인 즐거움을 얻기 위해서가 아니라 아주 힘든 전투를 싸우고, 세속적인 영예가 아닌 수치를 당하고, 여가를 즐기기보다는 노동을 하고, 휴식하기보다는 인내를 가지고 더 많은 열매를 거두기 위해 불굴의 노력을 하도록 제자를 보내셨음을 기억하십시오."

선교사들의 마음을 감동시키는 이 글은 교황 베네딕토 14세의 유명한 『중국 전례의 금지에 관한 칙서Ex quo singulari』에서 볼 수 있다.[180] 이것으로 선교는 말할 것도 없고 교회 전체에 영원히 잊을 수 없는 재난을 불러일으켰던 전례 논쟁이 마침내 마침표를 찍었다. 몬시뇰 루케는 전례 논쟁이 불러온 해악에 대해 이렇게 말했다.

"이 혼란을 틈타 존경할만한 종교인들이 매도당하기도 하였다. 딱히 비난받을만한 이유가 없을 때에도, 그들은 교황의 명에 저항하였다는 용서받을 수 없는 혐의를 받기도 하였다. 당파심이 점차 폭력적인 성향을 지니게 되면서 이런 일들이 벌어지기도 하였다."[181]

---

180) 1742년 7월 11일, 교황 베네딕토 14세가 내린 칙서로 중국전례가 교회법에 어긋난다고 확정하였다.

181) (원주) Lettres à Monseigneur l'Évèque de Langrès, p. 177. 이 서간집은 몬시뇰 루케(Jean-Félix-Onésime Luquet, 1810-1858)가 파리 외방전교회의 선교편지를 수집하여 1842년에 간행한 것이다.

교황 베네딕토 14세는 이 칙서를 통하여 전례 논쟁의 역사를 개괄하였다. 그는 1645년의 교서에서 시작하여 드 투르농 추기경의 지시문을 확인하여 공포한 1710년의 교서를 인용하였다. 그리고 그는 1715년의 클레멘스 11세의 칙서와 몬시뇰 메자바르바의 관면팔사에 대해서도 언급하였고, 마지막으로 베이징 주교의 목회 서신을 무효화시킨 클레멘스 11세의 서신의 개요를 정리하였다.

교황 베네딕토 14세의 칙서는 각 선교회에 즉시 전달되었으나, 전례를 찬성하는 선교사들의 반대에 부딪혔다. 하지만 교황은 베이징 주교에게 약식 교서를 내림으로써 이러한 칙서의 시행에 반대하며 제기될 수 있는 모든 주장을 무력하게 만들었다. 이는 현명한 처사이자 꼭 필요한 일이었다. 이 약식 교서에서 베네딕토 14세는 전례문제에 관하여 몇 가지 의견을 전달하면서 그에게 전심으로 칙서를 지킬 것을 당부하였다. 교황은 형편상 교황의 결정을 따를 수 없다는 주장에 관하여, 어떤 관습이 확실히 우상 숭배의 문제를 가질 때에는 이런 결정에 반대하는 그 어떤 주장도 유효할 수 없다고 말했다. 교황은 결론적으로 여러 차례에 걸친 교황의 칙서들은 필요하고도 시의적절한 것이었으므로, [일부의] 주장처럼 중국의 여러 성에서 그리스도교 신앙을 유지하고 전파하는데 지장을 줄 리가 없다는 점을 언급했다. 따라서 『중국 전례의 금지에 관한 칙서』는 획일적이고도 변경될 수 없는 규정으로 여겨지게 되었고, 이 칙서는 모든 선교사의 행동 기준이 되었다. 오늘까지도 선교사들은 이 칙서를 지킬 것을 엄숙하게 맹세한다. 헤세본 주교는 [예수회의 입장에 대해 이렇게 변호하고 있다.]

> "우리가 교회를 크게 신음하게 했던 그처럼 기나긴 전례 논쟁을 간략히 살펴보면, 선교사들의 행동에서 인간이 가장 순수하고도 가장 올바른 의도를 가지고 행동했을 때에도 인간이 지닌 나약함으로 저지르기 쉬운 한탄할 만한 예를 발견

할 수 있다. 우리는 예수회 선교사들이 어떠한 원칙을 버린 후에도, 양심이 허락하는 한, 언제라도 그 원칙을 다시 받아들이는 경향이 있다는 것을 안다. 우리는 이 위대한 선교사들이 고집을 부렸던 결과, 매우 치명적인 결과를 가져온 실수를 저질렀다는 것을 알고 있다. 그러나 그들의 행위에는 그들의 행동을 판단함에 있어 고려되어야 하는 사항이 하나 있다. 만약에 예수회 선교사들만 중국에 남아 있었거나 다른 선교사들이 예수회 선교사들의 관행을 수용했었다면, 많은 논란을 불러일으킨 전례가 미신적인 성격을 모두 벗어버리고 순수해지는 것이 거의 실현 불가능하다는 것을 알아차리지 못했을 것이다. 따라서 한동안 순전히 물질적인 사악함을 견디면, 그들은 약한 자들을 도우며 그리스도교의 급속한 발전을 이루어 갔을 것이다. 예수회 선교사들은 그렇게 생각하였을 것이다. 만약 그들이 틀렸다고 할지라도, 그들이 사악한 의도를 가졌다고 비난받아서는 안 된다. 이는 반드시 거론되어야 할 매우 중요한 요소이지만, 흔히 간과되는 문제이기도 하다."

그러나 우리는 예수회 선교사들이 오랫동안 교황들의 칙서를 피해 가는 방법을 찾았던 것은 사실이며, 교회가 가장 필요로 하는 모범을 온 세상에 보여서 예수회를 영광스럽게 만들 수도 있었다는 것은 인정해야만 할 것이다. 그러나 한편 우리가 잊지 말아야 할 것은, 한 점의 의혹도 가질 수 없는 엄격한 결정이 내려지자 예수회는 신실하고도 용감하게 이에 복종하였다는 것이다. 예수회 선교사들은 모든 인간의 지성은 머리를 굽혀야만 하고, 인간의 의지가 결코 거스를 수 없는 한계를 인정하며, 전능한 권위 앞에 그들의 개인적 신념을 내놓았다. 예수회는 앞으로 그리스도교와 그들이 내어놓은 자신의 운명이 어떻게 흘러갈 것인지 미래를 내다보면서도 복종하였다. 그리하여 시대를 관통하여 끊임없이 입증되는 진실의 새로운 증거를 제시하였으니, 이는 곧 "모든 회원이 지성과 덕성을 겸비한 예수회는 때로는 세상의 최고 권력과 싸우기도 하고, 또 정의롭고 용감하게 자기방어를 할 때도 있으나, 동시에 하느님의 음성이 지상의 대리자 입을 통하여 들려오면, 이에 복종하는 법을 잘 깨닫게 되리라는 것이다."[182)]

182) (원주) Luquet, p. 180.

제 8 장

계속된 황족의 그리스도교 개종과 강희제의 붕어

제 8 장

계속된 황족의 그리스도교 개종과 강희제의 붕어

선교사들 사이의 불화 속에서도 계속된 선교

중국에서 오랜 세월 동안 선교사들 사이를 갈라놓았던 불행한 다툼이 중국 관리들의 가혹했던 박해보다 중국선교에 훨씬 더 많은 해로움을 끼쳤다는 사실을 고백해야만 한다. 그리스도교로 개종하지 않는 나라에서는 신자들끼리 단합과 일치를 보여주는 것보다 더 강력한 힘을 가진 것은 없다. 이교도들은 그들에게 전해지는 교리나 신학적 논문의 영향을 받기보다는, 서로 알지 못하는 사이면서 각기 다른 상황에 놓인 많은 사람이 종교라는 신비로운 끈으로 가까이 연결되어있는 광경에 볼 때에 더 영향을 받기 때문이다. 이렇게 하나의 감정과 영혼을 가진 커다란 가족의 모습은 저항할 수 없는 매력과 참신함을 갖는다. 서로 영향을 끼치고, 혹은 영향을 주는 것을 자제하면서, 모두 함께 조화와 평화와 사랑의 숨결이 느껴지는 거룩한 조직체의 일원이 되기를 열망한다. 때로는 박해를 통해 더욱 돈독해지는 이러한 그리스도교의 사랑, 다정한 유대감은 선교사들 사이의 적대감 때문에 아쉽게도 약화되고 말았다. 그리스도교인 공동체들은 지속된 내분으로 크게 동요했고, 모범을 보이거나 교화시키는 능력을 상실할 수밖에 없었다. 신자들이 "우리는 예수회 편이다!" 혹은 "우리는 도미니크회 편이다!"라고 외쳐대는 순간부터 중국인들 가운데 영향력을 잃게 되었다. 불신자들은 이를 보고 "우리는 이편도 저편도 아니다."라고 답하곤 했다. 이교도의 탓으로 돌릴 수 없는 이런 개탄스러운 어려움이 있었지만, 그리스도교의 전파가 완전히 끊긴 것은 아니었다. 하느님의 영은 어떠한 장애물을 만나더라도 그 소리를 듣는 곳으로 불기 마련이다.[183] 이러한 전례 논쟁으로 야기된 피해가 컸지만, 상당히 많은 사람들이 계속하여 개종하였다. 심지어 황제의 친척들 가운데서도, 분파의 우두머리인 소노의 반대에도 불구하고 많은 왕자와 공주가 그리스도교를 받아들이는 일이 일어났다.[184] 우리는 이제껏 애통한 이야기를 살펴보아야만 했다. 예수 그리스도의 이름을 쉬지 않고 영웅적으로 고백한 이 황실 가문의 이야기를 살펴봄으로써 잠시라도 위안을 얻을 수 있을 것이다.

중국 황가의 특징과 황제 친인척 관리를 담당하는 기관

중국 황가의 정확한 개념을 이해하기 위해서는, 유럽의 왕가를 떠올려서는 안 된다. 유럽의 여론은 군주를 나라의 모든 사람 가운데 가장 뛰어난 인물로 칭송하기도 하고, 왕위를 계승할 가능성에 비례하여 소수의 인원이 배려와 존경의 대상이 된다. 그러나 유럽과 같은 귀족층이 없는 중국의 경우는 매우 다르다. 지금까지 중국의 사회조직에서 유일한 귀족층으로 인정받는 '사대부'들

183) 『요한복음』 3:8 참조.

184) 소노(蘇努, 1648-1724)는 淸 太祖의 4세손이다. 『淸史稿』 列傳 3 諸王 2 참조.

은 과거라는 시험을 통하여 선출된다. 황제가 공적이 있거나 공훈을 세운 백성에게 벼슬을 내리더라도 이러한 벼슬은 세습되는 법이 없으므로, 중국 사회의 기반인 공평의 원칙은 흔들리지 않는다. 많은 사람의 존경을 받으려면 뛰어난 자질을 보여야만 하는 것이다. 재산이 많거나 지위가 높다고 하여 나라의 일에 영향을 행사할 수 없는 이 나라에서 귀족 혹은 상류계층이라는 표현을 사용하려면, 오직 황제 가문만이 유일한 귀족 혹은 유일한 상류계층이라고 말할 수 있을 것이다. 황제 가문의 종친들에게는 몇 가지 사소한 특전, 예를 들면 누런 허리띠를 두를 수 있는 혜택 등이 주어지지만, 공직에 나서거나 재산을 모으기 위해서는 그들도 남들과 같이 공부를 해야만 하고, 사대부 계층에 들어가기 위해서는 허락을 받아야만 한다. 그렇지 않고 자신의 출생 신분에 맞춘 옷차림을 갖추지 못할 때에는 그들은 누런 허리띠를 숨기고 왕좌에서 멀리 떨어져 일반 백성들 사이에서 지내야만 한다. 우리는 베이징에서 이러한 처지에 놓인 몇 명의 만주족 왕자들을 알게 되었는데, 그들은 한인 고리 대금업자들에 의해 재산을 탕진하고 완전히 거지처럼 살아가고 있었다.

당시 중국의 왕좌를 차지한 만청 왕조의 창시자에게는 많은 형제가 있었는데, 그들은 제국의 영토를 확장하고 조공국을 복속시키는데 큰 공을 세운 사람들이었다. 황제는 건국 후 중국 사회의 위계질서를 새롭게 세우면서 자신의 형제들에게 친왕親王, 군왕郡王, 패륵貝勒이라는 벼슬을 각각 하사했다. 선교사들은 이런 황족들에게 1급과 2급의 소왕小王, Regulo이라는 이름을 붙여주었다. 이런 소왕의 자식들 가운데 한 명만 부친의 뒤를 이어 같은 벼슬을 차지하는 것이 법도였고, 나머지는 황족이라는 명분만 가질 뿐이었다. 소왕의 작위는 다섯으로 나뉘는데, 마지막 다섯 번째 작위를 가졌더라도 대신들보다는 신분이 높았다. 지금까지도 소왕들은 황색 띠 말고도 복장이나 마차를 관리들과 구분함으로써 신분을 나타내는 표시로 삼고 있다.[185] 만청 시대에 종친들의 숫자가 빠르게 증가하였고, 강희제 때에 이르러서는 수천 명 정도 되었다. 실제로 그 숫자가 너무 많아서 조정에서는 언젠가는 국가에 위험이 될 수도 있는 이 황색 띠를 두른 집단[종친]의 계통을 세우고, 통제하는 방안을 신중하게 생각하기에 이르렀다. 이에 조정에 종실 문제만을 다루는 관서인 종인부宗人府가 세워졌다. 종친들에게는 이런 일련의 절차가 그들을 영예롭게 하려는 동기에서 시작한 것이며 백성들을 당혹스럽게 하지 않으려는 의도라고 알렸다. 하지만 실제로는 종친들 가운데 생기는 분란을 억제하려는 일종의 감시기구의 역할을 했다.

종인부의 책임자인 종인령宗人令(宗人府丞, 문직경관 정3품)과 주요관직을 종친들이 맡았으나, 중간관직은 일반관리들 가운데서 뽑아 필요한 문서작업과 행정실무를 보게 하였다. 종인부의 기록보관소에서는 『종인부宗人簿』를 보관하고 있는데, 모든 종친에 속한 남자아이의 이름과 더불어 그들이 가질 수 있는 벼슬과 품계를 함께 자세하게 적어 놓았다. 종친의 여자아이에 관해서는 별다른 언급이 없는데, 중국에서는 여자아이들을 매우 경시했기 때문에 종실의 공주라 하여도 별다른 주목을 받지 못했다. 여자의 이름이 기록으로 남은 경우는, 소왕의 첫 번째 자녀들뿐이고, 첩들의 자녀들은 당연히 기록에서 제외되어 있었다. 법으로 첩의 자녀 수를 제한하지 않았으므로, 실제로 그 숫자를 언급하는 것조차도 쉬운 일이 아니었을 것이다. 종친들은 예외 없이 해마다 일정 기간 종인부로 출두해야만 하고, 『종인부』에서 이름이 말소되는 형을 받으면, 작은 봉록조차도 받지 못하고 평민으로 격하된다. 조정에서는 이런 방법을 통하여 위험스러울 수도 있고, 때로는 크게 골칫거리가 되는 종친들을 감시할 수 있었

185) 원래 종실 작위는 친왕, 군왕, 패륵, 패자貝子, 진국공鎭國公, 보국공報國公의 여섯 위계로 구별된다. 그런데 육 신부는 종실 작위를 다섯 가지라고 하였다.

다. 종친들 가운데 범죄에 연루가 된 사람들은 재판을 거쳐 처벌하였다.

강희제 말년에 베이징에 살았던 가장 유명한 소왕들 가운데 소노蘇努라는 종친이 있었는데, 그는 패륵貝勒이라는 작위를 가지고 있었다. 그는 후금을 세운 누르하치의 직계이자, 슬하에 아들 13명과 몽골의 왕자들이나 조정의 중신들에게 출가한 딸 16명을 둔 가장이었다. 만주의 법에서는 종친들 사이의 결혼을 금하고 있다. 소노의 3남은 군무軍務는 물론이고 중국과 만주의 전적典籍에 관한 재주와 능력이 뛰어나서 매우 우수한 성적으로 모든 시험에 합격했다. 강희제는 그에게 패자貝子라는 작위를 주어 만족감을 드러냈고, 이 작위에 걸맞은 벼슬을 내렸으며, 그를 부친의 후계자로 지명함으로써 이러한 영예를 더 값지게 만들었다.

단조로운 생활을 하는 종친들

모든 계층에 있는 소왕들이 마치 직업과 같이 꼭 수행해야하는 일은 공공행사에 참석하고, 아침마다 황궁에 모습을 드러내고, 이후 집으로 돌아가 황제가 소왕을 돌보라고 임명한 관리들을 비롯한 다른 사람들과 함께 가사를 돌보는 일에 전념하는 것이었다. 소왕들은 서로 왕래하거나, 허락이 없이는 도시 밖에서 자는 것이 허용되지 않았다. 이처럼 소왕들을 성가시게 통제하는지 그 이유는 쉽게 알 수 있다. 그들은 일상에서 할 일이 거의 없으니 빈둥거리기만 할 뿐이었고, 유용하게 시간을 쓰는 법을 아는 사람이 거의 없었다. 무위도식하는 자들 중에 종종 필사적으로 터무니없이 사소한 일에 매달리는 사람들이 있었다. 어떤 종친들은 골동품 수집가가 되어 엄청난 돈을 들여서 오래된 구리제품, 도자기, 서화, 즉 구할 수 있는 온갖 옛 장식품들을 사들여 쌓아두기도 하였다. 영리한 한인들은 자신의 약점을 강점으로 바꿀 수 있는 법을 알고 있었는데, 그것은 바로 가짜 골동품을 만들어 엄청난 가격을 붙여 판매하는 것이었다. 종친들 가운데는 정원을 가꾸는 일로 평생을 보내는 사람들도 있었는데, 매우 진귀한 식물을 기르고 풍부한 상상력과 창의력을 발휘해서 자연에 재주를 부렸다. 그들은 정원을 기발하고도 진지한 모습으로 꾸며서 기이한 별세계를 만들기도 하였다. 베이징에 사는 소왕들 가운데에는 대단한 조류 애호가들도 있었다. 어떤 종친들은 하루 내내 작은 새장에 있는 백설조百舌鳥를 오른손 손가락 위에 올려놓은 채, 말을 걸려고 애쓰면서 보낸다. 좀 더 호전적인 성격을 가진 종친들은 메추라기나 귀뚜라미 사이에 싸움을 붙이고는 이 불쌍한 생명체가 믿기지 않은 정도로 성이 나서 서로를 물어뜯는 장면을 보면서 흥분하기도 한다. 자기 존재의 공허함을 채우기 위한 노력에 어리석은 취미란 이 세상에 존재하지 않았다. 우리가 아는 매력적인 소왕 하나는 시간을 온통 시계에 쏟고 있는데, 그의 방마다 시계로 가득하였다. 그의 가장 큰 오락은 시계들이 작동하는 것을 살피고 시각을 알리는 종소리를 듣는 일이다. 그는 시계제조법을 조금 배워서 시계를 완전히 분해하여 재조립하기도 했다.

소노가의 3남이 파레닌 신부와 신앙의 대화를 나누다

덕망가인 소노의 셋째 아들은 이런 종친들과는 매우 달랐다. 그들은 하찮은 오락을 즐기지 않고 학문에 깊이 빠져있었다. 그러나 서책과 붓을 들고 있어도 행복하지 않았는데, 이때 하느님께서 그가 그리스도교의 진리를 깨닫도록 인도하셨다. 그가 나중에 선교사들에게 말한 것처럼 그는 중국 선비들이 가장 존경하는 유가의 전적들을 성심을 다해 공부하였고, 이어서 불경과 도가의 책들을 섭렵하였다. 일반인들과는 다른 삶의 방식을 택하는 종교인들의 동기를 찾아내고 싶어서였다. 그는 이런 종교 서적들이 모순과 모호함으로 가득 차 있다는 것을 알게 되었다. 그 서책들에서 극히 중요한 문제들에 관한 불변의 원리나 견고한 추론을 찾아낼 수 없었으므로, 소노 가문의 이 젊은이는 만족할 수 없었다. 그는 이러한 모호함을 자신의 지적 능력이 부족한 탓으로 돌리고 주의력을 더욱 집중하여 종교 서적들을 더욱 파고들었다. 그는 현명하고 학식이 풍부한 것으로 알려진 종교인들을 찾아가 그들의 견해를 묻고 그들과 논전을 벌이면서, 자신이 가지고 있는 난제를 해결할 방법을 찾으려고 노력했다. 하지만 불승들과 도인들의 답변에서 그는 거의 아무런 만족을 얻지 못하였다. 그리고 두 종교 모두 악인들에 대한 응징과 선한 것에 대한 보상 문제에 있어서 근본적인 요점이 성립되지 않은 것처럼 보였다. 젊은 소왕은 아무리 연구하여도 지적인 만족을 얻을 수 없게 되자 많은 의심과 혼란에 빠져들었는데, 하루는 큰 불탑 앞에 장이 선 곳을 우연히 지나게 되었다. 고서점 앞에서 발길을 멈춘 그에게 『인간의 영혼에 관하여』라는 제목이 붙은 책이 눈에 띄었다.

무엇보다도 그 책이 이 학생의 고상한 호기심을 크게 자극했으므로, 그는 하인 한 명에게 그 책을 사게 한 후에 그것을 가지고 집으로 돌아와 내용을 살피기 시작했다. 그때까지 보아왔던 책들과는 문체가 달라 보였고 어려운 내용이 많아 그는 그 뜻을 명확하게 이해할 수 없었다. 그는 서적상들에게 사람을 보내어 같은 종류의 다른 책들이 있는지를 알아보도록 하였는데, 그가 막 읽었던 인간의 영혼에 관한 신비한 내용을 설명하는 책들을 구하고 싶어서였다. 하지만 서적상에서는 그러한 교리를 말하는 서책들을 가지고 있지 않으며, 그런 책들은 천주당天主堂에 가야 구할 수 있을 거라고 알려주었다. 젊은 소왕은 천주당이라는 것이 베이징에 있는 유럽인들의 거처를 부르는 호칭이라는 것을 처음에는 알지 못하였고, 이 같은 종류의 서적을 파는 장소를 가리키는 것으로 생각하였다. 천주당에 보냈던 하인이 유럽인들은 그런 서책을 팔고 있지 않으나 요청하는 사람들에게는 무료로 나누어 준다는 전갈을 가지고 돌아왔다. 유럽인들이 이런 책들을 선물하면서 그들이 중국에 와서 전파하려는 크고도 거룩한 교리에 관하여 많은 내용을 덧붙여 설명하였고, 또 그 교리에 관한 가장 중요한 내용이 그 책들에 들어있다고 하는 말을 전했다. 젊은 소왕은 이 서책들을 열심히 읽으면서 내용의 정연함과 명료함, 또 만물의 유일한 창조자인 초월자의 존재를 입증하는 설득력 있는 추론에 매료되었다. 본인의 말로는 이보다 더 장려하고 더 완벽한 추론을 상상할 수 없었다고 말했다.

그는 단지 하느님의 훌륭한 속성을 열거해 보는 것만으로도 기쁨에 가득 찼다. 게다가 이 교리가 대부분의 중국 고전에서 말하는 것과 가까운 것들이었기에 그 기쁨이 더욱 컸다. 하지만 하느님의 아들이 사람으로 태어났다는 진술을 접하자, 그의 이성은 혼란스러워지고 거부감이 들었다. 그는 그렇게 확실히 개명된 사람들이 많은 진리를 뒤섞어 이성과는 합치될 수 없는 것 같은 교리를 가지고 있다는 사실에 놀랐다. 그는 이 교리를 명상하면 할수록 신앙에 관한 글에 유감을 느끼게 되었다. 당시에는 그가 자신의 지성이라는 희미한 빛 속에서만 이 숭고한 신비를 보았기 때문이었다. 그는 지성에 신앙의 멍에를 매야 한다는 사실을 알지 못하고 있었다. 어쨌든 이 서적들은 그에게 깊은 인상을 남겼고, 그는 형제와 친구들에게 그 책들을 통해서 알게 된 것들을 말해주며 그 내용을 가지고 자주 토론을 벌이게 되었다.

이 열정적이고 진실한 진리의 탐구자는 자신이 품고 있는 의문점들과 불확실한 내용을 해결하려고 여러 번 천주당을 방문하였다. 그는 선교사들과 그리스도인 지식인들과 자주 모임을 가졌다. 그들의 대답이 만족스럽기는 했으나 의문이 완전히 사라지지는 않았기 때문에 그는 진리와 오류의 경계선을 넘나들고 있었다. 그의 마음은 때로는 갑자기 밝은 빛이 비치기도 하다가 때로는 깊은 어둠 속에 있기도 했다. 그는 가능하다면 이러한 마음의 동요를 진정시키려는 바램으로 마침내 붓을 들어 두 권의 책을 써내려갔다. 그 책에서 그리스도교 서적들 안에 들어있는 신의 계시에 관해서 가장 선명하고도 확신이 가는 모든 내용을 한데 묶었고, 이와 마찬가지로 이에 반대되는 생각들도 정리하였으며 이에 대한 답변 내용도 추가하였다. 그는 스스로 확신을 가지기 위하여, 동시에 그의 가문의 사람들을 설득하려는 목적만을 가지고 글을 적었으므로 책은 수사학적인 겉치레를 하지 않고 간단명료하게 기술되었다.

그가 그리스도교 연구에 큰 진전을 보이고, 진리에 대한 지식에 도달하려고 노력하고 있을 즈음 이 젊은 소왕은 대규모 가을 사냥을 위해 황제를 따라 몽골로 가라는 명을 받게 되었다. 그는 가장 유명한 선교사들 가운데 하나인 파레닌 신부도 함께 사냥 여행에 나선다는 것을 알고 이런 기회를 활용하기로 하였다. 신부의 도움을 받아 그를 괴롭히고 있는 의문점들과 싸워서 승리하려는 것이었다. 그리하여 그는 신하들에게 명하여 캠프의 어느 쪽에 유럽인 신부가 있는지를 알아내어, 다른 사람들의 이목을 끌지 않으면서 될 수 있는 한 신부의 천막에 가까운 곳에 자신의 천막을 설치하였다. 사냥꾼 일행은 며칠 동안 광야를 행군하였다. 그러던 중 하루는 짐승들을 쫓다가 몹시 지친 나머지 모두가 휴식을 취하였다. 소노 왕자는 나이가 겨우 17세인 동생 하나를 데리고 파레닌 신부의 천막을 찾았다. 관습에 따라 길고도 격식을 갖춘 인사가 마침내 끝나자, 왕자는 선교사에게 그리스도교 교리에 관하여 신부와 대화하고 싶다고 말했다. 왕자는 "선생님, 제가 선생님과 토론하고자 하는 것은 선생님의 말씀을 반박하거나 제가 아는 것을 자랑하려는 것이 아닙니다. 제가 가지고 있는 의문점들을 해소하고, 또 제가 이해하기 어려운 몇 가지 진리에 관하여 질문하려는 것이 저의 유일한 바람입니다. 제가 확신하고 있는 몇 가지 진리가 있으니 그것을 설명하는 데 시간을 보낼 필요는 없습니다. 예를 들면, 하느님의 존재, 만유의 유일하신 창조주 같은 것들입니다."라고 말하였다. 덧붙여서 그는 "제 이성을 가지고는 받아들이기 어려운 몇 가지가 있는데, 이 때문에 제가 앙망하는 종교 속으로 들어가는 길이 막힙니다."라고 하였다. 왕자는 선교사에게 자신이 가진 난제들을 늘어놓았는데, 성육신, 인간이 가진 조건의 불평등, 의인들이 당하는 고통과 악인들의 번창, 예정설과 성체聖體, 고해성사, 교황의 권한, 사악한 소유욕, 유령의 집, 악마의 권한 등등 그를 괴롭히는 여러 문제였다. 이 만주 귀족은 이렇게 많은 질문을 던지고 성실하고도 지적인 토론을 벌여 자신이 그리스도교 교리를 깊이 연구하였다는 것을 파레닌 신부에게 입증하였다.

파렌닌 신부는 그때 이후로 왕자가 머지않아 개종하고, 또 하느님께서 이 왕자를 사용하셔서 많은 사람에게 진리에 이르는 길과 구원의 길을 열어주시길 기대했다. 파레닌 신부는 학식이 풍부한 신학자이면서 동시에 매우 정감을 불러일으키는 사람이었다. 다정한 사람이었던 신부는 이 흥미로운 대화를 나누는 상대가 가지고 있는 어려움을 덜어주고자 노력하였다. 그러나 신부는 곧 어려움을 덜어주는 것이 확신을 주는 가장 강력한 방법은 아니라는 것을 깨달았다. 실제로 반박할 수 없는 가장 훌륭한 논쟁을 벌인다고 해서 항상 이교도들의 마음이 움직이는 것은 아니었다. 때때로 이교도들은 아무 생각 없이 뱉어진 말에 감명을 받기도 한다. 하느님께서 그 말을 하느님께로 끌어당기는 데 사용하시면, 이와 동시에 마음이 움직이는 것이다. 하느님의 말씀을 전하는 선교사들은 사람의 마음을 변화시키고 그의 영혼을 얻는 것은 오로지 하느님의 은혜임을 깨닫는다.

젊은 소왕과 파레닌 신부는 사냥 중 휴식 시간에 종종 만나곤 했다. 종교와 하느님의 구원 사역에 대해 오랫동안 대화를 이어가는 가운데, 제자인 왕자는 점차 자신의 영혼 속에 믿음이 자리 잡는 것을 느끼게 되었다. 그도 모르는 사이에 마음에 있던 의심이 사라진 것이었다. 그러나 그 믿음은 아직은 단호하거나 거리낌 없는 믿음은 아니었다. 하루는 신부가 소왕에게 말하길, 이런 의심을 가졌던 사람이 그가 처음이라고 생각해서는 안 되며 이것은 결코 그가 꾸며낸 말이 아니라고 말해주었다. 신부는 소왕에게 이렇게 말했다.

"유럽인들도 그리스도교를 믿고 받아들이기 전에 이 같은 어려움을 겪었습니다. 심지어 더 큰 어려움이었습니다. 그러나 믿음이 생기도록 이끄는 수많은 경이로운 일들이 쌓이면서 유럽인들은 마침내 하느님의 은혜로 겸손한 마음으로 인간의 이성을 초월하는 진리에 복종했습니다. 형제님, 지나간 시대에 살았던 그리스도인들도 의심했었고, 당신도 마찬가지입니다. 그러니 이런 일로 불안해하지 마시고, 당신이 하느님께 순종할 필요가 없다는 주장의 오류를 지혜롭게 찾아내십시오. 그분이 지금 당신을 오라 부르고 계시며, 당신이 느끼고 있는 바로 그 불안한 마음을 통해 당신을 설득하고 계십니다. 그분께서 당신을 기다리시지 않고 다가가고 계시지만, 당신은 무언가를 잃을까 봐 두려운 듯이, 혹은 깜짝 놀란 듯이 뒤로 물러나고 있습니다. 당신에게 닥칠 수 있는 가장 커다란 불행은 하느님께서 당신을 부르는 것을 멈추시는 일이라는 것을 기억하십시오. 그러면 당신은 치명적인 적막 속에서 죄악으로 인하여 피할 수 없는 죽음을 맞이하게 될 것입니다. 당신도 하느님을 위하여 한 걸음 나아가야만 하지 않겠습니까? 당신은 일부다처제를 인정하지 않으며, 그것이 죄악이라고 확신하고 있으니, 옳은 일입니다. 그렇다면 일관되게 행동하시기 바랍니다. 이 일을 바로잡기 시작하고, 이를 통해 더욱 커다란 은총을 받으시기 바랍니다. 그러면 당신이 가진 의문점과 난제들이 사라질 것입니다. 사람들을 진리와 그들이 마땅히 행해야 할 바로부터 떨어뜨려 놓는 것은 모호한 지성이라기보다는 깨뜨리지 않으려고 하는 마음의 족쇄입니다. 지금까지 당신은 논쟁에만 몰두하면서 의심을 증폭시켰습니다. 그리고 현재 당신의 위치와 그리스도인의 길을 저울질하고 있습니다. 마치 당신이 감히 다가가지 못했던 괴물들이 그 길을 지키고 있는 것처럼 말입니다. 당신에게 가장 필요한 것은 힘을 내는 것입니다. 그러니 하느님께서 열정과 인내를 주시기를 간구합시다."

이 말은 파레닌 신부를 여러 번 방문하였던 두 만주족 왕자에게 큰 인상을 남겼다. 그들은 이 말을 듣고 자신들의 생각을 굳혔으며, 그리스도교에 대한 이해에 빛을 비추었다. 소노가의 두 왕자는 사냥 여행이 끝나기 전에 세례를 받지는 않았으나, 마음속으로 그리스도인이 되었으며, 열성적인 교리문답 수강자들 사이에 낄 수 있는 자격을 얻었다. 머지않아 두 사람이 그리스도교의 열정적인 사도가 되리라는 희망도 가질 수 있게 되었다. 두 왕자는 실제 베이징으로 돌아와서 수많은 친족에게 복음을 전하기 시작했다. 존경하는 부모와 또 형제들에게 그리스도교의 탁월함에 대해 말하였고, 그들이 전하는 진리에 대한 확신으로 힘 있게 말했다. 두 사람은 친척들에게 우선 이러한 진리의 기반이 되는 원리들을 검토해 보라고 강권했다. 그들은 이 그리스도교라는 주제가 다른 무엇보다도 중요하다는 사실을 친척들이 느끼도록 했다. 왜냐면 그리스도교는 그들의 미래, 삶의 행복, 고통과 연관되어 있었기 때문이었다. 가족 간의 대화가 여러 번 진행되면서 활발한 토론이 이루어졌다. 토론 안에서 자기애와 고집이 완고함이 적어졌고, 마침내 하느님의 은혜로 승리를 거두게 되었다. 많은 친척이 확신하며 복음을 받아들였다. 두 만주 왕자들의 눈에는 극복하기 어려운 몇 가지 장애물 외에는 아무것도 거리낄 것이 없는 듯했다.

황족의 그리스도교 개종 앞에 놓여있던 난관들

가장 큰 장애물 가운데 하나는 중국을 정복한 뒤로 만주인들이 거의 달마다 조상들에게 드리는 제사, 즉 제조祭祖였다. 이 의식은 불교 승려들의 영향을 받아서 온갖 불교의식이 뒤섞여 있었다. 우리가 말하는 두 왕자의 부친은 아직 살아 계셨기 때문에 이들은 가장이 아니었으므로, 이런 종류의 의식을 바꾸거나 혹은 의식에 불참하는 것이 허용되지 않았다. 의붓아들이 아닌데도 이러한 의식을 피한다면 만주인들은 이를 반란에 버금가는 범죄로 여겨 엄벌, 즉 극형으로 다스렸다. 또 다른 장애물도 상당히 극복하기 어려운 것으로, 부친인 소노의 반대였다. 부친은 그리스도교를 존중한다고는 하지만 아들 가운데 누구라도 그것을 받아들이는 것을 용납하지 않으려고 했다. 부친은 아들들에게 만주의 오랜 종교를 굳건히 지키고, 충분히 본보기가 될 만한 선조들처럼 살라고 권유했다. 부친은 종종 아들들에게 겁을 주었고, 아들들의 행위를 황제에게 고발하겠다고 위협했다. 이 불쌍한 노인은 천자의 심기를 건드리고 다른 황가의 왕자들을 조롱한다는 소문이 나돌 것을 두려워하며 늘 불안에 떨었고, 급기야 자신의 신념에 어긋나는 일을 벌이기에 이르렀다. 아들들인 젊은 소왕들은 이러한 아버지의 태도를 별로 대수롭지 않은 방해로 여겼으므로, 그들의 재산, 벼슬, 그리고 그리스도교의 가장 엄격한 격식을 잃지는 않을 것이라 여겼다. 소왕들은 "우리는 사람의 도움 없이도 이러한 난제들을 해결할 수 있다. 우리는 오로지 하느님의 도우심만 필요할 뿐이며, 하느님께서 우리 기도에 응답하실 것을 소망한다."고 말하였다. 이는 소왕들 가운데 열 번째 소왕이 한 말로, 그는 세례를 받은 기쁨을 누린 소왕들 가운데 첫째였다.

우리는 앞에서 강희제가 오이라트의 군주인 갈단을 상대로 전쟁을 벌여 승리를 거둔 것을 살펴보았다.[186] 1729년에 강희제는 황제의 아들들 가운데 하나를 사령관으로 삼아 몽골로 보내어, 자신에게 도전하려는 부족들을 공격할 것을 밝혔다. 황제의 뜻이 알려지자 황족들 가운데서 소왕 여러 명이 이 황자를

186) 앞에서 육 신부는 갈단을 "오이라트의 군주"가 아니라 "중가르(Dzungar, 準噶爾)의 군주"라고 기록했다. 중가르는 오이라트계 유목민족이기 때문에 이는 틀린 표현이 아니다.

도와서 종군하겠다는 의사를 밝혔다. 소노가의 열 번째 소왕은 당시 27세의 훤칠한 키에 준수한 용모를 가진 자였다. 그는 병법에 능한 장교로 이름을 날리고 있었는데, 그도 다른 소왕들과 마찬가지로 종군하기를 청하여 승낙을 얻었다. 이 소왕은 만주의 미신적인 관습을 버리고 그리스도인다운 생활을 하였다. 그는 하느님의 계명에 절대 순종하였으며, 교회의 명을 어기지 않고 자기의 시간을 기도와 독서와 집안사람들을 가르치는 데 쏟아서 많은 일가친척이 그보다 먼저 세례를 받았다. 그는 선교사들에게 자기에게도 세례를 베풀어 달라고 자주 간청하였으나, 선교사들은 그가 좀 더 시련을 받아 단단해지기를 바라며 그의 세례를 미루고 있었다. 그러나 이 열정적인 입문자가 어느 때보다도 영적으로 거듭나기를 간절히 원하는 순간이 찾아왔다. 그는 3,000km나 되는 머나먼 길을 행군하기에 앞서 선교사들에게 세례를 베풀어 달라고 진심으로 애원했다. 그는 선교사들에게 자신이 상대할 없애버려야만 하는 적들보다는, 질병과 기근, 변화무쌍한 날씨로 건강을 해치게 될 것을 더 두려워해야 하는 나라로 간다는 점을 고려해 달라고 졸랐다.

세례를 받은 소왕 바울과 그의 선교활동

이에 선교사들은 소왕의 간청을 더는 반대하고 싶지 않아서 바울이라는 세례명을 주면서 세례를 베풀었다. 세례를 받고 나자 베이징에 더 머물 이유가 없어진 그는 홀가분하고 담대한 마음으로 앞서 행군 중인 군대에 합류하려고 길을 떠났다. 소왕 바울은 제국의 적들에 대항하여 승리하리라 생각했으나, 자기 가족이 그리스도교를 믿게 해야겠다는 생각을 잊지 않았다. 그는 군대의 의무를 수행하다 잠시 휴식할 여유가 생기면 부모에게 자기를 따라 예수 그리스도의 법을 받아들이기를 간구하는 편지를 썼다. 그는 또 그리스도교의 진리를 이미 받아들인 아내에게도 편지를 썼는데, 그 내용에서 풍기는 성령의 충만함이 너무 감동적이어서 그녀는 세례를 받겠다고 자청하였고, 마리아라는 세례명을 받았다. 소왕 바울의 노력은 많은 가족을 복음화하려는 간곡한 편지를 보내는 데서 그치지 않고, 군영에서 대담하고 열정적인 선교사처럼 활동하면서 전쟁 중인 다른 소왕과 관리들에게도 그리스도교의 진리를 전하였다. 많은 사람이 편견을 버리고 그리스도교 신앙을 열렬하게 고백하게 되었다. 전쟁의 소용돌이 속에서 나라를 위해 언제라도 피 흘릴 준비가 되어있는 순간에도, 이 용감한 소왕은 침착하게 전우들의 개종을 독려하였다. 황제를 위하여 목숨을 희생할 순간이 다가왔음에도 그들에게 하느님이 누구신지를 잊지 말라고 당부하는 모습은 아름다운 일이었다. 소왕은 원정군에 그리스도인 병사들이 여러 명 있다는 말을 듣고는, 그들을 자기에게 오라고 하여 친절하고 다정하게 대해주었다. 모두가 그의 겸손한 태도에 당황하였다. 그는 또 이 병사들에게 종군신부 역할까지 했는데, 그의 이러한 솔선수범은 그의 열정적인 설교보다도 더 효과적이었다.

소왕 요한과 그 황실 가족의 개종

소노의 세 번째 아들은 앞서 말한 대로 패자라는 종실 작위를 받은 자로 아직 세례를 받지 않고 있었다. 그는 군대에 간 동생의 행동과 동생이 집으로 보낸 편지들을 보고서 눈물을 흘리지 않을 수 없었다. 그리고 그리스도교를 처음으로 알게 해준 동생 하나가 먼저 구원을 받아들인 것을 보면서 자책했다. 그리하여 그는 더는 미루지 않고, 하느님께서 자신에게 주신 것으로 여겨지는 기회를 이용하여 궁정에서의 그의 지위 때문에 부여된 제약에서 확실히 벗어나고자 했다. 그는 체질이 허약해서 궁정에 자주 드나들 수 없었는데, 사실 이제 더는 그곳에 드나들고 싶은 마음이 없었다. 그리고 그는 양심의 가책 때문에 그가 재직하는 관청에서 일반적으로 도와주어야만 하는 미신적인 의례에 참석하는 것을 사양해오고 있었다. 강희제는 처음에 소왕이 의무를 소홀히 하는 것에 대해 벌을 주었지만, 나중에는 벼슬과 봉록을 낮추면서 이를 허용한 상태였다.

소왕은 이마저도 포기하면서 오직 하느님만을 자유롭게 섬기고자 하였다. 그리하여 그는 부친의 완강한 반대에도 불구하고 곧바로 1721년 성모승천대축일에 세례를 받았다. 세례명은 요한이었고, 그의 외아들도 같은 날에 이냐시오라는 이름으로 세례를 받았다. 그 후 그는 가족들을 가르치는 일에 전념하였다. 곧이어 아내는 세실리아Cecilia, 조카딸은 아그네스Agnes, 두 손자는 도마Thomas와 마태Matthew라는 중국인 세례명으로 그리스도인이 되었다. 온 가족은 열렬한 신앙심으로 활기 넘치는 생활을 했는데, 하루에 두 차례씩 그들이 직접 세운 작은 예배실, 저택의 가장 평화롭고 조용한 그곳에 모여서 기도문을 함께 읽었다. 그들은 소왕 요한이 차별 없이 대했던 집안 하인들에게도 그들이 가르침을 받아들이든 무시하든 상관하지 않고 그리스도교에 대해 가르쳤다. 그는 종종 하인들에게 믿음은 하느님이 주신 선물이므로 믿음을 달라고 하느님께 간구하는 것이 필요하며, 그리스도교를 믿게 되는 것에 대해서 인간적인 염려를 할 필요가 전혀 없다고 말했다. 하인들은 그들의 모범적인 삶을 지켜보며 좋은 인상을 받았고, 무리를 지어 선교사들에게 세례를 받았다. 소왕 요한은 입문자들과 새 신자들의 교사가 되었는데, 그들에게 끝까지 영향을 주고 그들의 믿음을 자라게 하려는 생각에서 자기가 만든 소책자 교재를 세심하게 다시 수정하여 인쇄하기로 작정했다. 이 열정적인 그리스도인의 순수한 마음과 뛰어난 능력이 어떠했는지 보여주기 위해 여기에 그 교재의 서문을 기꺼이 인용한다.

"하느님께서 내게 여러 가지 재능을 주시지 않아 나의 능력은 매우 부족하다.

그러나 어릴 때부터 스스로 깨우치기를 바랐기에, 불교와 도교의 교리를 철저하게 탐구하였는데 여러 해 동안 이 공부를 하는 데 전념했다. 처음에는 불교와 도교의 교리에서 좋은 것들을 발견했으나, 나중에 그 교리가 진리와 전혀 가깝지 않다는 생각이 들었다. 내가 이해한 것을 전적으로 믿고 싶지 않아 유교의 경전들에 의지하며 몇 년 더 시간을 보냈다. 하지만 유교의 경전에서는 아무것도 얻지 못하였고, 나를 이끌어줄 훌륭한 스승을 찾을 수 없었으며, 이러한 오랜 탐구의 결과는 고작 피상적인 지식 몇 조각뿐이었다. 이전의 스승들이 불교와 도교와 유교 경전의 진정한 의미를 깨우치도록 이끌지 못했으나, 세상의 기원과 인간의 삶과 죽음의 문제를 고민할 때마다 나는 경전에서 말하는 바를 마음속으로 진지하게 검토해 보았다. 예를 들어 『역경易經』을 보면, '하늘과 땅이 존재하고, 그 뒤에 자연 만물이 생기게 되었다.'는 말이 있다. 나는 이 말이 매우 확실하다고 생각하였으나, 그렇다면 하늘과 땅은 어디에서 비롯된 것인가? 누가 하늘과 땅을 존재하도록 만들었는가?' 같은 책에 '미묘한 공기가 살아 있는 존재들을 만들어내고, 그 영혼은 변화될 수 있다.'[187]고 기록되어 있지만, 이 영혼은 무엇으로부터 생겨난 것인가? 이런 생각은 오히려 내게 의심만 더 커지게 하고, 나를 매우 당혹스러운 미로 속으로 밀어 넣을 뿐이었다.

강희 46년(1707년), 어느 날 길을 걷다가 우상을 섬기는 어떤 신당에서 『인간의 영혼에 관하여』라는 제목의 책자를 우연히 보게 되었다. 호기심을 부르는 책 제목에 이끌리어 그 책을 사서 집으로 돌아와 열심히 읽기 시작했다. 이 책은 내가 전에 읽었던 책들과 크게 다르기는 해도, 아무리 주의를 집중해 읽어도 그 뜻을 완전히 이해할 수는 없었다. 나는 이 책이 천주당에서 인쇄되었다는 것을 알게 되었지만, 천주당 안에 어떤 부류의 사람들이 살고 있으며 그들이 거기에서 무슨 짓을 하고 있는지 전혀 모르고 있었다. 호기심이 생겨서 하인 하나를 보내

187) "天地絪縕. 萬物化醇. 男女構精. 萬物化生." 『周易』 繫辭(下).

천주교에 관한 책 몇 권을 가져오게 했는데, 하인이 가져온 두 권의 책은 『천주실의』와 『칠극』이었다. 이 책들을 읽으며 매우 기뻤는데, 천지창조, 인간존재의 본질과 목적, 영혼의 영성과 불멸성, 사후의 세상, 만물의 창조와 보존에 관한 설명방법이 마음에 들었기 때문이었다. 이 책들은 모든 것들을 분명하게 설명하였으므로 그동안 가지고 있던 의심이 말끔히 사라졌다. 그렇지만 내 이해의 차원을 크게 넘어서는 몇 가지가 있어서 거기에서 멈추고 말았다. 이것은 바로 성육신과 구속救贖이라는 신비로서, 나로서는 믿을 수 없는 것이었다. 그리하여 이 책들을 읽는 것을 완전히 멈추거나 완전히 내다 버리지는 않은 채로 몇 년이 흘렀다.

강희 50년(1711년) 여름이 다가올 무렵, 병이 들었으나 그 후에 회복되어 요양하던 중 마음에 끌리는 일이 없어 나는 그리스도교의 중요성과, 모든 면에서의 완벽한 일관성에 관해 되돌아보기 시작했다. 나는 선교사들이 이를 어떻게 설명하고 있으며, 나를 난처하게 만드는 문제들에 관하여 그들이 어떤 해답을 줄 수 있는지 알아보기 위해 선교사들을 만나기로 작정했다. 나는 선교사들을 만나 토론하며 3년을 보냈다. 그 후로 꿈에서 깨어난 듯 의심이 사라지고 점점 모든 것이 분명해졌다.

나는 영원한 상과 벌에 관한 종교 서적들을 계속해서 읽었는데, 마음속으로 두려움과 기쁨, 사랑과 공포가 교차했다. 그리스도교를 받아들이겠다는 결심은 확고하였으나 여전히 나를 가로막는 것이 하나 있었다. 그것이 품고 있는 교리는 흠이 없고 진정한 것이어서 아무리 살펴보아도 이를 부인할 수 없었다. 나는 그 교리에서 아무런 모순점도 찾아내지 못했으나, 왜 그런 교리가 하필 외국에서 왔단 말인가? 중국이 그것을 예전에는 듣지 못했던 이유는 무엇인가? 명나라 때 몇몇 선비들이 글을 쓰면서 그리스도교를 찬양하는 글을 남긴 것은 사실이지만, 그 선비들에게는 놀라운 사랑에 의하여 진리를 깨닫는 것이 허락되지 못했단 말인가? 이런 책에서 가장 중요한 교리는 하늘과 인류의 주관자라고 언급되는, 인간이 되신 예수에 대한 믿음이다. 나는 이것을 혼자만 믿고, 다른 사람들을 속여야만 하겠는가? 이 책들을 읽은 후, 나는 하느님께 내게 깨달음을 주시고 나의 노력을 지지해 주시기를 바라는 간절한 기도를 올렸다. 나는 묵상하거나 공부하는 중에 이해하기 어려운 구절을 만나면 선교사들에게 이 문제를 들고 가서 토론을 벌여 해답을 찾으면서 몇 년의 세월을 더 보냈다.

내가 그리스도교를 처음 받아들인 이후 강희 56년(1717년)이 된 오늘까지 10년 이상의 세월이 흘렀다. 나는 자비의 하느님께 죄인이었던 나를 포기하지 않으시고 내 마음에 깨우침을 주시며 은혜로 진리를 알도록 인도하여 주심에 감사드린다. 나는 드디어 세계의 모든 나라는 하나의 영에 속해있으며, 그들을 이끄시는 분도 하나라는 사실과, 같은 하늘이 세상을 덮고 있으며, 세상은 우주를 창조하신 같은 하느님께 경배해야만 한다는 것을 깨닫게 되었다. 마침내 하느님께서 나에게 구원자와 구속자이신 예수 그리스도를 믿는 은혜를 주셨고, 우주의 창조자이신 참 하느님을 알게 해주셨다. 이러한 달콤한 기억이 떠오를 때마다 나의 마음은 열렬한 감사로 벅차오르고 그분의 은총을 찬양하고 경외하는 노래를 하게 된다. 이 글을 동지 즈음인 음력 11월 초에 쓰고 있다. 나는 그리스도인인 류요셉을 찾아가서 내가 그리스도교를 받아들이게 된 이유에 관해 글을 쓰겠다는 생각을 전했다. 그가 이를 매우 좋은 생각이라고 했으므로, 나는 이 계획을 실행하였으며 표제를 다섯으로 줄였다. 이 책을 통해서 나의 믿음이 더욱 견고해지고, 다른 이들도 그리스도교를 받아들이는 계기가 되기를 바란다."[188]

이 책의 본문은 다섯 장으로 나누어져 있다. 저자는 논리적으로 정확하고 명확하며 간결한 필체로, 유일하신 하느님의 존재, 그리스도교의 신성함(인간이 만

188) (원주) Lettres Édifiantes, vol. iii. p. 482.

들어낼 수 없는 완벽한 거룩함), 초대 교회 신자들의 순교를 통한 복음의 기적적인 전파, 그리고 유럽의 위대한 학자들의 신앙고백 등을 실례를 들어가며 보여준다. 저자는 결론 부분에서 그리스도교 교리가 중국 성현들의 가르침과 상반되는 것이 아니라는 점을 입증하려고 노력했다. 소왕 요한의 이 저서는 그의 친척과 벗들이 개종하는 데 좋은 영향을 끼쳤다.

그러나 그의 부친 소노는 그의 아들들과 그의 가족이 거의 다 그리스도교를 받아들이는 것을 보면서 분노가 치미는 것을 더는 참을 수 없었다. 이에 그는 그리스도교로 개종한 가족이 그의 집에 출입하는 것과 그의 앞에 모습을 드러내는 것조차 금하였고, 개종한 가족들에게 이 문제를 황제에게 가지고 가겠다고 위협하기도 했다. 하지만 이러한 반발에도 그의 열한 번째 아들이 다른 형제들의 본을 따르는 일을 막을 수는 없었다. 이 아들 역시 그리스도교의 진리를 믿게 되어 세례를 받고자 했기 때문이었다. 그는 프란체스코라는 세례명을 받았다. 중국의 관습에 따르면, 귀족 부인들은 공개적으로 교당에 출입하는 것이 금해졌으므로, 그는 여인들이 종교적 의무를 다하게 하려고 작은 예배당을 집안에 만들기까지 했다.

소노는 열한 번째 아들의 개종 소식을 알게 되었다. 그리스도교에 대해 더욱 불만이 커지는 동시에 마음으로는 그리스도교를 존중하였으나, 그는 자녀들과는 달리 하느님보다 황제를 더욱 두려워하였으며 그의 신용과 재산이 없어지는 것을 매우 두려워했다. 그는 만청군의 장군(종1품)이었고 또 요동성 총독을 지낸 자였다. 10년이나 이 자리를 지키면서 명성을 떨쳤으므로 그가 수도로 귀환하자 황제는 조정의 중책을 맡기고 또 팔기八旗군 가운데 한 곳의 수장으로 삼았다. 한 마디로 그는 베이징에서 3만 명을 거느리는 장군이었고, 황제를 제외하면 그에 버금가는 사람이 조정에 없었던 지위에 있었다. 요컨대 소노는 제국의 유명한 소왕들 가운데 하나였는데, 두 아들, 즉 여섯 번째 아들과 열두 번째 아들이 황제를 수행하게 되면서 그의 위엄이 한층 더 높아졌다. 여섯 번째 아들 레이친은 궁정에서 가장 성공한 사람으로 꼽아도 아무도 이의를 제기하지 않을 정도였고, 황후의 총애를 받아서 여섯 개나 되는 벼슬을 차지하여 이 관서에서 저 관서로 바쁘게 돌아다녀야만 했다. 그가 전에 맡고 있던 관서들에는 제각기 다른 일을 하는 많은 고관이 있었는데, 이런 관리들의 여러 직무를 빈틈없이 지휘하여 베이징 사람들이 매우 놀라게 하였으며, 그의 재능이 대단하고 뛰어나다는 소문이 자자했다. 소왕 소노는 여섯 번째 아들 레이친이 유명인사가 된 것을 자랑스럽게 여겼고, 황제가 틀림없이 레이친에게 자신의 벼슬을 물려받게 할 거라고 예상했다. 소왕으로서는 장차 자신의 벼슬을 이어받을 상속자가 이제 다른 형제들처럼 그리스도교의 원리를 열정과 인내심을 가지고 공부하고 있다는 것을 상상조차 할 수 없었다.

그리스도인으로서의 의무에 충실했던 소왕 바울과 그의 형제들

한편 막강한 군대를 이끌고 코코노르의 몽골 부족과 티베트 부족의 정벌에 나섰던 황자는 베이징으로 귀환하라는 황제의 명을 받자 소왕 바울과 동행하였다. 소왕 바울은 뛰어난 용맹과 풍부한 군사 경험으로 크게 존경을 받고 있었다. 소왕에 관하여 무척 호의적인 보고를 받은 강희제는 그에게 새로운 벼슬을 내리고 봉록도 이에 걸맞게 올려주었다. 하지만 소왕 바울의 생각은 달랐다. 그는 예수 그리스도 외에는 다른 주인을 섬기거나, 그리스도교의 원수들 외에는 다른 원수들과 싸울 마음이 없었다. 그리하여 그는 종인부에 상소를 올려 전쟁에서 중상을 입어 말에 오를 수 없으므로 공무를 감당할 수 없는 지경에 이르렀고, 따라서 하사한 벼슬을 차지하거나 봉록을 받는다는 것은 부당하다고 말하였다. 그는 황제께 자신의 사직을 받아주시길 간청하였다. 종인령은 소왕 바울과 각별한 사이였으므로 그에 관한 상소를 올려 황제가 사직을 허락하고 동시에 벼슬도 떼어내어 그가 어떠한 직무도 맡지 않도록 했다.

이렇게 되자 소왕 바울은 자신이 모든 세상의 골칫거리를 벗어나서 경건한 일에 헌신할 수 있게 된 것을 크게 기뻐했다. 그는 집안사람들에게 그리스도교 교리를 가르치는 것에 만족하지 않고, 가까운 친척과 벗들에게 전도하는 일에도 힘을 쏟았다. 그가 특별히 맡은 일은 그리스도교를 믿지 않는 소왕의 자녀들에게 세례를 베푸는 일이었다. 그는 곧 죽음이 임박한 소왕의 어린 자녀들을 세심하게 보살폈다. 믿지 않는 그들의 친지들에게 이러한 그리스도교의 예식을 베풀면 그들의 자녀들이 행복해질 것이라고 설명한 후에, 직접 그 자녀들을 찾아가서 세례를 주었다. 전사였던 소왕 바울이 전쟁에서 불구가 되어 돌아와, 어린아이의 침상에서 자애롭게 몸을 굽히고 구원의 은총인 성수를 아이들의 이마에 뿌리는 모습을 보는 것은 아름답고도 감동적인 광경이었다.

소왕 바울과 그리스도인 두 형제인 요한과 프란체스코는 날마다 만나 수많은 가족에게 하느님의 사역이 더 많이 진전될 수 있도록 하는 적절한 방법이 무엇인지를 놓고 논의했다. 세 사람은 소왕인 부친 소노가 불신자로 남아 있는 한 별다른 진전을 이루지 못할 것이라는 점에 공감하였다. 하지만 세 사람 모두 부친과 대면하는 것이 허락되지 않았으므로, 부친에게 접근하여 마음을 움직일 수 있는 누구인가를 찾아내야만 했다. 그들은 맏형이야말로 누구보다 이 일에 적격이라고 생각하였는데, 맏이는 천품이 온화하고 언변이 뛰어났다. 그리고 부친이 중국어보다 훨씬 선호하는 만주어에 능통하였으므로, 모든 면에서 부친인 소왕의 신뢰와 애정을 받기에 충분했다.

소노의 맏아들은 아직 그리스도교의 입문자에 지나지 않았으나 그리스도교 교리를 완전하게 배웠고, 다른 그리스도인 형제들처럼 그리스도교의 계율을 준수하고 있었다. 아직 세례를 받지는 않았으나 그것은 그가 부친의 개종을 위한 마지막 노력을 할 때까지 잠시 보류하는 것이 좋다고 선교사들이 판단하였기 때문이었다. 그가 세례를 받으면 그 또한 부친의 저택에 출입하는 것이 금지되기 때문이었다. 그는 동생들이 그에게 맡긴 임무를 기꺼이 받아들이고는, 신중하고도 열정적으로 이 일을 시작하였다. 그는 연로한 부친의 마음을 감동시켜 그리스도교를 받아들이고 싶은 마음이 들도록 하기 위하여 많은 계략을 써보기로 했다. 부친은 그리스도교 진리를 단편적으로만 알고 있었으므로 세속적인 방책과 방편이라는 동기를 더 중시하면서, 그리스도교에서 멀리 떨어져 있었다.

한편으로 그리스도인인 세 소왕은 그러한 말을 전달하는 임무를 전혀 수행할 수 없었으므로, 쉬지 않고 가족과 더불어 제단 앞에서 하느님의 자비를 구하면서 보기 드물게 금식하고 매우 금욕적인 생활을 실천하였다. 이런 신분의 사람들로서는 해내기 어렵다고 생각될 정도였다. 그들은 많은 구호품을 가난한 사람들에게 나누어주었고, 성찬식에 참여했으며, 너무나도 사랑하는 아버지의 개종을 위해 예배를 드려줄 것을 선교사들에게 간청하기도 하였다. 그들은 늙어가는 사랑하는 부친이 아직도 천국으로 들어가기를 완강하게 거부하는 것을 생각하면서 눈물을 흘렸다. 그러나 이러한 모든 독실한 노력은 별다른 효과를 내지 못하였다. 소왕 소노는 그리스도교에 좀 더 호의적으로 변했으나 거의 움직이지 않았다. 이 노인은 종교문제를 논의하는 데 있어서 조금은 유연해졌으나, 그가 그리스도교를 받아들일 의사가 아직은 없다는 점은 분명했다. 그는 아들인 세 소왕을 만나지 않겠다고 여전히 고집을 부리고 있었다. 노인은 여러 공주도 그들의 딸들과 함께 세례를 받았다고 짐작은 하였지만, 이 사실을 그에게 직접 알린 사람은 없었다. 단지 일상적으로 더욱 조심하라거나, 또는 집 안에 화가 미칠지도 모르니 주의하라고 일렀을 뿐이었다. 공주들의 가족들은 이런 충고에 유념하여 더욱 신중하게 처신했던 것 같다. 그러나 노인의 아들들은 그 때문에 종교적 의무를 소홀히 하겠다는 생각은 하지 않고, 계속해서 성당에 나가고 하느님의 법을 열심히 따랐다.

강희제의 붕어

이 명문가에서 그리스도인의 숫자가 계속 늘어나고 있는 동안 선교사들과 그리스도인들, 관리들과 중국 전체를 깜짝 놀라게 하는 커다란 사건이 일어났다. 1722년, 중국이 완전한 평화를 누리던 때, 강희제는 관습에 따라 초원에 자리 잡은 창춘원暢春園에서 여름을 나게 되었다. 70세가 되어도 여전히 강건하였던 황제는 사냥철이 돌아오자 말을 타고 자신이 좋아하던 사냥을 평소처럼 즐기고 있었다. 그는 궁으로 돌아오던 중, 베이징에서 그리 머지않은 한 공원에서 호랑이 사냥을 즐기는 것을 원했다. 이에 사냥꾼들이 거대한 호랑이 한 마리를 열심히 쫓고 있었는데, 황제가 갑자기 창춘원으로 서둘러 방향을 돌리도록 명했다. 강희제가 북방의 냉기를 접하면서 맥박이 정지되는 느낌을 받았기 때문이었다. 어의들이 모든 의술과 경험을 동원하여 백방으로 노력하였으나 소용이 없었다. 그 무엇으로도 차가워진 팔다리에 온기가 돌아오지 않았다. 강희제는 12월 20일 저녁 8시쯤, 갑작스러운 불운에 매우 놀란 조신들에 둘러싸인 채 숨을 거두었다. 이튿날 베이징에서 관어로 발간되는 조보朝報로 “천하의 군주께서 붕어하셔서, 커다란 용이 그분의 영혼을 하늘로 모셔 갔다.”고 전 중화제국에 발표했다. 동시에 관보에는 강희제가 유언한 내용의 전문이 실렸는데, 수록하기에는 그 내용이 너무 많지만, 이 흥미로운 문서의 내용을 알리기

위해 발췌하여 여기에 싣는다.[189]

189) 강희제는 1717년 1월 23일 乾清宮 東暖閣에 皇子들과 滿漢 大學士, 學士, 九卿, 詹事, 科道官 등을 불러 모아 이와 같은 내용의 上諭를 반포하였다. 전문은 聖祖實錄 , 3665-3669에 실려 있다. 원문은 다음과 같다.

辛未上詣皇太后宮、問安。上御乾清宮東暖閣召諸皇子、及滿漢大學士學士九卿詹事科道等入諭曰朕少時天稟甚壯、從未知有疾病今春始患頭暈漸覺消瘦至秋月塞外行圍蒙古地方、水土甚佳。精神日健顏貌加豐每日騎射亦不覺疲倦。回京之後、因皇太后違和、心神憂瘁頭暈頻發有朕平日所欲言者今特召爾等面諭從來帝王之治天下、未嘗不以敬天法祖為首務。敬天法祖之實、在柔遠能邇、休養蒼生、公四海之利為利、一天下之心為心、體群臣子庶民、保邦于未危、致治於未亂、夙夜孜孜、寤寐不遑、寬嚴相濟、經權互用、以圖國家久遠之計而已。自古得天下之正、莫如我朝。太祖太宗初無取天下之心嘗兵及京城諸大臣咸奏雲當取。太宗皇帝曰明與我國素非和好今取之甚易但念中國之主不忍取也。後流賊李自成、攻破京城崇禎自縊臣民相率來迎乃翦滅闖寇入承大統昔項羽起兵攻秦後天下卒歸於漢其初漢高祖一泗上亭長耳元末陳友諒等並起後天下卒歸於明其初明太祖一皇覺寺僧耳我朝承席先烈應天順人、撫有區宇。以此見亂臣賊子、無非為真主驅除耳今朕年將七旬在位五十餘年者、實賴天地宗社之默佑非予涼德之所致也朕自幼讀書於古今道理粗能通曉。凡帝王自有天命應享壽考者、不能使之不享壽考應享太平者、不能使之不享太平。自黃帝甲子、至今四千三百五十餘年稱帝者三百有餘。但秦火以前、三代之事、不可全信始皇元年至今一千九百六十餘年、稱帝而有年號者、二百一十有一朕何人斯、自秦漢以下、在位久者、朕為之首。古人以下矜不伐、知足知止者、為能保始終。覽三代而後、帝王踐祚久者、不能遺令聞於後世。壽命不長者、罔知四海之疾苦。朕已老矣。在位久矣未卜後人之議論如何。而且以目前之事、不得不痛哭流涕、豫先隨筆自記、而猶恐天下不知吾之苦衷也。自昔帝王多以死為忌諱。每觀其遺詔殊非帝王語氣並非中心之所欲言此皆昏瞀之際覓文臣任意撰擬者。朕則不然今豫使爾等知朕之血誠耳當日臨御至二十年、不敢逆料至三十年三十年不敢逆料至四十年。今已五十七年矣。尚書洪范所載一曰壽二曰富三曰康寧四曰攸好德、五曰考終命、五福以考終命列於第五者誠以其難得故也。今朕年將七十。子孫曾孫、百五十餘人天下粗安。四海承平。雖不能移風易俗、家給人足。但孜孜汲汲、小心敬慎、夙夜不遑、未嘗少懈數十年來。殫心竭力、有如一日此豈僅勞苦二字所能該括耶。前代帝王、或享年不永。史論概以為侈然自放、耽於酒色所致。此皆書生好為譏評。雖純全盡美之君亦必抉摘瑕疵。朕為前代帝王剖白、蓋由天下事繁不勝勞憊之所致也。諸葛亮雲、鞠躬盡瘁、死而後已。為人臣者、惟諸葛亮一人耳。若帝王仔肩甚重、無可旁諉。豈臣下所可比擬臣下可仕則仕。可止則止。年老致政而歸、抱子弄孫、猶得優遊自適。為君者、勤劬一生、了無休息。如舜雖稱無為而治。然身歿於蒼梧。禹乘四載、胼手胝足、終於會稽。似此皆勤勞政事、巡行周曆、不遑寧處。豈可謂之崇尚無為、清靜自持乎。易遁卦六爻、未嘗言及人主之事。可見人主原無宴息之地、可以退藏。鞠躬盡瘁、誠謂此也。昔人每雲帝王當舉大綱不必兼總細務。朕心竊不謂然。一事不謹、即貽四海之憂一時不謹、即貽千百世之患。不矜細行。終累大德故朕每事必加詳慎。即如今日留一二事未理、明日即多一二事矣。若明日再務安閒、則後日愈多壅積萬幾至重誠難稽延故朕蒞政無論鉅細即奏章內有一字之訛、必為改定發出蓋事不敢忽、天性然也。五十餘年每多先事綢繆四海兆人、亦皆戴朕德意。豈可執不必兼總細務之言乎。朕自幼強健、筋力頗佳能挽十五力弓發十三握箭用兵臨戎之事、皆所優為。然平生未嘗妄殺一人平定三藩掃清漠北皆出一心運籌戶部帑金非用師賑饑未敢妄費謂此皆小民脂膏故也所有巡狩行宮不施采繢每處所費不過一二萬金較之河工歲費三百餘萬尚不及百分之一幼齡讀書即知酒色之可戒小人之宜防所以至老無恙自康熙四十七年大病之後過傷心神漸不及往時況日有萬幾、皆由裁奪。每覺精神日逐於外、心血時耗於內。恐前途倘有一時不諱、不能一言、則吾之衷曲未吐、豈不可惜。故豫於明爽之際、一一言之、可以盡一生之事。豈不快哉。人之有生必有死。如朱子之言、天地迴圈之理、如晝如夜。孔子雲、居易以俟命。皆聖賢之大道。何足懼乎。近日多病、心神恍忽、身體虛憊動轉非人扶掖步履難行。當年立心以天下為己任許死而後已之志今朕躬抱病、怔忡健忘故深懼顛倒是非萬幾錯亂心為天下盡其血神為四海散其形。既神不守舍心失怡養目不辨遠近、耳不分是非食少事多豈能久存況承平日久人心懈怠福盡禍至泰去否來元首叢脞而股肱惰至於萬事隳壞而後必然招天災人害、雜然並至雖心有餘。而精神不逮悔過無及振作不起呻吟床榻、死不瞑目豈不痛恨於未死昔梁武帝亦創業英雄。後至耄年、為侯景所逼、遂有台城之禍。隋文帝亦開創之主。不能豫知其子煬帝之惡、卒致不克令終。又如丹毒自殺服食吞餅宋祖之遙見燭影之類。種種所載疑案、豈非前轍皆由辨之不早而且無益于國計民生漢高祖傳遺命于呂後唐太宗定儲位於長孫無忌朕每覽此、深為恥之或有小人希圖倉卒之際、廢立可以自專推戴一人以期後福朕一息尚存、豈肯容此輩乎。朕之生也、並無靈異及其長也亦無非常八齡踐祚、迄今五十七年、從不許人言禎符瑞應如史冊所載景星慶雲麟鳳芝草之賀。及焚珠玉於殿前。天書降於承天。此皆虛文。朕所不敢。惟日用平常、以實心行實政而已。今臣鄰奏請立儲分理、此乃慮朕有猝然之變耳。死生常理、朕所不諱。惟是天下大權、當統於一。十年以來、朕將所行之事、所存之心、俱書寫封固、仍未告竣。立儲大事、朕豈忘耶。天下神器至重、倘得釋此負荷優遊安適、無一事嬰心便可望加增年歲諸臣受朕深恩、何道俾朕得此息肩之日也朕今氣。血耗減。勉強支持。脫有誤萬幾則從前五十七年之憂勤、豈不可惜朕之苦衷血誠一至如此每覽老臣奏疏乞休未嘗不為流涕。爾等有退休之時。朕何地可休息耶。但得數旬之怡養、保全考終之死生朕之欣喜、豈可言罄從此歲月悠久、或得如宋高宗之年、未可知也、朕年五十七歲、方有白髮數莖。有以烏須藥進者。朕笑卻之曰、古來白須皇帝有幾。朕若須須皓然、豈不為萬世之美談乎。初年同朕共事者、今並無一人。後進新升者、同寅協恭、奉公守法、皓首滿朝。可謂久矣。亦知足矣朕享天下之尊、四海之富物無不有事無不經至於垂老之際、不能寬懷瞬息故視棄天下猶敝屣視富貴如泥沙也倘得終於無事、朕願已足願爾等大小臣鄰、念朕五十餘年太平天子。惓惓丁寧反復之苦衷則吾之有生考終之事畢矣。此諭已備十年若有遺詔、無非此言披肝露膽、罄盡五內朕言不再。

"하늘을 공경하고 천지 만물의 운행을 위임받은 황제인 짐은 천하를 다스려 온 황제들 가운데 하늘을 숭배하고 조상을 본받는 것을 중요한 의무로 여기지 않았던 황제를 아직 발견하지 못하였노라. 하늘을 숭배하고 조상을 본받는 진정한 방법은 소외된 사람들에게 선행을 베풀고, 가까이 있는 사람들은 그들의 공훈에 따라 승진시키는 것이다. 또 백성들을 위하여 평화와 풍부함을 추구하고, 하늘이 내리신 복을 모든 사람이 받게 하고 하늘의 마음을 모든 사람이 갖도록 하는 것이라. 또 나라에 일어날 수도 있는 무질서를 현명하게 예상하여 미리 이를 막아내는 것이라. 짐이 말하거니와 이런 뜻을 가지고 밤낮으로 힘쓰며 잠자리에서도 이런 일에 주의를 기울여 쉬지 않고 계획을 마련하고, 또 그 효과가 오랫동안 지속하게 만들며, 공공의 선이 무엇인지를 제대로 이해하고 있는 군주라면 그의 의무를 완수한 것이다.

이제 나이가 일흔인 황제인 짐은 그 가운데 60년 동안 나라를 다스리는 복을 받았으니, 이는 짐이 잘나서가 아니라 천지와 조상, 또 나라와 농사를 주재하시는 신의 눈에 보이지 않는 도우심 때문이라. 역사를 보면 황제黃帝가 통치한 이래로 4,350년이 흘렀고, 이 오랜 세대를 거치는 동안 모두 301명의 황제가 있었다고 하는데, 짐처럼 오랫동안 통치했던 황제는 매우 적으니라. 짐이 황제의 자리에 오르고 나서, 통치한 지 20년이 되었을 때 짐은 감히 30년을 통치하리라 기대하지 못하였고, 30년을 통치하고 나서는 40년의 치세를 바랄 수 없었노라. 그런데 이제 짐이 치세 60년에 이르렀다는 것을 깨닫게 되었노라. 『상서尙書』『홍범洪範』에서 행복의 다섯 가지 요소는 장수壽, 부유함富, 몸이 건강하고 마음이 평온함康寧, 덕을 사랑함攸好德과 행복한 죽음考終命이라고 하였노라. 행복한 죽음이 이 다섯 요소 가운데 최고의 자리를 차지하고 있는 것은, 이것이 확실히 가장 얻기 어려운 것이기 때문이노라. 지금의 내 나이가 내가 장수했다는 증거다. 부유함에 대해 말하자면 짐은 사해四海 사이에 있는 모든 것을 모두 소유하였노라. 짐은 150명이 넘는 아들들과 손자들의 아비요 조상이고, 딸들의 수는 이보다 더 많노라. 짐은 제국에 평화와 행복을 가져다주었노라. 그러므로 짐이 누린 행복은 아주 크다고 할 수 있노라. 앞으로 짐이 미처 내다보지 못한 사건이 짐에게 일어나지만 않는다면 짐은 만족한 죽음을 맞이하게 될 것이라.

그러나 짐에게 반성할 일이 하나 있노라. 짐의 치세에 나쁜 관습을 바꾸고 나쁜 풍습을 개혁했다고 감히 말할 수 없노라. 짐은 각 가정에 먹을 것이나 개인이 필요로 하는 것을 마련해주는 데 성공하지 못하였노라. 짐은 이 점에서는 앞선 세 왕조의 현명한 황제들과 비교할 수 없노라. 하지만 짐은 이 오랜 치세에 제국에 완전한 평화를 가져오고 백성들이 각자가 처한 상황에서 일하면서 기뻐하게 하는 것을 가장 큰 목표로 삼았다고 믿노라. 믿기지 않은 정도로 열심히, 또 끊임없이 노력하여, 짐의 심신의 힘 모두를 탕진하기까지 최선을 다하였던 것이 바로 이것이었느니라. 짐은 이 책무를 다하기 위해 전념하였다고 표현하는 것 외에는 달리 할 말이 없노라. 어떤 황제들은 치세가 짧았는데 그들이 치세에 음주와 향락에 과도한 정력을 쏟아부어서 명을 단축하였다고 역사가들이 비난하는 경우가 종종 있었노라. 역사가들은 예외 없는 원칙을 세워, 성취를 이루어 칭송받아 마땅한 군주들의 아주 작은 흠이라도 찾아내는 것을 자랑하는 것 같이 보였노라. 하지만 짐은 이 점에서 분명하고도 항변할 수 없는 변호를 함으로써 전대 왕조의 황제들을 옹호하기를 원하노라. 사실을 말하자면 그 황제들은 과중한 업무로 명이 짧아질 만큼 큰 고통을 당하였던 것이 원인이었노라."

이 부분에서 이어지는 강희제의 유언서는 기나긴 역사적 논술로 이어지는데, 중국 사서에 깊은 조예가 없는 사람들이라면 이 부분에 관심을 가지지 않을 것이다. 선대 왕조의 황제들을 옹호하는데 애를 쏟았던 이 만청의 군주는 다음과 같이 유언을 이어간다.

“지금까지 이어온 모든 왕조를 통틀어 짐의 왕조만큼 공정하고 합법적으로 얻었던 왕조는 하나도 없었노라. 제국을 세우셨던 짐의 증조부이신 태조나, 조부이신 태종께서는 처음에는 제국의 주인이 되시겠다는 염원을 갖지 않으셨노라. 태종께서는 ‘만청은 중국과 전쟁을 오래 벌여왔고, 이제 내가 중국 땅의 주인이 되기는 쉽다. 그러나 나는 이 제국이 당시에 제국을 다스리는 황제의 것이라 여겨서 그에게서 나라를 빼앗을 마음이 없었다.’고 말씀하셨노라. 그러나 반란자였던 이자성이 수도 베이징을 급습하자, 숭정제가 자결하여 이자성의 수중에 들어가지 않게 되었고, 이에 중국의 백성과 귀족들이 우리 만청에 의탁하게 되었느니라. 만청은 반란자들을 전멸시킨 뒤에 베이징에 입성하여 멸망한 군주의 황위를 이어받았고, 예법에 규정된 의례에 따라 그분에게 장례를 치러주었노라. 우리 〔만청〕왕조는, 하늘에 순종했고 백성의 뜻에 따랐던 영광스러운 선조들의 행위에 뿌리를 내려 이제 이 제국을 차지했노라. 그 이후로는 반역하는 신민이나 비정상적인 사람들에게 저항함으로써 오히려 백성들이 진정한 주인의 통치를 받게 해 주었다고 결론지을 수 있노라. 황제들의 운명은 하늘이 정한 것이니, 하늘이 황제를 장수하게 하시면 아무것도 그 수명을 줄일 수 없는 법이고, 하늘이 황제를 평화롭게 하시면 아무도 이 평화를 해칠 수 없느니라.

황제인 짐은 아주 어릴 때부터 스스로 지혜를 탐구하는데 힘써 왔고, 고대와 근대학문에 대한 대체적인 지식을 얻게 되었노라. 짐이 한창일 때에는 보통의 활보다 열다섯 배나 강한 활을 당길 수 있었고, 일반 화살보다 열세 배나 긴 화살을 쏠 수 있었고, 모든 무기를 다룰 줄 알았으며, 군대의 선두에 섰으니 이런 모든 일이 짐에게 큰 경험이 되었노라. 짐의 생애에서 정당한 이유 없이 누구에게 사형을 선고한 일은 기필코 없었노라. 짐은 삼번의 난을 평정하였고, 북방의 커다란 모래사막을 소제 했으니,[190] 이 모든 기획이 짐의 천재적인 발상에서 나온 것을 준비

190) (원주) 오이라트(Oeleuts)를 두고 벌인 전쟁을 말한다.

하고 시행한 것이라.

짐은 국고를 감히 함부로 사용한 적이 없고 나라 살림을 조정에 맡기었노라. 국고는 백성의 피와 같으니, 이는 군대를 유지하고 가난을 구제하는 일에만 사용하였노라. 짐은 여행하면서 머무는 침소를 비단으로 장식하는 것을 허락하지 않았으며 각각의 숙소에서 사용하는 비용이 은자 만 냥에서 이만 냥을 넘지 않도록 하였노라. 짐이 제방을 수축하는데 해마다 300만 냥이 넘는 은자를 지출하는 것을 생각하면, 침소를 꾸미는 비용은 이것의 100분의 1도 못 된다고 볼 수 있지 않은가.

황제인 짐에게는 100명이 넘는 아들들과 손자가 있고, 이제 나이가 70이 되었노라. 왕과 위인들, 군인과 백성들, 심지어 몽골인과 다른 사람들까지도 짐의 건강에 각별한 관심을 보이고 짐이 연로한 것을 애석해하노라. 짐이 이렇게 행복한 시기에 길고도 길었던 생애를 마감한다면 크게 만족하면서 떠날 수 있으리라. 증조부이신 태조의 두 아들의 자손들은 이제 확실히 자리를 잡아 평화를 누리고 있으니, 너희도 진정으로 화합하고 서로 도와야 하지 않겠느냐? 스스로 머쓱해지는 이런 희망을 품으면, 만족하며 세상을 떠나 평화롭게 죽을 수 있을 것이다. 넷째 아들인 옹정擁正은 보기 진귀하고 소중한 사람이다. 이 왕자는 짐과 크게 닮았으니 그가 대업을 이어받아 감당할 수 있으리라 믿어 의심치 않노라. 짐은 옹정이 짐의 뒤를 이어 제위에 올라 황제의 위엄을 갖출 것을 명하노라. 짐에 대한 애도는 법도에 따라서 27일 동안만 행하라. 이 유언장을 조정과 제국의 모든 성에 반포하여, 모두가 그 내용을 알도록 하라."[191]

191) (원주) De Mailla, vol. xi. p. 350, et seq.

강희제의 어린 시절

제국이 잃어버린 이 군주는 중국의 가장 위대한 황제들 가운데 하나였음이 명백하다. 그는 아시아에서 가장 강력한 통치자에게 기대되는 이상적인 모습을 완벽하게 갖추고 있었다. 그의 체구와 용모, 몸가짐, 온화함과 선함으로 부드러워진 위엄은 그를 가까이하는 모든 사람에게 사랑과 존경의 감정을 불러일으켰다. 그리고 그는 눈에 띄는 최고의 지성을 가지고 있었다. 강희제는 포용력이 있으면서도 고귀한 지성을 지녔는데, 놀라운 설득력, 아무것도 놓치지 않는 뛰어난 기억력, 의심스러운 경우라도 결코 곁길로 빠지지 않는 명석한 판단력, 무엇에도 흔들리지 않는 강인한 성격을 지니고 있었다.

강희제는 그가 아직 어렸을 때 황제가 될 것이라는 암시를 받았다고 한다. 부왕인 순치가 오랫동안 병석에 누워있었는데, 병이 나아질 기미를 보이지 않자 황제는 아들들을 불러 그들 가운데 누가 새로 차지할 왕위의 무게감을 견딜 만큼 강한지 물었다. 첫째 아들은 자신이 어리다는 핑계로 사양하면서 부왕의 뜻대로 승계자를 정하라고 간청하였다. 그러나 막내인 강희는 겨우 여덟 살이었지만 죽음에 문턱에 가까워지는 군주의 침상 옆에 무릎을 꿇고는, 자신이 제국을 다스리는 일을 맡을 수 있으며 선왕들의 본을 따라 백성들에게 만족을 주는 통치를 하겠다고 단호한 어조로 말했다. 순치는 일찍부터 강희를 총애하고 있었으므로 이 대답을 듣고는 강희를 계승자로 정하고, 네 명의 보정대신에게 강희가 성년이 될 때까지 조정을 다스리게 하였다.

강희는 자신이 품었던 여러 가지 소망을 실현하기 위해, 그가 앞으로 왕권을 물려받게 될 강력한 두 나라 백성[한족과 만주족]의 지지를 얻을 수 있는 자질을 갖추고자 열정을 가지고 인내하며 노력했다. 강희제의 놀랄만한 성공은 만주인의 거친 에너지가 중국식 교육으로 단련되어 힘과 지혜와 결합 되면 나라에 크게 유익하다는 것을 보여주었다. 강희제는 남달리 신체를 단련한 것으로 유명하다. 민첩하고 활기찬 몸을 만들어, 쉽게 피로해지지 않는 신체를 가지려는 의도였다. 그는 대부분의 아시아 군주들처럼 궁중에서 생활하면서 연약해지는 것을 원하지 않았다. 따라서 그는 한 해의 대부분을 베이징 궁궐에서 즐기기보다는 몽골의 산중에서 보냈으며, 그곳에서도 거의 계속해서 말을 타고 오랫동안 힘들게 사냥하면서 활, 머스킷 총, 석궁을 쏘며 단련했다. 하지만 늘 나라의 일을 중시하여 천막 안에서 국사를 논의하고, 대신들의 말을 듣고 명령을 내리기 위해, 필요하다면 잠을 자다가도 일어나기까지 했다.

강희제가 가장 빠르고 또 대단한 진전을 보였던 것은 통치술 분야였다. 이러한 진전은 확실히 그가 통치하는 환경의 영향을 많이 받았고, 또 그의 끈기 있는 적응력과 타고난 능력 때문이기도 했다. 젊은 루이 14세가 프랑스에서 국정을 장악했던 바로 그때, 강희제가 어떠한 힘으로 섭정 회의를 개혁하고 국정을 장악하게 되었는지 기억해야 한다. 그가 보여준 이러한 특유의 에너지는 백성들로 하여금 그를 경외하게 하였고, 강희제는 그의 모든 천재적 재능을 발휘하게 되었다. 강희제는 성년이 되자마자 사방에서 그를 공격해 오는 다수의 강한 적들과 부딪혀야만 했다. 중국 해안에 들끓는 무서운 왜구들을 내쫓아야만 했고, 광동과 복건의 왕들을 복종시키고, 산서의 왕을 정복하여 제국의 남부 전역에서 반란을 일으킨 용맹한 오삼계의 커다란 군대를 해산시켜야 했으며, 마지막으로 옛날부터 중국을 정복했던 자들의 자손인 몽골 왕자들의 핏속에 흐르는 재기하고자 하는 계획을 없애야만 했다. 강희제는 겨우 스무 살의 나이에 이런 일들을 겪어야만 했으니, 젊은 황제에게 어떤 에너지와 총명함이 요구되었을지 상상할 수 있을 것이다.

강희제는 중국이 또다시 평화라는 축복을 누리기 시작하는 시기에 법제를 개혁하고 전시에 허용되었던 행정적인 해악을 바로잡는 일에 매진하였다. 그는 재능과 성실함을 두루 갖춘 인재들을 신중하게 선발하여 가장 중요한 관청에 배치하였다. 그는 관리를 선발하는 관청에서 추천하는 사람들을 무조건 받아들이지 않았고, 신임하는 대리자를 통하여 후보자들의 성분을 면밀하게 조사하였으며, 때로는 황제가 몸소 선발시험을 주관하기도 하였다. 아무리 작은 흠도 그의 눈을 속이지는 못했지만, 여론이 강력하게 선호하는 관리라면 그는 언제든 환영하였다. 강희제는 엄청난 권력과 엄청난 부를 가졌음에도 불구하고 소박한 식사를 하고 검소한 의상을 입었다. 자신을 위하여 돈을 쓰는 것은 피하였으나, 군대나 관청의 유지, 운하, 교량이나, 상업적 이윤을 높이거나 공공의 편의를 위한 대규모 토목공사에는 나랏돈을 엄청나게 사용했다.

강희제는 사대부들을 크게 존중하는 한인들을 기쁘게 하고자 자신의 교양을 닦고 경서를 읽었다. 그는 만주어로 번역한 중국의 역사에 정통했다. 그는 산문과 운문의 원래의 작문법을 배웠고, 한어漢語를 쓰고 말하기를 모국어인 만주어를 구사하는 수준까지 높였다. 그는 심지어 중국말로 된 최고의 서적들을 모두를 자신의 서가에 비치하였으며, 재능 있는 사대부들에게 돈을 주면서 이 서적들을 자기 민족의 언어인 만주어로 번역하게 하였다. 그는 실제로 문학에 열중하였는데, 정책에 몰두하는 만큼이나 이 문학적 취미에 빠져있었다. 하지만 그는 성정이 매우 다른 두 민족의 군주로서 각 민족이 가장 존중하는 분야에서 뛰어나기를 바랐다.

강희제는 궁중에 머물던 선교사들의 도움으로 서양에서 들어왔던 인문학과 과학을 곧 훨씬 높은 완벽함에 이르도록 익혔으므로, 이 부문에 관하여 중국의 경전에 나와 있는 것보다 더 많이 알았다. 그는 자신의 놀란 백성들에게 새로운 길을 제시하였으나 백성들은 오래된 인습에 지나치게 얽매여 있고 잘못된 선입견 때문에 그때까지 새로운 길로 들어가지 못했다. 강희제는 커다란 열정으로 유럽의 과학을 배웠는데, 기하학, 천문학, 의학, 해부학과 그 밖의 물리학 분야들이 계속해서 그의 관심을 끌었다. 그는 미술에도 과학만큼 열정을 쏟았다. 그는 궁궐에 화실을 여러 개 만들어서 그곳에 솜씨가 뛰어나고 부지런한 예술가들과 장인들을 고용하면서 그들에게 유럽의 작품들을 견본으로 보여주었다. 화가와 조각가, 판화가, 도색공, 철과 구리 공예가들이 유럽인들의 지도를 받아서 뛰어난 작품에 대해 칭찬과 보상을 아끼지 않는 군주를 만족시키기 위해 서로 모방하려고 노력할 정도였다.

과학과 예술을 이처럼 사랑하였던 강희제는 선교사들에게 그를 가까이 접할 수 있는 자유를 허락했는데, 이런 일은 대신들이나 심지어 왕자들에게조차도 허락하지 않았던 일이었다. 또 강희제는 선교사들과 자주 대화를 하면서, 종종 황제의 위엄을 내려놓고 수도사들과 같은 수준에서 그리스도교 진리에 대하여 토론하기도 하였다. 강희제는 그런 과정을 통해서 알게 된 그리스도교의 도덕체계의 순수성을 인정할 수밖에 없어서, 모든 대신 앞에서 그리스도교를 찬양하는 언급을 하고 조서를 내려 선교사들을 보호했으며, 온 나라에서 그리스도교를 자유롭게 믿도록 허락하였다. 그렇지만 황제는 그리스도교를 받아들이겠다고 진정한 의사를 밝힌 적이 없다. 그가 선교사들을 총애했다면 이것은 선교사들이 그에게 유용했기 때문이었고, 그들이 가졌던 탁월한 재능이 그가 다스리던 시기에 빛을 발산했기 때문이었다. 레뮈자는 다음과 같이 말했다.

> “아마도 중국인들은 [강희제의] 60년의 통치 기간을 중국 역사에서 가장 영화스러운 시기로 간주할 것이다. 중국에서는 고대 이집트인처럼 군주가 세상을 떠나면 군주에게 일종의 시호를 부여하는 관습이 있는데, 세상을 떠난 황제의

특성을 묘사한 칭호를 바치는 것으로 그의 덕을 영원히 기리려는 목적이다. 동시대인들이 강희제에게 바친 시호는 성조인황제聖祖仁皇帝이다(즉, 지혜롭고 거룩한 조부, 경건한 황제를 의미한다). 그를 기억하면서 나온 존경을 담은 칭호이다. 중국인들은 '聖祖(거룩하신 할아버지)'인 강희제는 진실로 '인仁'이라고 불릴 자격이 있으니 이는 그가 부모를 공경하고 천명에 순종하였음이고, 또 거룩하고 현명하다는 뜻인 '성聖'이라는 이름도 받아 마땅한데, 이는 고대의 금언을 가슴에 새기고 또 많은 주제에 관한 넓은 지식을 지니고 있었기 때문이라고 생각한다."[192]

베이징의 선교사들은 강희제로부터 분에 넘치는 은총을 입었다. 따라서 우리는 선교사들이 [개종한] 중국의 소왕들보다 황제를 더 열렬히 추모하였다는 사실에 놀랄 이유가 전혀 없다. 선교사들은 영광스러운 강희제의 통치 시기를 언급하면서, 강희제를 같은 시기에 군주였던 프랑스 루이 14세와 계속해서 비교하고 있다. 1697년 파리에서 출판된 『중국 황제 강희의 역사적 초상』이란 책에서 부베 신부는 두 군주를 나란히 비교하며 자세한 내용을 적었다. 이 때문에 자기가 대단하다고 우쭐했던 루이 14세는 강희제에 대한 존경심을 여러 차례 내보이면서, 프랑스 선왕들의 전례를 따라 선왕들의 위엄을 손상하지 않으려고 중국에 사신들을 연이어 보냈다고 말하고 있다.[193] 미라보는 그의 책에서 루이 14세를 언급하면서 그를 가장 동양적인 서양의 군주라고 칭했다. 강희제의 치세에 베이징의 궁정에서 예술과 과학이 얼마나 존중과 사랑을 받았는지를 생각한다면, 강희제야말로 가장 서양적인 동양의 군주가 아니겠는가?[194]

192) (원주) Mélanges Asiatiques.

193) (원주) Portrait historique de l'empereur de la Chine (Paris, 1697).

194) 미라보(Victor de Riqueti, Marquis de Mirabeau, 1715-89)는 프랑스의 중농주의 경제학자였다.

부록

부록 1

교황특사 드 투르농의 활동에 대한 예수회 신부의 보고서

가능한 한 중국의 전례 논쟁에 관하여 공정한 입장을 제공하여 독자들이 전례 논쟁에 관하여 올바른 의견을 가지도록 돕고자, 제3권에 대한 결론은 중국 예수회 부관구장인 도마 신부가 전하는 드 투르농 추기경 사절단의 행적에 관한 기록과 몬시뇰 메자바르바가 중국에서 반포하기 위하여 위임을 받았던 클레멘스 11세의 칙서를 [부록으로] 소개하는 것으로 맺으려 한다.

드 투르농 추기경 사절단에 관한 예수회 도마 신부의 기록

제 1 절 베이징에 도착한 교황특사

안티오크의 대주교 드 투르농은 교황특사로 임명되자마자 로마에서 베이징에 있는 그리말디 신부에게 편지를 보냈다. 그는 편지에서 자신이 중국의 한 항구에 상륙할 수 있는 허가를 받아달라는 부탁을 하며, 자신에게 유익한 충고를 해달라고 요청했다. 1702년 2월 7일에 받은 특사의 서신에 대하여, 그리말디 신부는 여러 경로를 통하여 광동과 복건 두 곳에 답신을 보냈다. 이 답신에서 그는 자기 생각을 특사에게 솔직하게 털어놓았는데 사절단이 오는 것이 희망이 될 수도 있지만, 걱정거리가 될 수도 있다고 하였다.

1705년 4월 8일, 광동에 도착한 드 투르농 대주교는 자신이 도착했음을 알릴 만한 적당한 시기가 올 때까지 자신을 드러내지 않기로 했다. 그러나 대주교는 베이징에 있는 선교사들에게 편지를 보내어 자신이 남경으로 향할 계획이니 그곳으로 자신에게 서신을 보내야 할 수도 있음을 알려두었다. 그러나 그는 곧 일반적인 의견은 아니었지만, 그가 귀 기울이는 몇 사람의 의견을 따라, 선교사들이 아무런 답신을 하지 않기를 바라면서 베이징에 있는 선교사들에게 편지를 보냈다. 그리고 중국의 모든 교회를 방문하기 위하여 교황 성하에게서 전권을 위임받은 안티오크 대주교 일행의 도착을 황제에게 알려달라고 하였다. 대주교는 그 이후로 그리말디 신부의 진심 어린 의견을 구하는 편지를 보낸 것 외에는, 다른 어느 선교사에게도 의견을 구하지 않았다. 그가 아무런 답신도 바라지 않고 우리에게 자신의 명령을 이행하라고 명한 것으로 볼 때에, 우리는 그가 자신이 가진 주장과 자신의 마음에 반대될 만한 어떠한 충고에도 관심을 기울이지 않으려 했다고 추측할 수밖에 없다. 그는 또 우리에게 남경 부관구장의 임무를 맡을 예수회 신부 한 명을 추천해 달라고 부탁하였는데, 그 자신도 우리가 이러한 요구에 부응하는 것이 불가능하다는 사실을 알고 있었을 것이다.

우리는 이 대주교의 첫 명령에 순종하여 당시 북방 초원으로 사냥을 나가 있던 황제에게 두 차례나 서신을 보내어 대주교가 중국에서 업무를 볼 수 있도록 허락해달라고 간청하였다. 우리는 처음에 보낸 이 두 서신의 답지를 받지 못하였다. 황제는 세 번째 서신에 대한 답변에서 대주교가 궁정에 드는 것을 허락하지 않겠다고 하였으나, 우리가 네 번째로 요청하자 마침내 대주교의 알현을 허락하였다. 황제는 특사가 만주 복장을 걸치고 나타나라는 명령과 함께 베이징까지의 여행경비를 부담한다고 하였다. 로마 혹은 그 어느 곳에서라도 [예수회] 선교사들이 교황특사가 중국에 들어오는 것을 막으려 했다는 소문은 잠잠해져야만 한다.

몬시뇰 드 투르농은 9월 9일, 광동을 출발하여 지나는 곳마다 극진한 대접을 받았다. 그러나 일행에게 내어준 배들이 너무 크고 무거워서 베이징에 도착하는 것이 지연되었으며, 이에 따라 특사를 보려는 황제의 기대에 부응하는 일도 지연되었다. 이러한 점들로 미루어, 황제는 교황 사절을 매우 중요하게 생각하였다는 것을 알 수 있다. 황제는 11월 중순쯤 궁인 하나를 광동성에 보냈는데 겉으로는 특사가 오는 것을 재촉한다는 것 외에는 다른 의도는 없다고 하였으나, 사실은 특사에 관한 이야기를 전해 듣고자 함이었다. 황제는 11월 25일 황자 하나와 총독의 아들을 보내어 특사를 맞이하게 하였다. 두 사람은 세 성당[베이징에 있던 세 군데의 성당]에서 보낸 [예수회] 선교사들을 대동하였다.

[마중 나온] 두 사람은 대주교 일행이 베이징에서 130km밖에 떨어지지 않은 곳에 있음을 알게 되었으나, 강물이 얼어서 어떻게 이동해야 할지 난감해했다. 그리하여 두 사람은 특사 일행이 육로로 이동하도록 했고, 특사는 12월 4일에 베이징에 도착했다. 특사는 궁정 안에 있는 선교사들의 숙소에 머물게 되었다. 이는 궁정에서 융숭한 대접을 받기에 더 편리한 곳에 머물게 하려는 의도였으며, 특사가 베이징에 머무는 비용 일체는 황제가 부담한다는 명이 내려졌다. 특사의 수행원들 가운데 한 명이 사망하게 되자, 황제는 특사의 요청으로 죽은 이의 장지로 쓸 땅을 하사하였다. 이 일로 교황특사는 베이징에 이탈리아 선교관을 짓겠다는 생각을 하게 되었다. 이 묘지는 이미 이탈리아인의 묘지라는 명칭으로 알려져 있다. 만약에 특사가 하사된 땅을 유럽인을 위한 장지로 받아들였었다면 좀 더 편리하였을 것이다. 그러나 그는 다른 부지를 달라고 요청을 하였고, 이 때문에 매우 예리한 중국의 군주는 우리 선교사들 가운데 분열이 있다는 것을 꿰뚫어 보고 말았다. 황제는 염탐꾼들을 보내어 망자들의 매장지로 사용하는 묘지들과 그리스도인들이 일반적으로 사용하는 묘지 사이에 무슨 차이가 있는지를 알아보라 하였고, 곧 둘 사이에 상당한 차이가 있음을 발견하고는 불쾌해하였다. 그러나 황제는 황제의 식탁에 오를 음식이었던 꿩 두 마리를 대주교에게 선물로 보냈다. 황제는 대주교에게 알현을 허락하고 그에게 이때까지는 베풀지 않았던 호의를 베풀었는데, 널따란 정원들과 드넓은 침소들을 가로지르는 노고를 덜어주려는 배려에서 특사를 첫 번째 궁성 문 가

까이에 있는 정원에서 만나기로 하였다. 교황 특사 드 투르농이 황제를 최초로 알현한 때는 12월 31일로, 그는 자신의 일행과 베이징의 선교사 모두를 대동하였다.

대주교가 지나가야 하는 곳에 있는 모든 궁인에게 그가 중국식 예전을 지키지 않더라도 그대로 놓아두라는 명이 떨어졌는데, 이는 그의 신분과 허약한 건강상태를 배려한 것이었다. 주교는 무릎을 꿇고 황제에게 문안을 드렸다. 이는 유럽에서는 경의를 표하는 방법으로 알려져 있다. 황제는 그에게 포개놓은 방석 위에 앉으라고 명한 후에, 우리 모두를 기쁘게 만든 친밀한 분위기 속에서 교황에 관해 여러 가지 질문을 하였다. 한 나라의 군주가 이런 식으로 누구를 접견하는 것은 유럽에서는 흔한 일이지만, 중국에서는 몸을 낮추는 기적으로 간주 되었다. 황제는 특사에 대한 그의 선의를 여러 가지 방법으로 보여주었다. 궁정의 최고 귀족들에게 차를 대접하게 하였고, 황제 자신이 직접 대주교에게 술잔을 건넸고, 마지막으로 황제가 거의 손을 대지 않은 황금 접시에 담은 36가지의 음식상을 대주교의 거처로 보냈다. 만찬 후에 황제는 화기애애한 분위기에서 대주교와 대화를 나누었으며, 대주교에게 사절단이 온 목적이 무엇인지 직접 설명해 달라고 청하였다. 그리고 오랫동안 참을성 있게 이를 경청하면서 대주교가 실수하면 이를 바로잡아주었다. 한 마디로 황제는 신뢰감을 줄 수 있는 모든 행동을 보인 것이다. 중국의 전 역사를 통해 볼 때 황제가 드 투르농에게 보여준 것과 같은 예우를 받았던 사절을 찾을 수 없다고 감히 주장할 수 있다. 만약에 중국에 갓 도착한 유럽인들의 생각이 이와 다르다면, 이는 궁정의 관습에 무지한 탓이다. 황태자를 비롯한 만주인들과 한인들은 이 광경을 보고 큰 충격을 받았다.

그리스도인들의 새해가 시작되자 황제는 특사를 더 배려하였다. 동시에 황제는 바로 이튿날(1월 2일) 교황에게 선물을 보내겠다는 말을 하고는, 부베 신부를 황제의 이름으로 교황에게 선물을 전달할 사람으로 택하면 어떨지 물었다. 대주교는 사비니Sabini 신부를 동행시키겠다고 하였다. 부베와 사비니는 곧 유럽으로 출항하는 배에 올라야 했으므로, 비교적 가치가 덜한 선물만을 맡게 되었다. 황제는 가장 귀한 선물들은 특사가 이용하는 배편에 함께 보내고 싶었다. 황제는 대주교를 겨울 사냥놀이에 함께 가자고 초대하였다. 그러나 대주교는 이러한 원정이 자신의 적성에 맞는다고 여기지 않았으므로 본인을 대신해서 이 장엄한 사냥놀이에 함께 할 사람을 정하라는 청을 받게 되었다. 대주교에게는 그가 썩 내켜 하지 않았으나, 사흘마다 정해진 식량을 주라는 명도 함께 내렸다.

춘절이 다가오자 우리는 드 투르농 특사에 대한 황제의 호의가 조금은 약해지지 않았나 하는 염려가 됐다. 특히 황제가 명절에 나누어 줄 것이라고 기대했던 선물보다 덜 특별하게 대우한다는 생각이 들었는데, 섣달 그믐날이 되어도 대주교에게 선물이 올 기미가 없자 우리의 이러한 염려는 더욱 커졌다. 그러나 결국 이 모든 것은 우리의 오해였음이 밝혀졌다. 엄청난 크기의 철갑상어 한 마리와 다른 생선, 사슴, 산토끼, 꿩고기 같은 진귀한 선물과 더불어, 번쩍거리는 은그릇에 담긴 춘절 상이 배달되었기 때문이었다. 고위 성직자에게 배달된 황제의 선물이 이보다 더 훌륭할 수는 없었다.

2월 26일에 황제는 황제의 별장에서 열리는 불꽃놀이에 대주교를 초대하였다. 드 투르농은 여전히 몸이 불편하였으므로 황제는 대주교를 정원 건너편으로 이동시키고는 그곳에 편안한 자리를 마련하여 주었다. 그리고 한 무리의 환관들에게 흥을 돋우도록 하였는데, 이 환관들은 궁중의 여인들 침소에서 노래하는 사람들이었다. 나중에는 대주교를 위하여 별장에 침소가 마련되었고, 황제는 두 관리에게 명하여 밤새도록 그 침실 문 앞을 지키도록 하였다. 봄이 오자 황제는 하북성河北省으로 물새 사냥을 즐기러 떠났는데, 그곳에는 수많은 물새 떼가 모여 있었다. 물새 사냥은 날씨가 좋은 계절에 하는 오락으로서, 일반적으로 무더운 여름철에 몽골 지방에서 갖는 대규모 사냥놀이 전에 행해졌다.

황제가 베이징을 비운 동안에는 황태자가 황제가 하듯이 특사를 돌보아 주었다. 그는 5월의 열기 속에서 건강에 좋다고 알려진 온천욕을 하자고 대주교를 초대하였고, 관리 하나를 붙여서 그에게 편안한 잠자리를 마련해 주도록 하였다. 황제는 대주교의 건강을 살피려고 자주 사람을 보냈으며, 6월 10일쯤 몽골로 [사냥을 위해] 떠나기 전에 알현하려고 대주교를 불렀다. 그러나 특사의 건강이 더욱 악화되어 알현이 어렵게 되자 3품 관원 둘을 정하여 가까이서 그를 보살피게 하였고, 특사의 건강상태를 황제에게 자주 보고하게 하였다. 중국에는 회복 중에 있는 환자에게 선물하는 관습이 있는데, 황제도 대주교의 회복 소식을 듣고 비단 15필과 귀한 인삼 뿌리 반 근을 보냈다.

황제가 몽골을 향해 사냥길에 오를 날이 가까워지자 드 투르농은 알현의 기회를 놓쳐서는 안 되겠다고 다짐하였다. 그는 관리들이 화려한 의식을 벌이는 가운데 베이징 교외에 있는 황제의 거처로 안내되었다. 대주교는 아직 병약한 상태였으므로 수행원들과 함께 기다리라는 허락을 받고 나서 내실로 안내되었고, 황태자와 황제의 아홉째 아들, 열셋째 아들, 그리고 몇몇 조신들이 있던 거처인 그곳에서 제르비용 신부와 페레이라 신부의 부축을 받아 구배九拜를 올린 후에 황제 앞에 앉아도 좋다는 허락을 받았다. 특사는 황제께 호의에 대한 감사를 표하였고, 이튿날 황제와 황태자 소유인 교외 별궁으로 초대를 받았다. 대주교는 두 사람에게서 받을 수 있는 특별대우는 모두 다 받았다. 황태자가 직접 정원을 안내하였다. 주인과 손님 각각을 위하여 수로 위에 배 두 척도 준비되어 있었는데, 어떤 때는 황태자가 탄 배가 뱃길을 안내하려고 특사가 탄 배를 앞서기도 하였고, 어떤 때는 서로 대화를 나누고자 두 배가 나란히 움직이기도 하였다.

황태자는 드 투르농과 헤어지기에 앞서 맛좋은 술을 대접하였다. 모든 궁인의 찬사와 환호 속에 대주교를 떠나보냈으므로, 궁정에 있는 선교사들의 영향력 때문에 한 이방인이 그토록 환대를 받을 수 있다는 사실에 모두 매우 놀라워하였다. 그리고 이 거대한 제국의 황태자가 자신을 낮추면서까지 친근함을 보여주었다며 소곤거리기도 했다. 황제의 마음을 드 투르농에게 향하게 하신 분은 의심할 것도 없이 주님이시지만, 베이징에 있는 신부들이 대주교가 대표하는 교회를 위하여 이와 같은 대단한 호의를 받게 하고자 상당히 노력했다는 점도 염두에 두어야 할 것이다. 이교도들은 그리스도교라는 종교가 궁정에서 환영받는 것을 보고 이를 받아들이고 싶은 마음을 갖게 되었고, 하늘에 맹세컨대 황제는 대주교를 계속해서 특별하게 대우했다! 사실 황제는 그 후로 두 달 동안 크게 화가 나기는 하였지만, 그에게 후한 대접을 멈추지는 않았다. 특사에게는 언제나 생필품을 무료로 제공해 주었으며, 광동으로 돌아가는 비용도 황제가 부담하였다.

제 2 절 전례 문제에 관한 교황청의 칙서

드 투르농은 베이징에 도착했을 때, 교황청이 선교사들 사이에 커다란 분열을 일으켰던 개탄스러운 논쟁을 종식 시키고자 칙서를 반포했다는 사실을 넌지시 알려주었다. [예수회] 선교사들은 대주교에게 자신들은 교회에 복종하기 위해서, 선교지의 모든 이권, 심지어 목숨까지도 희생할 준비가 되어있으며, 만약 교황이 원하신다면 중국을 떠날 수도 있다고 말하며 칙서의 내용을 알려달라고 간청하였다. 이상에 대해서는 여기서 더 말할 것이 없는데, 왜냐하면 우리는 이에 관하여 더 이상의 논쟁을 금한다는 교황의 명령을 법으로 여기고 있기 때문이다.[195)]

195) 예수회는 교황에 대한 절대 복종을 서원하기 때문에 교황의 최종 결정에 이의를 제기하기 않겠다는 뜻이다.

제 3 절 베이징 궁정에서 협상을 벌였던 대주교의 활동 실상

1705년 12월 25일, 황제는 대주교에게 사절단이 온 목적을 밝히라고 요구했다. 황제는 중국 안에서 일어나고 있는 모든 일에 관하여 완벽한 정보를 가지고 있었으므로, 선교사들 사이에 분열이 있다는 사실도 잘 알고 있었다. 교황특사가 도착한 것을 보고 황제는 특사가 유럽인 선교사들 사이에 평화를 재정립하러 왔다는 결론을 어렵지 않게 도출해 낼 수 있었다. 황제는 어떤 커다란 목적이 없다면 30,000km 가까이 되는 머나먼 길을 올 리가 없으니, 그의 목적이 무엇인지를 반드시 고해야만 한다고 관리를 통하여 특사에게 말했다.

대주교는 자신은 단지 교황의 이름으로 황제에게 그리스도교를 허용해 주시고 보호해주신 데 대한 감사를 전하려고 왔다고 답하였다. 몬시뇰 드 투르농 자신은 사절단이 온 목적을 보다 정확하게 말하려고 했으나 사비니 신부와 아피아니 신부가 이를 막았다. 대주교는 마침내 관리들을 통해 황제와 은밀하게 소통하기로 하고, 12월 26일에 이탈리아어로 쓴 상소문을 황제에게 전달하였다. 그리고 비밀회의에서 그가 베이징에 있는 [예수회] 신부들을 시찰하러 왔다고 관리들에게 밝혔다. 그날 저녁에 우리는 직접 대주교로부터 다음과 같은 말을 들었다. 황제는 궁정에 있는 신부들의 선하고도 일상적인 행위에 대해서는 스스로 답해줄 수 있으며, 특사가 여러 성에 흩어져 있는 선교사들을 방문하겠다면 이것만은 윤허할 수 있다고 답했다는 내용이었다. 하지만 이 모든 일은, 이제 우리가 말하려고 하는, 이탈리아어로 쓴 특사의 상소를 중국어로 번역하기 전에 생긴 일이었다.

12월 27일, 관리들은 특사에게 이 일이 거의 끝났다고 말하였다. 특사는 이 표현을 그의 요구가 받아들여졌다는 뜻으로 이해하고 이게 크게 만족했다. 킬리아니 신부와 다른 신부들은 특사가 기뻐하는 것을 진정시켜야만 했다. 특사에게 중국인들의 이러한 표현은 고려 중이라는 표현에 불과하며, 또한 특사의 상소가 아직 중국어로 번역되지 않았으므로 그 안에 담긴 모든 요구사항을 황제가 받아들이는 것이 가능하지 않을 수도 있다는 점을 상기시켰다. 그 상소문을 정확하게 번역하면 다음과 같다.

> "황제 폐하의 명을 충실하게 따르기 위해서 저는 다음과 같이 아뢥니다. 교황 성하께서는 황제의 영혼이 구원받기를 간절히 원하고 계시며, 또 중국 황실과 영구적으로 교류가 이어지고, 황제에 관한 소식을 계속해서 듣는 것은 물론 황제께 기쁨을 드릴 수 있는 모든 소식을 전해드리기를 크게 바라고 계시옵니다. 이를 위해 교황께서는 이곳에 진실하고 신중하며 배움이 많은 사람을 전 유럽인 선교사들을 관장하는 총 관찰사로 세우기를 원하고 계시나이다. 이 관찰사는 동시에 황제 폐하의 보호와 모범과 좋은 조언으로 큰 은혜를 입고 있는 선교사들을 잘 다스려 폐하의 뜻과 황제의 요구를 충족시켜 드릴 것입니다."

황제는 이 상소의 내용을 읽어보고 싶은 마음을 견딜 수 없어서 반 정도밖에 번역되지 않은 상소문을 가져오라고 했다. 황제는 전문을 읽고 나서 "이것은 사소한 요구일 뿐이다. 대주교가 여기 와서 정말로 협상하기를 원하고 있는 것이 있지 않으냐?"고 말하였는데, 조신들은 그의 통찰력에 매우 놀랐다. 12월 28일, 관리들은 대주교에게 황제는 총 관찰사라면 궁정에 최소한 10년은 거주해오면서 궁정의 예절을 잘 알고 있어야만 한다고 생각하신다고 전했다. 관리들은 황제의 통치에 대한 이런 견해를 뒷받침하는 충분한 이유를 내세웠다. 이 말은 대주교에게는 청천벽력과 같았다. 그는 건강에 영향을 줄 정도로 분노와 감정을 표출하면서 황제가 하루는 자신의 청을 들어준다고 하였다가 다음날에는 이를 거절하였다고 말하였고, 누군가 황제에게 영향력을 행사하여 이런 변화를 가져온 것이 틀림없다고 소리쳤다.

이렇게 [대주교가] 흥분할 것을 예상했던 페레이라 신부는 대주교에게 황제의 심기를 건드릴 수 있는 어떤 표현도 삼가라고 진솔하게 간청하였다. 황제는 어제 허락했던 일을 오늘 뒤집을 인물이 결코 아니며, 단지 자기의 요구에 따르게 만들려고 조건을 제시하는 것에 불과하다고 말했다. 그러나 대주교는 이 충고를 잘 받아들이지 않았다. 그리고 페레이라 신부에게, 특사는 자신이 말하는 도중에 중단되는 것을 좋아하지 않고, 또한 그가 방금 한 말이 번역되어 황제에게 보고되기를 바란다고 말했다. 제르비용 신부와 페레이라 신부는 특사의 말이 불러일으킬 나쁜 결과를 잘 알고 있었지만, 입을 다물기로 하였고, 아피아니 신부가 관리들에게 서면으로 답을 주었다. 관리들은 답신을 읽자마자 얼굴에 화를 드러내며 탄식했다. 그리고 천하의 위대한 군주인 그들의 주군을 경멸했다고 외쳤다. 관리들은 어느 날은 그 일을 허락했다가 다음 날 거절했다고 말하는 것은 황제가 경솔하다고 비난하는 것이라고 항의했다. 관리들은 자신들의 불편한 심기에 대하여 더욱 편히 말을 하고자 궁의 안쪽으로 이동하였다. 페레이라 신부와 제르비용 신부만이 대주교와 남게 되자, 그들은 중국의 궁정에서 협상할 때는 보다 겸손한 자세가 필요하다는 말을 넌지시 건넸다.

대주교는 이 말을 듣자 페레이라 신부를 향하여 갑자기 독설을 퍼부었다. 그는 신부가 대단치 않은 장인의 능력으로 30년 동안 황제를 섬겨왔다고 경멸하면서, 페레이라 신부로 하여금 진실에 대한 서약을 하게 한 후에 그에게 감찰관을 붙여 조사를 시킬 것이라는 말까지 하였다. 대리석보다도 더 차가운 성품을 가진 신부일지라도 감찰관이 팔을 휘어잡고 끌고 나가자 사과를 할 수밖에 없었다. 당시 사절단의 행동을 주시하고 있었던 황제는 한 환관을 통해 대주교의 거처에서 일어났던 이 모든 일을 알게 되었고, 아피아니 신부를 심하게 질책하였다. 결국 이 질책은 특사를 향한 것이었고, 이렇게 첫 번째 협상은 무산되었다. 12월 29일, 황제는 조신들이 모인 가운데 이렇게 호령했다.

> "유럽에서 막 도착한 대사는 짐의 궁정에 오래 머물러 있는 유럽인들이 상소문을 통하여 새로운 권력을 탐하고 있다고 상상하고 있다. 그러나 이것은 전적으로 잘못된 생각이다. 그들은 아무런 벼슬이나 특권을 가지지 않고 일할뿐더러 일 자체가 그들에게 크게 벅차게 느껴질 것이다. 또 로마가 보낸 사절은 틀림없이 베이징 협상의 실패에 대한 책임을 중간 일을 하는 선교사들에게 뒤집어씌우려고 할 수도 있기 때문이다. 짐은 오랜 벗인 이 [예수회 소속] 유럽인들을 알고 있다. 확신컨대 그들 가운데 아무도 그런 벼슬을 차지하려 들지 않을 것이며, 짐 역시도 그러한 벼슬을 탐하는 사람이라면 절대 신임하지 않았을 것이다."

황제는 이와 동시에 우리에게 대주교의 감찰관과 관련해서 발생했던 모든 일에 관하여 항의서를 제출하라고 요구했다. 이 항의서에서 우리는 첫째, 대주교가 원하는 바를 황제가 들어주지 않도록 하는 일에 전혀 간섭하지 않았다.

둘째, 만일 황제가 우리에게 중국 선교를 관장하는 일을 받아들이라고 명하고 이를 거역하면 중벌을 내리겠다고 해도 우리는 그것을 거절했을 것이라는 점을 선언해야만 했다.

대주교는 교황특사로서의 격식을 갖추어 우리의 항의를 받아들였다. 우리는 그의 앞에 무릎을 꿇었다. 그는 우리의 말을 듣고는 우리 중 일부가, 적어도 한 명이 황제와의 협상을 방해하고 있는 것이 확실하다고 말하였다. 그리고 우리로 하여금 교회의 머리가 되는 교황청에 반대하지 않을 것을 명령하였다. 그는 선교를 위하여 로마와 베이징 사이에 호의적인 관계를 쌓는 것이 자신의 목적이라고 밝혔다. 우리는 대주교의 이러한 말을 듣고 조용히 물러났다.

1차 협상에 이어 2차 협상이 벌어졌다. 제르비용 신부와 페레이라 신부는 대주교에게서 교황이 교황청과 중국 황실 사이에 일종의 중재자를 두고 싶어 한다는 말을 듣고는, 이를 황제에게 전하기로 하였다. 선교 총책임자보다는 중재자를 앞세우면 황제의 거부감이 적어질 것이라는 기대감이 있었기 때문이었다. 그런 생각이 들자 두 신부는 태감을 통하여 황제에게 이런 뜻을 전하였고, 황제는 이튿날 대주교의 알현을 허락하여 황제의 생각을 말하였다.

12월 31일 특사는 교황의 입장에 서서 교황청과 중국 황실에 서신을 전할 매개자를 선정하는 문제에 관한 제안서를 작성하였다. 황제는 이런 문제는 매우 간단한 것으로 자기 궁정에 오래 머문 유럽인들 가운데 하나가 맡으면 된다고 답하였다. 대주교는 교황청에 친숙한 누군가를 선정하는 것이 더 타당할 것인데, 교황이 전적으로 신임할 수 있기 때문이라고 말하였다. 이에 대해 황제는 외쳤다.

> "교황의 신임이라니 도대체 무슨 뜻이오? 짐은 신하라면 모두 신임할 만한 사람이오. 짐은 나의 백성들의 충성심을 믿고 있소. 짐의 궁정에는 짐을 돕는 세 수도회 출신의 관리들이 있소. 짐은 이 셋 가운데 하나가 짐의 명을 수행하기를 원하오. 그들 중 그 일을 수행하지 못할 자가 있겠소? 설령 내가 당신이 제안한 중재자를 지명하는 데 동의한다고 가정하더라도, 그 새로 온 이가 짐을 이해할 수 있겠소? 그 새로 온 이에게는 통역이 필요할 것이고, 그렇게 되면 지금처럼 우리가 의심하고 불신하게 될 것이 아니겠소."

대주교는 자기가 보기에 아주 적절한 후보가 하나 있는데 밤낮으로 중국어 공부에 매진하는 사람이라고 답하였다. 하지만 황제가 이런 제안을 거절하여 그 일은 무산되었다. 3차 협상도 무산되기는 마찬가지였는데, 드 투르농이 자신에게 베풀어진 커다란 환대에 지나친 기대를 건 나머지, 그가 두 차례 거절당한 것을 잊어버렸기 때문이었다. 그리하여 대주교는 관리 칸카마에게 황제에게 전할 내용에 관해 은밀하게 의논할 일이 있다는 서신을 보냈다. 관리 칸카마는 즉시 달려왔다. 대주교는 자기가 돈을 내어 베이징에 집 한 채를 사고 싶은데 황제의 승낙만을 기다리고 있노라고 말하였다. 관리 칸카마는 황제로부터 대주교가 황궁에 거주하고 있는 유럽인들과 갈등을 겪고 있다는 말을 들었기 때문에, 대주교의 생각을 떠볼 요량이었다. 노련한 관리였던 칸카마는 쉽사리 이러한 목적을 이룰 수 있었다. 그는 문제가 되는 혜택을 신부들을 통해서 얻어내지 않는 이유를 대주교에게 물었다. 대주교가 신부들을 불신하는 이유가 무엇이며, 그렇다면 그들 가운데 누구에게 특히 의심이 가는지도 물어보았다. 이 영민한 만주인 관리는 대주교보다 한 수 위였는데, 대주교가 품고 있었던 불신의 이유가 맞는지 틀리는지와 대주교가 신뢰하지 못하는 신부들의 이름을 알아내어 황제에게 곧바로 보고하였다. 동시에 그는 대주교에게는 자신이 기회가 닿는 대로 집 문제를 해결할 것이라는 기대감을 주어 대주교가 용기를 갖게 했다. 드디어 2월 4일, 관리 칸카마가 다시 찾아와 대주교에게 이렇게 말했다.

> "귀하가 베이징에 집 한 채를 가지시고자 하니 황제의 허락을 얻어 집 한 채를 갖게 하는 일은 너무 쉬운 일이오. 귀하는 황제께서 신부들을 어떻게 대하시는지 눈으로 보셨을 것이니 만일 당신이 원하는 것을 그 신부들을 통해 청한다면, 기꺼이 그 신부들에 해주셨듯이 해주실 것이오. 그러니 이곳에 온 지 오래된 유럽인들과 함께 평화를 이루고, 하나가 되려는 모습을 보이도록 노력하시오. 황제께 귀하에 대해 좋게 말을 한 유일한 사람들이 바로 그분들이오. 이 중국 땅에서 그분들이 귀하 편에 서서 증언을 하지 않는 한 귀하가 유럽에서 중요한 인물이라는 사실을 아는 사람이 과연 있기나 하오? 이곳에서는 그분들의 명성이 높고, 그분들의 도움을 받지 않는다면 귀하는 결코 성공할 수 없을 것이오."

관리의 조언을 따르지 않을 수 없었던 대주교는 이튿날 그리말디, 제르비용, 도마와 페레이라 네 신부를 불렀다. 황제는 이 소식을 알고 있었고, 네 신부가 자신에게 그 대화 내용을 전달해 주기를 바랐다. 신부들은 대주교가 요청하는 이 일에 대한 허락을 받을 수 있으리라 확신했다. 그러나 황제는 관리 칸카마를 통해서 사건의 진상을 미리 알고 있었으므로 신부들에게 이런 혜택을 줄 생각이 전혀 없다고 말했다. 황제는 이렇게 말했다.

> "대주교가 짐에게 하는 말이, 그렇게 하면 짐이 교황을 크게 기쁘게 하고 짐이 유럽 전역에서 유명해질 것이라고 한다. 그러나 어떤 부류의 인간들이 그 집을 채울지 짐이 어찌 알겠는가? 대주교는 어떤 수도회에서, 또는 어떤 국적을 가진 자가 올 것인지 말한 적이 없노라. 대주교는 이 집에 살 사람들이 짐의 궁정에서 오래 살고 있는 유럽인 신부들과는 다른 생활을 하게 될 것이라고 말하노라. 그렇게 되면 불편해지고 무질서가 초래될 것이다. 적어도 불협화음이 생길 것이다.

짐은 일률적인 것을 좋아하노라."

관리 칸카마는 모두가 함께 사용한다는 조건으로 집을 내어주는 것이 가할 수도 있다고 조심스럽게 말을 꺼냈으나, 그런 계획은 비현실적이라고 답하면서 [황제는] 청원자들을 물리쳤다. 황제는 우리가 자리를 물러난 후에 궁인들에게 이렇게 말했다.

"대주교가 어떤 단계를 밟아 베이징에 이런 집을 갖겠다는 요청을 하게 되었는지 짐작이 가느냐? 대주교는 처음에 중국 선교사 모두를 총괄하는 관찰사를 두겠다는 허락을 구하였느니라. 이어서 짐과 교황청 사이를 잇는 매개자를 두고 싶다고 하였고, 이제는 마지막으로 베이징에 집 한 채만 달랑 달라고 청하였느니라. 하지만 이 요청은 그 수위를 다시 천천히 높이려는 술책이니라. 대주교는 집을 갖게 되면 매개자를 요청할 것이고, 매개자를 갖게 되면 총 관찰사를 요청하게 될 것이니라."

마침내 황제는 예수회 신부들에게 이런 간청을 되풀이하지 못하도록 하였는데, 신부들이 이런 금지조치로 고민에 빠지자 그들이 원한다면 다시 간청할 수는 있으나 자신은 결코 그것을 들어주지는 않겠다는 말로 신부들을 위로하였다. 대주교는 다른 사람들을 통하여 협상이 무산되었다는 소식을 듣자, 그런 이야기가 나오게 된 것이 예수회 신부들 탓이라는 강한 의구심을 품게 되었다.

대주교가 시작한 4차 협상은 황제가 교황에게 보내는 선물에 관한 것이었다. 이 문제에 있어서도 대주교는 이전의 협상에서보다 더 나은 결과를 얻지 못했다. 황제는 선물을 전할 사람을 대주교가 골라 교황을 만나게 하라고 허락했다. 대주교는 앞서 말한 것처럼 감찰관 사비니 신부를 점지하였다. 사비니 신부를 광동까지 호송하게 된 관리는 황제에게 자신은 사비니가 하는 말을 이해할 수 없으며, 사비니 역시도 자신이 하는 말을 이해하지 못하니 황제가 통역 일을 할 수 있는 신부들 가운데 하나를 이 일행에게 붙여달라고 말했다. 황제는 이런 요구에 그 이상의 조치를 취하였다. 드 투르농의 밑에 있는 한 사람이 교황에게 선물을 전하게 하느니 차라리 자신의 사절 하나를 보내는 것이 더 예의 바를 것이라는 생각이 들어, 궁정에 있는 신부들 가운데서 부베 신부를 골라 자신의 사절로 로마로 가게 한 것이었다.

선물이 대주교에게 전달되었고, 이 선물의 관리는 부베 신부와 사비니 신부가 함께 맡았다. 그러나 황제의 명령을 전달하러 온 관리가 부베 신부에게만 말을 걸었으므로, 궁정에 있는 사람들은 부베가 황제의 유일한 사절이라는 점을 아무도 의심할 수 없었고 사비니는 대주교만을 대신하는 사람이라고 여겼다. 그 누구도 황제가 임명한 자 외에는 황제의 사절이라 칭할 수 없음은 자명한 일이었기 때문이었다. 이에 더하여 신임장을 달라는 사비니 신부의 요청은 거부되었고, 신임장은 부베 신부에게 주어졌다.

예수회 신부들은 이러한 상황을 대주교에게 보고하였다. 그는 신부들이 하는 말을 못 들은 체하였으니 우리로서는 그가 무슨 생각을 하는지 알 수 없었다. 우리가 아는 것은 누군가가 영향력을 행사하여 부베 신부가 사비니 신부의 동행이 되었다는 내용의 편지를 각 성에 있는 선교사들에게 보냈다는 사실 뿐이었다. 아마도 대주교는 실제로는 부베 신부가 황제의 사절이 되어 로마로 가지는 않을 것이라고 확신하였으리라고 본다. 그가 교황에게 그런 내용의 서신을 보냈기 때문이었다. 아마도 그는 자신도 알지 못하는 사이에 부베 신부를 사절로 임명한 것은 비공식적이고, 또 자신이 모든 선교사를 관장하는 관찰사인 까닭에 자신의 허락이 없이는 어느 선교사라도 황제의 임명을 받아들지 못하리라고 생각했을 수도 있다. 그가 부베 신부의 임명에 대해 아무런 조사도 하지 않았던 것은 매우 예외적인 경우인데, 이 문제는 사람들에게 꽤 많이 알려져서 모두가 이에 대해 말하고 있었기 때문이었다. 그는 이처럼 멀리 떨어진 나라에서라면, 또 특사의 권한에 대한 질시가 대단한 궁정에서라면, 자신의 권위에 의지해서 마음대로 이 문제를 해결할 수 있다고 생각했던 것 같다.

포장된 선물은 열쇠와 함께 부베 신부에게 전달되었다. 그러나 대주교는 신부에게 열쇠를 포기하고 자신에게 돌려달라고 명했고, 신부는 이 명령에 복종하여 열쇠를 대주교의 손에 되돌려 주었다. 나중에 부베 신부는 열쇠를 돌려줄 것을, 그것도 여러 증인 앞에서 여섯 차례나 요청하였다. 대주교는 이에 침묵으로 일관하였다. 대주교는 마침내 일행이 출발할 때가 되자 사비니 신부에게 선물꾸러미 열쇠를 주고는, 항해 중에 죽게 되는 경우가 아니면 부베 신부에게 열쇠를 주지 못하게 하였다. 일행이 광동에 이르러 호송하던 관리가 황궁으로 돌아가려 하자 사비니 신부는 부베 신부에게 신임장을 보자고 하였다. 사비니 신부가 신임장을 보자, 부베 신부는 이제 사비니 신부도 부베 신부가 사절로 임명되었다는 사실을 알게 되었으니 열쇠를 돌려달라고 요청하였다. 이 모든 일은 관리가 목격하는 곳에서 이루어졌다. 사비니 신부에게는 부베에게 열쇠를 돌려주거나 아니면 동행하던 관리가 사비니 신부를 헐뜯는 보고서를 궁정에 올리는 선택만이 남게 되었다. 대주교는 부베 신부가 이러한 요구를 하였다는 소식을 전해 듣고는 매우 불쾌해하며 사비니 신부에게 부베 신부에게 열쇠를 주느니 차라리 선물들을 바다에 던져버리라고 명하였고, 부베 신부에게는 사절의 자리에서 사임하라고 명하였다.

제르비용 신부는 부베 신부에게 예견되었던 이러한 위험을 잘 파악하고 있었으므로, 부베 신부에게 선물을 사비니에게 넘겨주라는 편지를 보냈다. 그리고 자신을 포함한 다른 신부들이 황제의 심기를 달래는 노력을 하겠다고 약속하였다. 동시에 제르비용 신부는 대주교에게도 그가 취했던 조치를 알려주었다.

드 투르농이 염려했던 다섯 번째 사건은 다음과 같은 방식으로 벌어졌다. 그는 만주인 관리 칸카마에게 황제를 단독으로 알현하고 싶다고 솔직하게 말했다. 이는 황제가 오랫동안 바라던 것이어서 그 날짜가 6월 1일로 정해졌다. 그러나 대주교가 건강이 나빠져서 황제에게 갈 수 없는 일이 벌어졌다. 그러자 황제는 한 관리에게 대주교가 하고자 하는 내용을 관리에게 대신 부탁하도록 했지만, 대주교는 이를 거절하였다. 그는 자신이 황제에게 말하고자 하는 용건은 매우 중요한 것이고, 그 용건은 사절단의 이해나 자기 조국의 이해와는 관련이 없지만 황제 자신과 황가의 이해와 관련이 있는 것이기에 황제가 그런 목적을 가지고 공적으로 지정한 사람에게만 개인적으로 설명할 수 있다는 이유를 들어서 거절했다.

이러한 반복되는 거절로 기분이 상한 황제는 머나먼 곳에서 온 사람이 황제와 황제의 가족에 대해서 개인적으로 전할 말이 있다고 말하는 것을 보고 매우 놀랐다. 황제는 마음이 조금 산란해져서 붓을 들어 대주교에게 이것이 진행되는 과정에서 불쾌해진 이유를 짧게 적어 보냈고, 최종적으로 대주교가 의도하는 바를 단도직입적으로 설명하라고 명했다. 대주교는 자신에게 황제의 명이 내려진 것을 알고 우리와 관리들이 있는 자리에서 첫째, 부베 신부가 로마로 보내진 황제의 사절 자리에서 물러났다는 것과 둘째, 포르투갈인들이 다른 나라 사람들이 중국에 들어오는 것을 막고 있다고 말했다.

우리는 모두 대주교의 말이 어떤 폭풍을 일으킬지 짐작했기에 아무도 그의 말을 황제에게 통역하려 하지 않았다. 특히 두 번째 조항에 관한 통역은 하지 않으려고 하였다. 이에 아피아니 신부가 대주교가 황제에게 하고자 했던 말을 관리들에게 알아듣도록 설명하였으나, 관리들은 이런 중대사를 구두로 옮길 수는 없다는 이유로 거절하였으므로 글로 써서 전하게 되었다.

우리는 시간을 벌기 위하여 관리들이 답신을 받으러 와 있는 동안에 그들을 흥겹게 해 주려고 세심한 배려를 하였고, 이에 그들은 늦은 시간까지 궁궐로 돌아가지 않았다. 그들이 대기하고 있는 동안에, 베이징 주교는 대주교에게 그가 중국의 황제에게 하고자 하는 말의 위험성을 경고하려고 노력했다. 심지어 사절 단원으로 따라온 성직자도 대주교에게 그의 뜻을 접으라고 호소했다. 그러나 드 투르농은 교황청에게 순종해야만 한다는 말 외에는 다른 말을 하지 않았다. 드디어 대주교의 서신이 봉인되어 관리들의 손으로 넘겨졌다. 아피아니 신부는 서신을 넘겨주면서 관리들에게 서신에서 아주 번거로운 두 가지 사항을 언급하고 있다고 말했다. 하나는 부베 신부에 대한 불평인데, 모든 사람이 그를 사비니 신부의 조수이고 통역으로 딸려 보내는 것으로 알고 있는데 그가 자신을 황제의 사절로 여긴 것에 대한 불평이라고 하였다. 다른 하나는 포르투갈인들에 대한 불평인데, 그들이 포르투갈을 경유하지 않고 또 포르투갈의 법을 따르지 않는 사람에게는 그 누구라도 중국에 들어오는 것을 허락하지 않기 때문이라는 것이었다. 황궁에서는 대주교의 답신을 애타게 기다리고 있었고, 서신이 닿자마자 그것을 창춘원에 있는 황제에게 보냈다.

황제의 장자가 그 서신을 읽더니 "이 이방인은 어찌하여 [우리 황실의 일에 이렇게] 간섭하는가? 부베 신부는 우리가 보낸 사절이다. 어찌 감히 대주교의 수하가 부베 신부와 사절이라는 호칭을 두고 다툴 수 있단 말이냐? 황제께서 그를 사절로 삼으시지 않으셨던가?"라고 외쳤다. 그런 후에 황자는 이 서신을 부왕에게 가져갔다. 황제는 서신을 읽고 크게 기분이 상한 나머지, 중국에 오래

전부터 있던 선교사들에게 대주교와 사비니가 유럽에서 그런 행동을 했어도 중형에 처하는 게 당연하지 않겠는가라고 물었다. 황제는 친필로 드 투르농에게 답신을 보냈다. 우선, 부베 신부가 사절이라는 점을 확인하였고, 둘째로, 대주교는 교황의 특사이므로 종교문제를 제외한 문제에 관심을 보여서는 안 된다는 점을 상기시켰다. 그리고 셋째, 대주교가 불화의 원인을 근본적으로 없애겠다고 말하면서도 실제로 사방에 불화의 씨를 심고 있다는 것을 밝혔다. 넷째, 유럽 선교사들이 그때까지는 중국 영토 안에서 매우 훌륭하게 행했으나, 특사가 오고 난 후로는 분쟁이 있게 되었다고 말했다. 다섯째, 황제는 미리 조사를 받지 않은 채로 선교사가 단 한 명이라도 중국의 어떤 관문으로라도 들어오는 것을 절대로 허락하지 않겠다고 위협했다.

신부들은 몬시뇰 아피아니에게, 대주교가 받게 될 황제의 답변이 가지고 있는 무게에 대해 경고해 달라고 사정하였다. 대주교가 감정을 억누르고 예의를 갖추어 회답을 전하러 오는 관리들에게 좋은 인상을 주도록 하기 위함이었다. 대주교는 이 충고를 받아들여 자기에게 좋은 조언을 해준 황제에게 감사를 표했는데, 황제는 회답을 전하고 돌아온 사자에게 특사가 이제는 그 감찰관이라는 자(사비니 신부)가 황제의 사절이 아니라는 사실을 깨우치기 시작했느냐고 물었다.

황제는 위협으로 가득한 두 번째 서신을 보냈는데, 대주교가 매우 난감해하거나 특별히 그 서신을 보고자 하는 경우에만 이를 전달해야 한다는 단서를 달았다. 신부들은 이 새로운 서신이 뜻하는 바를 알아채고서 아피아니 신부를 통해 특사에게 경고했다. 그리하여 대주교는 관리들이 [황제의 두 번째 서신을 전하려고] 돌아오자, 자신이 황제의 명에 따르는 모습을 보여주었고, 관리들이 가져온 서신 내용이 무엇인지를 알려고 하지 않는 태도를 견지했다. 그리고 부베 신부를 소환하는 것이 합당한 일이라고 생각하는 지를 관리들이 묻자, 드 투르농 대주교는 자기가 그런 조치를 한다면 위험이 따른다는 것을 깨달았는데, 사비니가 홀로 황제의 선물을 가지고 떠날 수는 없는 노릇이며 사절 일행의 출발을 더욱 지연시킬 수는 없다고 말하였다. 관리들로부터 이러한 질문을 받자 대주교는 눈물이 흐르는 것을 참을 수 없었다. 이때만큼이나 그가 눈물을 흘리기에 적절한 때는 단연코 없었을 것이다.

관리들은 대주교에게 그의 감정이 어떠한지 물었다. 특사는 "황제께서 보내신 선물이 배달이 지연되는 실수가 벌어진다면 교황께서 이를 제 탓으로 돌리실 것인데, 부베 신부가 지금 출항하지 않는다면 늦게 도착하고 말 것이오."라고 말하였다. 그가 이런 말을 하게 된 것은 그가 이미 선물에 관한 이야기를 마닐라를 통해 전했기 때문이었다. 이렇게 되자 대주교는 이제 부베 신부가 선물을 전해야 한다고 간청해야 하는 입장에 놓이게 되었다.

몬시뇰 드 투르농이 처한 여섯 번째의 곤란한 상황은 그가 황제의 심기를 상하게 하면서 일어났다. 애매하면서도 일반적인 말을 통해 약간의 후회하는 감정을 보이기만 하였어도 이런 상황은 일어나지 않았을 것이다. 그러나 드 투르농 신부는 이조차 거부했고, 이로 인해 황제가 크게 분노하게 되었다.

이런 일이 있은 다음에, 대주교는 궁정으로부터 자신의 권위를 무시당하는 여러 가지 명을 받게 되었다. 그리고 이 때문에 마침내 그는 교황특사라는 자신의 신분이 존중받지 못한다고 불평하게 되었다. 대주교에게 돌아온 답변은 그를 교황특사로 존중하겠으나, 교황특사로 존중받기 위해서는 교황의 신임장을 제시하라는 것이었다. 그러나 대주교는 교황청에서 온 두 통의 서신 말고는 자신이 사절이라는 사실을 증명하는 어떤 문건도 제시하지 않았다. 서신이라는 것도 하나는 베이징 주교에게, 다른 하나는 코난 주교에게 보낸 진 것이었다. 이 두 고위 성직자조차도 그 서신들만 가지고는, 특히 교황청의 문서형식을 알지 못하는 나라에서라면, 충분한 문서가 되지 않을 거라고 여겼다. 대주교로서는 자신의 권한을 입증하는 문건을 제시하지 않는 이유가 확실히 있었다. 그러나 황제로서는 대주교가 신임장을 제시하지 않았으므로 그를 베이징 밖으로 내보내기로 했다. 황제는 물론 그를 베이징 밖으로 보내라고 명시적으로 명하지는 않았다. 그러나 대주교가 베이징에 머물도록 지정한 기간을 연장해주지 않는 간단한 방법을 이용했다. 부베 신부와 사비니 신부에게는 선물을 거두어 돌아오라는 명이 하달되었다. 보다 믿을만한 신임장을 제시할 만한 다른 사절이 방문하면, 그때 그 두 사람을 보내기로 결정했기 때문이었다.

이러한 조치는 처음에는 드 트루농 신부에게 겁을 주어서 그를 황제의 뜻에 따르게 한다는 취지에서 시행되었으나, 대주교가 황제를 만족시키는 아무런 조치도 취하지 않자, 이런 위협은 곧 실행으로 옮겨졌고 실제로 대주교를 곧 유럽으로 돌려보내기로 했다. 그리하여 명령을 받은 한 관리가 서둘러 광동으로 가서 부베 신부와 사비니 신부로 하여금 선물을 거두어 돌아오도록 조치하였다. 두 신부에게 하달된 황제의 명에서는 대주교에게는 교황특사라고 인정할만한 충분한 권한이 없고, 비록 중국에서 오래 살아온 유럽 선교사들이 그가 사절이라고 증언하고는 있지만, 이러한 증언을 반드시 믿을 필요는 없다는 내용이 담겨 있었다.

우리가 드 투르농 신부가 다시 황제의 은혜를 입고 또 교황청의 명예를 구하기 위해서 전력을 다했음을 확실히 밝히고자 한다. 우리는 대주교에 내려지는 징벌이 교황에게로까지 돌려져서는 안 된다고 생각하였다. 왜냐하면, 북방 초원지대와 마닐라를 통하여 중국에서 황제의 선물이 교황에게로 보내질 것이라는 소식을 이미 로마에 전했기 때문이었다. 그러나 아무리 간청을 하여도 소용이 없었으므로, 우리는 황제에게 보낸 탄원서 원본을 유럽으로 보냈다. 이는 실효성을 가진 명시적인 황제의 명을 받을 때까지 우리가 대주교를 위한 노력을 절대 멈추지 않겠다는 것을 보여주려는 것이었다. 무엇보다 애절한 일은 우리의 커다란 기대가 한꺼번에 무너지는 것을 보게 된 것이었다. 황제는 친히 드 투르농 신부에게, 그에게는 중국 백성을 그리스도교로 개종시킨다는 일념만 있을 뿐이지만, 결국은 그가 고집을 부려 그 일념을 이룰 수 있는 모든 가능성을 파괴해 버렸다고 질책하였다. 그리고는 드 투르농 대사에게 앞으로 자신의 영토에서 그리스도교가 크게 번창하지 못한다면, 이는 황제의 탓이 아니라는 편지를 교황에게 보내라고 명했다.

이러한 완전한 실패 가운데서도 우리에게 조금이나마 위로가 된 것은, 황제가 드 투르농 신부가 도착했을 때 보여주었던 것과 똑같이 명예로운 환송을 받으며 귀국할 수 있도록 지시한 것이었다. 특사의 행동에 대해 불만이 있었지만, 교황은 언제나 존경을 받았다. 어떤 궁인들은 교황이 자신이 보낸 사절 때문에 심판의 대상이 되었다는 말을 서슴없이 했으나, 황제는 그들의 입을 다물도록 했다. 왜냐면 황제는 사절들이 주군들의 일을 처리하는 과정에서 사절들의 마음대로 하는 실수를 많이 하고, 강력한 군주의 권한을 위임받은 사람들이 스스로 통치자의 역할을 하는 것을 즐기기도 한다는 것을 알고 있었기 때문이었다. 그러므로 이 경우에 교황청이 신용을 크게 잃었다는 것은 바른 판단은 아니었지만, 우리는 코나나 주교와 그의 조수, 또 구에티Guetti 신부가 투옥된 것으로 인해 크게 상심했다. 황제는 코나나 주교가 고의는 아니었겠지만, 무례를 범했다고 질책하였다. 시계기술자인 구에티 신부는 중국에서 사제 서품을 받았고 나중에 베이징으로 소환되어 황제를 위하여 시계를 만드는 일에 솜씨를 발휘한 인물이었다. 그가 이런 일을 하는 동안에 대주교는 보르게시오스

Borghesios라는 이탈리아인 의사를 궁정으로 보내어 그곳에 자리를 잡게 하려 하였다.

이 의사는 구에티 신부 앞으로 된 편지 몇 통을 지니고 있었는데, 그때까지 아무도 그의 일에 끼어든 사람은 없었다. 그러나 그동안의 행적을 조심스럽게 살피던 황제가 그에게 편지를 받은 적이 있는지 물었고, 그는 솔직하게 두 통의 편지를 받았다고 털어놓았다. 그리하여 편지를 내놓으라는 명이 내려졌으나, 의사는 조그만 상자 속에 편지를 보관하고 있다고 말하면서 양해를 구했다. 상자를 찾으러 간 구에티 신부는 편지 한 통은 찢어버리고, 다른 한 통은 찾아낼 수 없으리라고 생각한 곳에 숨겼다. 그러나 한 관리가 그의 이러한 행동을 감지하고는 찢어진 편지 조각을 찾아내어 황태자에게로 가져갔고, 황태자는 이를 황제에게 올렸다. 이 유럽인은 서신을 숨기려 한 것에 대하여 심한 질책을 받았다. 그는 찢어진 편지 조각들을 서로 붙여 하나로 만들고, 또 감추어둔 다른 편지 한 통도 내놓을 수밖에 없게 되었다. 두 통 모두에 별다른 중요한 내용은 없었다. 첫 번째 편지에는 "이 자들(예수회 선교사들)이 당신을 궁정에서 쫓아내려고 전력을 다할 것이다."라는 말과 더불어 "대주교께서 당신이 황제와 개인적으로 가까이 지내기를 매우 바라고 계시지만, 이런 말이 누설되지 않도록 매우 조심해야 한다."는 말이 들어있었다. 두 번째 편지에는 나라 안의 사정 외에는 다른 내용이 아무것도 없었으므로, 전체적으로 보아 매우 사소한 사건이었다. 그러나 황제에게 편지를 감추려는 어리석은 행동 때문에 구에티 신부는 곤란해졌다. 그는 잘못에 대한 벌로, 앞으로는 거짓으로 고하느니 차라리 죽음을 택하겠다고 약속했다.

제 4 절 중국에서 유럽으로 돌아가던 대주교가 남긴 아홉 개의 결과

첫째, 황제는 대주교에게 너무 큰 호의를 베푼 것을 후회하며, 날마다 궁정에 있는 선교사들을 책망했다. 왜냐면 그들이 황제에게 이 대주교를 중국 땅에, 심지어는 궁정에 들어오게 해달라고 긴급하게 간청했기 때문이었다. 둘째, 황제는 자신이 무례한 취급을 받았다고 말하고 있고, 보복을 가하겠다고 위협하고 있으며, 선물을 회수하고 대주교를 추방하는 것으로 분개함을 드러내고 있다. 셋째, 궁정에서는 선교사들 사이의 불화가 어떤 커다란 야심적 음모에 기인할 수 있다는 생각을 전제로 하고, 황태자가 지방에서 비밀리에 조사를 진행하고 있다. 황태자는 심지어 하인 한 명에게 세례를 받게 하였는데, 그를 통해서 우리가 모였을 때 행하는 신비로운 예배절차에 관한 정보를 얻고자 함이다. 실제로 이러한 음모 때문에 구에티 신부가 협박을 당하였는데, 이를테면, 그가 예수회 선교사들에 대하여 알고 있는 바를 실토하게 만드는 것이다. 넷째, 관리들이 황제 앞에서 그리스도교에 대해 독설을 퍼붓기 시작하고 있는데, 이는 지금까지는 아무도 감히 행하지 못했던 일이다. 황태자가 가장 맹렬한 독설가들 가운데 하나다. 많은 관리가 아내와 자식과 하인들에게 그리스도교를 포기하라고 강요하고 있는 것은 오로지 그 종교의 우두머리 혹은 적어도 종교의 대표자들이 황제의 분노를 자극했다는 이유 때문이다. 다섯째, 불승들이 승리를 기뻐하고 있고, 그들의 신들이 이렇게 답하셨다고 선언했는데, 이는 우리의 몰락을 예언한다. 여섯째, 그리스도교가 점점 의심을 받고 있다. 이러한 의심은 주로 황제가 그리스도교의 신성함과 그리스도교 선교사들의 정직성에 대해 의문을 제기했기 때문에 생긴 것이다. 일곱째, 우리가 그토록 높이 칭송했던 교황의 권위가 중국의 여러 교회당에서 추락하고 있다. 교황의 은혜를 가장 많이 받은 사람들은 다른 이들을 낮추는 것만 생각하는 듯하고, 사람들이 예수 그리스도가 아니라 자신들의 권위와 능력을 전하기 시작하였다. 또 교회 안에서, 심지어 그리스도교를 아직 받아들이지 않은 사람들로부터 교회에서의 지위가 높은 것을 말하면서 존경을 받으려고 애쓰는 이들을 발견하고 놀란다. 여덟째, 선교사들의 명성이 맹렬한 공격으로 고통당하고 있다. 아홉째, 이곳은 사람들이 예수회의 명성을 훼손하면서 큰 해를 끼치지 않고 비웃을 수 있는 유럽의 궁정과는 다르다. 이곳에서 예수회 선교사들이 신용을 잃는다는 것은 곧 영혼들의 안전이 위험에 처하는 것이다. 우리는 이곳에 있는 그 누구도 예수회 선교사들보다 더 많이 일하고, 더 많이 고난받는 사람은 없다고 감히 주장할 수 있다.

제 5 절 대주교의 불만에 대한 예수회 선교사들의 항목별 해명

1. 대주교는 그가 중국에 도착했을 때, 예수회 신부들이 그를 맞이하고 돕지 않았다고 주장한다.

답변: 중국에는 두 군데의 항이 있는데, 한 곳은 광동이고, 다른 한 곳은 복건이다. 예수회 선교사들이 베이징에서 1,900km 넘게 떨어져 있는 두 곳으로 보내져서 대주교가 오기를 일 년에서 이년의 기간에 걸쳐 기다리기를 기대했다는 말인가? 황제는 선교사들에게 베이징에서 이틀 이상 걸리는 여행조차도 허락하지 않는다. 그런 황제가 선교사들에게 그 먼 곳까지 가는 것을 허락할 가능성이 있단 말인가? 또 만약에 선교사들이 대주교를 만나러 갔더라도, 대주교는 여전히 불평할 다른 트집거리를 찾아내지 않았겠는가? 예수회 선교사들이 그가 자유롭게 행동하는 것을 막고 필요한 정보를 얻는 것을 방해하러 왔다고 말할 수도 있지 않았겠는가?

2. 예수회 선교사들이 대주교 일행이 공물과 관세를 면제받도록 조치하지 않았다.

답변: 대주교 자신이 [1705년 5월 8일자로] 그리말디 신부에게 보낸 한 편지에서 우리가 그렇게 하려고 열심히 노력했다고 인정하였다. 그리고 우리가 성공하지 못하더라도 그것이 우리 책임이 아니라고 인정하였다. 많은 수행원을 거느린 1품 관리가 로마에 왔다고 가정해보자. 특히 사절단이 아시아의 사치품을 가득 싣고 왔다면, 예수회 관찰사가 보낸 추천서가 탐욕스러운 세관원에게 무슨 소용이 있었겠는가?

3. 예수회 선교사들이 대주교가 광동에 머물던 다섯 달 동안 편지를 보내지 않았다.

답변: 대주교 스스로 그의 광동 대리인인 보빌리에Beauvilliers 신부를 통해서, 그가 광동을 떠나 남경으로 갈 예정이라는 것을 통고하지 않았던가? 그래도 선교사들이 광동으로 편지를 보내야 했다는 말인가? 대주교가 5월 8일에 마음을 바꾸었으나 예수회 신부들은 6월 말까지도 이런 일정 변경을 통보받지 못한 것이 사실이니, 대주교가 서신을 받지도 못할 광동으로 편지를 보내는 것은 소용없지 않았을까? 예수회 선교사들이 그 뒤로 대주교에 대한 의무를 이행하지 않은 적이 있단 말인가?

4. 예수회 선교사들은 궁정에서, 특히 대주교를 광동에서 베이징까지 안내하라고 보내는 사절을 구하지 않았다.

답변: 우리는 먼저 대주교가 궁정에서 영접 받는 것을 막으려고 했다는 의심을 받았다. 나중에 밝혀지겠지만, 우리는 이런 허락을 받아내는 과정에서 커다란 어려움을 겪었다. 그런데 우리에게 대주교를 호송할 관리를 보내지 않았다며 우리를 여전히 가혹하게 대한다. 사람들의 바람은 끝이 없는 듯하다. 이러한 불만 역시 매우 어처구니가 없는데, 대주교 자신이 [9월 4일자로] 그리말디 신부에게 보낸 편지에서 "예수회 선교사들이 호송할 관리를 보내지 않아서 매우 기뻤는데, 그랬었다면 크게 화를 낼 뻔했다."라고 말했기 때문이다.

5. 그리말디 신부는 대주교가 예수회 신부 하나를 남경의 교황대리로 임명해 달라는 요청을 받고도 이에 따르지 않았다.

답변: 첫째, 우리 예수회의 규정에는 어느 예수회 신부에게도 교회의 직분을 제안하는 것을 금하고 있다. 둘째로, 인도의 대주교가 이 자리에 이미 임명되었다. 셋째로, 우리로서는 고아 대주교의 권한을 두고 교황청에서 재판이 진행 중이므로 이를 거론하는 것이 적당하지 않다.

6. 그리말디 신부는 교황대리에게 복종하는 의무에 관한 대주교에 말에 아무 답도 하지 않았다.

답변: 대주교는 그리말디 신부에게 이런 내용을 써서 보냈다. "귀하께서 교황청의 교서에 따라 많은 주의를 기울여 교황대리를 받아들여야 한다고 베이징에 있는 신부들에게 통지하길 바란다." 첫째, 대주교는 교서를 이행하라고 했지 답을 달라고 요청하지 않았다. 둘째, 그리말디 신부는 요청받은 대로 형제

신부들에게 통지했다. 셋째, 그리말디 신부는 교황대리 문제에 관해 일종의 답변을 하지는 않았다. 그는 대주교가 도착하면 이 문제를 가지고 대주교와 개인적으로 말하려고 했다고 했다.

7. 예수회 신부들이 광동 총독이 대주교를 직접 만나러 오게 하지 않았으므로, 총독이 그의 아들만을 보냈다.

답변: 지금 궁정에는 광동 태생으로서 그곳의 지방관으로만 있었던 광동 총독과 친분이 있는 신부가 아무도 없다. 총독은 단지 광동의 지방관으로 임명되었을 뿐이다.

8. 관리들이 대주교 일행의 수행원들에게 준 선물은 거의 가치가 없는 것들이다.

답변: 그것이 어찌 우리 탓인가? 대답할 가치가 없는 불평이다. 대주교는 이러한 다양한 불평을 편지로 써서 유럽으로 보냈고, 그 후에는 말로 이러한 불평을 전했다.

9. 예수회 신부들이 드 투르농 신부를 맞이하면서 무릎을 꿇지 않았다.

답변: 우리가 무릎을 꿇지 않았던 이유는, 황제가 특사에게 만주식 복장을

갖추라고 명했으므로 중국 예법에 따라 대주교에게 경의를 표할 수밖에 없었기 때문이었다. 하지만, 유럽식 예법 외에는 아무것도 인정하지 않는 어떤 이들은, 대주교가 비록 만주식 복장을 했음에도 불구하고 이탈리아식 예법을 고집했다. 그들은 대주교의 발 앞에 엎드려 그의 무릎을 껴안았고, 대주교는 그들의 머리에 손을 얹은 채 말하였다. 중국의 그리스도인들은 같은 예법을 따를 수밖에 없었다. 베이징에 있는 우리는 그런 일이 있었다는 것을 전혀 알지 못했으나 염탐꾼들이 일어난 모든 일을 황제께 고했고, 황제는 그 일에 대해 우리에게 불만을 토로했다. 황제는 "감히 그들이 짐에게만 해야 하는 존경의 표시를 이방인들[예수회 신부들]에게 하도록 짐의 백성에게 강요했단 말이냐?"라고 하였다. 중국인들이 이러한 예법에 얼마나 민감한지는 누구나 알고 있다. 황제는 결국 우리가 대주교 앞에 무릎 꿇는 것을 확실히 금했고, 우리가 대주교에게 이 문제에 관한 황제의 명을 전했음에도 대주교는 의심을 거두지 않았다. 대주교는 황제가 사절단을 맞이했던 이러한 영예를 임시적인 [서양의] 관할권을 적용한 것으로 간주했다는 것을 받아들이려 하지 않았던 듯하다. 우리는 이것이 예수 그리스도의 사자인 특사에게 표하는 격식일 뿐이라고 황제에게 확언하였으나 소용없었다. 중국인들에게는 영적인 세계에 대한 우리와 같은 개념이 전혀 없다. 우리가 대주교 앞에 무릎을 꿇을 수 있었다면, 우리가 아무런 반감 없이 그렇게 행하였을 것이라는 내용을 덧붙여야만 하겠다.

10. 베이징에 있는 예수회 신부들이 교황특사를 예를 갖추어 정성껏 모시지 않았다.

답변: 우리는 대주교께서 우리 집에 손님으로 계시는 동안 할 수 있는 한 최대한의 관심을 기울였다. 그의 거처가 우리와는 멀리 떨어져 있었으나 자주 문

안을 드렸다. 당시에 우리 숫자는 모두 합해서 여섯 명밖에 없었는데, 이 가운데 그리말디 신부는 특이한 질환 때문에 자기 방에만 머물러 있었고, 다른 신부 하나는 3년 동안이나 방 밖으로 나가지 못하는 노인이었다. 페레이라 신부는 황제를 따라 몽골 땅에 가 있느라고 두 달 동안 자리를 비웠으며, 나머지 세 신부도 복음을 전하는 일 말고도 황태자의 잦은 부름을 받아야만 했다. 이런 모든 사정을 알고 있어야 마땅한 대주교라는 분이 이런 일을 두고 우리에게 원한을 품어왔다는 것은 있을 수 없는 일이다.

11. 예수회 신부들은 특사에게 충고함으로써 돕지 않았다.

답변: 하느님께서 이 일의 증인이신데, 우리는 그에게 유익한 충고를 했지만 그가 귀를 기울이지 않았다. 그는 우리에게 의견을 물은 적이 단 한 번도 없었다. 우리가 의견을 개진하면 언제나 이를 의심하는 듯했고, 심지어 조롱하기도 했다. 진실을 밝히자면, 우리는 대주교 사절단과 베이징 주교에게 호소하였다. 그러나 그는 우리에게 어떤 대답도 허용하지 않으면서 궁정에서 황제의 즉각적인 승인을 받아오라고 명했다. 그는 심지어 우리가 성직자의 중백의中白衣를 걸치고 자신의 수행원 하나의 장례행렬 뒤를 따라 베이징 거리를 지나는 것을 막았다. 또한 망자를 묻을 작은 땅을 달라고 했을 때 그리말디 신부의 조언을 무시하였다. 그리고 킬리아니 신부가 관리들 앞에서 화난 모습을 보이지 말라고 애원하자 이에 대해 거칠게 반응하였다. 이뿐만 아니라, 대주교는 페레이라 신부에게 지나칠 정도로 오만한 태도를 보였다. 황제가 대주교에게 점차 못마땅한 기색을 보일 때, 베이징 주교는 물론이고 제르비용 신부가 이를 넌지시 알렸으나 그는 이를 무시하기까지 했다. 마지막으로, 이 문제에 관하여 우리는 대주교가 스스로 "대주교 자신은 교황청과 하느님께만 책임을 두고 있기 때문

에 예수회는 더 이상 그의 명령을 수행하지 않아도 된다."고 얼마나 여러 번 말했는지, 대주교에게 직접 호소하는 바이다.

12. 예수회 선교사들은 대주교가 궁정에 제안하려 했던 의원을 황제가 받아들이지 못하게 방해했다.

답변: 이것은 사실 혹은 진실과는 거리가 매우 멀다. 예수회 신부들은 유럽에서 의사 한 명이 도착했다는 소식에 황제에게 축하의 말을 전하였다. 신부들이 그 의사를 모욕했다는 것은 말이 안 된다. 만약 그 의사가 기근이 생겨 중국의 의원들이 기근 현장에서 좋은 일을 많이 하고 있을 때 적은 능력이라도 보여주었더라면, 아무도 그에 대한 불리한 말에 귀를 기울이지 않았을 것이다. 그 의사는 불행하게도 좋은 인상을 남기지 못했던 것이 분명하다. 우선, 그는 너무 어려 보였다. 둘째, 충분하리만큼의 의서를 지참하지 않아, 황제는 그가 너무 배운 것이 없다고 단정하였다. 셋째, 황제가 그를 불러 진맥을 부탁했을 때, 그는 황제의 건강상태에 관한 소견을 말하기에 앞서 맥을 짚는 시늉만 하였다. 이 못마땅한 모습 때문에 그 의원은 환자들에게 관심을 쏟지 않는다는 인상을 주었다. 넷째, 그가 처방을 내릴 때 한 책에서 처방을 베끼는 장면을 들켜버렸다. 다섯째, 대주교의 시종 하나를 병세도 관찰하지 않은 채 위독하지 않다고 진단하여 죽게 하였다. 여섯째, 그는 여행하면서 대주교의 살림살이를 조달하는 일을 담당했고, 복장이 불량했으며, 또 드 투르농 신부의 매우 하찮은 일을 했던 사람이었다. 황제는 이 모든 정보에 근거해서 그런 유의 사람이라면 유럽에서 인정을 받는 사람일 리 없다고 단정했다. 예수회 선교사들이 이런 사안을 어찌 다룰 수 있었겠는가?

13. 예수회 선교사들이 대주교가 협상에 성공하지 못하게 방해했다.

답변: 심각한 비난을 많이 할수록, 더 많은 증거가 요구되는 법이다. 교황청에 소속된 종교인, 사제들에 대하여 이러한 비난이 가볍게 제기되어도 되는 것인가? 적대자들로부터 받는 의심만으로도 이들을 유죄라고 단정 지을 수 있단 말인가? 이러한 협의에 대한 증인들은 어디에 있으며, 이 비난의 근거는 무엇인가?

14. 예수회 선교사들이 베이징에 있는 그들의 거처에 대주교가 공식적으로 방문하지 못하도록 막았다.

답변: 예수회 선교사들은 사절단이 궁정을 방문하기를 원한다며 황제의 허락을 요청했을 때, 예수회는 직접 대주교는 모든 교회와 선교사들의 관찰사로 왔다는 사실을 공표하였다. 그리고 대주교 스스로 이러한 사실을 잘 알고 있다. 그것이 그의 방문을 막았는가? 예수회 선교사들이 만약 특사의 방문을 막으려 했다면, 황제가 사절단이 베이징에 오는 것을 거절하도록 하는 것만으로도 충분했다. 그러나 선교사들은 황제에게 네 차례나 거듭 요청을 하면서 특사의 알현을 성사시켰다. 대주교는 한 중국 관리에게 예수회 신부들이 어떻게 행동을 하고 있는지 정보를 얻어달라고 요청하였다. 이 중국 관리는 자신이 받은 요청의 내용을 황제에게 고하였다. 황제는 자신의 궁에서 자신이 돌보고 있는 사람들의 행동과 태도를 이렇게 알아보도록 허용하는 게 적절치 않다고 생각했다. 그리하여 그 중국 관리는 우리가 이러한 사실을 알고 있다는 것을 모르는 채로, 자신 스스로 우리의 행동과 질서, 그리고 예절에 대한 책임을 지려고 하였

다. 곧 보게 되겠지만, 대주교가 로마에 보낸 보고서에 따르면 그가 우리 거처를 방문하려 한 데에는 그 이상의 다른 의도가 있었다는 것을 알게 될 것이다. 대주교는 그리스도인 혹은 이교도인 할 것 없이 모두 자기편으로 끌어들여 예수회에 대해 불리한 증언을 시키기 위하여 노력하고 있었다. 심지어 그들을 회유하기 위하여 선물을 건네기도 하였다. 이러한 사실은 예수회 회원이나 베이징 주교뿐 아니라, 심지어 대주교와 함께 온 사람들을 포함하여 대다수의 공정한 증인들에게 잘 알려진 내용이다. 우리는 이 모든 사실을 상세하게 알고 있었으나 이를 막으려는 그 어떤 조치도 취하지 않았다.

15. 예수회 선교사들이 대주교를 경멸하는 발언을 했다.

답변: 예수회 선교사들 가운데 누군가가 유죄판결을 받을 정도로 대주교에 관하여 사려 없는 발언을 하였다면, 그런 자는 심한 벌을 받아야 마땅하다고 생각한다. 대주교가 그리스도인들의 탄원서를 짓밟으면서 심하게 화를 냈다는 것은 그들로서는 부인할 수는 없는 사실이다. 그리고 대주교가 황제에게 포르투갈인들에 대하여 반감을 일으킬만한 발언을 할 때에는, 그에 대한 우려를 나타내지 않을 수가 없었다. 그 사안이 너무도 중대했기 때문이다. 전반적인 안녕이 걸린 사안이었기에, 재난을 막기 위하여 우리는 황제를 속이지 않는 방법으로 우리의 양심에 따라 행동하였다고 믿는다.

16. 예수회 선교사들이 중국인 그리스도인들의 반란을 막지 않았다.

답변: "반란을 막지 않았다."는 표현은 무슨 의미인가? 예수회 선교사들이

그리스도인들에게 대주교의 명령에 복종하라는 권면을 열심히 하지 않았다는 말을 하려는 것인가? 우리는 당연히 이 항목에 대해서 항의할 수 있다. 우리는 끊임없이 그리스도인들에게 대주교에게 존경심을 보이고 복종하도록 가르쳤다. 혹은 우리가 그리스도인들이 탄원하고 그들의 고충을 토로하는 것을 막지 않았다는 뜻인가? 혹은 그들이 온건하고도 공손한 자세로 그런 일을 하도록 우리가 이끌지 않았다고 말하는 것인가? 우리는 드 투르농 신부가 그리스도인들의 탄원을 짓뭉갰던 성급한 행동으로 인하여 초래될 수 있었던 비극적 결과를 막아냈다. 이는 모두가 알고 있는 사실이다. 이 말이 옳지 않다는 것을 입증할 수 있는가?

17. 예수회 신부들은 대주교의 위상에 어울리는 존경, 즉 궁정에서 대부분의 유럽 선교사들에게 표했던 존경보다 더 많은 존경을 표하지 않았다.

답변: 실상은 이러하다. 베이징과 광동의 주교들이 베이징에 왔을 때, 그리스도인들과 이교도 모두 두 분의 위상에 맞는 경의를 표하라는 명이 내려졌다. 개종자들에게 성직자의 탁월함과 숭고함을 각인시키기 위해 우리가 얼마나 수고했는지 모두 잘 알고 있다. 이교도들에 관해 말하자면, 우리에게는 운이 따르지 않아서 순수하게 영적인 면을 고려하여 그에게 적절한 존경을 표하도록 그들의 마음을 움직일 수 없었던 게 사실이다. 동물에 지나지 않는 사람이 감각으로 느낄 수 없는 것을 마음에 품을 수는 없다. 이교도들은 교회라는 커다란 배 안에서 예수회 선교사들은 이를테면 순진하고 어린아이들을 가르치는 것과 같은 일반 선원들의 일만을 할 수밖에 없으나, 주교들은 더욱 큰 존경심으로 대할 필요가 있는 존재라는 말을 들으면 크게 화를 내었다. 이러한 격식

은 궁정에서는 아무런 영향도 끼치지 못했다. 이교도인 황제의 눈에는 성직자의 품계가 중요하게 보이지 않았기 때문이다. 그들의 감각을 더욱 강렬하게 자극하는 것은 눈에 보이지 않는 [고위 성직자의] 특권이 아니라, 과학적 실력 혹은 겉으로 드러나는 재능이다. 황제가 즐거운 마음으로 지금까지 우리가 해 온 봉사를 인정하고 또 우리를 과분하게 대우했다고 한다면, 대주교의 지위의 탁월함을 황제가 이해하도록 우리가 최선을 다했다는 것을 하느님께서 증언하실 것이다.

18. 예수회 선교사들이 황제가 코나나 주교의 석방을 허락하도록 노력하지 않았다.

답변: 우리는 황제의 매우 불편한 심기를 누그러뜨리려고 크게 노력했다. 우리는 우리를 크게 적대시하는 그 고위 성직자를 위해서 장황한 설명을 하며 간청하였고, 황제는 우리에게 크게 화를 냈다. 우리는 사람이라면 다르게 생각하고 행동할 수 있으며, 악을 선으로 갚는 것이 그리스도교의 핵심 가운데 하나라고 황제에게 말하였다. 그리고 코나나 신부가 우리와는 다른 의견을 가진 것이 우리를 해하려는 마음에서 나온 것이 아니라는 사실을 황제가 이해하도록 하려고 애썼으나 소용이 없었다. 황제는 전례 논쟁이 일어날 법한 일이라는 사실을 받아들이려 하지 않았다. 황제는 우리가 구에티 신부 문제를 가지고 그를 찾아가자, 그런 사람을 용서해 주라는 말을 다시는 꺼내지 못하게 하였다. 구에티 신부는 우리에게 대항하는 말을 한 혐의로 제대로 벌을 받았다. 그에게는 불행한 일이지만, 황제는 우리가 옳다는 것을 정당화하고자 구에티 신부를 명예훼손이란 죄목으로 처벌했다. 아마도 머지않아 그에게 닥칠 또 다른 폭풍은 우리 때문에 생긴 것이 아니라는 점을 분명히 하는 바이다. 그에게 이러한 폭

풍으로부터 자신을 보호하라고 경고하겠다.

19. 베이징에 있는 예수회 선교사들이 채권자들에게 폭력을 행사한 혐의가 있으며, 여러 차례 고리대금으로 돈을 빌려왔다.

답변: 우리는 유럽에 공인된 대리인들이 있으며, 그들이 이런 일들에 대하여 우리의 정당성을 입증해 줄 수 있는 완벽한 서류를 가지고 있다. 이 문제를 가지고 여기서 긴 토론을 이어갈 수는 없기에 이것으로 말을 마친다.

20. 예수회 선교사들이 부베 신부를 교황청에 보내는 사절로 임명하도록 추천하였다.

답변: 이는 우리의 적대자들이 아무런 근거도 없이, 그리고 이를 뒷받침할만한 근거를 찾는 수고를 할 생각조차 하지 않는 채로 내뱉는 주장일 뿐이다. 그러나 만약 이를 기회삼아 예수회 형제들 가운데 한 명을 교황청으로 보내기를 바랐다고 할지라도, 대주교라는 사람이 자기 하인 가운데 하나를 교황청으로 보내려 했던 것보다 더 놀랄만한 일은 아니라고 생각한다.

21. 예수회 선교사들은 대주교의 존엄성이 실추되도록 내버려 두었다.

답변: 대주교가 자신의 위엄이 실추되는 것을 막기 위하여 스스로 한 일은 아무것도 없다. 게다가 드 투르농 신부와 중국 황제의 성격이 매우 달랐다는

것이 신부가 베이징의 궁정에서 당했던 여러 가지 치욕의 유일한 원인이다. 예수회 신부들은 이 문제에 관해 황제를 달래고 누그러뜨리려고 최선을 다했다. 드 투르농 신부의 성격은 극도로 활달하여 중국 황제처럼 아주 엄격하고 냉정한 사람과 협상하기에는 매우 부적합한 인물로 보인다. 차오라는 관리는 이 점에 관해 대주교에게 경고를 보냈다. 차오는 그에게 황제의 초상화를 보여주면서 "황제는 비단마저도 자르고 다이아몬드라도 깨뜨릴 수 있는 분이오. 너무 엄정하게 대한다면 황제는 당신에게 화를 낼 것이나, 만약 당신이 굽히는 법을 안다면 황제의 마음을 사로잡을 수 있을 것이오."라고 말했다.

지금까지 우리가 했던 신뢰할만한 서술을 읽고 또 공명정대한 사람들은, 몬시뇰 드 투르농 그 자신이야말로 자신의 협상을 실패하도록 만든 유일한 원인이라는 점을 확신하게 될 것이다. 그의 일행이 남긴 개인 일기들을 보면 그가 황제의 뜻에 대항하여 여러 번 거칠게 저항하였다는 것을 알게 될 것이다. 중국에서는 황제에 대한 아무리 사소한 결례도 용서받을 수 없는 범죄로 간주 된다. 그에게 어떠한 압박이라도 가한다면 황제의 심기를 계속하여 건드리는 것이 될 수밖에 없어서, 전체적으로 황제에 대한 공손함이 부족하다고 보이지 않겠는가? 우리가 때때로 황제의 불편한 심기를 누그러뜨린 적은 있으나, 그것이 항상 가능했겠는가? 우리는 또 우리의 영향력을 효과적으로 활용하여, 드 투르농 신부에 대한 황제의 도움을 계속해서 얻어냈다. 그리하여 그가 광동으로 돌아갈 때에도, 마치 광동에서 그를 데려올 때처럼 황제가 그 비용을 지불하였다.

부록 2

교황 클레멘스 11세의 중국 전례에 관한 칙서 (1715년 3월 19일 발표)

"우리는 우리의 공로가 아닌 하느님의 섭리로 세상 마지막 날까지 커다란 짐을 지고 가야만 하는 가톨릭교회를 다스리도록 부름을 받았다. 우리의 이러한 의무를 다함에 있어서 무엇보다 시급한 것은 중화제국에서 복음을 전하는 선교사들 가운데서 오랫동안 지속 되어 온 격렬한 논쟁에 대해 로마 교황에게 주어진 지혜와 엄정함으로 결론을 내리는 것이다. 그 논쟁은 점점 확대되고 격렬해지고 있다. 말로 표현할 수 없는 하느님의 이름을 표현하기 위해 지금까지 사용해 왔던 한자 용어들을, 중국인들이 드리는 특정한 제사나 경배의 형식과 관련이 있다는 이유로 어떤 선교사들은 이를 미신적이라고 보아 이러한 용어의 사용을 거부하고 있다. 다른 선교사들은 이를 순전히 예절로 보고 이를 허용하고 있다. 그리스도교와 가톨릭 신앙이 전파되는 것을 곤란하게 하고 방해하는 모든 불화의 원인을 제거하기 위해서, 모든 사람은 똑같은 용어를 사용해야만 할 것이다. 예수 그리스도 안에서 영화롭게 된 사람들이 완벽하게 일치된 생각과 용어를 사용할 때 하느님의 이름이 영광을 받으실 것이다.

이러한 의견에 따라, 1704년 11월 20일에 교황은 사도의 권한으로 존경할만한 형제들로 구성된 로마 가톨릭교회의 추기경 회의에서, 그리스도교 왕국 전체에 퍼진 이단을 심판하는 종교재판관들과 똑같은 권한을 위임하여 내린 답변을 확정하고 승인한다. 이 답변은 중국에서 일어난 이와 같은 [전례 논쟁에 관한] 사안을 다룬 것이다. 이 결정은 우리에게 좋은 기억을 남기신 선임 교황 인노첸시오 12세 재위 때부터 시작된 오랜 조사 끝에 양측의 주장을 모두 들어보고, 많은 신학자와 그와 동등한 자격을 갖춘 분들의 생각도 고려한 후에 내려진 것이었다.

이 답변서 안에 들어있는 결정사항은 다음과 같다. 중국에서 지극히 높으시고 선하신 하느님을 유럽에서 부르는 이름과 똑같이 부를 수는 없으므로, 하느님을 표현할 때 "천주天主"라는 용어를 사용해야만 한다. 이는 '하늘의 통치자'라는 의미다. "천주"라는 용어는 오랜 세월 동안 선교사들과 중국의 신자들이 받아들이고 인정해왔던 하느님에 대한 명칭이었다. 그러나 "천天"과 "상제上帝"는 하느님의 이름으로 사용하면 안 된다. 따라서 "경천敬天"이란 글자가 들어간 현판을 성당에 붙이지 말 것이며, 이미 그곳에 걸어 놓았던 현판이 있었다면 그대로 걸어두지 말아라.

그리스도인들은 어떠한 방법이나 이유로도, 춘분과 추분에 관습적으로 공자와 조상들에게 엄숙하게 제사를 지내고 제물을 드리는 것을 주재하거나 이를 도우면 안 된다. 그러한 관례들은 미신적인 것들로 가득하기 때문이다. 같은 이유로 그리스도인들은 공자의 사당에 제사 지내거나 음식을 바치면 안 된다. 매달 첫 번째 날과 보름에 관리들과 판관들과 그 밖의 관원들과 선비들이 공자에게 경의를 표하기 위하여 드리거나, 이미 언급한 관리들과 총독들이나 판관들이 자신의 위엄을 보이기 위하여, 또는 선비들이 과거에 급제하려고, 공자의 사당에 곧장 들르는 것을 말하는 것이다. 그리스도인들은 또한 조상의 묘 혹은 조상의 사당에서 조상들에게, 공자묘에서보다는 덜 엄숙하다고는 해도 절대로 제물을 바치거나, 제물에 절하거나, 경배하거나, 경의를 표하기 위한 어떠한 예식도 행해서는 안 된다.

그리스도인들은 각자의 집에 놓인 조상들의 위패 앞에서나, 조상의 묘에서, 또는 관습에 따라 죽은 이를 매장하면서, 그리스도인들만 있는 자리든, 이교도들과 함께 있는 자리든 상관없이, 이런 유의 제사를 지내거나 혹은 제물이나 예식을 행하거나, 어떤 방식으로든 그러한 것들을 경배하거나, 거기에 절하거나, 이를 돕는 일을 해서는 안 된다.

여기에 반드시 덧붙여 말할 것은, 이것이 이러한 전례들에 관해 언급한 것들을 주의 깊게 살펴보고 숙고한 결과라는 점이다. 우리는 중국인들이 행하고 있는 의식에는 미신적인 요소가 있을 수밖에 없다는 결론에 이르렀다. 따라서 그리스도인들은 사적으로나 공적으로나 강력히 항의를 하더라도 종교적인 경배의 방식으로 죽은 이들에게 이러한 전례를 행해서는 안 된다. 그러나 오로지 정치적이거나 예절을 지키기 위하여 거행되는 의식은 예외이다. 그러한 의식은 조상들에게 무엇을 구하거나 바라지 않기 때문이다.

이러한 결정은 전례에 참석했거나 순전히 물질적인 도움만을 준 사람을 비난하려는 것은 아니다. 왜냐면 그리스도인들은 다음과 같은 전제하에, 이교도들의 행사나 미신적인 행위에 종종 참여할 수 있기 때문이다. 즉, 신앙인으로서, 진행되고 있는 전례에 어떠한 참여 혹은 동의의 뜻을 표현하지 않아야 하며, 전례에 관련된 어떤 일도 수행하지 않아야 한다. 혹은 증오와 적개심을 피하기 위하여 다른 어떤 방법도 없을 때 이 같은 참여가 가능하다. 또 만일 이러한 전례를 행한 후에, 신자들의 고해성사가 알맞게 진행될 수 있으며, 다시는 우상숭배에 빠질 위험이 없어야 한다.

마지막으로, 그리스도인들에게는 중국의 관습에 따라, 세상을 떠난 친척들을 위한 조그만 위패를 자기 집에 보관하는 것도 허용될 수 없다. 이는 망자의 혼백이 머무는 자리로 여겨지기 때문이다. 또한, 앞서 언급된 것보다 축약된 형태이기는 하지만 혼백이 머무는 자리를 나타내는 또 다른 명문도 집 안에 보관할 수 없다. 망자의 이름 외에는 아무것도 새기지 않은 작은 위패는 다음과 같은 경우에서 허용될 수 있다. 그것들이 미신과는 전혀 관련이 없으며 아무런 추문을 일으키지 않아야 하며, 불신자인 중국인들이 생각할 때 이러한 금지행위를 지키는 신자들이 불신자들과 같은 마음으로 전례를 행하고 있다고 생각하지 않아야만 한다. 만약에 그러한 위패 옆에 망자가 그리스도교를 믿었으며, 부모와 조상들을 향한, 자녀들과 후손들의 순전한 효심을 표하는 말이 적혀 있다면 더욱 바람직할 것이다.

지금까지 언급했던 모든 것들은 망자를 존경하는 마음으로 하는 전례와 미신적이거나 미신적인 형식이 없고, 단지 예를 지키고 정치적인 전례의 기준을 벗어나지 않는 예전들을 전부 금하는 것은 아니다. 그러므로 이러한 성격을 가진 전례들이 어떠한 것이며 신자들이 어떤 것을 경계해야 하는지에 관한 판단은, 중국에 있는 교황청의 판관과 순찰사, 또는 그 자리를 맡게 될 다른 성직자, 중국의 주교들과 교황대리들이 맡아야만 한다. 이런 판단을 내리는 성직자들은, 중국 그리스도인들이 가톨릭교회가 망자들에 관해 그리스도교의 방식으로 가르치고 있는 전례를 점차로 받아들이고 동시에 이교도적인 전례를 폐지할 수 있도록 매우 세심한 주의를 기울여야만 한다.

후로 6년이 지나, 교황청에서 두 번째 추기경 회의를 열어 새롭게 제기된 문제를 자세히 검토한 결과, 1710년 9월 25일 두 번째 교서를 반포하였다. 전례문제와 관련된 당사자들 모두는 이미 공포된 교서와 경건한 사람으로 기억되는 당시 안티오크 대주교인, 교황청에서 전권을 위임받은 교황청의 순찰사이며 나중에 로마교회의 추기경으로 위임된 샤를르 도마 드 투르농이 1707년 9월 25일 현장[중국]에서 반포했던 교서를 변함없고 어김없이 준수해야만 한다.

이 교서에 드 투르농 교서에서 언급된 처벌을 첨부하는데, 절대 어떤 핑계나 거짓된 주장도 하지 말 것이다. 그리고 이러한 이유로 교서를 위반할 것을 가정하여 특히 다음의 조항을 추가한다. “어떤 사람이 나[교황]와 교황청에 [이 문제와 관련된] 어떠한 이의를 제기하더라도, 나는 앞서 말한 교서에서 매우 상세하게 언급한 이유들로 인해, 이를 전적으로 거부하는 것이 적절하다고 생각하고, 또 실제로 거부한다.”

이 모든 것은 이 인류의 적대세력이 중국 안에 있는 좋은 복음의 씨앗들 가운데 심어놓은 잡초들을 뿌리까지 뽑아내고, 또 나와 교황청의 명령을 신자들이 겸손하게 따르도록 설득하기에 충분해야만 했다. 우리는 앞에서 말하였듯 교황청에서 이미 승인하고 확인했던 결정을 내리며, 그 원인이 마침내 해결되었다고 분명하게 말해왔다. 그러나 중국에서 온 보고를 통해 교황령이 헛되고 거짓된 주장 때문에 오랫동안 거의 집행되지 않았거나 유보되고 있었다는 사실을 알고 크게 상심했다. 이는 교황의 권위를 실추시키고, 예수 그리스도 안에 있는 신자들에게 수치를 안겨주며, 또 영혼을 구원하는 일에 해를 끼쳤다. [중국에서 교서의 실행이 유보된 것은] 다음과 같은 헛되고 거짓된 핑계 때문이었다. 즉 교황청에서 교서를 유보하였다거나 교서가 확실하게 반포된 것이 아니었다거나, 그 교서 안에 이러한 교황령을 집행하기 전에 확인해야만 될 여러 가지 조건이 포함되어 있다거나, 이러한 교황령을 내려지게 된 사실관계가 분명치 않았다거나, 혹은 교황청의 명령이 집행될 경우 선교사들과 선교관들이 커다란 해를 입게 될 것이라는 핑계들이었다. 혹은 선임 교황이신 유명한 알렉산데르 7세께서 1656년 3월 23일에 중국 전례문제에 관하여 승인하셨던 교서를 핑계 삼기도 했다.

하느님께서 내게 주님의 교회를 교황으로서 섬기도록 하신 임무를 완수하도록 하시고, 이러한 어려움, 회피, 속임수, 핑계를 거부하여 전적으로 물리치기를 바라는 마음에서 나는 고민을 거듭했다. 동시에 하느님의 도우심으로 신자들을 평온하게 하고, 영혼을 구원하기 위해서, 현직 추기경들의 충고와 교황청 자체의 의견, [중국 전례에 관한] 정확한 지식, 절대적인 교권과 교황의 권위에 의지하여 숙고를 거듭했다. 마침내 교황청에서는 현재는 물론 앞으로도 중국이나 그 인접한 왕국들, 지방들이나 지역에 거주하면서 주교의 직분을 정지당하고 교회의 출입이 금지되는 대주교들과 주교들 각자와 모두에게, 또 파문의 고통을 당하고 있으며, 당분간 교황청이나 로마교회의 교황을 제외한 그 누구에게도 죽음이 거의 임박해서야만 용서를 받을 수 있는 지방의 모든 주교 총대리들과 그 밖의 성직자들, 주교가 아닌 교황대리들, 지방 사제들과, 선교사들에게, 세속적이든 혹은 수도원에 속한 조직, 모임, 기관, 심지어 이미 발표된 파문으로 고통당하고 있는 예수회까지도, 또 사실에만 근거하고 범법자들의 어떠한 진술도 없이 불신임을 받아 교회 직분에 대한 선임권과 피 선임권을 박탈당하여 고통 가운데 있는 정규직 사제들에게 명한다. 교황청에서는 이 칙서에 따라 이 칙서에 들어있는 대답과 결정, 또 칙서에 들어있는 일반적인 내용과 특정한 내용 모두를 정확하게, 전체적으로, 절대적으로, 어김없이, 변함없이, 모든 해당자가 지킬 것을 명한다. 그리고 이에 해당하는 이들이나 혹은 그들에게 영향을 미치는 행동도 가능한 범위 안에서 똑같은 방식으로 매우 주의를 기울이면서 이 칙서를 따를 것을 명한다. 또 어떠한 명목, 이유, 기회, 핑계를 대서라도 그 어떤 방식으로도 이 칙서에 반하는 행동을 해서는 안 된다.

이와 똑같은 의도, 지식, 신중한 숙고, 절대적인 교권과 이 칙서에 의하여 교황청은 앞서 언급한 불신임을 받아서 교직에 대한 선임권과 피 선임권을 박탈당한 수도회, 교파, 기관, 선교단체, 교황청이나 소속 단체장들이 파송한 중국이나 다른 왕국들과 지방에 있는 자들, 예수회에 속하는 성직자들, 현재의 성과 속을 가리지 않고 이후로 직책이나 권한을 받아 그런 곳으로 파송되는 성직자들, 즉 현재 그곳에 있거나 앞으로 그곳에 가게 될 모든 성직자가 그들이 살고 있거나 살고자 하는 지역에서 전권을 위임받은 순찰사나 그의 위임을 받은 다른 성직자에게 이 칙서 끝부분에 첨부되어있는 양식에 따라 이 수칙과 명령을 충실하게 빠뜨림 없이 또 어김없이 지킬 것을 서면으로 서약해야 한다는 규칙을 제정한다.

또한, 정식 사제들은 해당 수도회의 상급자나, 해당 지역에서 찾아낼 수 있는 그 상급자의 위임을 받은 사람에게 반드시 이 서약서를 제출해야만 한다. 해당자가 앞서 말한 서약을 하고 제시한 양식에 따라 자필로 서명하기 전에 선교사의 일을 하거나 이를 계속한다면 법에 어긋나는 일이다. 고해성사, 설교, 성례의 집전, 심지어 해당 지방의 주교나 감독을 대리하거나, 해당 수도회의 사제직을 맡거나, 특별하거나 아주 특수하게 언급되는 직책, 명분이나 특권을 누리는 것조차 허용되지 않는다. 그들은 또 교황청이 개인적으로 은밀하게, 또는 소속 수도회, 교파, 기관과 선교단체, 심지어 예수회에서, 각각 부여했을 수도 있는 어떠한 권한도 사용할 수 없다. 이 법을 어긴다면 앞서 말한 벌에 더하여, 그들이 가진 권한 일체를 정지시키거나 그 실효성을 없애고, 무효가 되도록 할 것이다.

교황청은 앞서 말한 것처럼, 모든 성직과 세속 모두에서 선교사들과 전권을 위임받은 순찰사나 교황 대리나 주교 사이에서 서명한 모든 서약서(또는 진본임을 확인한 사본)를, 앞서 말한 전권을 위임받은 순찰사가 그 직위에 있다면 본인, 혹은 주교들과 대목들이 가능한 한 신속하게 교황청 추기경 회의로 보내야 한다고 결정했다.

각 수도회, 교파, 기관, 예수회를 포함하는 선교단체의 상급자로서 해당 지역에 있거나 앞으로 부임하는 자들은 해당 지역의 전권을 위임받은 순찰사, 주교, 혹은 교황대리들에게 끝부분에 첨부된 양식에 따른 서약서에 서명하여 제출해야 한다. 그리고 해당 상급자들은 해당자들에게서 서약서를 받아서 그 사본을 최대한 신속하게 최고 상급자에게 보낼 것이며, 최고 상급자는 이 사본들을 교황청 추기경 회의에 즉각 제출해야만 한다.

이 칙서에는 그 포함된 모든 것에서 (비록 언급된 사람이나 그 이외의 사람 그 누구든지, 또 그들이 어떤 방식으로 앞서 말한 결정에 관여했거나 관여했다고 주장했다 하더라도, 또 어떤 직위, 학위, 지위, 명성, 권위를 가졌더라도, 또 그들이 동의하지 않을지 모르겠으나 특별한 개인적인 상을 달리 받을 자격을 구비 했더라도, 또 비록 그들이 이런 문제와 관련하여 그들이 소환되거나 청문회를 요구받지 않았더라도, 또 비록 이 칙서가 공표된 이유를 정확하게 밝히거나, 충분하게 입증하거나, 어떠한 이유로도, 비록 공정하거나, 명예롭거나, 그것이 무엇이든 구실이나 핑계를 댔거나, 또는 매우 완벽할지라도) 허위진술이나 거짓말이 포함되어 있거나, 취지를 무효화시킬 수 있거나 그 취지에 흠이 있거나, 또 관련자들에게서 동의를 받지 못했다거나, 아무리 크고 심지어 중요한 다른 흠이 있더라도, 또한 그렇게 생각되지 않아야 하든지, 생각될 수 없든지, 명시적 언급을 요구해야만 하든지 간에, 이에 절대 기소해서는 안 된다고 정했노라.

따라서 교황청에서는 이 칙서를 공격의 대상으로 삼거나, 약화시키거나, 무효화 하거나, 철회하거나, 논의의 대상으로 삼거나, 기술적인 반대의 대상으로 삼아서는 안 된다는 것을 명한다. 또한 이 칙서에 대해 항의하거나 원래 상태로 복원하자는 주장이나 그 밖에 법이나 사실, 또는 그것을 막기 위한 어떠한 혜택과 유사한 방법에 의지해서는 안 된다는 것을 명한다. 또한 그 누구도, 교황청이 온갖 지식을 동원하여 교권을 가지고 반포한 이 칙서를 자발적으로 받아들인 후에는, 현재는 물론 미래에도 그 타당성과 안정성을 유지하는 것을 방해하는 그 어떠한 방법도 사용해서는 안 된다는 것을 명한다. 또 이 칙서에 반할 수도 있는 법적이고 사실적인 결점에도 불구하고, 어떤 방식으로 어떠한 이유를 대서라도, 심지어 교황청이 부여한 어떤 특권을 동원하여 이 칙서의 효력을 방해하거나 막으려고 해도, 이 칙서가 효과적이고도 전적으로 효력을 발휘하도록 명하노라. 또 관련되거나 앞으로 관련될 당사자들이, 지금까지 이 칙서에 반대하는 행동을 해왔거나 앞으로 할지도 모른다는 사실에 상관없이, 앞으로는 반드시 준수하기를 바라므로, 이것은 모두 완전히 전적으로 거절되어야 한다. 따라서 교황청으로서는 이 칙서에 실린 내용이 확정적이며, 일반 법관들은 물론이고 특별법관들, 심지어 교황청의 감독관들과 로마교회의 추기경들, 교황의 전권대사들과 현재는 물론 앞으로도 어떠한 호칭이나 권위를 가지고 있거나 가지게 될 다른 고위 성직자들 모두에게서 이 칙서를 달리 판단하거나 해석할 수 있는 권리와 역할을 일체 박탈함을 공포하노라. 만약에 그들 중 누군가가, 무의식중에라도, 교황청에서 지금 내린 명령에 거역하는 행동을 했다는 것이 드러난다면, 그의 그러한 판단은 전적으로 무효이며 효력이 없음을 분명히 말한다.

지금까지 필요한 만큼 언급했음에도 불구하고, 그리고 교황청의 법규에도 불구하고, 기득권과 다른 교황의 칙서와 일반 또는 특별 교서나, 전체공의회나 관구공의회 또는 주교 회의에서 제정하게 마련인 규정을 배제하지 않는다는 종교재판소의 규정에도 불구하고, 또 수도회, 교파들과 선교단체, 심지어 예수회, 또는 교회라고 부를 수 있는 조직이 제정한 규정에도 불구하고, 또한 맹세를 통해, 교황의 권위를 통해, 또는 어떠한 방식으로든, 그것이 관습이든 규정화되었든 간에, 심지어 오래전부터 이어온 것이라 해도, 정해진 것이거나, 또는 교황청이 수도회, 교파나 기관 또는 선교단체, 심지어 예수회와 이 칙서에서 언급한 그 밖의 교회들이나, 아무리 높여 부르면서 교황청에서 특별히 언급할 자격을 갖춘 다른 개인들에게 내린 은전Privileges Indult과 교서라 하더라도, 또, 말하자면, 그 약속의 취지나 형식이 무엇이든, 어떤 권리를 부여하였던 계약이나 보상 때문에, 그것들이 비판을 받든 받지 않든지, 효력이 있든지 없든지 상관없이, 거기에 들어있는 글귀에 상관없이, 내린 교서에도 불구하고, 또, 그들이 자발적으로, 지식과 전권을 가지고 제정한 이와 유사한 다른 법규에도 불구하고, 또는 그 어떤 사람들의 경우에, 그들이 왕족이나 황족, 또는 성과 속에 상관없이, 그러한 은전이 이 칙서에서 명하고 정한 내용과 상반되는 경우, 그러한 은전을 부여하고, 만들어주고, 여러 차례 연장해주고, 인정하고, 확인하고, 여러 차례 갱신을 해주었을지라도, 이 모든 것들이 허용하는 범위 안에서, 또 모두에게, 그들이 비록 칙서에 들어있는 내용을 비판하고 규제하려고 그것들에 관하여 눈에 띄게, 특정해서, 명시적으로, 또 개별적으로 언급하고, 단어 하나하나를 가지고, 전체적이고도 대등한 글귀를 사용하지 않았거나, 이상한 형식을 사용하였음에도 불구하고, 똑같은 구절들이 정확하게 한 글자도 누락 되지 않은 채로, 원래의 형태대로 이 칙서에 완전하고도 충분하게 명시되었으므로, 교황청에서는 이러한 구절을 지적하여 명시적으로 규제하고 비판하며, 이 칙서로 인하여 지금은 이런 구절들이 그것이 어떤 구절이든 이에 반하는 다른 구절들과 더불어 배제되고 규제되었으므로, 이 칙서가 완전한 효력이 있음을 승인한다.[124] 앞서 말한 서약서 양식은 다음과 같다.

교황청이 (또는 교황청의 위임으로 상사가) 중국에 (또는 이러저러한 왕국이나 지방에) 파송한 (또는 파송하기로 한) 선교사인 나 (아무개)는, 교황 클레멘스 11세 교황께서 반포하신 중국 전례에 관한 칙서에 들어있는 맹세문에 관련된 수칙과 명령을 전적으로 또 충실하게 따를 것을 맹세합니다. 저는 칙서 전문을 읽고 그 내용을 숙지하였으며, 이 명령을 그대로 엄격하고 빈틈없이 준수하고 또 어떤 핑계도 대지 않고 실천에 옮기겠습니다. 만일 이와는 반대로, 하느님이시여 그런 일에서 저를

124) 교황청이 공석이 된 몇몇 유급성직자들에게 내린 은전을 말한다.

지켜주소서, 어떠한 경우라도 그 명령을 위반하면, 간혹 생기는 일이기도 하지만, 칙서에 명시된 징벌을 언제라도 받겠다고 자술합니다. 성경에 손을 얹고 이것을 약속하고 서약하고 또 맹세하오니, 하느님과 성자들께서는 저를 도우소서! (성명을 쓰고 자필 서명할 것).

교황청은 모든 [수도회의] 총장들, 주교들과 앞서 말한 수도회들, 교파들, 기관들과 선교단체들 개개, 그리고 예수회도 이 칙서 정본이나 그것으로 만든 사본들, 심지어 인쇄본들을 받아서 이를 널리 알려야만 한다는 것을 명시적으로 정하노라. 이는 이 감독자들이 본인들의 이름은 물론이고 그 대상자들의 이름으로 이 칙서를 준수할 것을 각자가 약속하고, 이 칙서의 사본을 다양한 경로를 통하여 가능한 한 신속하게, 현재 중국과 앞서 말한 왕국들과 지방에 있거나 앞으로 그런 곳으로 가게 될 모든 대상자에게 보내어, 그들이 이 칙서와 그 안에 들어있는 모든 내용을 완벽하게, 전적으로, 진정으로, 실제적이고 효과적으로, 일점일획이라도 지나치지 않고, 준수할 것을 엄히 명하기 위함이노라. 또한, 이 칙서의 원본을 모든 곳에서 내보이거나 반포하기 어려운 점을 감안하여, 교황청으로서는 모든 선교지에서 원본을 복사, 인쇄, 또는 손으로 적어서 몇몇 [교황의] 임명을 받은 성직자들이 날인한 사본들을, 같은 가톨릭 신앙을 따르는 모든 사람에게 교부하도록 하노니, 이로써 이 칙서의 원본을 제시하는 것을 대신하노라. 교황 재위 15년째가 되는 1715년 3월 19일. 로마 산타 마리아 마조레 대성당에서, 어부의 반지로 날인하노라."

참고문헌

에바히스트 헤지 육이 저술한 1차 문헌

Huc, Évariste Régis. "Rapports sur la Mission en Tartarie, Mongolie, Tibet, 1842, 1847." In *Annales de la propagation de la foi* 19, (1847) and 20, (1848).

Huc, Évariste Régis. *A Journey through Tartary, Thibet, and China during the Years 1844, 1845 and 1846.* Translated by Percy Sinnett. 2 volumes. New York: 1852. and London: 1859.

Huc, Évariste Régis. *Christianity in China, Tartary and Thibet.* 3 volumes. Translated by Percy Sinnett. London: 1857—1858.

Huc, Évariste Régis. *L'Empire chinois, faisant suite à l'ouvrage instituté Souvenirs d'un voyage dans la Tartarie et le Thibet.* 2 volumes. Paris: Librairie de Gaume Frères, 1854.

Huc, Évariste Régis. *Souvenirs d'un voyage dans la Tartarie, le Thibet, et la Chine pendant les années 1844, 1845 et 1846.* 2 vols., Paris: 1850.

Huc, Évariste Régis. *The Chinese Empire.* Translated by Percy Sinnett. London: 1855.

Huc, Évariste Régis. *Travels in Tartary, Thibet and China, 1844-1846.* Translated by W. Hazlitt. 2 volumes. London: 1851.

Thevenet, Jacqueline. ed., *Joseph Gabet, Évariste Huc: Lettres de Chine et d'ailleurs, 1835-1860.* Paris: 2005.

에바히스트 헤지 육과 관련된 2차 문헌

Cammann, Schuyler. "New Light on Huc and Gabet: Their Expulsion form Lhasa in 1846." *Far East Quarterly* 1, no. 4 (Aug., 1942): 352-353.

Guillemot, Jean. "From Peking to Lhassa, an Extraordinary Adventure." *Futura-Sciences* (March, 2006).

중국 전례 논쟁에 관한 일차 문헌

Noll, Ray. ed. *100 Roman Documents Concerning the Chinese Rites Controversy, 1645-1941.* San Francisco: Ricci Institute, 1992.

중국 전례 논쟁에 관한 이차 문헌

Boxer, C. R. *The Christian Century in Japan: 1547-1650.* Berkeley: University of California Press, 1951.

Cummins, James S. "Two Missionary Methods in China: Mendicants and Jesuits." *Archivo Ibero-Americano* 37 (1978), 33-108.

Huang, Songkang. "Kangxi's Attitude in the Rites Controversy." *Heythrop Journal* 28.1 (1987), 57-67.

Kim, Sangkeun. *Strange Names of God: The Missionary Translation of the Divine Name and the Chinese Responses to Matteo Ricci's Shangti in Late Ming China, 1583-1644,* New York: Peter Lang, 2004.

Kim, Sangkeun. "Leaving the Word Theos Untranslated: Searching for the Asian Way of Doing Theology." 『한국기독교신학논총 78호』 (2011), 241-259.

Minamiki, George. *The Chinese Rites Controversy: From Its Beginning to Modern Times.* Chicago: Loyola University Press, 1985.

Mungello, David. ed. *The Chinese Rites Controversy: Its History and Meaning.* Nettetal: Steyler Verlag, 1994.

Rosso, Antonio. *Apostolic Legations to China in the Eighteenth Century.* South Pasadena: Perkins, 1948.

Rule, Paul. *K'ung-tzu of Confucius? The Jesuit Interpretation of Confucianism*. Sydney: Allens & Unwin, 1986.

Schipper, Kristofer. “Some Naive Questions about the Rites Controversy: A Project for Future Rearch.” *Humanistic Culture* (1996), 293-308.

Standaert, Nicolas. *The Fascinating God: A Challenge to Modern Chinese Theology*, Rome: Pontificial University Gregoriana, 1995.

Villarroel, Fidel. “The Chinese Rites Controversy: Dominican Viewpoint”, *Philippiniana Sacra* 28 (1993), 5-61.

김병태. “명말청초 ‘전례논쟁’의 전개과정에 대한 선교학적 이해.” 『한국기독교역사연구소소식79호』 (2007년 7월), 25-36.

徐宗澤, 『中國天主教傳教史概論』 (上海書店, 1990)

송태현. “볼테르와 중국: 전례논쟁에 대한 볼테르의 견해.” 『외국문학연구 48호』 (2012년 12월), 163-182.

안성호. “17세기 초 마테오 리치의 『천주실의』와 19세기 제임스 레게의 중국유교경전 영어번역본에서 사용된 용어 상제(上帝)간의 신학적 연속성.” 『한국기독교와 역사 32호』 (2010년 3월), 297-340.

안재원. “『중국전례보고서』에 대하여.” 『교회사학 15호』 (2018년 12월), 97-125.

안재원. “인토르체타가 『중용』을 라틴어로 번역한 이유는 무엇인가?” 『교회사학 12호』 (2015년 12월), 5-42.

장동우. “續大典 禮典과 大典通編 禮典에 반영된 ‘17세기 전례논쟁[禮訟]’의 논점에 대한 고찰.” 『한국실학연구』. (2005년 9월), 155-183.

전홍석. “명말 예수회 신학(복음)보수주의: 롱고바르디의 재인식-예수회의 전례논쟁과 평민노선을 중심으로.” 『교회사연구 52호』. (2018년), 7-42.

전홍석. “명말 예수회의 롱고바르디 노선에 관한 논고: 사오저우의 평민영성선교를 중심으로.” 『가톨릭신학 32호』 (2018), 65-90.

정태식. “중국에서의 전례논쟁과 가톨릭 박해에 대한 일고찰.” 『현상과인식 102호』 (2007년 9월), 188-210.

아시아 그리스도교 역사 ❸

강희제 통치기의 예수회 중국 선교와 전례 논쟁

번역과 주해 김지인 · 안경덕 · 최현주 · 김상근
펴낸곳 연세대학교 대학출판문화원
주소 서울시 서대문구 연세로 50
전화 02) 2123-3380~82
팩스 02) 2123-8673
전자우편 ysup@yonsei.ac.kr
http://press.yonsei.ac.kr
등록 1955년 10월 13일 제9-60호
인쇄 동호커뮤니케이션

2021년 04월 20일 1판 1쇄

ISBN 978-89-6850-584-3 (94230)
978-89-6850-527-0 (세트)

값 23,000원